PUBLICATIONS DU CENTRE DE DOCUMENTATION SOCIALE

(ÉCOLE NORMALE SUPÉRIEURE)

ÉLÉMENTS DE SOCIOLOGIE

Textes choisis et ordonnés

PAR

C. BOUGLÉ
Professeur
à la Sorbonne

et

J. RAFFAULT
Directeur de l'École Normale
d'Instituteurs de Melun

NOUVELLE ÉDITION

LIBRAIRIE FÉLIX ALCAN

ÉLÉMENTS DE SOCIOLOGIE

AUTRES OUVRAGES DE M. BOUGLÉ

LIBRAIRIE FÉLIX ALCAN

Qu'est-ce que la sociologie ? *5e édition.*

Les Idées égalitaires, étude sociologique, *3e édition.*

Les Sciences sociales en Allemagne. Les méthodes actuelles. *(épuisé).*

La Démocratie devant la science, études critiques sur l'hérédité, la concurrence et la différenciation, *3e édition.*

Essais sur le régime des castes, *2e édition.*

Chez les prophètes socialistes.

Proudhon *(Réformateurs sociaux).*

***

Pour la démocratie française, conférences populaires (Rieder).

Vie spirituelle et Action sociale (Rieder).

Solidarisme et Libéralisme, réflexions sur le mouvement politique et l'éducation morale (Rieder).

L'Éducateur laïque (Rieder).

La Sociologie de Proudhon (A. Colin).

Leçons de sociologie sur l'évolution des valeurs (A. Colin).

De la sociologie à l'action sociale (Presses Universitaires).

Le Guide de l'étudiant en sociologie, en collaboration avec M. Déat (Rivière).

Le Solidarisme (Giard).

PUBLICATIONS DU CENTRE DE DOCUMENTATION SOCIALE
(ÉCOLE NORMALE SUPÉRIEURE)

ÉLÉMENTS
DE
SOCIOLOGIE

TEXTES CHOISIS ET ORDONNÉS

PAR

C. BOUGLÉ   ET   **J. RAFFAULT**

Professeur à la Sorbonne
Directeur-adjoint
de l'École Normale Supérieure

Directeur de l'École Normale
d'Instituteurs de Melun

DEUXIÈME ÉDITION, REVUE

PARIS
LIBRAIRIE FÉLIX ALCAN
108, BOULEVARD SAINT-GERMAIN, 108

1930

AVANT-PROPOS

Il y a encore nombre de gens aujourd'hui qui jugent prématuré l'enseignement de la sociologie. Science contestée science en formation, elle n'a pas encore m. debout, dit-on, un système de vérités positives où l'on puisse faire pénétrer les jeunes esprits.

Que la sociologie, la dernière venue, ait encore beaucoup à faire pour être à la hauteur des sciences qui l'ont précédée, nul n'y contredira ; moins que personne, ceux qui prennent leur part du travail qu'elle exige. Ils n'en doivent pas moins protester contre le préjugé qui voudrait, sous prétexte qu'elle est trop jeune, lui fermer les portes de l'enseignement.

Dès à présent, et non pas seulement par les problèmes qu'elle pose, mais par les explications qu'elle propose, elle est capable de compléter utilement et l'enseignement historique et l'enseignement philosophique. En introduisant dans l'étude des diverses institutions qui font vivre les sociétés humaines la méthode comparative et l'esprit évo utionniste, elle permet des généralisations fondées sur les faits, elle suscite des réflexions, elle amorce des recherches précieuses.

Que la sociologie soit en marche, nous essayons de le prouver ici, non plus par des discussions abstraites, mais par des exemples. En empruntant des pages aux sociologues proprement dits, aux historiens du droit, aux historiens des religions, aux économistes, nous constituons un recueil de textes qui permet de comprendre, et par quel mouvement spontané la sociologie est préparée, et ce qu'elle y ajoute.

Il va de soi qu'un pareil recueil ne saurait avoir l'ambition de remplacer les cours. Encore moins de constituer un système. Il n'est, au vrai, qu'une collection de spécimens. Mais nous nous persuadons que ces « éléments » concrets présentent, pour l'œuvre d'initiation, quelques avantages.

Nous nous sommes inspirés, dans notre plan, du programme dressé pour l'enseignement de la sociologie dans les Ecoles normales. Mais nous ne nous sommes pas astreints à le suivre pas à pas. Nous désirons au surplus que notre recueil puisse rendre des services, non pas seulement aux élèves des Ecoles normales, mais à ceux de la classe de philosophie dans les Lycées, et même aux étudiants des Facultés.

Le Centre de Documentation sociale de l'Ecole normale supérieure nous a été, pour la préparation de ce recueil, d'un grand secours. Nous prions Mme Poré et M. Marcel Déat, qui nous ont secondés avec tant d'obligeance, de recevoir ici nos meilleurs remerciements.

C. B. et J. R.

Sociologie générale

I. L'Association fait naturel et universel

Il est bon de commencer en sociologie par se représenter la généralité du fait dont on veut étudier les formes, les causes et les conséquences : le fait de l'association. L'association n'est pas l'exception, mais la règle dans la nature. Elle fait sentir ses effets dans le règne animal et non seulement dans le règne humain. Elle est partout présente pour aider au développement de la vie. C'est ce que M. Fr. Giddings, commentant la thèse démontrée par Kropotkine dans l'*Entr'aide*, met bien en lumière.

Généralité du fait social

Giddings (Fr.). — *Principes de sociologie*. (Trad. Combes de Lestrade revue, Paris, Giard et Brière, 1897, p. 1 à 3, 75 à 77.)

La distribution de la vie animale et humaine sur la surface de la terre n'est pas une dispersion d'individus solitaires. Sauf de rares exceptions, les êtres vivent en groupes, clairsemés ici, denses ailleurs. Un certain degré d'agrégation est la condition essentielle à l'évolution de la société. Pour qu'il puisse y avoir communication, aide mutuelle, compagnonnage, il doit y avoir voisinage et contact.

La conception de la nature comme ayant « du sang aux dents et aux griffes » est chère aux moralistes et aux hommes d'Etat ; mais par malheur moralistes et hommes politiques connaissent fort mal la nature. Un monde de créatures vivantes qui se craignent et se haïssent, qui se fuient et se déchirent mutuellement n'est pas un fait d'observation. C'est une pure création *a priori* de la « pure » raison.

Dans le monde réel, les animaux sont généralement sociables. De toutes les espèces de mammifères et d'oiseaux, un très petit nombre vit dans l'isolement. Même beaucoup des vertébrés inférieurs sont sociaux, et dans une large proportion la vie des invertébrés est gouvernée pas l'association.

Les sociétés de mammifères que nous pouvons observer aujourd'hui, plusieurs siècles après l'invention de la poudre à canon, ne sont que des débris, comme le dit M. Kropotkine, des immenses agrégations des anciens temps. Dans les immenses forêts au delà des monts Alléghanys, il y avait, voilà moins d'un siècle, une intensité de vie animale qui semblerait presque incroyable aujourd'hui. A travers la forêt vierge, les pionniers trouvaient de larges routes, frayées par le passage d'innombrables générations de bisons. Autour des sources salées, ils voyaient le sol tellement foulé par les hordes de bisons, d'élans, de daims, de loups, qu' « il n'y avait pas assez d'herbe pour nourrir un mouton ; les traces du gibier étaient comme les grandes routes qui entourent une cité ». Ils observaient les écureuils gris et noirs cheminant en troupes immenses pour émigrer au delà de la montagne et de la rivière, des nuages de pigeons « qui obscurcissaient le soleil et brisaient les ramilles comme si un tourbillon se déchaînait ». La Sibérie de même, lorsque les Russes prirent possession de cette merveilleuse terre, était peuplée avec une telle densité de troupeaux d'animaux de toute espèce que sa conquête « ne fut qu'une partie de chasse qui dura deux cents ans ».

Et même à présent, après toutes les destructions nécessaires ou inutiles, de grandes bandes de chevaux, d'ânes, de chameaux sauvages parcourent le vaste plateau de l'Asie centrale. Les steppes d'Europe et les régions montagneuses du Nouveau-Monde sont encore la demeure de hordes de daims et d'antilopes, de gazelles, de chèvres et de moutons sauvages. Dans les plaines de tous les grands continents, il y a encore d'innombrables colonies de souris, d'écureuils, de marmottes, d'autres rongeurs, et les colonies de castors ne sont pas encore disparues. Les forêts des plus basses latitudes d'Asie et d'Afrique sont encore la demeure de nombreuses bandes d'éléphants, de rhinocéros et de sociétés de singes. Dans les régions arctiques, le renne se réunit en hordes ; plus au Nord encore, survivent les bandes de bœufs musqués et les innombrables troupes de renards polaires. Les côtes de l'Océan ont leurs troupeaux de phoques et ses eaux abritent les compagnies de cétacés. Peut-on s'étonner que M. Kropotkine s'écrie : « A côté d'eux, le nombre des carnivores est insignifiant. »

Ni à l'état sauvage, ni à l'état civilisé, l'homme ne vit normalement à l'état isolé. Les hordes errantes des Blackfellows en Australie, des Boschimans en Afrique, des Fuégiens à l'extrémité de l'Amérique du Sud ou des montagnards du Groënland sont petites et instables, mais elles n'en sont pas moins des groupes, composés chacun de plusieurs familles. En fait, ce n'est qu'avec la civilisation qu'une vie garantie et confortable est possible pour un ménage isolé, et elle y est plus possible en apparence qu'en réalité. Car les moyens de communication ont supprimé les distances. Même l'isolement partiel ou apparent est le produit de circonstances toutes spéciales et tend constamment à céder la place à l'agrégation. La hutte des pionniers est en train de disparaître. La ferme qui n'est pas reliée à un hameau, à un village est une exception et tôt ou tard on l'abandonne. Nulle part au monde l'isolement relatif de chaque famille n'a été aussi fréquent qu'aux Etats-Unis, mais même ici il s'efface rapidement...

. . . .

A l'intérieur de ce large groupement des espèces animales qui est appelé la distribution géographique, il y a un groupement plus étroit réunissant les animaux en essaims, bandes ou troupeaux et les populations humaines en hordes, clans, tribus et nations. Ces groupements naturels des individus conscients sont la base physique des phénomènes sociaux. Société, au sens primitif du mot, c'est camaraderie, commerce, association, et tous les faits sociaux véritables sont de nature psychique. Mais la vie mentale dans l'individu ne dépend pas plus de l'arrangement physique du cerveau et des cellules nerveuses que les rapports sociaux et la coordination des efforts ne dépendent du groupement physique de la population. Aussi, c'est en respectant parfaitement la nature des choses qu'on a appelé « société » l'ensemble des individus qui vivent ensemble et conversent, ou qui se réunissent et s'organisent pour la poursuite d'un but commun. Enfin de ces idées concrètes nous déduisons la notion abstraite de la société comme union, organisation, somme des relations qui relient les individus.

En combinant ces idées, nous voyons que notre concept de la société est déjà quelque peu complexe. Il resterait cependant incomplet si nous négligions de tenir compte de l'interdépendance des formes temporaires et durables de l'association, des rapports éphémères et des organisations permanentes, du libre consentement et du pouvoir coactif des unions artificielles et des communautés naturelles, tribus, villes et nations, au sein desquelles se produisent les phénomènes secondaires de l'association.

La distinction entre la société « naturelle » et la société « politique » a une importance capitale dans les sciences politiques. Les définitions que donne Bentham de ces formes de société dans son *Fragment sur le Gouvernement*, sont parfaites à cet égard : « Lorsqu'un nombre de personnes (que nous appellerons : sujets), dit-il, sont supposées avoir l'habitude d'obéir à une autre personne, ou à une assemblée de personnes d'une catégorie connue et certaine (que nous appellerons : gouvernants), ces personnes réunies (sujets et gouvernants) sont en état de société politique. » « Quand un nombre de personnes ont l'habitude de commercer ensemble, tout en n'ayant pas l'habitude d'obéissance mentionnée ci-dessus, elles sont en état de société naturelle. »

Néanmoins la différence est purement dans le degré, comme Bentham va nous le montrer. « Il en est de ces deux sociétés, comme de la lumière et de l'obscurité. Si distinctes que soient ces deux idées dès qu'on les nomme, les deux choses n'ont aucune frontière qui les sépare. » Tôt ou tard, de la vie commune naissent les formes de gouvernement et d'obéissance. L'association, par d'imperceptibles étapes, devient une relation définie et stable. L'organisation, à son tour, ajoute de la précision et de la stabilité au groupe social ; la vie psychique et sa base physique évoluent de concert.

Ainsi notre idée de la société devient celle d'un phénomène naturel vaste et complexe, la conception d'un fait cosmique, merveilleux et fascinant. Nous voyons que c'est la définir bien étroitement que d'assimiler la société à un simple agrégat, à la simple réunion d'individus poursuivant un but commun. Dans l'acception large et scientifique de son nom, une société est un groupe d'êtres conscients se développant naturellement, dans lequel les rapports habituels aboutissent à des relations définies, de telle sorte que par la suite ils se transforment en une complète et durable organisation.

*
* *

L'association, disions-nous, fait sentir ses effets dès le monde animal. Il est utile d'observer les formes qu'elle y revêt. C'est ce que fait M. Espinas dans les *Sociétés animales*. Il résume ainsi ses conclusions :

Les lois de l'organisation sociale dans le monde animal

Espinas (A.). — *Des Sociétés animales.* (Paris, Alcan, 1878, 2e édition, p. 348 à 352.)

I. *Concours.* — Tout corps social est un tout organisé, c'est-à-dire fait de parties différentes, dont chacune concourt par un genre particulier de mouvements à la conservation du tout. Le concours est purement physiologique dans la première classe de sociétés ; il est obtenu par la connexion d'organes continus. Il est demi-physiologique dans la seconde classe ; la famille, qui n'existerait pas sans des connexions organiques, commence et s'achève par l'action correspondante de centres nerveux situés à distance dans des individus distincts. Enfin ce même concours est purement psychologique dans la peuplade. Mais quelles que soient les sociétés, elles reposent invariablement sur la solidarité et la conspiration des parties ; elles sont toutes organisées, les plus élevées étant seulement mieux organisées que les autres.

II. *Distinction des parties a) simultanées.* — Tout corps social est composé de parties organisées ou d'organismes. Au plus bas degré, chez les infusoires, la société est composée d'organismes élémentaires irréductibles ; mais à mesure que l'on monte dans l'échelle, les organismes composants sont eux-mêmes de plus en plus composés, sans que leur individualité souffre de cette composition, pas plus du reste que ne souffre de sa composition l'individualité du tout. Là où chaque type atteint son entier développement, on peut même dire que l'individualité du tout est en raison de l'individualité des parties, et que mieux l'unité de celles-ci est définie, plus leur action est indépendante, mieux l'unité du tout et l'énergie de son action sont assurées. L'individualité des sociétés, loin d'exclure la composition, la suppose donc et a pour condition l'individualité de leurs éléments. Cette loi s'applique à celles qui ont pour but l'exercice en commun de la vie de relation comme aux autres : et l'on peut dire des consciences qui les composent ce que nous venons de dire des organismes intégrants en général. — b) *successives.* — Ce qui est vrai de la composition dans l'espace est vrai de la composition dans le temps. Tout organisme social est non seulement plusieurs, mais plusieurs fois plusieurs successivement. Et plus il a ce caractère à un haut degré, plus son identité (unité dans le temps) demeure, plus il est capable de progrès.

III. *Formation par épigénèse.* —Toute société se forme par épigénèse, c'est-à-dire par accessions successives entièrement spontanées. En d'autres termes, il serait inexact de croire que, dans la nature, les sociétés se forment de toutes pièces de fragments de sociétés antérieures déjà complètement organisées ; non, elles naissent d'abord à l'état de germes et ne sont comme tout germe qu'une petite masse de matière confuse, douée seulement d'une virtualité cachée. Bientôt au sein de cette masse, des parties mieux définies surgissent çà et là, les parties essentielles apparaissent les premières, et le travail de l'organisation commence. Ce travail est entièrement spontané de la part de chaque élément. Il n'y a ici rien qui ressemble à une action mécanique, à une fabrication extérieure, à une composition artificielle. Quand chaque élément apparaît, il apporte avec lui des tendances définies, propres à le diriger dans l'accomplissement de sa fonction, et bien que ces activités soient toutes convergentes, *chacune s'exerce comme si elle était seule,* ne se proposant en apparence qu'elle-même pour but. Ainsi tout corps social commence par se faire lui-même, comme y est obligée chacune de ses parties, par un développement autonome, par une croissance (growth) successive et spontanée à partir d'un germe.

IV. *Division du travail.* — Dans cette évolution, le concours ultérieur a pour première condition le partage de la fonction commune en un certain nombre de fonctions diverses, ou, comme on l'a dit, la division du travail. Mais si cette condition, maintenant bien connue, est nécessaire, elle n'est pas suffisante. Division, c'est dispersion : le concours exige le groupement. Celui-ci s'opère en deux phases successives.

V. *Attraction des parties similaires.* — Premièrement le concours s'obtient par la réunion des parties semblables. C'est une loi très générale dans les sociétés que l'attraction du même au même. Dans les sociétés purement organiques, la raison de cette attraction est simple. Pourquoi les spicules du corail se réunissent-elles toutes pour former le squelette du polypier ? Pourquoi les cellules de chaque sorte se groupent-elles ailleurs par masses contiguës ? C'est sans doute parce que chaque élément histologique est produit par ses semblables et reste lié nécessairement à ceux qui lui ont donné naissance. Mais dans les sociétés psychologiques la cause de l'attraction est plus complexe. Elle réside dans la sympathie, c'est-à-dire dans la plus grande facilité qu'a tout être capable de représentation de se représenter son semblable, et dans la conscience d'une augmentation d'activité (plaisir) qui en résulte. Ce premier groupement peut prendre le nom de *coordination.* On le voit, de même que l'intelligence ne s'oppose en rien à la division du travail, mais s'y plie au contraire plus aisément que l'organisme matériel, en variant presque indéfiniment les fonctions que les structures organiques condamneraient à une sorte d'immobilité, de même l'intelligence favorise la coordination au lieu de la combattre, puisqu'elle permet à des éléments dispersés et distants de s'unir dès qu'ils peuvent voir leurs ressemblances. La loi d'attraction du même au même est donc générale et s'applique aux sociétés représentatives comme aux sociétés physiologiques.

VI. *Délégation des fonctions.* — Le concours s'obtient en

second lieu par la délégation des fonctions. Il n'est pas possible qu'un grand nombre d'individus, se partageant des fonctions diverses, remplissent tous des fonctions d'importance égale. A l'un ou à plusieurs d'entre eux devra échoir la fonction prépondérante, essentielle, dominante. Plus il la remplira, mieux il devra s'en acquitter ; et ainsi elle se retirera peu à peu des régions les plus éloignées de l'organisme social pour se fixer en son centre. C'est ainsi que, même sans que les autres individus ou groupes d'individus l'aient voulu délibérément, un individu ou un groupe d'individus central deviendra prépondérant et se subordonnera tous les autres. Dès lors il représentera à lui seul le corps tout entier, dont la vie sera comme résumée en lui. Les destinées de tous seront attachées à la sienne, et en raison de la solidarité organique, il recevra l'écho de toutes les modifications des parties, de même que les parties recevront le contre-coup de toutes ses modifications : de plus, s'il réagit, il sera centre de mouvement, comme il est centre d'impressions. C'est là le plus haut degré du concours. Mais cette loi comme les précédentes, loin de ne s'appliquer qu'aux corps sociaux composés d'organes contigus, s'étend aux corps sociaux composés d'individus capables de représentation, et y trouve une confirmation nouvelle. C'est là que le concours atteint son summum grâce à une délégation formelle (peuplades de ruminants, de pachydermes, de singes), et à la facilité avec laquelle le chef, avant de réagir sur le monde extérieur quand il en a reçu une impression, réagit sur les membres subordonnés de sa troupe.

*
* *

La généralité du fait de l'association dans la nature ne doit pas nous faire oublier la diversité des formes sous lesquelles il nous apparaît. Il ne faut pas oublier surtout que dans le règne humain des formes et des forces nouvelles se révèlent. L'homme seul possède un langage proprement dit ; seul il paraît capable de façonner des outils ; seul aussi d'observer des rites. Dans les sociétés humaines, toutes sortes d'*institutions* apparaissent dont l'étude des sociétés animales ne pouvait donner l'idée. Il importe de préciser les caractères que revêt le fait social dans le monde humain.

II. Les caractères du fait social dans le monde humain

La psychologie tient de plus en plus de place dans l'association, à mesure que l'on passe du règne animal au règne humain.
— Le fait social est avant tout communication des consciences, action et réaction des unes sur les autres. Plus les sociétés se compliquent, plus les êtres qui les composent sont conscients et plus aussi les idées tiennent de place dans la société.

C'est ce que reconnaît M. Espinas.

Une société est une conscience vivante

Espinas (A.). — Des *Sociétés animales*. (Paris, Alcan, 1878, 2ᵉ édition, p. 358 à 361.)

Sans aucun doute les sociétés sont des êtres vivants. Mais cette première solution n'est pas entièrement satisfaisante, car il n'est guère admissible qu'il n'y ait aucune différence entre les organismes matériels et les organismes sociaux, et que la sociologie soit un simple prolongement de la biologie. Ce n'est pas assez de dire qu'une société est un être vivant, il faut chercher quel être vivant elle constitue, et par suite en quoi la sociologie diffère de la science immédiatement inférieure...

A mesure que l'on s'éloigne des commencements de la vie, on voit les groupements d'êtres vivants s'accomplir non plus sous l'impulsion des forces physico-chimiques ou des excitations physiologiques, mais sur l'invitation de penchants de plus en plus ressentis, et d'attraits de plus en plus remarqués. On passe insensiblement du dehors au dedans, d'un jeu de mouvements plus ou moins compliqué (la vie est-elle autre chose ?) à une correspondance de représentations et de désirs, à la conscience. Encore une fois, si on examine les rapports de ces phénomènes, rien n'est changé ; ils se groupent suivant les mêmes lois que les éléments de l'organisme et n'ont, comme comme les phénomènes vitaux, pas d'autre but que la conservation et le développement de l'être collectīf. mais ces phénomènes qu'une même harmonie enchaîne ne sont plus de même ordre et ne sont pas connus de nous de la même manière. Chaque phénomène organique est connu directement par un sens approprié ; les phénomènes intérieurs ou psychiques ne sont connus que par interprétation et doivent, pour ainsi dire, être traduits en fonction de la conscience après avoir été recueillis sous leur aspect matériel. Si nous ne nous reconnaissons pas capables d'en être les auteurs, si nous ne les pouvons réduire en termes intelligibles à notre propre conscience, ils n'existent pas pour nous. En un mot, nous constatons les uns tels qu'ils nous apparaissent ; nous comprenons les autres par analogie d'après ce que nous savons de notre moi. Par cela même, les termes par lesquels nous désignons les deux ordres de faits diffèrent notablement : là nous ne parlons que d'attraction et de répulsion, de cohésion et de dispersion des molécules ; ici il est question seulement d'intelligence et d'amour. En passant d'un ordre à l'autre, le consensus organique devient solidarité, l'unité organique figurée dans l'espace devient conscience invisible ; la continuité devient tradition, la spontanéité du mouvement devient invention d'idées, la spécialisation des fonctions reprend le nom de division du travail, la coordination des éléments se change en sympathie, leur subordination en respect et en dévouement, la détermination elle-même des phénomènes devient décision et libre choix. Ainsi tout prend une face nouvelle : du sein de l'organisme matériel nous voyons surgir tout un monde, régi par les mêmes lois que l'autre, mais bien différent de lui ; monde vraiment distinct, puisque des idées ou des représentations y remplacent les figures, et que les désirs y jouent le rôle des mouvements. Eh bien ! ce monde est celui de la société : la vie de relation en trace les contours ; partout où des êtres peuvent échanger des impressions il y a place pour la société, et réciproquement partout où naît une société on peut dire qu'il y a un commerce de représentations. Faut-il donc exclure du tableau de la vie sociale la première classe de groupements que nous avons décrite ? Oui, si l'on y cherche la société épanouie, arrivée à son développement normal ; non, si l'on se contente d'y voir une ébauche, une préparation

de ce qui sera plus tard la société même : préparation
essentielle d'ailleurs, assise nécessaire de l'édifice au sommet duquel s'est placée l'humanité. La sociologie se développe parallèlement à la psychologie ; mais comme elle,
elle a ses racines dans la biologie dont elle est parfaitement distincte.

Corrigeant donc notre première définition, nous dirons
qu'une société est, il est vrai, un être vivant, mais qui
se distingue des autres en ce qu'il est avant tout constitué
par une conscience. Une société est une conscience vivante,
ou un organisme d'idées. Nous échappons par là à un
reproche mérité par plusieurs sociologistes, celui d'expliquer un mode d'existence supérieur par le mode d'existence inférieur. Au lieu d'essayer de rendre compte de la
conscience par l'organisme matériel, nous serions plutôt
tenté d'expliquer l'organisme matériel par la conscience.
Car toute explication part de nous-mêmes et consiste à
projeter la lumière saisie au clair foyer de l'esprit sur l'obscurité croissante qui nous environne. Quant aux lois qui
régissent l'un et l'autre ordre de phénomènes, surtout la
partie des phénomènes sociaux manifestée par l'animalité,
elles ne peuvent être autres pour la conscience que pour
la vie ; car, de même qu'il n'y a qu'un seul univers, il
ne peut y avoir qu'une seule loi fondamentale, celle de
l'évolution.

*
* *

Mais encore, parmi ces faits de nature psychique qui unissent les hommes, quels sont ceux qui sont caractéristiques de
la vie de société, et tels que, en leur absence il n'y aurait plus
d'association humaine ? Nous rencontrons ici diverses théories.

La définition qui s'éloigne le plus du point de vue naturaliste, et aussi du point de vue des économistes, est celle que propose G. Tarde dans les *Lois de l'imitation*.

Qu'est-ce qu'une société ?

TARDE (G.). — *Les Lois de l'imitation*. (Paris, Alcan, 1890, p. 66 à 69.)

Qu'est-ce qu'une société ? On a répondu en général :
un groupe d'individus distincts qui se rendent de mutuels
services. De cette définition aussi fausse que claire sont

nées toutes les confusions si souvent établies entre les soi-disant sociétés animales ou la plupart d'entre elles et les seules véritables sociétés, parmi lesquelles il en est, sous un certain rapport, un petit nombre d'animales.

A cette conception toute économique, qui fonde le groupe social sur la mutuelle assistance, on pourrait avec avantage substituer une conception toute juridique qui donnerait à un individu quelconque pour associés, non tous ceux auxquels il est utile ou qui lui sont utiles, mais tous ceux, et ceux-là seulement, qui ont sur lui des droits établis par la loi, la coutume et les convenances admises, ou sur lesquels il a des droits analogues, avec ou sans réciprocité. Mais nous verrons que ce point de vue, quoique préférable, resserre trop le groupe social, de même que le précédent l'élargit outre mesure. Enfin, une notion du lien social toute politique ou toute religieuse serait aussi possible. Partager une même foi ou bien collaborer à un même dessein patriotique, commun à tous les associés et profondément distinct de leurs besoins particuliers et divers pour la satisfaction desquels ils s'entr'aident ou non, peu importe : ce serait là le vrai rapport de société. Or, il est certain que cette unanimité de cœur et d'esprit est bien le caractère des sociétés achevées ; mais il est certain aussi qu'un commencement de lien social existe sans elle, par exemple entre Européens de diverses nationalités. Par suite, cette définition est trop exclusive. D'ailleurs, la conformité de desseins et de croyances dont il s'agit, cette similitude mentale que se trouvent revêtir à la fois des dizaines et des centaines de millions d'hommes, elle n'est pas née *ex abrupto* ; comment s'est-elle produite ? Peu à peu, de proche en proche, par voie d'imitation. C'est donc là toujours qu'il faut en venir.

Si le rapport de sociétaire à sociétaire était essentiellement un échange de services, non seulement il faudrait reconnaître que les sociétés animales méritent ce nom, mais encore qu'elles sont les sociétés par excellence. Le pâtre et le laboureur, le chasseur et le pêcheur, le boulanger et le boucher se rendent des services sans doute, mais bien moins que les divers sexes des termites ne s'en rendent entre eux. Dans les sociétés animales elles-mêmes, les plus vraies ne seraient pas les plus hautes, celles des abeilles et des fourmis, des chevaux ou des castors, mais les plus basses, celles des siphonophores par exemple, où la division du travail est poussée au point que les uns mangent pour les autres qui digèrent pour eux. On ne saurait concevoir de plus signalé service. Sans nulle ironie et sans sortir de l'humanité, il s'ensuivrait que le degré du lien social entre les hommes se proportionnerait à leur degré d'utilité réciproque. Le maître abrite et nourrit l'esclave, le seigneur défend et protège le serf, en retour des fonctions subalternes que remplissent l'esclave et le serf au profit du maître ou du seigneur : il y a là mutualité de services, mutualité imposée de force, il est vrai, mais n'importe si le point de vue économique doit primer et si on le considère comme destiné à l'emporter de plus en plus sur le point de vue juridique. Donc, le Spartiate et l'ilote, le seigneur et le serf, et aussi bien le guerrier et le commerçant hindous seraient bien plus socialement liés que ne le sont entre eux les divers citoyens libres de Sparte, ou les seigneurs féodaux d'une même contrée, ou les ilotes, ou les serfs d'un même village, de mêmes mœurs, de même langue et de même religion (1).

On a pensé à tort qu'en se civilisant, les sociétés donnaient la préférence aux relations économiques sur les relations juridiques. C'est oublier que tout travail, tout service, tout échange repose sur un véritable contrat garanti par une législation de plus en plus réglementaire et compliquée, et qu'aux prescriptions légales accumulées s'ajoutent les usages commerciaux ou autres, ayant force de lois, les *procédures* multipliées de tous genres depuis les formalités simplifiées, mais généralisées de la politesse, jusqu'aux us électoraux et parlementaires. La société est bien plutôt une mutuelle détermination d'engagements

(1) Un peu plus loin, p. 69 et 70, G. Tarde précise ainsi sa pensée :
« Si les êtres les plus différents, le requin et le petit poisson qui lui sert de cure-dents, l'homme et ses animaux domestiques peuvent fort bien s'entre-servir, si même parfois les êtres les plus différents peuvent collaborer à une œuvre commune, le chasseur et le chien de chasse, les deux sexes souvent si dissemblables, il est au contraire une condition sans laquelle deux êtres ne sauraient s'obliger l'un envers l'autre et se reconnaître l'un sur l'autre des droits, c'est qu'ils aient un fonds d'idées et de traditions commun, une langue ou un traducteur commun, toutes similitudes étroites formées par l'éducation, l'une des formes de la transmission imitative. »

ou de consentements, de droits et de devoirs qu'une mutuelle assistance. Voilà pourquoi elle s'établit entre des êtres ou semblables ou peu différents les uns des autres. La production économique exige la spécialisation des aptitudes, laquelle, poussée à bout, conformément au vœu inexprimé, mais logiquement inévitable, des économistes, ferait du mineur, du laboureur, de l'ouvrier tisseur, de l'avocat, du médecin, etc., autant d'espèces humaines distinctes. Mais, par bonheur, la prépondérance certaine et vainement niée des rapports juridiques interdit à cette différenciation des travailleurs de s'accentuer trop, et la force même à s'affaiblir chaque jour davantage. Le droit, il est vrai, n'est ici qu'une suite et une forme du penchant de l'homme à l'imitation.

*
* *

Il peut paraître paradoxal qu'on tienne si peu de compte, pour définir l'association, des services mutuels que les associés se rendent. Mais il était intéressant de noter qu'il n'y a association entre hommes que s'ils se reconnaissent des droits, et qu'ils ne se reconnaissent des droits que s'ils se tiennent en quelque mesure pour des semblables. Seulement toutes les similitudes sociales sont-elles dues à l'imitation ?

M. Giddings, dans les *Principes de sociologie*, attribue lui aussi une grande vertu socialisante aux similitudes (qu'il étudie sous le nom de « Conscience d'Espèce »). Toutefois il n'essaie pas de dériver toutes ces similitudes du penchant qu'auraient les hommes à s'imiter.

La conscience d'espèce et les valeurs sociales

Giddings (Fr.). — *Principes de sociologie*, traduction Combes de Lestrade, revue (Paris, Giard et Brière, 1897, p. 16 et 140.)

Le fait subjectif, élémentaire et original dans la société, est *la conscience d'espèce*. J'entends par ces mots un état de conscience dans lequel chaque être, à quelque degré qu'il soit sur l'échelle sociale, reconnaît tout autre être conscient comme de la même espèce que lui.

. . . .

Dans sa plus large acception, la conscience d'espèce sépare l'animé de l'inanimé. Dans le large règne des êtres animés, elle délimite les espèces et les races. Parmi les races, la conscience d'espèce soutient les groupements ethniques et politiques, elle est la base des distinctions de classe, des innombrables formes d'alliance, des règles qui président aux relations sociales, des particularités de la vie politique. Notre façon d'être envers ceux que nous sentons nous ressembler davantage diffère instinctivement et rationnellement de celle que nous adoptons avec ceux que nous jugeons plus différents de nous.

De plus c'est la conscience d'espèce, et rien autre, qui distingue la conduite sociale, comme telle, de la conduite, ou purement économique, ou purement politique, ou purement religieuse ; car c'est précisément la conscience d'espèce qui, à notre époque, intervient sans cesse dans les opérations, autonomes en théorie, des mobiles économiques, politiques ou religieux. L'ouvrier qui, dans la poursuite de son intérêt économique, se contenterait de toucher personnellement le plus haut salaire possible, se joint à une grève qu'il ne comprend pas ou qu'il désapprouve plutôt que de se séparer de ses camarades.

Pour un semblable motif, l'industriel, qui doute fort de l'utilité de la protection pour sa propre industrie, ne laisse pas de contribuer de son écot à la campagne protectionniste. Le propriétaire du Sud qui croyait à la victoire de l'Union ne s'en rendait pas moins solidaire des confédérés, parce qu'il se sentait citoyen du Sud, étranger au Nord. Le libéralisme en matière de croyances est une conquête des hommes qui ne sauraient accepter plus longtemps les interprétations traditionnelles, mais qui désirent vivement maintenir des associations dont la rupture leur serait cruelle.

La conscience d'espèce étant la base psychologique des phénomènes sociaux, il en résulte que le premier objet de valeur sociale, c'est l'espèce elle-même ou le type de vie consciente qui est la caractéristique de la société. Chaque nation accorde une valeur suprême aux qualités qui lui sont propres, et c'est cette évaluation sociale que nous appelons préjugé national. C'est l'essence de l'amour de l'Anglais pour les choses anglaises, de l'Américain pour les choses américaines. Jusqu'à un certain point, les côtés matériels et moraux d'un type social sont évalués séparément. Les Grecs s'enorgueillissaient des lignes de la forme grecque, les Hébreux étaient fiers de la droiture de leur nation. En tout cas, dans chaque race, nationalité, communauté locale, famille, classe, secte ou cercle, aussi bien que dans chaque nation politique, c'est l'espèce ou type qui est surtout estimé.

Aussitôt après la permanence du type, c'est la cohésion sociale qui est la valeur la plus appréciée. L'existence d'une société dépend de son unité. Lorsque son intégrité est menacée, la communauté se montre prête à tous les sacrifices que nécessite le salut de l'union. Les plus splendides exemples de sentiment social ont été fournis par l'enthousiasme patriotique qui se déchaîne dans les nations quand un danger de mort les menace.

Dans l'ordre des valeurs sociales viennent en troisième lieu les diverses propriétés et possessions de la communauté. La première, parmi elles, c'est le territoire. Il éveille des sentiments qui vont du simple orgueil provoqué par l'étendue et les ressources d'un domaine national jusqu'à un amour sans limites pour la patrie. Dans les sociétés fortement religieuses, surtout dans celles qui n'ont pas secoué la barbarie, les lieux sacrés sont dévotement respectés. La sainte montagne, Sinaï ou Olympe, la rivière sacrée sont des objets de vénération. Parmi les patrimoines que chaque nation évalue le plus haut, il faut compter ses chefs, ses héros, ses saints et ses dieux. A peine moins haut se placent ses cérémonies et ses coutumes, ses manières et ses mœurs, ses lois, son culte, ses plaisirs. L'orgueil que donnaient aux Grecs les Jeux Olympiques, aux Hindous la loi de Manou, aux Israélites celle de Moïse, aux Romains les Douze-Tables, aux Anglais leur « common law » est un excellent exemple des valeurs sociales. Il est inutile de montrer en détail que l'évaluation sociale des propriétés et possessions communes n'est qu'une manifestation de la conscience d'espèce. Les dieux et les héros sont des membres de la communauté, types de ses qualités morales. Les cérémonies et les coutumes, les manières et les mœurs sont les marques distinctives de son type. Les lois, les cultes, les plaisirs sont l'expression permanente de son caractère.

Les dernières, comme importance et comme âge d'évo-

lution, sont les valeurs sociales attachées à certaines conditions abstraites, favorables à l'intégrité et au développement du groupe et à certains modes d'efforts dirigés vers
l'évolution ou la perfection du type social. Ces conditions
sont la Liberté, l'Egalité, la Fraternité.

*
* *

Contre la théorie de Tarde, E. Durkheim prend nettement
position (v. *Le Suicide*, p. 108-115). Il estime qu'on explique
à tort par la seule tendance des hommes à s'imiter des fusions
de conscience qui requièrent une tout autre explication.
Il remarque que dans nombre de cas, si les hommes s'imitent,
c'est parce qu'ils s'y sentent obligés. Bref il veut qu'on fasse
intervenir, pour comprendre la vraie nature des forces qui rapprochent et assimilent les hommes, une sorte de pression
sociale. C'est à la présence de cette contrainte qu'on recon-
naîtrait les faits sociaux et qu'on les distinguerait le plus clairement des faits individuels.

La contrainte, caractéristique du fait social

DURKHEIM (E.). — *Les Règles de la méthode sociologique.* (Paris, Alcan, 1919,
7e éd., p. 6 à 8.)

Quand je m'acquitte de ma tâche de frère, d'époux ou
de citoyen, quand j'exécute les engagements que j'ai
contractés, je remplis des devoirs qui sont définis, en
dehors de moi et de mes actes, dans le droit et dans les
mœurs. Alors même qu'ils sont d'accord avec mes sentiments propres et que j'en sens intérieurement la réalité,
celle-ci ne laisse pas d'être objective ; car ce n'est pas moi
qui les ai faits, mais je les ai reçus par l'éducation. Que
de fois, d'ailleurs, il arrive que nous ignorons le détail des
obligations qui nous incombent et que, pour les connaître,
il nous faut consulter le code et ses interprètes autorisés !
De même, les croyances et les pratiques de sa vie religieuse, le fidèle les a trouvées toutes faites en naissant ;
si elles existaient avant lui, c'est qu'elles existent en dehors
de lui. Le système de signes dont je me sers pour exprimer ma pensée, le système de monnaies que j'emploie
pour payer mes dettes, les instruments de crédit que j'uti-

lise dans mes relations commerciales, les pratiques suivies dans ma profession, etc., etc., fonctionnent indépendamment des usages que j'en fais. Qu'on prenne les uns après les autres tous les membres dont est composée la société, ce qui précède pourra être répété à propos de chacun d'eux. Voilà donc des manières d'agir, de penser et de sentir qui présentent cette remarquable propriété qu'elles existent en dehors des consciences individuelles.

Non seulement ces types de conduite ou de pensée sont extérieurs à l'individu, mais ils sont doués d'une puissance impérative et coercitive en vertu de laquelle ils s'imposent à lui, qu'il le veuille ou non. Sans doute, quand je m'y conforme de mon plein gré, cette coercition ne se fait pas ou se fait peu sentir, étant inutile. Mais elle n'en est pas moins un caractère intrinsèque de ces faits, et la preuve, c'est qu'elle s'affirme dès que je tente de résister. Si j'essaie de violer les règles du droit, elles réagissent contre moi de manière à empêcher mon acte s'il en est temps, ou à l'annuler et à le rétablir sous sa forme normale s'il est accompli et réparable, ou à me le faire expier s'il ne peut être réparé autrement. S'agit-il de maximes purement morales ? La conscience publique contient tout acte qui les offense par la surveillance qu'elle exerce sur la conduite des citoyens et les peines spéciales dont elle dispose. Dans d'autres cas, la contrainte est moins violente ; elle ne laisse pas d'exister. Si je ne me soumets pas aux conventions du monde, si, en m'habillant, je ne tiens aucun compte des usages suivis dans mon pays et dans ma classe, le rire que je provoque, l'éloignement où l'on me tient, produisent, quoique d'une manière plus atténuée, les mêmes effets qu'une peine proprement dite. Ailleurs, la contrainte, pour n'être qu'indirecte, n'en est pas moins efficace. Je ne suis pas obligé de parler français avec mes compatriotes, ni d'employer les monnaies légales ; mais il est impossible que je fasse autrement. Si j'essayais d'échapper à cette nécessité, ma tentative échouerait misérablement. Industriel, rien ne m'interdit de travailler avec des procédés et des méthodes de l'autre siècle; mais, si je le fais, je me ruinerai à coup sûr. Alors même que, en fait, je puis m'affranchir de ces règles et les violer avec succès, ce n'est jamais sans être obligé de lutter contre elles. Quand même elles sont finalement vaincues, elles font suffisamment sentir leur puissance contraignante par la résistance qu'elles opposent. Il n'y a pas de novateur, même heureux, dont les entreprises ne viennent se heurter à des oppositions de ce genre.

Voilà donc un ordre de faits qui présentent des caractères spéciaux : ils consistent en des manières d'agir, de penser et de sentir, extérieures à l'individu, et qui sont douées d'un pouvoir de coercition en vertu duquel ils s'imposent à lui. Par suite, ils ne sauraient se confondre avec les phénomènes organiques, puisqu'ils consistent en représentations et en actions ; ni avec les phénomènes psychiques, lesquels n'ont d'existence que dans la conscience individuelle et par elle. Ils constituent donc une espèce nouvelle et c'est à eux que doit être donnée et réservée la qualification de sociaux.

. . . .

Comme les exemples que nous venons de citer (règles juridiques, morales, dogmes religieux, systèmes financiers, etc.), consistent tous en croyances et en pratiques constituées, on pourrait, d'après ce qui précède, croire qu'il n'y a de fait social que là où il y a organisation définie. Mais il est d'autres faits qui, sans présenter ces formes cristallisées, ont et la même objectivité et le même ascendant sur l'individu. C'est ce qu'on appelle les courants sociaux. Ainsi, dans une assemblée, les grands mouvements d'enthousiasme, d'indignation, de pitié qui se produisent n'ont pour lieu d'origine aucune conscience particulière. Ils viennent à chacun de nous du dehors et sont susceptibles de nous entraîner malgré nous. Sans doute, il peut se faire que, m'y abandonnant sans réserve, je ne sente pas la pression qu'ils exercent sur moi. Mais elle s'accuse dès que j'essaie de lutter contre eux. Qu'un individu tente de s'opposer à l'une de ces manifestations collectives, et les sentiments qu'il nie se retournent contre lui. Or, si cette puissance de coercition externe s'affirme avec cette netteté dans les cas de résistance, c'est qu'elle existe, quoique inconsciente, dans les cas contraires. Nous sommes alors dupes d'une illusion qui nous fait croire que nous avons élaboré nous-même ce qui s'est imposé à nous du dehors. Mais, si la complaisance avec laquelle nous nous y laissons aller masque la poussée subie, elle ne la supprime pas. C'est ainsi que l'air ne laisse pas d'être pesant quoique nous n'en sentions plus le poids. Alors même que nous avons spontanément collaboré, pour notre part, à l'émotion commune, l'impression que nous avons ressentie est tout autre que celle que nous eussions éprouvée si nous avions été seul. Aussi, une fois que l'assemblée s'est séparée, que ces influences sociales ont cessé d'agir sur nous et que nous nous retrouvons seul avec nous-même, les sentiments par lesquels nous avons passé nous font l'effet de quelque chose d'étranger où nous ne nous reconnaissons plus. Nous nous apercevons alors que nous les avions subis beaucoup plus que nous ne les avions faits. Il arrive même qu'ils nous font horreur, tant ils étaient contraires à notre nature. C'est ainsi que des individus, parfaitement inoffensifs pour la plupart, peuvent, réunis en foule, se laisser entraîner à des actes d'atrocité. Or, ce que nous disons de ces explosions passagères s'applique identiquement à ces mouvements d'opinion plus durables, qui se produisent sans cesse autour de nous, soit dans toute l'étendue de la société, soit dans des cercles plus restreints, sur les matières religieuses, politiques, littéraires, artistiques. etc.

On peut, d'ailleurs, confirmer par une expérience caractéristique cette définition du fait social; il suffit d'observer la manière dont sont élevés les enfants. Quand on regarde les faits tels qu'ils sont et tels qu'ils ont toujours été, il saute aux yeux que toute éducation consiste dans un effort continu pour imposer à l'enfant des manières de voir, de sentir et d'agir auxquelles il ne serait pas spontanément arrivé. Dès les premiers temps de sa vie, nous le contraignons à manger, à boire, à dormir à des heures régulières, nous le contraignons à la propreté, au calme, à l'obéissance ; plus tard, nous le contraignons pour qu'il apprenne à tenir compte d'autrui, à respecter les usages, les convenances, nous le contraignons au travail, etc., etc. Si, avec le temps, cette contrainte cesse d'être sentie, c'est qu'elle donne peu à peu naissance à des habitudes, à des tendances internes qui la rendent inutile, mais qui ne la remplacent que parce qu'elles en dérivent (1).

*
* *

M. G. Belot essaie de concilier et de dépasser les deux théories ci-dessus exposées : celle qui ramène le fait social à l'imitation et celle qui le caractérise par la contrainte, en montrant qu'il n'y a d'association véritable que si le lien est contractuel, voulu par des consciences capables de le comprendre.

De l'association spontanée à l'association volontaire

BELOT (G.). — *Etudes de morale positive*. (Paris, Alcan, 1907, 2e éd., p. 139 à 140, 184 à 186, et 211.)

Après avoir évoqué comme un cas-limite, « une société qui serait pour ainsi dire à l'état de pure animalité et dont toutes les actions seraient comparables à des réflexes », M. Belot ajoute :

A l'autre limite, les réactions sociales auraient leur plus haut degré de sûreté et de maniabilité là où la conduite sociale serait le plus généralement réfléchie, le plus parfaitement intellectualisée. C'est cette situation qu'on peut déjà entrevoir dans certaines relations économiques et juridiques dans lesquelles chacun peut savoir avec précision quelles sont les conditions et quelles seront les suites de ses actes parce que des lois explicites et certaines ont défini le terrain sur lequel l'action peut se mouvoir, en ont limité les répercussions, en ont assuré l'intégration

____

(1) Durkheim ajoute en note :

« De la définition précédente qui n'est pas une théorie mais un simple résumé des données immédiates de l'observation, il semble bien résulter que l'imitation, non seulement n'exprime pas toujours, mais même n'exprime jamais ce qu'il y a d'essentiel et de caractéristique dans le fait social. Sans doute, tout fait social est imité, il a, comme nous venons de le montrer, une tendance à se généraliser, mais c'est parce qu'il est social, c'est-à-dire obligatoire. Sa puissance d'expansion est, non la cause, mais la conséquence de son caractère sociologique. Si encore les faits sociaux étaient seuls à produire cette conséquence, l'imitation pourrait servir, sinon à les expliquer, du moins à les définir. Mais un état individuel qui fait ricochet ne laisse pas pour cela d'être individuel. De plus, on peut se demander si le mot d'imitation est bien celui qui convient pour désigner une propagation due à une influence coercitive. Sous cette unique expression, on confond des phénomènes très différents et qui auraient besoin d'être distingués. »

harmonique dans le système de l'ordre collectif. Et l'art social correspondant serait, comme on le voit, celui d'une démocratie autonome, éclairée, parfaitement disciplinée au respect de la loi qu'elle-même aurait faite.

C'est qu'en effet la société réelle a une double *existence*. En un sens elle *est* dans la mesure où elle est *nature* et spontanéité pure. Son unité organique est alors faite d'inconscience. L' « âme collective » doit sa réalité relative à l'effacement des individus, à cette unanimité irréfléchie qui atteste qu'aucun n'a réellement *pensé* ce que tout le monde pense, et qui ne résulte que de l'entraînement et de la contagion imitative. Mais la société *existe* aussi et surtout en tant qu'elle est *association* consciente et systématique, fondée sur le consentement et le contrat ; et alors son unanimité est au contraire faite, non de contrainte, mais d'entente, non d'imitation et d'inconscience, mais de pensée commune à tous ; elle résulte de la claire vision par tous des mêmes vérités et de la participation aux mêmes biens ; elle consiste non en une soumission aveugle à une tradition pesante, mais en efforts convergents vers un avenir conçu et désiré d'une seule âme.

. . . .

Le fait social ne consiste évidemment pas à être simplement entassés les uns à côté des autres ; il ne consiste même pas encore dans des réactions extérieures des individus les uns sur les autres, semblables à des entre-chocs d'atomes. Il n'est réalisé que par des consciences qui se pensent les unes les autres, qui communiquent entre elles et se réflètent mutuellement. Or, nous sommes, à l'origine, fermés les uns aux autres, et nous ne pouvons nous deviner les uns les autres que par des signes dans lesquels chacun voit, non la conscience d'autrui, mais seulement ce qu'il tire de sa propre conscience. Nous ne savons donc ce que sont les autres qu'en nous faisant nous-mêmes à l'image d'autrui, ou en faisant autrui à notre image. Les deux courants inverses, de l'imitation et de la soumission, de la contrainte et du prosélytisme s'expliquent tous deux par cette nécessité fondamentale de communiquer, qui est l'essence même de la socialité.

Et c'est pourquoi deux sociologies
tituées autour de ces deux idées
elles sont simplement compléme
exclusives l'une de l'autre.

Mais tant qu'ils restent instinc
ces deux processus d'imitation et ꜱ
rent sans doute l'assimilation des espꜱ
ils ne peuvent l'achever ni la consolic
la réflexion, l'entente délibérée, le co
cite. L'imitation instinctive et la conꜱ
nous laissent encore en partie étrangeꜱ
uns aux autres. Je ne connais à fond ni ꜱ
ni celui qui me contraint ; ils restent enꜱ
comme des choses. Une personne est un êtr
prends parce que, en un sens, je le vois en
suis lui.

C'est pourquoi la socialité ne s'achève que
nalité et la contractualité, dont on voit aꜱ
généité de nature : c'est qu'elles assurent lꜱ
cation des consciences et par suite la sûreté deꜱ
la prévisibilité des réactions. Notre liberté consꜱ
tiellement à savoir sur quoi compter. Quand il
la nature extérieure, c'est la fatalité indifférenꜱ
lois qui nous procure cette liberté, lorsque nous
naissons. Quand il s'agit de nos semblables, c'est seuꜱ
le libre consentement, les règles explicitement accꜱ
qui nous permettent d'arriver à la prévision, et de s
sur quoi compter. Notre liberté repose donc sur
liberté. Nous devons les vouloir libres si nous voulꜱ
être libres nous-mêmes, et, réciproquement nous n'avoꜱ
pas le droit de renoncer à notre liberté, parce que noꜱ
porterions ainsi atteinte à celle des autres.

. . . .

Il n'y a vraiment société qu'entre des consciences qui
se pensent les unes les autres. La société est donc d'autant mieux réalisée qu'elle repose davantage, d'une part,
sur le libre examen, qui unit les esprits dans la vérité,
d'autre part, sur le contrat, sur la législation expresse
et consentie, qui unit les volontés dans la liberté. La domi-

ce qu'il est ? A cette condition, et à cette condition seulement, il y aura une sociologie proprement dite ; car il y aura alors une vie de la société, distincte de celle que mènent les individus ou plutôt distincte de celle qu'ils mèneraient s'ils vivaient isolés.

Or il existe bien réellement des phénomènes qui présentent ces caractères, seulement il faut savoir les découvrir. En effet, tout ce qui se passe dans un groupe social n'est pas une manifestation de la vie du groupe comme tel, et par conséquent n'est pas social, pas plus que tout ce qui se passe dans un organisme n'est proprement biologique. Non seulement les perturbations accidentelles et locales déterminées par des causes cosmiques, mais encore des événements normaux, régulièrement répétés qui intéressent tous les membres du groupe sans exception, peuvent n'avoir aucunement le caractère de faits sociaux. Par exemple tous les individus, à l'exception des malades, remplissent leurs fonctions organiques dans des conditions sensiblement identiques ; il en est de même des fonctions psychologiques : les phénomènes de sensation, de représentation, de réaction ou d'inhibition sont les mêmes chez tous les membres du groupe, ils sont soumis chez tous aux mêmes lois que la psychologie recherche. Mais personne ne songe à les ranger dans la catégorie des faits sociaux malgré leur généralité. C'est qu'ils ne tiennent aucunement à la nature du groupement, mais dérivent de la nature organique et psychique de l'individu. Aussi sont-ils les mêmes, quel que soit le groupe auquel l'individu appartient. Si l'homme isolé était concevable, on pourrait dire qu'ils seraient ce qu'ils sont même en dehors de toute société. Si donc les faits dont les sociétés sont le théâtre ne se distinguaient les uns les autres que par leur degré de généralité, il n'y en aurait pas qu'on pût considérer comme des manifestations propres de la vie sociale, et dont on pût, par suite, faire l'objet de la sociologie.

Et pourtant l'existence de tels phénomènes est d'une telle évidence qu'elle a été signalée par des observateurs qui ne songeaient pas à la constitution d'une sociologie. On a remarqué bien souvent qu'une foule, une assemblée ne sentaient, ne pensaient et n'agissaient pas comme l'auraient fait les individus isolés ; que les groupements les plus divers, une famille, une corporation, une nation avaient un « esprit », un caractère, des habitudes comme les individus ont les leurs. Dans tous les cas par conséquent on sent parfaitement que le groupe, foule ou société, a vraiment une nature propre, qu'il détermine chez les individus certaines manières de sentir, de penser et d'agir, et que ces individus n'auraient ni les mêmes tendances, ni les mêmes habitudes, ni les mêmes préjugés, s'ils avaient vécu dans d'autres groupes humains. Or cette conclusion peut être généralisée. Entre les idées qu'aurait, les actes qu'accomplirait un individu isolé et les manifestations collectives, il y a un tel abîme que ces dernières doivent être rapportées à une *nature* nouvelle, à des forces *sui generis* : sinon elles resteraient incompréhensibles.

Soient, par exemple, les manifestations de la vie économique des sociétés modernes d'Occident : production industrielle des marchandises, division extrême du travail, échange international, association de capitaux, monnaie, crédit, rente, intérêt, salaire, etc. Qu'on songe au nombre considérable de notions, d'institutions, d'habitudes que supposent les plus simples actes d'un commerçant ou d'un ouvrier qui cherche à gagner sa vie ; il est manifeste que ni l'un ni l'autre ne créent les formes que prend nécessairement leur activité : ni l'un ni l'autre n'inventent le crédit, l'intérêt, le salaire, l'échange ou la monnaie. Tout ce qu'on peut attribuer à chacun d'eux, c'est une tendance générale à se procurer les aliments nécessaires, à se protéger contre les intempéries, ou encore, si l'on veut, le goût de l'entreprise, du gain, etc. Même des sentiments qui semblent tout spontanés, comme l'amour du travail, de l'épargne, du luxe, sont, en réalité, le produit de la culture sociale puisqu'ils font défaut chez certains peuples et varient infiniment, à l'intérieur d'une même société, selon les couches de la population. Or, à eux seuls, ces besoins détermineraient, pour se satisfaire, un petit nombre d'actes très simples qui contrastent de la manière la plus accusée avec les formes très complexes dans lesquelles l'homme économique coule aujourd'hui sa conduite. Et ce n'est pas seulement la complexité de ces formes qui témoigne de leur origine extra-individuelle, mais encore et surtout la manière dont elles s'imposent à l'individu. Celui-ci est plus ou moins obligé de s'y conformer. Tantôt c'est la loi même qui l'y contraint, ou la coutume tout aussi impérative que la loi. C'est ainsi que naguère l'industriel était obligé de fabriquer des produits de mesure et de qualité déterminées, que maintenant encore il est soumis à toutes sortes de règlements, que nul ne peut refuser de recevoir en paiement la monnaie légale pour sa valeur légale. Tantôt c'est la force des choses contre laquelle l'individu vient se briser s'il essaie de s'insurger contre elles : c'est ainsi que le commerçant qui voudrait renoncer au crédit, le producteur qui voudrait consommer ses produits, en un mot le travailleur qui voudrait recréer à lui seul les règles de son activité économique, se verrait condamné à une ruine inévitable.

Le langage est un autre fait dont le caractère social apparaît clairement : l'enfant apprend, par l'usage et par l'étude, une langue dont le vocabulaire et la syntaxe sont vieux de bien des siècles, dont les origines sont inconnues, qu'il reçoit par conséquent toute faite et qu'il est tenu de recevoir et d'employer ainsi, sans variations considérables. En vain essaierait-il de se créer une langue originale : non seulement il ne pourrait aboutir qu'à imiter maladroitement quelque autre idiome existant, mais encore une telle langue ne saurait lui servir à exprimer sa pensée ; elle le condamnerait à l'isolement et à une sorte de mort intellectuelle. Le seul fait de déroger aux règles et aux usages traditionnels se heurte le plus généralement à de très vives résistances de l'opinion. Car une langue n'est pas seulement un système de mots ; elle a un génie particulier, elle implique une certaine manière de percevoir, d'analyser et de coordonner. Par conséquent, par la langue, ce sont les formes principales de notre pensée que la collectivité nous impose.

Il pourrait sembler que les relations matrimoniales et domestiques sont nécessairement ce qu'elles sont en vertu de la nature humaine, et qu'il suffit, pour les expli quer, de rappeler quelques propriétés très générales, organiques et psychologiques, de l'individu humain. Mais, d'une part, l'observation historique nous apprend que les

types de mariages et de familles ont été et sont encore
extrêmement nombreux, variés ; elle nous révèle la complication quelquefois extraordinaire des formes du mariage
et des relations domestiques. Et, d'autre part, nous savons
tous que les relations domestiques ne sont pas exclusivement affectives, qu'entre nous et des parents que nous
pouvons ne pas connaître il existe des liens juridiques
qui se sont noués sans notre consentement, à notre insu ;
nous savons que le mariage n'est pas seulement un accou-
plement, que la loi et les usages imposent à l'homme qui
épouse une femme des actes déterminés, une procédure
compliquée. Manifestement, ni les tendances organiques
de l'homme à s'accoupler ou à procréer, ni même les sentiments de jalousie sexuelle ou de tendresse paternelle
qu'on lui prêterait d'ailleurs gratuitement, ne peuvent,
à aucun degré, expliquer ni la complexité, ni surtout le
caractère obligatoire des mœurs matrimoniales et domestiques.

De même les sentiments religieux très généraux qu'on
a coutume de prêter à l'homme et même aux animaux —
respect et crainte des êtres supérieurs, tourment de l'infini — ne pourraient engendrer que des actes religieux
très simples et très indéterminés : chaque homme, sous
l'empire de ces émotions, se représenterait à sa façon
les êtres supérieurs et leur manifesterait ses sentiments
comme il lui semblerait convenable de le faire. Or une
religion aussi simple, aussi indéterminée, aussi individuelle n'a jamais existé. Le fidèle croit à des dogmes et
agit selon des rites entièrement compliqués, qui lui sont
en outre inspirés par l'Eglise, par le groupe religieux auquel il appartient ; en général, il connaît très mal ces
dogmes et ces rites, et sa vie religieuse consiste essentiellement dans une participation lointaine aux croyances
et aux actes d'hommes spécialement chargés de connaître
les choses sacrées et d'entrer en rapport avec elles ; et
ces hommes eux-mêmes n'ont pas inventé les dogmes ni
les rites, la tradition les leur a enseignés et ils veillent
surtout à les préserver de toute altération. Les sentiments
individuels d'aucun des fidèles n'expliquent donc, ni le
système complexe des représentations et des pratiques
qui constitue une religion, ni l'autorité par laquelle ces

manières de penser et d'agir s'imposent à tous les membres de l'Eglise.

Ainsi les formes suivant lesquelles se développe la vie affective, intellectuelle, active de l'individu, lui préexistent comme elles lui survivront. C'est parce qu'il est homme qu'il mange, pense, s'amuse, etc., mais s'il est déterminé à agir par des tendances qui lui sont communes avec tous les hommes, les formes précises que prend son activité à chaque moment de l'histoire dépendent de toutes autres conditions qui varient d'une société à une autre et changent avec le temps au sein d'une même société : c'est l'ensemble des habitudes collectives. Parmi ces habitudes il en est de différentes sortes. Les unes appellent la réflexion par suite de leur importance même. On en prend conscience et on les consigne dans des formules écrites ou orales qui expriment comment le groupe a l'habitude d'agir, et comment il exige que ses membres agissent ; ces formules impératives ce sont les règles du droit, les maximes de la morale, les préceptes du rituel, les articles du dogme, etc. Les autres restent inexprimées et diffuses, plus ou moins inconscientes. Ce sont les coutumes, les mœurs, les superstitions populaires que l'on observe sans savoir qu'on y est tenu, ni même en quoi elles consistent exactement. Mais dans les deux cas, le phénomène est de même nature. Il s'agit toujours de manières d'agir ou de penser, consacrées par la tradition et que la société impose aux individus. Ces habitudes collectives et les transformations par lesquelles elles passent incessamment, voilà l'objet propre de la sociologie.

Un peu plus loin les auteurs observent que le mot *Institution*, à condition de l'entendre au sens large, conviendrait le mieux pour définir l'objet de la sociologie.

Sont sociales toutes les manières d'agir et de penser que l'individu trouve préétablies et dont la transmission se fait le plus généralement par la voie de l'éducation.

Il serait bon qu'un mot spécial désignât ces faits spéciaux, et il semble que le mot « institutions » serait le mieux approprié. Qu'est-ce, en effet, qu'une institution sinon un ensemble d'actes ou d'idées tout institué que les individus trouvent devant eux et qui s'imposent plus ou moins à eux ? Il n'y a aucune raison pour réserver exclusivement, comme on le fait d'ordinaire, cette expression aux arrangements sociaux fondamentaux. Nous entendons donc par ce mot aussi bien les usages et les modes, les préjugés et les superstitions que les constitutions politiques ou les organisations juridiques essentielles ; car tous ces phénomènes sont de même nature et ne diffèrent qu'en degré. L'institution est en somme dans l'ordre social ce qu'est la fonction dans l'ordre biologique : et de même que la science de la vie est la science des fonctions vitales, la science de la société est la science des institutions ainsi définies.

Mais, dira-t-on, l'institution est le passé ; c'est, par définition, la chose fixée, non la chose vivante. Il se produit à chaque instant dans les sociétés des nouveautés, depuis les variations quotidiennes de la mode jusqu'aux grandes révolutions politiques et morales, mais tous ces changements sont toujours, à des degrés divers, des modifications d'institutions existantes. Les révolutions n'ont jamais consisté dans la brusque substitution intégrale d'un ordre nouveau à l'ordre établi ; elles ne sont jamais et ne peuvent être que des transformations plus ou moins rapides, plus ou moins complètes. Rien ne vient de rien : les institutions nouvelles ne peuvent être faites qu'avec les anciennes, puisque celles-ci sont les seules qui existent. Et par conséquent pour que notre définition embrasse tout le défini, il suffit que nous ne nous en tenions pas à une formule étroitement statique, que nous ne restreignions pas la sociologie à l'étude de l'institution supposée immobile. En réalité, l'institution ainsi conçue n'est qu'une abstraction. Le institutions véritables vivent, c'est-à-dire changent sans cesse : les règles de l'action ne sont ni comprises ni appliquées de la même façon à des moments successifs, alors même que les formules qui les expriment restent littéralement les mêmes. Ce sont donc les institutions vivantes, telles qu'elles se forment, fonctionnent et se transforment aux différents moments, qui constituent les phénomènes proprement sociaux, objets de la sociologie.

*
* *

M. Paul Lacombe, dans l'*Histoire considérée comme science*,
avait proposé déjà — pour distinguer entre l'objet de l'historien proprement dit et l'objet de celui qui travaille à faire
de l'histoire une science (c'est-à-dire le sociologue) — de mettre
à part *événements* et *institutions*.

Événements et Institutions

Lacombe (P.). — *De l'Histoire considérée comme science*. (Paris, Hachette,
1894, p. 7 à 9.)

Tout acte humain porte, comme l'individu même qui
le produit, le triple sceau du général, du temporaire et
du singulier. A se marie avec B., le 19 septembre 1890 à
Rome, en présence de C., D., E., etc. Si je relève les circonstances dont ce mariage est constitué, j'en trouve
d'absolument uniques, mais j'en aperçois aussi d'autres
d'une généralité large, jusqu'à devenir quasi universelle.
Ce mariage, en tant que célébré à Rome, d'après un céré-
monial propre à cette ville, ressemble déjà à beaucoup de
mariages. En tant que célébré catholiquement, il a des
similaires, dans le monde entier ; en tant qu'union d'une
femme et d'un homme, constituée avec dessein de cons-
tance, il rappelle des faits sans nombre, accomplis
dans tous les temps et pays qui ont pratiqué l'institution
du mariage. Enfin, par la visée sexuelle qui est au fond,
il est absolument général. Distinguons, par contre, ce
qui est unique : c'est la circonstance du temps précis,
considérée en conjonction avec la circonstance du lieu
précis, avec le concours des acteurs et des témoins, considérés eux-mêmes comme individus distincts. Examiné
par ce côté, l'acte ne s'était jamais vu avant et ne se verra
plus.

Les actes qui entrent dans l'histoire, telle qu'on la
fait ordinairement, portent-ils aussi le triple cachet du
général, du temporaire et du singulier ? A première vue,
il semble qu'ils soient uniques : il n'y a qu'un Clovis qui se
soit fait sacrer à Reims ; qu'une Jeanne d'Arc qui ait
délivré Orléans ; qu'un Napoléon qui ait été vaincu à

Waterloo. En regard de l'acte à exemplaire unique, comme Waterloo, nous avons l'acte multiplié, l'acte tiré à un grand nombre d'exemplaires, ou, si l'on veut, formé sur un type, sur un mode commun : par exemple le fait d'acheter et de vendre avec de la monnaie de métal ; ce fait est accompli aujourd'hui par des milliers de personnes ; réitéré demain par les mêmes ou d'autres, et cela pendant des années ou des siècles. Il semble donc que nous soyons devant une différence de nature affectant les deux actes ; et je crois que les historiens d'un côté, les sociologistes de l'autre, sont parfois disposés à croire qu'ils traitent effectivement des actes profondément différents. C'est là une illusion qui se dissipe quand on y regarde de près. On aperçoit alors que, dans tous les ordres de l'activité humaine, l'aspect général et temporaire se retrouve dès qu'on le cherche. Une bataille précise, Waterloo, dont je parlais tout à l'heure, unique quand on la considère par un certain côté, n'en contient pas moins des modalités communes, plus ou moins étendues dans le temps et l'espace, selon lesquelles les troupes furent formées, classées, commandées, dirigées, enfin présentées à l'ennemi et conduites dans le combat. Inversement l'acte de vendre, abstractivement considéré, est une institution de l'ordre économique commune à tous les peuples de la terre ; mais si je fais attention seulement aux circonstances du temps, du lieu, de la personne qui vend, de celle qui achète, du prix, du gain ou de la perte, et à la conjonction de tout cela, j'ai devant moi un fait absolument singulier.

On s'aperçoit finalement qu'entre historiens et sociologistes il s'agit non pas d'objets différents en espèce, mais des mêmes objets vus par des aspects différents : différence de point de vue, et toutefois différence capitale, quand il s'agit de constituer la science historique.

Pour la clarté, la commodité des explications, je crois utile, désormais, de dénommer différemment l'acte vu comme unique, et le même acte vu dans sa similarité avec d'autres. Nous appellerons l'un : Evénement, et l'autre : Institution.

La sociologie pourrait donc se définir l'étude comparative des institutions humaines dans leurs rapports avec la vie des sociétés.

III. Les effets de la vie sociale

1. Bienfaits généraux de la Société

C'est sur les bienfaits de la vie sociale en général que les économistes classiques d'une part, et d'autre part les solidaristes ont le plus souvent attiré l'attention.

Société et bien-être matériel

Smith (Adam). — *Recherches sur la nature et les causes de la richesse des nations* (trad., franç., Paris, Guillaumin, 1843, livre I, ch. i, p. 15 à 18.)

Observez dans un pays civilisé et florissant ce qu'est le mobilier d'un simple journalier ou du dernier des manœuvres et vous verrez que le nombre des gens dont l'industrie a concouru pour une part quelconque à lui fournir ce mobilier, est au delà de tout calcul possible. La veste de laine, par exemple, qui couvre ce journalier, toute grossière qu'elle paraisse, est le produit du travail réuni d'une innombrable multitude d'ouvriers. Le berger, celui qui a trié la laine, celui qui l'a peignée et cardée, le teinturier, le fileur, le tisserand, le foulonnier, celui qui adoucit, chardonne et unit le drap, tous ont mis une portion de leur industrie à l'achèvement de cette œuvre grossière. Combien d'ailleurs n'y a-t-il pas eu de marchands et de voituriers employés à transporter la matière à ces divers ouvriers, qui souvent demeurent dans des endroits fort distants les uns des autres ! Que de commerce et de navigation mis en mouvement ! Que de constructeurs de vaisseaux, de matelots, d'ouvriers en voiles et en cordages, mis en œuvre pour opérer le transport des différentes drogues du teinturier, rapportées souvent des extrémités du monde ! Quelle variété de travail aussi pour produire les outils du moindre de ces ouvriers ! Sans parler des machines les plus compliquées, comme le vaisseau du commerçant, le moulin du foulonnier ou même le métier

du tisserand, considérons seulement quelle multitude
de travaux exige une des machines les plus simples, les
ciseaux avec lesquels le berger a coupé la laine. Il faut
que le mineur, le constructeur du fourneau où le minerai
a été fondu, le bûcheron qui a coupé le bois de la char-
pente, le charbonnier qui a cuit le charbon consommé à
la fonte, le briquetier, le maçon, les ouvriers qui ont construit le fourneau, le constructeur du moulin de la forge,
le forgeron, le coutelier, aient tous contribué, par la réunion de leur industrie, à la production de cet outil. Si nous
voulions examiner de même chacune des autres parties
de l'habillement de ce même journalier, ou chacun des
meubles de son ménage, la grosse chemise de toile qu'il
porte sur la peau, les souliers qui chaussent ses pieds,
le lit sur lequel il repose et toutes les différentes parties
dont ce meuble est composé ; le gril sur lequel il fait cuire
ses aliments, le charbon dont il se sert, arraché des entrailles de la terre et apporté peut-être par de longs trajets
sur terre et sur mer, tous ses autres ustensiles de cuisine,
ses meubles de table, ses couteaux et ses fourchettes, les
assiettes de terre ou d'étain sur lesquelles il sert et coupe
ses aliments, les différentes mains qui ont été employées
à préparer son pain et sa bière, le châssis de verre qui lui
procure à la fois de la chaleur et de la lumière, en l'abri-
tant du vent et de la pluie ; l'art et les connaissances
qu'exige la préparation de cette heureuse et magnifique
invention, sans laquelle nos climats du Nord offriraient
à peine des habitations supportables ; si nous songions
aux nombreux outils qui ont été nécessaires aux ouvriers
employés à produire ces diverses commodités ; si nous
examinions en détail toutes ces choses, si nous considérions la variété et la quantité de travaux que suppose
chacune d'elles, nous sentirions que, sans l'aide et le concours de plusieurs milliers de personnes, le plus petit
particulier dans un pays civilisé ne pourrait être vêtu
et meublé, même selon ce que nous regardons assez mal
à propos comme la manière la plus simple et la plus commune. Il est bien vrai que son mobilier paraîtra extrêmement simple et commun, si on le compare avec le luxe
extravagant d'un grand seigneur ; cependant entre le
mobilier d'un prince d'Europe et celui d'un paysan labo-

rieux et rangé, il n'y a peut-être pas autant de différence qu'entre les meubles de ce dernier et ceux de tel roi d'Afrique qui règne sur dix mille sauvages nus, et qui dispose en maître absolu de leur liberté et de leur vie.

Avantages du mécanisme social pour l'individu

BASTIAT (F.). — *Les Harmonies économiques.* (Paris, Guillaumin, 1855, livre I, p. 23 à 25.)

Prenons un homme appartenant à une classe modeste de la société, un menuisier de village, par exemple, et observons tous les services qu'il rend à la société et tous ceux qu'il en reçoit ; nous ne tarderons pas à être frappés de l'énorme disproportion apparente.

Cet homme passe sa journée à raboter des planches, à fabriquer des tables et des armoires ; il se plaint de sa condition, et cependant que reçoit-il en réalité de cette société en échange de son travail ?

D'abord, tous les jours, en se levant il s'habille, et il n'a personnellement fait aucune des nombreuses pièces de son vêtement. Or, pour que ses vêtements, tout simples qu'ils sont, soient à sa disposition, il faut qu'une énorme quantité de travail, d'industrie, de transports, d'inventions ingénieuses, ait été accomplie. Il faut que des Américains aient produit du coton, des Indiens de l'indigo, des Français de la laine et du lin, des Brésiliens du cuir ; que tous ces matériaux aient été transportés en des villes diverses, qu'ils y aient été ouvrés, filés, tissés, teints, etc...

Ensuite il déjeune. Pour que le pain qu'il mange lui arrive tous les matins, il faut que des terres aient été défrichées, closes, labourées, fumées, ensemencées ; il faut que les récoltes aient été préservées avec soin du pillage ; il faut qu'une certaine sécurité ait régné au milieu d'une innombrable multitude ; il faut que le froment ait été récolté, broyé, pétri et préparé ; il faut que le fer, l'acier, le bois, la pierre aient été convertis par le travail en instruments de travail ; que certains hommes se soient emparés de la force des animaux, d'autres du poids d'une chute d'eau, etc... ; toutes choses dont chacune, prise isolément, suppose une masse incalculable de travail mise en jeu, non seulement dans l'espace mais dans le temps.

Cet homme ne passera pas sa journée sans employer un peu de sucre, un peu d'huile, sans se servir de quelques ustensiles.

Il enverra son fils à l'école, pour y recevoir une instruction qui, quoique bornée, n'en suppose pas moins des recherches, des études antérieures, des connaissances dont l'imagination est effrayée.

Il sort : il trouve une rue pavée et éclairée.

On lui conteste une propriété : il trouvera des avocats pour défendre ses droits, des juges pour l'y maintenir, des officiers de justice pour faire exécuter la sentence ; toutes choses qui supposent encore des connaissances acquises, par conséquent des lumières et des moyens d'existence.

Il va à l'église : elle est un monument prodigieux, et le livre qu'il y porte est un monument peut-être plus prodigieux encore de l'intelligence humaine. On lui enseigne la morale, on éclaire son esprit, on élève son âme ; et pour que tout cela se fasse, il faut qu'un autre homme ait pu fréquenter les bibliothèques, les séminaires, puiser à toutes les sources de la tradition humaine, qu'il ait pu vivre sans s'occuper directement des besoins de son corps.

Si notre artisan entreprend un voyage, il trouve que, pour lui épargner du temps et diminuer sa peine, d'autres hommes ont aplani, nivelé le sol, comblé des vallées, abaissé des montagnes, joint les rives des fleuves, amoindri tous les frottements, placé des véhicules à roues sur des blocs de grès ou des bandes de fer, dompté les chevaux ou la vapeur, etc.

Il est impossible de ne pas être frappé de la disproportion, véritablement incommensurable, qui existe entre les satisfactions que cet homme puise dans la société et celles qu'il pourrait se donner s'il était réduit à ses propres forces. J'ose dire que, dans une seule journée, il consomme des choses qu'il ne pourrait produire lui-même en dix siècles.

Ce qui rend le phénomène plus étrange encore, c'est que tous les autres hommes sont dans le même cas que lui. Chacun de ceux qui composent la société a absorbé des millions de fois plus qu'il n'aurait pu produire ; et cependant ils ne se sont rien dérobé mutuellement. Et si l'on regarde les choses de près, on s'aperçoit que ce menuisier a payé en services tous les services qui lui ont été rendus. S'il tenait des comptes avec une rigoureuse exactitude, on se convaincrait qu'il n'a rien reçu sans le payer au moyen de sa modeste industrie; que quiconque a été employé à son service, dans le temps ou dans l'espace, a reçu ou recevra sa rémunération.

Il faut donc que le mécanisme social soit bien ingénieux, bien puissant, puisqu'il conduit à ce singulier résultat, que chaque homme, même celui que le sort a placé dans la condition la plus humble, a plus de satisfactions en un jour qu'il n'en pourrait produire en plusieurs siècles.

L'homme naît débiteur de la société

BOURGEOIS (Léon). — *Solidarité.* (Paris, Colin, 1902, p. 116 à 123.)

La connaissance des lois de la solidarité des êtres vivants n'a pas seulement détruit l'isolement de l'homme dans le milieu où il vit ; elle a détruit du même coup son isolement dans la durée ; elle a établi que, pour déterminer complètement sa situation naturelle et morale, il était indispensable de tenir compte du lien qui le rattache à ses ancêtres et à ses descendants.

L'homme ne devient pas seulement, au cours de sa vie, le débiteur de ses contemporains ; dès le jour même de sa naissance, il est un obligé. *L'homme naît débiteur de l'association humaine.*

En entrant dans l'association, il y prend sa part d'un héritage accumulé par les ancêtres de lui-même et de tous ; en naissant, il commence à jouir d'un capital immense qu'ont épargné d'autres générations antérieures. Auguste Comte a depuis longtemps mis ce fait en pleine lumière : « Nous naissons chargés d'obligations de toute sorte envers la société. » Ce que Renan dit des hommes de génie : « Chacun d'eux est un capital accumulé de plusieurs générations », est vrai non pas seulement des hommes de génie, mais de tous les hommes. La valeur de l'homme se mesure à sa puissance d'action sur les choses ; à cet égard, le plus modeste travailleur de notre temps l'emporte sur le sauvage de l'âge de pierre d'une distance égale à celle qui le sépare lui-même de l'homme de génie. Nous l'avons déjà dit : les aptitudes de notre corps, les instruments et les produits de notre travail, les instincts qui veillent en nous, les mots dont nous nous servons, les idées qui nous guident, la connaissance que nous avons du monde qui nous entoure, qui nous presse et que cependant nous dominons, tout cela est l'œuvre lente du passé ; tout cela, depuis le jour de notre naissance, est sans cesse mis par ce passé à notre disposition, à notre portée, et, pour la plus grande part, s'incorpore en nous-mêmes.

Dès que l'enfant, après l'allaitement, se sépare définitivement de la mère et devient un être distinct, recevant du dehors les aliments nécessaires à son existence, il est un débiteur ; il ne fera point un pas, un geste, il ne se procurera point la satisfaction d'un besoin, il n'exercera point une de ses facultés naissantes, sans puiser dans l'immense réservoir des utilités accumulées par l'humanité.

Dette, sa nourriture : chacun des aliments qu'il consommera est le fruit de la longue culture qui a, depuis des siècles reproduit, multiplié, amélioré les espèces végétales ou animales dont il va faire sa chair et son sang. Dette, son langage encore incertain ; chacun des mots qui naîtra sur ses lèvres, il le recueillera des lèvres de parents ou de maîtres qui l'ont appris comme lui, et chacun de ces mots contient et exprime une somme d'idées que d'innombrables ancêtres y ont accumulée et fixée. Lorsqu'il lui faudra non pas seulement recevoir des mains des autres la première nourriture de son corps et de leurs lèvres celle de son esprit, lorsqu'il commencera à créer par son effort personnel les matériaux de son accroissement ultérieur, il sentira sa dette s'accroître envers le passé. Dettes, et de quelle valeur, le livre et l'outil que l'école et l'atelier lui vont offrir : il ne pourra jamais savoir ce que ces deux objets, qui lui sembleront si maniables et de si peu de poids, ont exigé d'efforts antérieurs ; combien de mains lourdes et maladroites ont tenu, manié, soulevé, pétri et souvent laissé tomber de lassitude et de désespoir cette forme de l'outil avant qu'elle soit devenue l'instrument léger et puissant qui l'aide à vaincre la matière ; combien d'yeux se sont ouverts et longuement fixés sur les choses, combien de lèvres ont balbutié, combien de pensées se sont éveillées, efforcées et tendues, combien de souffrances ont été subies, de sacrifices acceptés, de vies offertes, pour mettre à sa disposition ces caractères d'imprimerie, ces petits morceaux de plomb qui, en quelques heures répandent sur le monde, par millions d'exemplaires, l'innombrable essaim des idées, ces vingt-quatre petites lettres noires où l'homme réduit et représente le système du monde ! Et plus il avancera dans la vie, plus il verra croître sa dette, car chaque jour un nouveau profit sortira pour lui de l'usage de l'outillage matériel et intellectuel créé par l'humanité ; dette, à chaque pas sur la route qu'au prix de mille peines et souvent de mille morts les hommes ont construite à travers le marais ou la montagne ; dette, à chaque tour de roue de la voiture ou du wagon, à chaque tour d'hélice du navire ; dette, à chaque consommation d'un produit de l'agriculture, de l'industrie ou de la science ; dette envers tous les morts qui ont laissé cet héritage, envers tous ceux dont le travail a transformé la terre, rude et sombre abri des premiers âges, en un immense champ fertile, en une usine créatrice ; dette envers ceux dont la pensée a ravi aux éléments les secrets de leur puissance et les a, par cette puissance même, domptés et asservis ; dette envers ceux dont le génie a su, des apparences innombrables des êtres et des choses, dégager la forme et révéler l'harmonie, dette envers ceux dont la conscience a tiré sa race de l'état de violence et de haine, et l'a peu à peu conduite vers l'état de paix et d'accord.

2. Psychologie des Foules

Il ne faut pas se contenter d'observer que d'une façon générale l'individu tire bénéfice de la vie de société. Il importe de pousser plus loin l'analyse. Il faut essayer de montrer comment le fait de vivre groupés réagit sur les diverses aptitudes et tendances des hommes : on s'apercevra alors que la société ne se contente pas de nous servir, elle tend à nous façonner. Elle n'est pas seulement pourvoyeuse, elle est encore et surtout institutrice. Les hommes sentent, pensent, veulent autrement groupés qu'ils ne sentiraient, penseraient, voudraient isolés.

Quand on veut montrer l'influence exercée par le groupe sur l'individu, l'exemple qu'on allègue le plus souvent est celui des transformations que l'homme subit lorsqu'il est plongé dans une foule. M. G. Lebon, dans un livre où il analyse surtout les mouvements des foules dans la Révolution (*La Psychologie des Foules*) ; M. Sighele, dans un livre où il étudie les crimes collectifs (*La Foule criminelle*), avaient déjà attiré l'attention sur ces effets.

M. Delacroix essaie d'expliquer, par l'observation des foules religieuses, comment peuvent se produire ces transformations.

L'influence de la foule sur l'esprit individuel

DELACROIX (H.). — *La Religion et la Foi.* (Paris, Alcan, 1922, p. 66 à 69.)

Rappelons à grands traits les caractères principaux de ces états de foule. S'ils sont assez rares aujourd'hui, au sein des religions fortement constituées, s'ils détonnent même dans les religions d'aujourd'hui, parce que le culte y est nettement réglé, parce qu'un clergé spécialisé s'est réservé tous les pouvoirs, et que la foule n'y fonctionne qu'encadrée et dirigée, il ne faut pas oublier qu'ils sont l'état normal dans toutes les sociétés où le culte implique la participation effective et complète des fidèles, où tous les assistants sont à la fois officiants, <u>acteurs</u> et <u>spec</u>-tateurs.

Dans la foule, l'individu satisfait le besoin grégaire et l'instinct moutonnier ; il sort de l'isolement où il s'étiole ; il interrompt la monotonie quotidienne pour goûter des émotions puissantes et fraîches. Voici les lois principales qui paraissent régler ces états de foule.

1° Dans la foule disparaissent les habitudes de con-trôle personnel et la contrainte sociale coutumière ; on se laisse aller ; il se produit une sorte de détente et d'abolition de la critique qui préparent l'expansion de l'affectivité, l'invasion de l'excitation étrangère. La foule religieuse est plus ou moins unifiée dès l'origine par la fin qu'elle poursuit en commun, par la direction qu'elle reçoit souvent d'une personnalité prépondérante ;

2° La foule est en état d'attention expectante et d'adoration ou de crainte éperdue. Une exigence obscure, un vague pressentiment la hantent ; son aspiration confuse est traversée de frissons. Elle est tendue tout entière sensoriellement et musculairement vers quelque chose qui va venir ; quelque chose de vague, qui prend différentes figures au cours de la réunion. Il y a des moments de tension et de détente ; cette excitation a ses sommets, ses paroxysmes, et aussi ses zones, ses phases d'incompréhension et de non-réceptivité. C'est le mot de Huysmans, parlant des foules de Lourdes : « La foule se charge et se comprime dans l'attente pour exploser. » L'agitation diffuse se précise par instants ;

3º De vagues virtualités passent à l'acte. Les sentiments se déchargent en mouvements, en cris, en actes. Le premier pas est fait par ceux qui ont moins de contrôle sur leur esprit et sur leurs muscles. L'état psychique se renforce : 1º de ses propres manifestations ; jusqu'à l'état de vertige que peut produire chez un individu la perception de ses propres mouvements ou de ses propres cris ; ainsi le jeu poursuivi jusqu'à épuisement ; l'imitation circulaire de Baldwin ; 2º du retentissement de cette expression sur la conscience d'autrui dont les manifestations exubérantes, à leur tour, se réfléchissent sur le sujet ; c'est une sorte d'écho, une avalanche grossissante ; une intensification croissante qui fait que l'individu est dominé, élevé au-dessus de lui-même, qu'il se désintéresse de soi et se donne aux fins communes ; en même temps il se sent libre ; sa vie propre lui revient exaltée ; il domine et il est dominé ; tel le bon nageur « qui se pâme dans l'onde ».

Cela se produit surtout aux extrêmes ; chez le fort, l'homme qui parle à la foule et qui est animé par elle, qui reçoit, accrue, l'excitation qu'il communique ; chez le faible délivré du sentiment de sa faiblesse, traversé par une force brutale et immense ;

4º Sur un terrain ainsi préparé dans ces esprits déséquilibrés et surexcités tombent des suggestions qui se développent à l'abri de toute critique. La réceptivité est accrue dans une sorte d'obnubilation, la suggestion s'installe et s'épanouit : « Abasourdissement », dit encore Huysmans ; on vit alors dans un milieu sans proportion ; et c'est justement qu'il parle des « chambres de chauffe de la piété ».

Ainsi se forme un être nouveau, plus puissant, une

effervescence qui s'épanche en débordement furieux, ou qui, retenue, canalisée, reste un tumulte réglé, un désordre encore rythmé. La foule d'action, foule d'amour ou foule de haine, se soude en un tout solidaire, en un groupe ardent et vociférateur, qui profère les mêmes exclamations, exécute les mêmes mouvements et les mêmes actes. Les réveils religieux entre autres nous montrent clairement que cette effervescence peut prendre bien des formes et qu'elle admet bien des degrés, selon les conditions qui les ont préparés, selon la qualité de ceux qui y prennent part ; dans les derniers bas-fonds de la piété, dans les milieux primitifs, cela tombe souvent à des excès presque incroyables ; mais de nombreux exemples tirés de l'histoire du jansénisme montrent aussi jusqu'où peuvent aller des hommes froids et compassés dans la vie ordinaire ; d'autant que l'excitation se renforce presque aussitôt d'une théorie toute prête, et que les hommes ont toujours vu, dans certains mouvements violents, dans certaines formes exaltées d'agitation, la marque de l'invasion de l'esprit.

*
* *

En quel sens les manifestations des foules servent à l'entretien des sentiments sociaux, c'est ce que M. G. Tarde explique dans le passage suivant où il distingue « foules d'amour » et « foules de haine ».

Les foules et l'action sociale

Tarde (G.). — *L'Opinion et la Foule.* (Paris, Alcan, 1922, 4e éd., p. 44 à 47.)

On peut distinguer les foules d'action en foules d'amour et foules de haine. Mais à quelle œuvre vraiment féconde les foules amoureuses emploient-elles leur activité ? On ne sait ce qu'il y a de plus désastreux, des haines ou des amours, des exécrations ou des enthousiasmes de la foule. Quand elle hurle, en proie à un délire cannibale, elle est horrible, c'est vrai ; mais quand elle se rue, adoratrice, aux pieds d'une de ses idoles humaines, qu'elle détèle sa voiture, la hisse sur le pavoi de ses épaules, c'est le plus souvent un demi-fou comme Masaniello, une bête fauve comme Marat, un général charlatanesque tel que Boulanger, qui est l'objet de son adoration, mère des dictatures et des tyrannies. Même quand elle entoure d'ovations délirantes un héros naissant tel que Bonaparte revenant d'Italie, elle ne peut que préparer ses désastres par l'excès d'orgueil qu'elle suscite en lui et qui fait crever son génie en démence. Mais c'est pour un Marat surtout qu'elle déploie tout son enthousiasme. L'apothéose de ce monstre, le culte rendu à son « cœur sacré » exposé au Panthéon, est un éclatant spécimen de la puissance de mutuel aveuglement, de mutuelle hallucination, dont les hommes rassemblés sont capables. Dans cet entraînement irrésistible, la lâcheté a eu sa part, mais bien faible, en somme, et comme noyée dans la sincérité générale.

Mais, je me hâte de le dire, il y a une variété des foules d'amour, très répandue, qui joue un rôle social des plus nécessaires et des plus salutaires, et sert de contrepoids à tout le mal accompli par toutes les autres espèces de rassemblements. Je veux parler de la foule de fête, de la foule de joie, de la foule amoureuse d'elle-même, ivre uniquement du plaisir de se rassembler pour se rassembler. Ici, je rature avec empressement ce qu'il y a de matérialiste et d'étroit dans ce que j'ai dit plus haut du caractère improductif des foules. Certes, toute production ne consiste pas à bâtir des maisons, à fabriquer des meubles, des vêtements ou des aliments ; et la paix sociale, l'union sociale, entretenue par les fêtes populaires, par les frairies, par les réjouissances périodiques de tout un village ou de toute une ville, où toute dissidence s'efface momentanément dans la communion d'un même désir, le désir de se voir, de se coudoyer, de sympathiser, cette paix, cette union sont des produits non moins précieux que tous les fruits de la terre, que tous les articles de l'industrie. Même les fêtes de la Fédération, en 1790, si courte embellie entre deux cyclones, ont eu une vertu passagère de pacification. Ajoutons que l'enthousiasme patriotique — autre variété d'amour et d'amour de soi, du soi collectif, national — a aussi souvent inspiré généreusement les foules, et, s'il ne leur a jamais fait gagner de batailles, il a eu parfois pour effet de rendre invincible l'élan des armées exaltées par elles.

Oublierai-je, enfin, après les foules de fête, les foules de deuil, celles qui suivent, sous l'oppression d'une commune douleur, le convoi d'un ami, d'un grand poète, d'un héros national ? Celles-là pareillement, sont d'énergiques stimulants de la vie sociale ; et, par ces tristesses et par ces joies ressenties ensemble, un peuple s'exerce à former un seul faisceau de toutes les volontés.

En somme les foules sont loin de mériter dans leur ensemble le mal qu'on en a dit et que j'en ai pu dire moi-même à l'occasion. Si l'on met en balance l'œuvre quotidienne et universelle des foules d'amour, surtout des foules de fête, avec l'œuvre intermittente et localisée des foules de haine, on devra reconnaître, en toute impartialité, que les premières ont beaucoup plus contribué à tisser ou resserrer les liens sociaux que les secondes à déchirer par endroits ce tissu. Qu'on suppose un pays où il n'y ait jamais d'émeutes ou de soulèvement haineux d'aucun genre, mais où, en même temps, les fêtes publiques, les manifestations joyeuses de la rue, les enthousiasmes populaires, soient inconnus : ce pays insipide et incolore sera assurément bien moins imprégné du sentiment profond de sa nationalité que le pays le plus agité du monde par des troubles politiques, par des massacres même, mais qui, dans l'intervalle de ces délires, tel que Florence au moyen âge, a gardé l'habitude traditionnelle des grandes expansions religieuses ou profanes, d'allégresse en commun, jeux, processions, scènes carnavalesques. Les foules donc, les rassemblements, les coudoiements, les entraînements réciproques des hommes sont beaucoup plus utiles que nuisibles au déploiement de la sociabilité. Mais ici, comme partout, ce qui se voit empêche de songer à ce qui ne se voit pas. De là, sans doute, la sévérité habituelle du sociologue pour les foules. Les bons effets des foules d'amour et de joie se cachent dans les replis du cœur, où, longtemps après la fête, subsiste un surcroît de disposition sympathique et conciliante qui se traduit sous mille formes inaperçues, dans les gestes, dans la parole, dans les rapports de la vie journalière. Au contraire, l'œuvre antisociale des foules de haine frappe tous les yeux, et le spectacle des destructions criminelles qu'elles ont opérées leur survit longtemps pour faire exécrer leur mémoire.

3. Psychologie des groupes organisés

Quelque frappants que puissent être les effets de ce genre, il convient de se souvenir que la foule est le plus bas degré de la société : la foule, à vrai dire, n'est pas encore une société. Ce sont les effets des sociétés organisées qui intéressent le plus le sociologue.

Celles-ci se distinguent des foules parce qu'elles impliquent des *institutions*, et d'abord des *traditions*. C'est sur ce caractère traditionnaliste des sociétés humaines qu'Auguste Comte a le plus insisté.

Selon lui l'individu ne peut rien sans la solidarité sociale, mais la continuité historique est la forme la plus féconde de la solidarité.

Solidarité et continuité

Comte (A.). — *Discours sur l'Esprit positif* (Paris, Société positiviste, 1918, p. 118). — *Catéchisme positiviste* (Paris, Delagrave, éd. Pécaut, 1909, p. 70-72).

L'esprit positif est directement social, autant que possible, et sans aucun effort, par suite même de sa réalité caractéristique. Pour lui, l'homme proprement dit n'existe pas, il ne peut exister que l'Humanité, puisque tout notre développement est dû à la Société, sous quelque rapport qu'on l'envisage. Si l'idée de *société* semble encore une abstraction de notre intelligence, c'est surtout en vertu de l'ancien régime philosophique ; car, à vrai dire, c'est à l'idée d'*individu* qu'appartient un tel caractère, du moins chez notre espèce. L'ensemble de la nouvelle philosophie tendra toujours à faire ressortir, aussi bien dans la vie active que dans la vie spéculative, la liaison de chacun à tous, sous une foule d'aspects divers, de manière à rendre involontairement familier le sentiment intime de la solidarité sociale, convenablement étendue à tous les temps et à tous les lieux.

Dans cette première conception du concours humain, l'attention concerne naturellement la solidarité, de préférence à la continuité. Mais, quoique celle-ci soit d'abord moins sentie, parce qu'elle exige un examen plus profond, sa notion doit finalement prévaloir. Car, l'essor social ne tarde guère à dépendre davantage du temps que de l'espace. Ce n'est pas seulement aujourd'hui que chaque homme, en s'efforçant d'apprécier ce qu'il doit être aux autres, reconnaît une participation beaucoup plus grande chez l'ensemble de ses prédécesseurs que chez celui de ses contemporains. Une telle supériorité se manifeste, à de moindres degrés, aux époques les plus lointaines, comme l'indique le culte touchant qu'on y rendit toujours aux morts, suivant la belle remarque de Vico.

Ainsi la vraie sociabilité consiste davantage dans la continuité successive que dans la solidarité actuelle. Les vivants sont toujours, et de plus en plus, gouvernés nécessairement par les morts : telle est la loi fondamentale de l'ordre humain.

Pour la mieux concevoir, il faut distinguer, chez chaque vrai serviteur de l'Humanité, deux existences successives : l'une, temporaire, mais directe, constitue la vie proprement dite ; l'autre, indirecte, mais permanente, ne commence qu'après la mort. La première étant toujours corporelle, elle peut être qualifiée d'*objective* ; surtout par contraste avec la seconde, qui, ne laissant subsister chacun que dans le cœur et l'esprit d'autrui, mérite le nom de *subjective*. Telle est la noble immortalité, nécessairement immatérielle, que le positivisme reconnaît à notre âme, en conservant ce terme précieux pour désigner l'ensemble des fonctions intellectuelles et morales, sans aucune allusion à l'entité correspondante.

D'après cette haute notion, la vraie population humaine se compose donc de deux masses toujours indispensables, dont la proportion varie sans cesse, en tendant à faire prévaloir davantage les morts sur les vivants dans chaque opération réelle. Si l'action et le résultat dépendent surtout de l'élément objectif, l'impulsion et la règle émanent principalement de l'élément subjectif. Libéralement dotés par nos prédécesseurs, nous transmettons gratuitement à nos successeurs l'ensemble du domaine humain, avec une extension de plus en plus facile en proportion de ce que nous reçûmes. Cette gratuité nécessaire trouve sa digne récompense dans l'incorporation subjective qui nous permettra de perpétuer nos services en les transformant.

Quoiqu'une telle théorie semble constituer aujourd'hui le dernier effort systématique de l'esprit humain, les plus lointaines évolutions en offrent toujours le germe spontané, déjà senti chez les plus anciens poètes. La moindre peuplade, et même chaque famille un peu considérable, se regarde bientôt comme la souche essentielle de cette existence composée et progressive qui ne comporte, dans l'espace et dans le temps, d'autres limites nécessaires que celles de l'état normal propre à sa planète. Quoique le Grand-Etre ne soit pas encore assez formé, les plus intimes collisions ne cachèrent jamais son évolution graduelle qui, systématiquement appréciée, fournit aujourd'hui la seule base possible de notre unité finale. Même sous l'égoïsme chrétien, qui dictait au dur saint Pierre la maxime caractéristique : *Regardons-nous sur la terre comme des étrangers ou des exilés*, on voit déjà l'admirable saint Paul devancer, par le sentiment, la conception de l'Humanité, dans cette image touchante mais contradictoire **:** *Nous sommes tous les membres les uns des autres.* Le principe positiviste devait seul révéler le tronc unique auquel appartiennent nécessairement tous ces membres spontanément confus.

* *
*

La valeur que Comte accorde ainsi à la continuité fait comprendre pourquoi la méthode caractéristique de la sociologie est pour lui la *méthode historique* : de l'emploi de cette méthode il attend de grands progrès intellectuels et moraux.

Le sentiment social et la méthode historique

COMTE (A.). — *Cours de philosophie positive*, XLVIII° *leçon*. (Paris, Schleicher, nouv. éd., 1908, p. 326 à 328.)

Aucune démonstration formelle ne saurait ici devenir nécessaire pour constater l'aptitude spontanée de l'histoire à faire hautement ressortir l'intime subordination générale des divers âges sociaux. Il importe seulement, à ce sujet, *de ne pas confondre un tel sentiment de la solidarité sociale avec cet intérêt sympathique que doivent exciter spontanément tous les tableaux quelconques de la vie humaine,* et que de simples fictions peuvent même pareillement inspirer. Le sentiment dont il s'agit ici est à la fois plus profond, puisqu'il devient en quelque sorte personnel et plus réfléchi, comme résultant surtout d'une conviction scientifique : il ne saurait être convenablement développé par l'histoire vulgaire, à l'état purement descriptif ; mais uniquement par l'histoire rationnelle et positive envisagée comme une science réelle, et *disposant l'ensemble des événements humains en séries coordonnées qui montrent avec évidence leur enchaînement graduel.* Réservée d'abord à des esprits d'élite, cette nouvelle forme du sentiment social pourra ensuite appartenir, avec une moindre intensité, à l'universalité des intelligences, à mesure que les résultats généraux de la physique sociale deviendront suffisamment populaires. Elle y complétera nécessairement la notion plus sensible et plus élémentaire de *la solidarité habituelle entre les individus et les peuples contemporains,* en indiquant, par une conception encore plus noble et plus parfaite de l'unité humaine, *les diverses générations successives de l'humanité comme concourant aussi à un même but final,* dont la réalisation graduelle exigeait, de la part de chacune d'elles, une participation déterminée. Cette disposition rationnelle à *voir des coopérateurs dans les hommes de tous les temps* se manifeste à peine aujourd'hui à l'égard des sciences, et uniquement même pour les plus avancées : la prépondérance philosophique de la méthode historique lui donnera seule tout son développement, en l'étendant à tous les aspects possibles de la vie humaine de manière à entretenir convenablement, d'après une appréciation réfléchie, *ce respect fondamental envers nos ancêtres, indispensable à l'état normal de la Société,* et si fortement ébranlé aujourd'hui par la philosophie métaphysique.

* *

Comment la tradition s'incorpore dans les techniques caractéristiques des sociétés humaines, c'est ce que montre M. Espinas.

La tradition dans les arts humains

Espinas (A.). — *Les Origines de la technologie.* (Paris, Alcan, 1897, p. 5 à 7.)

Dans l'art de l'homme comme dans l'instinct de l'animal, il y a deux caractères dominants. L'instinct est une forme d'action transmise par l'hérédité avec l'organisme, son uniformité et son immutabilité ont surtout frappé les observateurs ; on ne peut nier cependant qu'il ne comporte à mesure qu'on s'élève dans l'échelle une part plus grande d'invention et d'initiative individuelle, ne serait-ce que dans l'application de la règle générale aux circonstances particulières : d'ailleurs comme il a dû commencer, et que la règle à peu près immuable qu'il impose aux actions des animaux actuels n'a pu naître que grâce à l'adaptation d'impulsions antérieures à des circonstances nouvelles dans les générations disparues, la variation, la tentative dans l'inconnu à partir d'une règle donnée est aussi essentielle à l'idée que nous devons nous en former que l'observance de séries préordonnées de mouvements, inscrites dans l'organisme et inhérentes à l'espèce. Inversement, l'art est assurément le produit de l'expérience et de la réflexion ; il suppose une invention, un acte d'initiative et de liberté ; tout perfectionnement de la pratique humaine est dû à quelque audace individuelle en rupture avec la routine ; et pourtant, si on regarde les choses de plus près, on voit que nulle invention ne peut se produire dans le vide, que l'homme ne saurait perfectionner sa manière d'agir qu'en modifiant des moyens dont il disposait antérieurement ; que l'immense majorité de nos actes rentre à notre insu dans des moules préétablis, procédés, mœurs, usages, coutumes, traditions, lois civiles ou religieuses et qu'en fin de compte — si les règles imposées par l'art sont transmises à chaque individu moins par l'hérédité que par l'exemple et l'éducation — un art est cependant plutôt un ensemble de règles fixes qu'une collection d'initiatives raisonnées. Notre volonté se meut selon des formes et en vue de fins qu'elle ne pose pas elle-même, Aristote l'a bien vu. L'artisan fabrique, le cultivateur laboure, le marin navigue, le soldat combat, le commerçant échange, le professeur enseigne, le gouvernant administre, le politicien discute, en se servant d'outils, d'engins, de procédés, de formules qu'ils reçoivent de leurs groupes : la matière et la coupe de nos vêtements, la forme et l'aménagement de nos demeures, la manière dont nous nous abordons, l'heure et la composition de nos repas, l'âge auquel nous accomplissons les actes essentiels de la vie et les conditions générales de ces actes depuis notre première culotte jusqu'à notre entrée à l'école ou au collège, depuis le choix d'un état jusqu'au choix d'une compagne pour la vie, tout cela est enfermé dans des règles dont l'interprétation nous est laissée il est vrai, mais dans des limites beaucoup plus étroites que nous ne le croyons d'ordinaire. Chacun de nous, en effet, appartient à un milieu social, est, comme on dit, d'un monde qui se charge pour lui de l'interprétation des règles et lui épargne le plus souvent l'embarras de déterminer « ce qui se fait » comme « ce qui ne se fait pas ». De ce point de vue, chaque groupe social n'est pas moins caractérisé par ses arts que chaque espèce par ses instincts.

*
* *

C'est surtout à vrai dire dans les sociétés primitives que les croyances collectives pèsent lourdement sur les consciences individuelles et les empêchent de différer. M. Lévy-Bruhl, dans ses études sur la « Mentalité primitive » nous donne à ce propos une idée des difficultés que rencontrent les missionnaires à détacher un individu de son groupe.

Puissance des croyances collectives chez les peuples primitifs

LÉVY-BRUHL (L.). — *La Mentalité primitive.* (Paris, Alcan, 1922, p. 463 à 467.)

Le « misonéisme » que l'on constate dans ces sociétés est donc une conséquence immédiate du conformisme qui, pour des raisons tenant à la nature de la mentalité primitive, y est strictement obligatoire pour leurs membres. Se singulariser de quelque manière que ce soit, est s'exposer. Chez certains Bantous, par exemple, « le fils ne doit aspirer à rien de mieux que ce que le père a eu avant lui. Si un homme a l'audace d'améliorer la construction de sa case, d'y faire une entrée plus grande qu'il n'est d'usage, s'il porte un vêtement plus beau que celui des autres, ou différent, il est aussitôt condamné à une amende ; et il devient en même temps l'objet de railleries si mordantes qu'il faut que ce soit vraiment un homme bien hardi pour les braver une seconde fois. » Chez les Cafres « les rites et les cérémonies ne sont pas choses indifférentes que chacun puisse observer ou négliger comme il lui plaît ; c'est sur elles que repose la confiance du Cafre, et, selon lui, sa vie et son bien-être dépendent de leur accomplissement régulier. Si donc il se mettait à les mépriser et à les négliger, il se déconsidérerait. Sa famille et ses amis le tiendraient à l'écart, comme une personne suspecte, qui sûrement s'adonne à l'art de la sorcellerie : autrement, se rendrait-il coupable d'un crime si détestable ? Si quelque malheur frappe alors le kraal, et si l'on a recours à un prêtre pour découvrir le sorcier coupable, toutes les chances sont pour que le prêtre désigne ce suspect comme la cause du malheur, et que celui-ci subisse le supplice des sorciers. Une autre raison qui contribue à empêcher les Cafres de manquer en quoi que ce soit à leurs rites et cérémonies est la crainte superstitieuse qu'ils ont eux-mêmes d'appeler sur eux la colère des ancêtres, s'ils le faisaient, et de s'exposer ainsi à des malheurs surnaturels. »

Ce conformisme tyrannique ne pèse pas aux individus autant qu'on pourrait le croire. Ils y sont accoutumés dès l'enfance, et ils n'imaginent pas, en général, que les choses puissent être autrement. Surtout les rapports de l'individu avec le groupe social (famille, clan, tribu) le rendent aisé à supporter. D'un mot, l'individu, dans ces sociétés, est beaucoup moins dégagé de son groupe que dans les nôtres. La solidarité sociale n'y est peut-être pas plus étroite, elle y est sûrement moins complexe, mais elle y a un caractère plus organique et plus vital. L'individu y est davantage, au sens propre du mot, un **membre** d'un corps. Par exemple, la vendetta sera également satisfaite, que ce soit le meurtrier lui-même ou un autre individu de son groupe qui soit tué par un parent de la victime. Tous les membres d'une famille sont responsables de la dette d'un d'entre eux, etc. « En général, chez les Bassoutos, les actes importants de la vie ne sont pas abandonnés au caprice de l'individu, mais sont réglés et dirigés par la famille tout entière. L'individu n'est au fond jamais majeur, il doit, plus ou moins, selon les cas, accepter la tutelle de sa famille, de son clan, ou de sa tribu. L'individu n'est rien par lui seul ; il n'est qu'une partie de la communauté familiale ou nationale. »

Là est l'origine d'un des malentendus les plus fréquents et les plus durables entre les missionnaires et les indigènes. Les missionnaires veulent sauver les âmes. Ils mettent tous leurs efforts à persuader chacune de leurs ouailles, homme ou femme, de la nécessité d'abandonner les pratiques païennes et de se convertir à la vraie foi. Mais les indigènes, en général, n'ont aucune idée de leur salut individuel. Ils pensent bien, comme les missionnaires, que la mort n'est que le passage à un autre mode d'existence ; mais ils ne conçoivent pas qu'ils puissent se sauver ou se damner, chacun pour son compte personnel. Le sentiment profond et constant qu'ils ont de leur solidarité avec leur groupe, et avec leurs chefs, quand leur société en comporte, les empêche de comprendre ce que le missionnaire désire tant pour eux, et même où il veut en venir. La distance est ici trop grande entre la mentalité primitive et la fin qu'on lui propose de poursuivre. Comment l'indigène se représenterait-il sa destinée individuelle dans l'autre monde comme dépendant uniquement de sa foi et de ses actes — sans parler de la grâce divine — quand il n'a jamais pensé à une telle indépendance de sa personne dans la société où il vit ?

Par suite, les conversions au christianisme, quand elles ont lieu, sont collectives, surtout là où l'autorité d'un chef est déjà établie et où se personnifie en lui la réalité collective du groupe. « Le besoin de dépendance est chez eux (les Bassoutos) une seconde nature ; et l'on peut dire que déjà, en naissant, ils ont au cou la marque du collier. Leur attachement à leur chef est essentiellement quelque chose d'instinctif, tel que celui que les abeilles ont pour leur reine. Jamais il ne leur viendrait à l'esprit qu'ils pourraient bien s'entendre et se concerter pour rompre le joug ; tout au plus, s'il est trop gênant, essaieront-ils de s'y soustraire individuellement en changeant de maîtres. » Supposons que ces maîtres, comme il arrive presque toujours, restent sourds aux objurgations des missionnaires : « Si nous tournons maintenant nos regards du côté des sujets, en laissant ces petits chefs pétris d'un orgueil ridicule, que nous diront-ils ? » « Nous ne sommes « que les chiens de nos maîtres, des enfants sans intelli- « gence. Comment recevrions-nous des choses que nos « chefs rejettent ? »

De même chez les Barotse. « Tout doit venir de la tête de la nation : si Lewanika nous ordonne d'apprendre, nous apprendrons, s'il refuse votre enseignement, qui donc oserait agir autrement que lui ? » — « La nation n'a qu'une âme, qu'une volonté. C'est l'annihilation des individus, la centralisation poussée à sa dernière limite, ou, autrement dit, la mort de tous au profit d'un seul. » — Si le chef ne se rend pas à l'église, elle restera vide. « Ce que nous avons remarqué à Seshaké, c'est que, le village fût-il bondé de gens, en l'absence des chefs, personne n'assistera à nos services. » Plus d'une fois, d'ailleurs, le missionnaire reconnaît, avec compassion, que la conversion individuelle est pour ainsi dire impossible à l'indigène : c'est trop lui demander. « Recevoir l'Evangile, pour le pauvre Mossouto, c'est refuser de participer à des cérémonies regardées comme nécessaires à la prospérité publique et commandées par le chef ; c'est refuser de prendre la sagaie contre les peuplades voisines ; en un mot, c'est renoncer au titre de Mossouto et s'exposer, par là, à se voir enlever les quelques vaches que l'on possède et qui sont le seul moyen de subsistance d'un père et de ses enfants. » Encore n'est-ce là que les conséquences matérielles de la rupture d'un lien social dont nous n'imaginons que bien mal le caractère. Selon les expressions du R. P. Trilles, « dans toute la conception bantoue du système mondial, l'individu n'est rien, la collectivité organisée, au contraire, demeure l'être proprement dit, ayant seul sa véritable existence. L'un est l'être, l'autre l'accident ; le premier demeure, le second passe. »

**

Un groupe organisé comme la nation, avec tout l'ensemble de ses traditions et de ses institutions, continue d'exercer une influence de tous les instants sur ses membres, même sur ceux qui ne s'en doutent pas. C'est ce que Jaurès met en lumière à propos des rapports de la classe ouvrière avec l'idéal national.

L'âme est formée par la nation

JAURÈS (Jean). — *L'Armée nouvelle*. (Paris, Rouff, 1911. p. 553 à 556.)

La patrie n'a pas pour fondement des catégories économiques exclusives, elle n'est pas enfermée dans le cadre étroit d'une propriété de classe. Elle a bien plus de profondeur organique et bien plus de hauteur idéale. Elle tient par ses racines au fond même de la vie humaine et, si l'on peut dire, à la physiologie de l'homme. Les individus humains ont toujours été capables de rapports plus étendus que les rapports de descendance et de consanguinité qui sont la base plus ou moins large de la famille. Mais les conditions mêmes de la vie sur la planète ont rendu impossible jusqu'ici la formation d'une société unique. La terre a été longtemps plus grande que l'homme, et elle a imposé à l'humanité la loi de la dispersion. C'est par groupes multiples, séparés, défiants, souvent ennemis, que la race humaine a dû tout d'abord se constituer. Les patries, les groupements distincts ont été la condition des groupements plus vastes que prépare l'évolution. Et en chacun de ces groupes une vie commune s'est développée qui garantissait et amplifiait la vie de tous et de chacun ; une conscience collective s'est formée en qui les consciences individuelles étaient unies et exaltées. Même pour les exploités, même pour les asservis, le groupement humain où ils avaient du moins une place définie, quelques heures de sommeil tranquille sur la marche la plus basse du palais, valait mieux que le monde du dehors, plein d'une hostilité absolue et d'une insécurité totale. Pour l'esclave aussi le dur foyer qu'alimentait sa peine avait parfois un reflet réchauffant, une lueur joyeuse. et les ténèbres extérieures l'épouvantaient. L'esclave, dit le grand Homère, n'a que la moitié de son âme, mais cette moitié même il risquait de la perdre en se séparant du milieu social où il avait du moins un abri et quelques liens d'affection réciproque. A l'intérieur d'un même groupement régi par les mêmes institutions, exerçant contre les groupements voisins une action commune, il y a forcément entre les individus, même des classes les plus opposées ou des castes les plus distantes, un fonds indivisible d'impressions, d'images, de souvenirs, d'émotions. L'âme individuelle soupçonne à peine tout ce qui entre en elle de vie sociale, par les oreilles et par les yeux, par les habitudes collectives, par la communauté du langage, du travail et des fêtes, par les tours de pensée et de passion communs à tous les individus d'un même groupe que les influences multiples de la nature et de l'histoire, du climat, de la religion, de la guerre, de l'art ont longuement façonné. Même pour se railler, même pour s'outrager, deux individus de classes hostiles, en un même pays, sont obligés de faire appel à des ressources communes. De cette présence en chacun de toute une vie collective résulte pour toutes les consciences individuelles un étrange agrandissement. La multiplication de l'âme individuelle par l'âme de tous se révèle parfois en des manifestations superficielles et naïves. Les foules se donnent à elles-mêmes, par leur seul mouvement, par leur remuante variété qui disperse l'âme et qui s'y concentre, des plaisirs charmants. Au théâtre, dans les fêtes, dans toutes les émotions de curiosité et de joie, dans les crises de douleur aussi, les impressions de chacun sont accrues, amplifiées, transformées par les impressions de tous. C'est le mystère, c'est le prodige des âmes individuelles qu'elles soient à la fois impénétrables et ouvertes. Tout le groupe historique dont elles font partie, dont elles sont solidaires, les affecte sans cesse et les émeut, souvent à leur insu. C'est seulement dans les grandes crises, quand un événement remue toute la profondeur et toute l'étendue d'un groupe humain, que cette solidarité se révèle pleinement à elle-même. Mais les formidables crises de passion collective seraient impossibles si un fonds inaperçu d'impressions communes ne s'était pas formé dans la familiarité des jours au fond de toutes les consciences. Quand, au sortir de la représentation des *Perses*, les Athéniens, tout enivrés de la grande poésie d'Eschyle et comme transportés d'une divine fureur de patriotisme guerrier, faisaient résonner du rythme de leurs lances les boucliers d'or attachés au temple de l'Athéné protectrice, ce n'était pas, quelle que fût la puissance de l'artiste créateur, une magnifique improvisation d'âme. Les Athéniens qui tout à l'heure étaient entrés au théâtre en échangeant sans doute des propos légers portaient en eux, à ce moment même, à un degré qu'ils ne supposaient pas, toutes les forces accumulées de la patrie. Soudain elles se déchaînaient en eux comme une surprise, mais c'est de toutes ces sources familières et profondes que le torrent avait jailli. Forces à demi instinctives et par là même immenses à la fois et redoutables. Elles sont prodigieusement efficaces, car elles prennent l'être humain par une action insensible et de tous les jours ; elles se confondent pour ainsi dire avec les habitudes organiques elles-mêmes, avec la façon de parler, de regarder, de marcher, de sourire, de penser, avec les innombrables souvenirs joyeux ou douloureux par lesquels la vie de chacun, dans un groupe humain à la fois défini et vaste, se mêle à la vie de tous. Aussi à certaines heures de plénitude exaltée elles peuvent donner aux âmes des émotions de douleur et de joie qui dépassent à l'infini tout ce que la conscience isolée pourrait se promettre d'elle-même. C'est donc l'apprentissage de la vie collective et de la grande sensibilité humaine, non pas dans l'abstrait d'une humanité qui ne fut longtemps qu'à l'état de rêve et d'incertaine préparation, mais dans la réalité substantielle et historique d'un groupe humain ample et riche de vie, mais assez déterminé, concret et saisissable pour que le haut élan de l'esprit ait une base de nature.

*
* *

Le poids des traditions ne réussit pas d'ailleurs à empêcher les individus de penser par eux-mêmes et de se reconnaître une valeur propre. M. Bagehot a dès longtemps montré comment les sociétés passent à ce qu'il appelle « *l'âge de la discussion.* »

L'âge de la discussion

BAGEHOT (W.). — *Lois scientifiques du développement des nations.* (trad. franç. Paris, Alcan, 1873, p. 171 à 177.)

De nos jours le plus grand contraste qui nous frappe est celui qui existe entre l'antique Orient avec ses civilisations fondées sur la coutume, et le jeune Occident avec ses civilisations changeantes. Il y a un an ou deux, on fit une enquête auprès des officiers les plus intelligents de notre armée d'Orient, pour savoir, non pas si le gouvernement faisait réellement du bien aux Orientaux, mais si les Orientaux eux-mêmes pensaient que nous leur faisions du bien. Dans la plupart des cas, les officiers — qui sont, en pareille matière, la meilleure autorité — répondaient ainsi : « Assurément les Indiens reçoivent de vous une foule de bienfaits inestimables ; vous leur donnez une paix continuelle, la liberté du commerce, le droit de vivre à leur guise en se soumettant aux lois ; sur ces points et sur d'autres ils sont dans un état beaucoup plus satisfaisant que jamais ; et cependant ils ne peuvent se faire à votre domination. Ce qui les embarrasse c'est votre disposition constante à changer ou, comme vous dites, à perfectionner. Comme leur vie est réglée dans tous ses détails par d'anciens usages, ils ne peuvent comprendre un gouvernement qui introduit toujours quelque nouveauté : ils n'attribuent pas du tout cette disposition au désir d'assurer leur bien-être et leur bonheur ; ils croient, au contraire, que vous avez quelque intention qu'ils ne peuvent comprendre, que vous voulez détruire leur religion. En un mot, nous nous efforçons de mettre du vin nouveau dans de vieilles bouteilles, d'introduire autant que possible une civilisation dont le progrès est l'âme dans une civilisation dont l'âme est l'immobilité : réussirons-nous ou échouerons-nous ? C'est peut-être la question la plus intéressante d'un siècle où les questions politiques importantes sont plus nombreuses que jamais.

Les recherches historiques nous montrent que ce sentiment des Hindous est le sentiment ancien, et celui des

Anglais le sentiment moderne. « La loi antique », nous dit Sir Henry Maine, « repose non sur un contrat, mais sur un état de choses ancien. » La vie, dans les civilisations antiques, aussi loin que nous reportent les documents juridiques, remonte à un temps où toutes les circonstances importantes de la vie étaient réglées par un usage à la fois social, politique et religieux, ainsi que nous dirions à présent : ceux qui s'y soumettaient étaient incapables de l'analyser ainsi ; ces distinctions mêmes n'avaient aucune place ni dans leur esprit ni dans leur langage ; mais elles sentaient que cet usage était d'une importance impérissable, et que par-dessus tout il ne devait pas changer. Dans les livres précédents, j'ai montré, ou du moins essayé de montrer pourquoi ces civilisations soumises à la coutume étaient les seules qui fussent appropriées à une société primitive ; pourquoi, pour ainsi dire, elles pouvaient seules exister dans les premiers temps ; comment elles possédaient, dans leur constitution même, un avantage décisif sur les civilisations en lutte avec elles. Mais il se présente maintenant une autre question. Si la fixité est un élément indispensable des civilisations primitives, comment donc une civilisation a-t-elle pu y renoncer ? Sans doute la plupart des civilisations sont restées immobiles ; nous voyons maintenant pourquoi la stagnation est la règle du monde et pourquoi le progrès n'est qu'une exception très rare, mais nous ne savons pas quelle cause a produit le progrès dans un cas très rare, ou quelle est la chose dont l'absence l'a empêché de naître dans tous les autres cas.

L'histoire donne à cette question une réponse très claire et très remarquable. C'est que le passage de l'âge d'immobilité à l'âge du libre arbitre se produisit pour la première fois dans des États où le gouvernement était d'une manière prononcée un gouvernement de discussion, et où les sujets de cette discussion étaient jusqu'à un certain degré des questions abstraites, c'est-à-dire des questions de principes. C'est dans les petites républiques de la Grèce et de l'Italie que la chaîne de la coutume fut pour la première fois brisée. « La liberté dit : que la lumière se fasse ! et, comme le soleil au-dessus des flots, Athènes s'éleva. » Ainsi parle Shelley, et sa philosophie est dans ce cas beaucoup plus correcte que d'ordinaire. Un État libre, cela veut dire un État — appelez-le république ou monarchie — où le pouvoir suprême est partagé entre un grand nombre de personnes. Les républiques grecques furent les premiers gouvernements de ce genre dans l'histoire, sinon dans le temps, et Athènes fut la plus grande de ces républiques.

. . . .

Mais un gouvernement de discussion, s'il peut être supporté, brise aussitôt le joug de l'immuable coutume. Ce sont en effet deux choses inconciliables. Le seul fait de mettre un sujet de discussion, avec l'intention de se laisser guider dans sa conduite par cette discussion, est un aveu par lequel on reconnaît que ce sujet n'est nullement réglé par la coutume établie, et que l'on est, sur ce point, libre de se déterminer dans un sens ou dans l'autre. On reconnaît en même temps qu'il n'y a pas d'autorité sacrée, pas d'homme transcendant et désigné par le ciel, auxquels la communauté soit tenue d'obéir à cet égard. Si l'on admet une fois la discussion sur un seul sujet ou sur un certain ordre de sujets, bientôt l'habitude de la discussion s'établit, le charme sacré de l'usage et de la coutume est rompu. « La démocratie », a-t-on dit dans les temps modernes, « est comme le tombeau : elle prend, mais elle ne rend pas ». Cela n'est pas moins vrai de la discussion. Soumettez une fois réellement un sujet à cette épreuve, et vous ne pouvez plus désormais l'y dérober ; vous ne pouvez plus le voiler de mystère, l'entourer d'une interdiction sacrée ; il reste pour toujours ouvert au libre arbitre, exposé aux délibérations profanes.

*
* *

Durkheim, de son côté, indique comment les transformations de la structure des sociétés, les transformations de la « morphologie sociale » favorisent une sorte de recul de la « conscience collective » devant les consciences individuelles.

Conscience collective et consciences individuelles

DURKHEIM (E.). — *De la division du travail social.* (Paris, Alcan, 2ᵉ éd., 1902, p. 274 à 282.)

Ce qui fait la force des états collectifs, ce n'est pas seulement qu'ils sont communs à la génération présente, mais c'est surtout qu'ils sont, pour la plupart, un legs des générations antérieures. La conscience commune ne se constitue en effet que très lentement et se modifie de même. Il faut du temps pour qu'une forme de conduite ou une croyance arrive à ce degré de généralité et de cristallisation, du temps aussi pour qu'elle le perde. Elle est donc presque tout entière un produit du passé. Or, ce qui vient du passé est généralement l'objet d'un respect tout particulier. Une pratique à laquelle tout le monde unanimement se conforme a sans doute un grand prestige ; mais si elle est forte en outre de l'assentiment des ancêtres, on ose encore bien moins y déroger. L'autorité de la conscience collective est donc faite en grande partie de l'autorité de la tradition. Nous allons voir que celle-ci diminue nécessairement à mesure que le type segmentaire s'efface.

En effet, quand il est très prononcé, les segments forment autant de petites sociétés plus ou moins fermées les unes aux autres. Là où ils ont une base familiale, il est aussi difficile d'en changer que de changer de famille, et si, quand ils n'ont plus qu'une base territoriale, les barrières qui les séparent sont moins infranchissables, elles persistent cependant. Au moyen âge il était encore difficile à un ouvrier de trouver du travail dans une autre ville que la sienne ; les douanes intérieures formaient, d'ailleurs, autour de chaque compartiment social, une ceinture qui le protégeait contre les infiltrations d'éléments étrangers. Dans ces conditions, l'individu est retenu au sol où il est né et par les liens qui l'y attachent et parce qu'il est repoussé d'ailleurs ; la rareté des voies de communications et de transmission est une preuve de cette occlusion de chaque segment. Par contre-coup, les causes qui maintiennent l'homme dans son milieu natal le fixent dans son milieu domestique. D'abord à l'origine, les deux se confondent, et si, plus tard, ils se distinguent, on ne peut pas s'éloigner beaucoup du second quand on ne peut pas dépasser le premier. La force d'attraction qui résulte de la consanguinité exerce donc son action avec son maximum d'intensité, puisque chacun reste toute sa vie placé tout près de la source même de cette force. C'est, en effet, une loi sans exception que, plus la structure sociale est de nature segmentaire, plus les familles forment de grandes masses compactes, indivises, ramassées sur elles-mêmes.

Au contraire, à mesure que les lignes de démarcations qui séparent les différents segments s'effacent, il est inévitable que cet équilibre se rompe. Comme les individus ne sont plus contenus dans leurs lieux d'origine et que ces espaces libres, qui s'ouvrent devant eux, les attirent, ils ne peuvent manquer de s'y répandre. Les enfants ne restent plus immuablement attachés au pays de leurs parents, mais s'en vont tenter fortune dans toutes les directions. Les populations se mélangent, et c'est ce qui fait que leurs différences originelles achèvent de se perdre.

Or, la mobilité plus grande des unités sociales que supposent ces phénomènes de migration détermine un affaiblissement de toutes les traditions.

En effet, ce qui fait surtout la force de la tradition, c'est le caractère des personnes qui la transmettent et l'inculquent, je veux dire les anciens. Ils en sont l'expression vivante ; eux seuls ont été témoins de ce que faisaient les ancêtres. Ils sont l'unique intermédiaire entre le présent et le passé. D'autre part, ils jouissent auprès des générations qui ont été élevées sous leurs yeux et sous leur direction, d'un prestige que rien ne peut remplacer. L'enfant, en effet, a conscience de son infériorité vis-à-vis des personnes plus âgées qui l'entourent, et il sent qu'il dépend d'elles. Le respect révérentiel qu'il a pour elles se communique naturellement à tout ce qui en vient, à tout ce qu'elles disent et à tout ce qu'elles font. C'est donc l'autorité de l'âge qui fait en grande partie celle de la tradition. Par conséquent, tout ce qui peut contribuer à prolonger cette influence au delà de l'enfance ne peut que fortifier les croyances et les pratiques traditionnelles. C'est ce qui arrive quand l'homme fait continue à vivre dans le milieu où il a été élevé, car il reste alors en rapports avec les personnes qui l'ont connu enfant, et soumis à leur action. Le sentiment qu'il a pour elles subsiste et, par conséquent, produit les mêmes effets, c'est-à-dire contient les velléités d'innovation. Pour qu'il se produise des nouveautés dans la vie sociale, il ne suffit pas que des générations nouvelles arrivent à la lumière, il faut encore qu'elles ne soient pas trop fortement entraînées à suivre les errements de leurs devancières. Plus l'influence de ces dernières est profonde — et elle est d'autant plus profonde qu'elle dure davantage — plus il y a d'obstacles aux changements.

C'est l'inverse qui se produit si l'homme, au sortir de l'adolescence, est transplanté dans un nouveau milieu. Sans doute, il y trouve aussi des hommes plus âgés que lui ; mais ce n'est pas ceux dont il a, pendant l'enfance, subi l'action. Le respect qu'il a pour eux est donc moindre et de nature plus conventionnelle, car il ne correspond à aucune réalité ni actuelle, ni passée.

C'est dans les grandes villes que l'influence modératrice de l'âge est à son minimum; on constate en même temps que, nulle part, les traditions n'ont moins d'empire sur les esprits. En effet, les grandes villes sont les foyers incontestés du progrès ; c'est en elles qu'idées, modes, mœurs, besoins nouveaux s'élaborent pour se répandre ensuite sur le reste du pays. Quand la société change, c'est généralement à leur suite et à leur imitation. Les humeurs y sont tellement mobiles, que tout ce qui vient du passé y est un peu suspect; au contraire, les nouveautés, quelles qu'elles soient, y jouissent d'un prestige presque égal à celui dont jouissaient autrefois les coutumes des ancêtres. Les esprits y sont naturellement orientés vers l'avenir. Aussi la vie s'y transforme-t-elle avec une extraordinaire rapidité : croyances, goûts, passions y sont dans une perpétuelle évolution. Nul terrain n'est plus favorable aux évolutions de toute sorte. C'est que la vie collective ne peut avoir de continuité là où les différentes couches d'unités sociales, appelées à se remplacer les uns les autres, sont à ce point discontinues.

**

Nous verrons dans les chapitres réservés à la sociologie morale ou à la sociologie idéologique le rôle prépondérant que joue la société, selon certains sociologues, dans la formation non seulement de la conscience mais de la raison.

Notons en attendant que ceux-là mêmes qui refuseraient cette vertu créatrice au groupement reconnaissent la nécessité de faire la part du social et la part de l'individuel.

L'individuel et le social

PAULHAN (F.). — *Les transformations sociales des sentiments*. (Paris, Flammarion, 1920, p. 98 à 103.)

L'individuel et le social constamment se mêlent, se fondent, s'influencent, se corrigent et se combattent pour créer, pour reformer l'individu, d'une part, et la société de l'autre, qui n'arrivent ni à s'unifier très bien ni à se disjoindre. Ainsi se forment les esprits et les caractères, tous frappés d'une marque individuelle qui fait de chacun d'eux une œuvre unique, un monde clos et distinct, mais où ne vivent que des idées, des sentiments, des tendances cultivées, développées, enrichies et déformées par la société qui les entoure. Ainsi se forment également les groupements d'hommes, les sociétés de toute nature, Églises, nations, armées, familles, qui représentent autant de socialisations spéciales d'un certain nombre de tendances individuelles...

Il est vrai que la société n'est qu'une organisation d'individus, qu'elle est, comme Spencer l'avait dit jadis, ce que la font les individus qui la composent, mais il est vrai aussi que ces individus qui créent la société sont créés, pétris, sculptés par elle.

Il n'est rien dans l'individu qui ne soit social, si ce n'est l'individu en tant que synthèse unique au monde, irréductible à toute autre, rien, pas même les sentiments, les idées et les actes par lesquels il s'oppose à l'ensemble social et se révolte contre lui. Il n'est rien non plus chez lui qui ne soit individuel, ne porte la marque plus ou moins effacée, plus ou moins fière de la personnalité. Et de même, il n'est rien dans la société qui ne se résolve en pensées, en désirs, en actes des individus, rien, si ce n'est la société, la synthèse qui unit et dirige tous les individus, ses éléments, qui en façonne, qui en dirige et en transforme les idées, les désirs et les actes. Il n'y a rien non plus dans l'eau qui ne soit de l'oxygène ou de l'hydrogène, si ce n'est la synthèse qui en transforme les propriétés, et qui prend des qualités que ne montre aucun de ses éléments...

L'action créatrice de la synthèse, du système, se révèle en des formes très différentes.

En certaines synthèses sociales, en certaines socialisations de tendances, la part des éléments, l'influence des individus, et, en bien des cas, l'influence surtout de certains d'entre eux restent très reconnaissables. Il y a des familles, des groupes divers (industriels, artistiques, etc.), des partis politiques, des gouvernements où l'influence d'une personnalité s'affirme, domine, caractérise l'activité de tout ce groupe qui paraît en être un simple grossissement. Cette personnalité disparue, l'activité se ralentit, le groupe se dissout, l'entreprise périclite, l'esprit de l'association se transforme. La tendance socialisée était une tendance individuelle qui conservait sa forme, son sens et sa direction. Evidemment les autre éléments tiennent aussi leur place dans la synthèse, mais cette place est subordonnée. Ils acceptent à peu près pleinement les suggestions de celui qui les domine, et la socialisation de la tendance se borne presque à fournir à la tendance individuelle un groupe d'instruments. Entre la France du Directoire et celle du Consulat les différences, qui sont énormes, s'expliquent légitimement, pour une très grande partie au moins, par la personnalité du Premier Consul. Il y a toujours, certes, des modifications plus ou moins graves de la tendance initiatrice, elle n'en reste pas moins apparente. Entre la pratique médicale et l'activité de l'ensemble des chirurgiens d'il y a cinquante ans et celles d'aujourd'hui il existe une différence qu'expliquent en grande partie l'existence de Pasteur et la socialisation progressive de ses conceptions. Entre la facture des vers au XVIIIe siècle, et celle qui fut en faveur dans la seconde moitié du XIXe, l'influence du génie de Hugo et la socialisation des procédés inaugurés par lui et des goûts qui, dans le public, correspondent à ces procédés, ont introduit des différences qui sautent aux yeux. Et assurément ni Napoléon, ni Pasteur, ni Hugo, pas plus que Watteau, Beethoven, ou César n'auraient pu être ce qu'ils ont été s'ils avaient vécu, comme on l'a dit, dans une tribu de sauvages, mais sans eux aussi ni leur patrie, ni la science, ni la poésie ou l'art, ni le reste de la civilisation n'auraient été tels que nous les connaissons.

Dans d'autres synthèses sociales, il semble plutôt que domine et que s'incarne une sorte d'esprit anonyme et moyen. Aucune des individualités qui les composent n'a la force et le génie de lui imposer une forme personnelle, mais différents membres innovent plus ou moins, influent plus ou moins, l'un sur un point, l'autre sur l'autre ; leurs idées, leurs désirs s'associent, se combinent, se fondent en une sorte d'esprit général qui représente la socialisation de l'ensemble de désirs, d'idées, de tendances que le groupe est appelé à faire prospérer. On voit alors les individus se soumettre à une sorte de force anonyme, à une pensée collective qui les dépasse tous et qu'on ne peut rapporter en particulier à l'un d'eux, ni même à quelques-uns particulièrement désignés. S'il en est qui ont eu, à un certain moment et pour quelques détails, un rôle prépondérant, leur souvenir s'est effacé, leur marque individuelle a disparu. Il ne reste plus qu'une sorte d'esprit social collectif qui englobe et dirige de nombreux éléments, et qui semble et qui est réellement distinct des esprits individuels, bien que, assurément, il ne puisse pas plus exister sans eux que le gaz ammoniac sans azote et sans hydrogène.

* *

Il va de soi d'ailleurs que pour apercevoir clairement les diverses influences exercées par la société sur l'individu, il importerait de classer d'abord les sociétés elles-mêmes.

IV. Comment classer les Sociétés

Pour classer les sociétés humaines il importerait de distinguer d'abord entre les sociétés formées consciemment, en vue d'un objet défini, et qui le plus souvent n'intéressent qu'un côté de la vie des individus associés, et les sociétés qui se sont organisées spontanément, répondant à des besoins divers des individus associés, les enveloppant de tous côtés, et maintenant le système d'institutions nécessaires pour les faire vivre ensemble.

Les associations contractuelles ou volontaires doivent retenir l'attention du sociologue : leur multiplication, dans notre civilisation, est un fait gros de conséquences. Mais il est clair que ces associations elles-mêmes ne sauraient prospérer que dans un milieu aménagé, ordonné, et plus ou moins pacifié déjà par l'action des sociétés qui, en raison même de leur ancienneté, de l'obscurité de leurs origines, de la lenteur de leurs développements, font penser à des produits de la nature, sinon à des êtres vivants.

Ce sont ces êtres qu'il importerait de ranger en espèces et en variétés, lorsque l'emploi de la méthode comparative aura permis de préciser les ressemblances et les différences typiques.

M. Fauconnet, dans le fragment que nous allons citer, nous invite à réfléchir sur la diversité des sociétés auxquelles nous appartenons.

Les différentes espèces de sociétés

FAUCONNET (P.). — *Revue pédagogique* (article : « Sociétés et faits sociaux », numéro de décembre 1921. (Paris, Delagrave, p. 419 à 424.)

Parmi les sociétés que forment les hommes, il faut distinguer :

1º Des sociétés instables et inorganisées, qui se font et se défont rapidement, comme les *foules* assemblées dans les rues, les *réunions*, les *compagnies* temporaires formées au hasard des circonstances. Leur rôle est souvent important. Par exemple, dans les crises politiques, surtout pendant les révolutions, les foules interviennent comme acteurs dans des événements comme la prise de la Bastille, les journées des 5 et 6 octobre 1789, les massacres de septembre.

On a remarqué que les foules commettent souvent des actes qui semblent contraires aux tendances des individus qui les composent, pris isolément ; elles sont plus « nerveuses », plus accessibles à l'émotion, quelquefois plus enthousiastes et plus héroïques, mais trop souvent plus brutales et plus cruelles que ne le seraient, isolés, la moyenne des individus qui ont formé la foule. C'est la preuve que le fait de s'associer, de s'unir en société, change les individus qui s'associent. Mais ces changements ne sont profonds et durables que si l'association est stable et organisée. Les foules ne sont que des sociétés rudimentaires, des ébauches de sociétés, qui ne peuvent pas durer, vivre, parce qu'elles n'ont pas de structure définie ;

2º Des sociétés durables et bien organisées, qui ont été créées de propos délibéré, pour satisfaire des besoins spéciaux déterminés : telles sont, par exemple, les associations sportives, scientifiques, philanthropiques, politiques ;

3º Enfin des sociétés qui sont à la fois stables et organisées, comme ces associations dont nous venons de parler, mais qui, comme les foules, se forment *spontanément*, c'est-à-dire sans propos délibéré. Telles sont les familles ou sociétés domestiques, les sociétés politiques, comme les nations, et la plupart des sociétés religieuses et professionnelles. Ces sociétés peuvent être très volumineuses, compter des millions de membres ; certaines durent pendant des siècles et voient se succéder en elles de nombreuses générations. Le plus souvent, on ne saurait dire à quel moment précis elles ont pris naissance ; on ne les a pas créées : elles se sont faites peu à peu, et elles ont fonctionné longtemps, avant de réfléchir sur leur propre statut et de formuler les principes de leur fonctionnement. Ces sociétés spontanées, stables et organisées, sont celles auxquelles on pense surtout, quand on se propose d'étudier les sociétés.

Sociétés diverses auxquelles nous appartenons

Pour fixer les idées, énumérons et décrivons sommairement les diverses sociétés auxquelles appartient un Français du xxe siècle. Ce sont principalement :

1° *La société politique.* — Quand on parle, en termes généraux, de « la société », c'est habituellement à la société politique qu'on pense, parce que ses contours sont nets et qu'elle exerce, sur la plupart des autres sociétés, un pouvoir régulateur. Si nous voulons définir le caractère social d'un homme, marquer sa place sociale dans le monde, nous indiquons d'abord à quelle société politique il appartient, disant : c'est un Français, un Espagnol, un Brésilien, un Chinois. Nous reviendrons sur cette prépondérance de la société politique. Il a existé dans le passé et il existe encore des sociétés politiques de types très divers, des tribus, des cités, des seigneuries féodales, des empires. Le type auquel appartient la société dont nous sommes membres est la *Nation* : La France est une nation. Les sociétés politiques nationales comprennent, dans leur sein, des sociétés politiques subdivisionnaires, dont la vie propre est d'autant plus active que la nation est moins complètement unifiée. Par exemple, dans la nation dite « anglaise », l'Angleterre proprement dite, l'Ecosse, l'Irlande gardent chacune une personnalité politique nettement distincte ; de même, la Prusse, la Bavière, la Saxe, etc... dans la nation allemande ; de même encore les provinces, les pays, les villes dans l'ancienne France monarchique. La France contemporaine est une nation parvenue à un très haut degré d'unification ; cependant, les municipalités et les départements peuvent être considérés comme des sociétés politiques subdivisionnaires, étroitement subordonnées d'ailleurs à la nation ; et il est possible que l'avenir rende une certaine vie à des *régions* qui coïncideraient, dans bien des cas, avec les provinces de l'Ancien Régime.

Comme la plupart des grandes nations, la France a pour annexes des sociétés politiques, très compliquées : ce sont ses colonies, agglomérations de sociétés politiques de types très divers (tribus, royaumes des nègres africains, empire d'Annam, etc.), où vivent groupés, sous notre direction politique, des peuples dont la civilisation est très différente de la nôtre ;

2° *La société domestique ou famille.* — Elle groupe les hommes qui soutiennent entre eux les rapports que nous appelons la *parenté*. Très petite en comparaison de la société politique, étroitement unie à la *société conjugale* que forment les époux, elle est, en général, comprise dans l'intérieur de la nation. Cependant un Français peut avoir des parents étrangers : dans ce cas, la société domestique chevauche sur plusieurs sociétés politiques ;

3° *La société professionnelle.* — Dans la France contemporaine, quelques-unes de ces sociétés, ou *corporations*, sont fortement organisées et rigoureusement délimitées : telles l'Armée professionnelle, l'Université, la Magistrature, le Barreau. On voit qu'il s'agit de corporations qui sont, en même temps, des organes de l'Etat, ou sur lesquelles l'Etat exerce un contrôle direct. La corporation des médecins, dont l'Etat contrôle seulement le recrutement, est assez fortement constituée. Au contraire, la plupart des professions agricoles, industrielles et commerciales, les plus nombreuses, si elles rapprochent, en fait, dans une vie commune, distincte d'une profession à l'autre, ceux qui les exercent, ne correspondent pas à des groupes sociaux organisés, qu'il soit aisé de définir et de décrire. Ces groupes (qui ont une vie très active, dans d'autres sociétés politiques, par exemple dans l'ancienne France) tendent néanmoins à se reconstituer, et certains d'entre eux exercent déjà une action importante sur la vie de leurs membres : tels sont les syndicats ouvriers groupés en vastes fédérations nationales, comme celle des mineurs. De même que les familles, ces sociétés professionnelles peuvent déborder les cadres de la société politique : ainsi, la fédération internationale des mineurs ;

4° *La société religieuse ou Eglise* (du grec, Ecclesia, Assemblée). — La plupart des Français appartiennent, au moins nominalement, à une Eglise internationale, qui est l'Eglise catholique. Les Juifs forment également une société religieuse internationale, mais dont l'organisation est beaucoup moins définie que celle de l'Eglise catholique. Au contraire, les Eglises protestantes sont généralement des Eglises nationales : en France, il y en a plusieurs. Dans nos idées actuelles un Français peut d'ailleurs n'appartenir à aucune société religieuse ;

5° *La communauté de civilisation européenne occidentale.* — Quand un Français voyage dans l'Europe occidentale, aux Etats-Unis, au Brésil, il ne se sent pas complètement -dépaysé, bien qu'il traverse des nations différentes. Il l'est beaucoup plus, quand il voyage dans l'Europe orientale, et bien davantage encore en Turquie ou au Japon. Les nations de l'Europe occidentale (et les nations d'outre-mer qui sont issues d'elles) forment donc une vaste société, définie par une *civilisation* commune, c'est-à-dire par des habitudes mentales, morales, juridiques, techniques, qui, en gros, sont les mêmes dans toutes ces nations. Cette civilisation nous apparaît. comme la plus élevée à laquelle soient jamais parvenus les hommes : aucune autre communauté de civilisation n'est parvenue, sous le rapport mental, à la doctrine que nous appelons la science positive ; sous le rapport technique, aux procédés industriels dont nous usons; sous le rapport moral, au respect de la personne humaine dont procèdent notre droit et notre moralité. Cette civilisation est commune à toutes les nations européennes occidentales, parce que toutes se sont formées dans un même milieu social. Au moyen âge, toute la partie occidentale de l'ancien empire romain et les pays germaniques limitrophes ont vécu d'une vie commune, sous la direction de l'Eglise catholique. Les individualités nationales se sont ensuite différenciées ; les nations protestantes se sont séparées de l'Eglise ; la science et la moralité se sont d'ailleurs laïcisées ; mais la civilisation, qu'on peut appeler chrétienne latine, a conservé néanmoins son unité originaire. L'Europe orientale, chrétienne grecque, le monde islamique, le monde bouddhique sont d'autres exemples de communautés de civilisation comparables, dont le caractère religieux est resté d'ailleurs beaucoup plus accentué. Il faut remarquer que ces communautés de civilisation ne sont pas des sociétés solidement organisées : elles n'ont pas de statut défini, pas de pouvoir central, pas de lois écrites. Et cependant elles ont parfaitement conscience de leur unité, et sentent nettement qu'elles se distinguent les unes des autres. La civilisation qui leur est commune est la partie du patrimoine social auquel elles attachent le plus haut prix. Un Français, un Anglais peut changer de nationalité ; mais il est si profondément imprégné de la civilisation chrétienne latine, qu'il est presque inconcevable qu'il puisse ou veuille devenir musulman ou bouddhiste ;

6° *La société politique internationale ou Société des Nations.* — C'est une espèce de fédération des sociétés politiques autonomes, principalement des nations appartenant à la communauté de civilisation européenne occidentale. Elle est à peine ébauchée. Elle a cependant, depuis longtemps déjà, son droit propre, le droit international public qui règle le concours des nations pour quelques grandes entreprises internationales : services postaux et télégraphiques, mesures d'hygiène, lutte contre le crime, protection des intérêts privés relatifs aux inventions, à la propriété littéraire et artistique, etc. Ce droit international règle aussi les rapports des nations entre elles, dans la paix (statuts des représentants diplomatiques, exécution des traités) et dans la guerre (conventions au sujet des blessés de guerre). Les conventions de la Haye, avant la guerre de 1914, qui ont réglementé la procédure d'arbitrage entre nations et le Pacte de la Société des Nations, incorporé au traité de Versailles, tendent à organiser d'une manière plus définie cette société politique internationale, dont le rôle sera certainement de plus en plus grand dans l'avenir.

*
* *

Il serait particulièrement instructif, pour classer les groupes qui doivent fournir son ossature à la vie sociale — les groupes qui, commençant par être des sortes de familles, tendent à devenir des États — de pouvoir se représenter comment ces groupes se composent, et quels sont les éléments simples qui, en se rejoignant, se coordonnant, ou se fondant, les constituent.

Durkheim esquisse une classification à la fois *génétique* (indiquant la manière dont se forment les sociétés) et *morphologique* (insistant sur la structure plus que sur la vie intérieure des sociétés), qui apporte à ce vœu un commencement de réponse.

Des sociétés simples aux sociétés composées

E. Durkheim. — *Les règles de la méthode sociologique.* (Paris, Alcan, 1919,
7ᵉ éd., p. 102 à 106.)

Par société simple, il faut entendre toute société qui
n'en renferme pas d'autres, plus simples qu'elle ; qui
non seulement est actuellement réduite à un segment
unique, mais encore qui ne présente aucune trace d'une
segmentation antérieure. La *horde*, telle que nous l'avons
définie ailleurs (1), répond exactement à cette définition. C'est un agrégat social qui ne comprend et n'a jamais
compris dans son sein aucun autre agrégat plus élémentaire, mais qui se résout immédiatement en individus.
Ceux-ci ne forment pas, à l'intérieur du groupe total,
des groupes spéciaux et différents du précédent ; ils sont
juxtaposés atomiquement. On conçoit qu'il ne puisse pas
y avoir de société plus simple, c'est le protoplasme du
règne social et, par conséquent, la base naturelle de toute
classification.

Il est vrai qu'il n'existe peut-être pas de société historique qui réponde exactement à ce signalement ; mais,
ainsi que nous l'avons montré dans le livre déjà cité, nous
en connaissons une multitude qui sont formées, immédiatement et sans autre intermédiaire, par une répétition de
hordes. Quand la horde devient ainsi un segment social
au lieu d'être la société toute entière, elle change de nom,
elle s'appelle le clan ; mais elle garde les mêmes traits
constitutifs. Le clan est, en effet, un agrégat social qui
ne se résout en aucun autre, plus restreint...

Une fois posée cette notion de la horde ou société à
segment unique — qu'elle soit conçue comme une réalité
historique ou comme un postulat de la science — on a
le point d'appui nécessaire pour construire l'échelle
complète des types sociaux. On distinguera autant de
types fondamentaux qu'il y a de manières, pour la horde,
de se combiner avec elle-même en donnant naissance à
des sociétés nouvelles et, pour celles-ci, de se combiner
entre elles. On rencontrera d'abord des agrégats formés

(1) *Division du travail social,* p. 189.

par une simple répétition de hordes ou de clans (pour leur donner leur nom nouveau), sans que ces clans soient associés entre eux de manière à former des groupes intermédiaires entre le groupe total qui les comprend tous, et chacun d'eux. Ils sont simplement juxtaposés comme les individus de la horde. On trouve des exemples de ces sociétés que l'on pourrait appeler *polysegmentaires simples* dans certaines tribus iroquoises et australiennes. L'*arch* ou tribu kabyle, a le même caractère ; c'est une réunion de clans fixés sous forme de villages. Très vraisemblablement, il y eut un moment dans l'histoire où la *curie* romaine, la *phratrie* athénienne était une société de ce genre. Au-dessus, viendraient les sociétés formées par un assemblage de sociétés de l'espèce précédente, c'est-à-dire les *sociétés polysegmentaires simplement composées*. Tel est le caractère de la confédération iroquoise, de celle formée par la réunion des tribus kabyles ; il en fut de même, à l'origine, de chacune des trois tribus primitives dont l'association donna, plus tard, naissance à la cité romaine. On rencontrerait ensuite les *sociétés polysegmentaires doublement composées*, qui résultent de la juxtaposition ou fusion de plusieurs sociétés polysegmentaires simplement composées. Telles sont la cité, agrégat de tribus, qui sont elles-mêmes des agrégats de curies qui, à leur tour, se résolvent en *gentes* ou clans, et la tribu germanique avec ses comtés qui se subdivisent en centaines, lesquelles, à leur tour, ont pour unité dernière le clan devenu village...

Il ne faudrait pas considérer ce qui précède comme constituant une classification complète des sociétés inférieures. Nous y avons quelque peu simplifié les choses pour plus de clarté. Nous avons supposé, en effet, que chaque type supérieur était formé par une répétition de sociétés d'un même type, à savoir du type immédiatement inférieur. Or, il n'y a rien d'impossible à ce que des sociétés d'espèces différentes, situées inégalement haut sur l'arbre généalogique des types sociaux, se réunissent de manière à former une espèce nouvelle (1). On en connaît au moins

(1) Toutefois, il est vraisemblable que, en général, la distance entre les sociétés composantes ne saurait être très grande ; autrement il ne pourrait y avoir entre elles aucune communauté morale. (Note de l'auteur.)

un cas ; c'est l'Empire romain, qui comprenait dans son sein les peuples les plus divers de nature.

Mais une fois ces types constitués, il y aura lieu de distinguer dans chacun d'eux des variétés différentes selon que les sociétés segmentaires, qui servent à former la société résultante, gardent une certaine individualité, ou bien, au contraire, sont absorbées dans la masse totale. On comprend en effet que les phénomènes sociaux doivent varier, non pas seulement suivant la nature des éléments composants, mais suivant leur mode de composition ; ils doivent surtout être très différents suivant que chacun des groupes partiels garde sa vie locale ou qu'ils sont tous entraînés dans la vie générale, c'est-à-dire suivant qu'ils sont plus ou moins étroitement concentrés. On devra, par conséquent, rechercher si, à un moment quelconque, il se produit une coalescence complète de ces segments. On reconnaîtra qu'elle existe à ce signe que cette composition originelle de la société n'affecte plus son organisation administrative et politique. A ce point de vue, la cité se distingue nettement des tribus germaniques. Chez ces dernières l'organisation à base de clan s'est maintenue, quoique effacée, jusqu'au terme de leur histoire, tandis que, à Rome, à Athènes, les *gentes* et les γένη cessèrent très tôt d'être des divisions politiques pour devenir des groupements privés...

On commencera par classer les sociétés d'après le degré de composition qu'elles présentent, en prenant pour base la société parfaitement simple ou à segment unique ; à l'intérieur de ces classes, on distinguera des variétés différentes suivant qu'il se produit ou non une coalescence complète des segments initiaux.

*
* *

G. Tarde. expliquant toute civilisation par l'imitation et la façon dont elle se propage, a proposé de son côté de distinguer deux types généraux de sociétés : celles où règne la *Coutume* et celles où règne la *Mode.*

La coutume et la mode

TARDE (G.). — *Les Lois de l'imitation.* (Paris, Alcan, 1890, p. 264 à 269.)

Commençons par poser en principe que, même dans les sociétés les plus envahies, telles que la nôtre, par l'importation des locutions, des idées, des institutions, des littératures, étrangères et contemporaines, et accréditées à ce double titre, le prestige des ancêtres l'emporte encore immensément sur celui des innovations récentes. Comparons les quelques mots anglais, allemands, russes, mis en vogue récemment, au fonds de tout notre vieux vocabulaire français ; les quelques théories à la mode sur l'évolution ou le pessimisme à la masse des vieilles convictions traditionnelles ; nos réformes législatives d'aujourd'hui à l'ensemble de nos codes, aussi antiques que le droit romain en ce qu'ils ont de fondamental ; et ainsi de suite. L'imitation engagée dans les courants de la mode n'est donc qu'un bien faible torrent à côté du grand fleuve de la coutume ; et il faut nécessairement qu'il en soit ainsi (1).

Mais, si mince que soit ce torrent, ses ravages ou ses irrigations sont considérables, et il importe d'étudier les

---

(1) De même que, au point de vue social, du moins au point de vue de la paix sociale momentanée, sinon éternelle, c'est la communauté des croyances qui importe bien plus que leur vérité — et de là l'importance majeure des religions ; — pareillement au même point de vue, ce qui importe, en fait d'instruction publique, par exemple, c'est la communauté des connaissances bien plus que leur utilité ; ou plutôt leur utilité principale consiste dans leur communauté, dans leur diffusion même. Assurément, il est facile de prouver que l'enseignement du grec et du latin n'est pas ce qu'il y a de plus utile aux besoins humains (autres que les besoins dont il va être question), pas plus que les dogmes de telle ou telle religion ne sont ce qu'il y a de plus démontré ; le seul avantage, mais il est grand, de maintenir cet enseignement, c'est de ne pas rompre la chaîne des générations, de ne pas nous rendre trop brusquement et trop complètement étrangers à nos pères et à nous-mêmes, de nous maintenir conformes les uns aux autres et à nos ancêtres dans les classes éclairées, afin que, unis entre nous par les liens de l'imitation des mêmes modèles, nous ne cessions pas de former ensemble une même société. Un adolescent qui saurait beaucoup plus de choses utiles et vraies que n'en savent les élèves de nos collèges, mais qui ne saurait pas les mêmes choses, leur serait étranger socialement. C'est là, au fond, la véritable raison, inavouée ou inconsciente, mais profonde, qui perpétue indéfiniment, en dépit des critiques même unanimes, le respect de tant de choses vieillies. (Note de l'auteur.)

périodicités de ses crues ou de ses desséchements, qui se produisent suivant une sorte de rythme très irrégulier.

En tout pays, une révolution s'opère à la longue dans les esprits. A l'habitude de croire sur parole les prêtres et les aïeux succède l'habitude de répéter ce que disent les novateurs contemporains ; c'est ce qu'on appelle le remplacement de la crédulité par le libre examen. A vrai dire, c'est simplement, après l'acceptation aveugle des affirmations traditionnelles qui s'imposaient par autorité, l'accueil fait aux idées étrangères qui s'imposent par persuasion. Par persuasion, c'est-à-dire par leur accord apparent avec les idées préexistantes déjà dans les esprits soumis au dogme, c'est-à-dire avec des idées déduites du dogme. La différence, on le voit, n'est pas dans le caractère libre ou non de l'acceptation. Si les affirmations traditionnelles ont été acceptées, je ne dis pas moins librement, mais plus promptement et avec plus de force, par l'esprit de l'enfant, et s'y sont imposées par autorité, non par persuasion, cela signifie que l'esprit de l'enfant était une table rase quand les dogmes y sont entrés, et que, pour y être accueillis, ils n'ont eu ni à y confirmer ni à y contredire nulle idée déjà établie. Il leur a suffi pour cela d'éveiller une curiosité nouvelle et aussitôt de la satisfaire tant bien que mal. Voilà toute la différence. Il en résulte que l'imposition autoritaire a dû forcément précéder l'imposition persuasive, et que celle-ci vient de celle-là.

En tout pays, pareillement, une autre révolution parallèle à la précédente s'accomplit dans les volontés. L'obéissance passive aux ordres, aux coutumes, aux influences des ancêtres, y est non pas remplacée, mais neutralisée en partie par la soumission aux impulsions, aux conseils, aux suggestions des contemporains. En agissant suivant ces derniers mobiles, le citoyen des temps nouveaux se flatte de faire un libre choix entre les propositions qui lui sont faites ; mais, en réalité, celle qu'il agrée, celle qu'il suit, est celle qui répond le mieux à ses besoins, à ses désirs préexistants et résultant de ses mœurs, de ses coutumes, de tout son passé d'obéissance.

Les époques et les sociétés où règne exclusivement le prestige de l'ancienneté sont celles où, comme dans la

Rome antique, *antiquité*, outre son sens propre, signifie *chose aimée. Nihil mihi antiquius est*, rien ne m'est plus cher, disait Cicéron. En Chine, de même, et en Sibérie, pour plaire aux gens qu'on rencontre, on leur dit qu'ils ont l'air âgé, et, par déférence, on appelle frère aîné son interlocuteur. Les époques et les sociétés régies plutôt par le prestige de la nouveauté sont celles où il est proverbial de dire : tout nouveau, tout beau. D'ailleurs, la part de l'élément traditionnel et coutumier est toujours, je le répète, prépondérante dans la vie sociale, et cette prépondérance se révèle avec force dans la manière dont se répandent les innovations même les plus radicales et les plus révolutionnaires ; car ceux qui les accréditent ne parviennent à les propager que par le talent de la parole ou de la plume, en maniant supérieurement la langue, non pas la langue scientifique, philosophique, technique, toute hérissée de termes nouveaux, mais la vieille et antique langue populaire, si familière à Voltaire, à Luther, à Rousseau. C'est toujours sur le vieux sol qu'il faut prendre point d'appui pour ébranler les vieux édifices et pour en élever de nouveaux. C'est sur la vieille morale aussi qu'on se fonde pour introduire en politique des nouveautés.

Je devrais, ce semble, subdiviser la distinction ci-dessus établie entre l'imitation du modèle sien et ancien et l'imitation du modèle étranger et nouveau. Ne peut-il pas se faire que le modèle ancien soit prestigieux, quoi qu'il ne soit ni parent, ni compatriote et que le modèle nouveau ait du prestige en d'autres temps, quoiqu'il ne soit pas étranger à la famille ni à la cité ? C'est certain, mais c'est assez rare pour qu'il ne vaille pas la peine de distinguer. Les époques où la devise principale est : « tout nouveau, tout beau », sont essentiellement extériorisées ; du moins à la surface, car nous savons qu'au fond elles sont plus pénétrées qu'elles ne le croient de la religion des aïeux ; et les époques où l'on a pour maxime unique : « tout antique, tout bon », vivent d'une vie tout intérieure. Quand le passé de la famille ou de la cité n'est plus jugé vénérable, à plus forte raison tout autre passé a-t-il cessé de l'être ; et le présent seul semble devoir inspirer le respect ; mais, à l'inverse, dès lors qu'il suffit d'être parents ou compatriotes pour se juger égaux, l'étranger seul, en général, semble devoir produire l'impression respectueuse qui dispose à imiter : l'éloignement dans l'espace agit comme naguère l'éloignement dans le temps. Aux époques où prévaut la coutume, on est plus infatué de son pays que de son temps, car on vante surtout le temps de jadis. Aux âges où la mode domine, on est plus fier, au contraire, de son temps que de son pays.

*
* *

Il convient de rappeler enfin la classification fameuse de Spencer, distinguant les sociétés de type militaire et les sociétés de type industriel. Il ne semble pas que cette antithèse cadre avec toutes les expériences. L'industrie n'a pas empêché la guerre, et le progrès de l'organisation industrielle n'exclut pas le maintien de l'organisation militaire. D'autre part, comme nous le verrons, pour des raisons autres que militaires, les attributions des États semblent s'étendre au lieu de diminuer. La théorie de Spencer, où survivent certains éléments de la doctrine saint-simonienne, a tout au moins le mérite d'attirer l'attention sur l'influence croissante qu'exercent dans la société contemporaine les besoins et les mœurs de l'industrie.

Sociétés militaires et sociétés industrielles

Spencer (H.). — *Principes de Sociologie.* (Trad. Cazelles, Paris, Alcan, 1878, 2e éd. 1891, t. III, p. 759 à 761 et 808 à 814.)

La force conservatrice d'une société sera d'autant plus grande qu'au secours direct de tous les hommes en état de porter les armes, s'ajoute le secours indirect de tous les individus qui ne le sont pas. Dans une société purement militaire, les individus qui ne portent pas les armes doivent consumer leur existence à entretenir celle de ceux qui combattent. Cette remarque nous conduit à examiner les divers moyens par lesquels l'évolution du type militaire impose au citoyen la subordination.

Sa vie ne lui appartient pas, elle est à la disposition de la société dont il est membre. Tant qu'il demeure capable de porter les armes, il ne peut esquiver l'obligation de se battre quand il est appelé ; enfin dans les sociétés militaires à l'extrême, il ne peut revenir vaincu sans encourir la peine de mort.

Naturellement il ne jouit que de la liberté que comportent ses obligations militaires. Il est libre de poursuivre ses fins privées, mais seulement quand la société n'a plus besoin de lui ; enfin, quand la société a besoin de lui, ses actions doivent se conformer d'heure en heure non pas à sa propre volonté, mais à la volonté publique.

Bref, sous le régime militaire, l'individu est la propriété de l'Etat. Si la conservation de la société est la fin principale, la conservation de chaque membre est la fin secondaire, fin secondaire qu'il faut assurer dans l'intérêt de la principale...

Dans une société organisée sur le type industriel, ce genre de subordination n'est point obligé. Il n'y reste aucune occasion pour l'homme d'être appelé à risquer d'abandonner ses affaires pour se soumettre au commandedement d'un officier ; et il n'existe plus aucun besoin qui l'oblige à abandonner dans l'intérêt public la portion de ses biens que cet intérêt réclame.

Dans le régime industriel, l'individualité du citoyen, au lieu d'être sacrifiée par la société, doit être protégée par la société. La société a pour devoir essentiel de défendre l'individualité de ses membres. Quand la protection à l'extérieur n'est plus nécessaire, la protection à l'intérieur devient la fonction cardinale de l'Etat, et l'accomplissement effectif de cette fonction doit être un trait prédominant du type industriel.

En effet, il est clair que, toutes choses égales d'ailleurs, une société où la vie, la liberté et la propriété sont assurées, et tous les intérêts justement considérés, doit prospérer plus qu'une société où ces conditions ne sont pas remplies ; et par conséquent, parmi les sociétés industrielles rivales, celles dans lesquelles les droits personnels sont imparfaitement assurés doivent peu à peu le céder à celles dans lesquelles ces droits sont parfaitement assurés. En sorte que, par la survie des plus aptes, un type social doit se produire dans lequel les droits individuels, considérés comme sacrés, ne subissent plus l'autorité de l'Etat au delà de ce qui est nécessaire pour payer les frais de leur protection, ou mieux de l'arbitrage qui doit régler leurs différends...

Si l'autorité publique dans le type militaire est à la fois positivement et négativement régulative, elle est seulement négativement régulative dans le type industriel. A l'esclave, au soldat ou à tout autre membre d'une communauté organisée pour la guerre, l'autorité dit : Tu feras ceci ; tu ne feras pas cela. Mais au membre de la société industrielle, l'autorité ne donne qu'un seul de ces ordres : Tu ne feras pas cela.

En effet, les gens qui, faisant leurs affaires privées par coopération volontaire, coopèrent aussi volontairement pour constituer et soutenir un organe gouvernemental, sont implicitement des gens qui l'autorisent à n'imposer à leur activité que les freins qu'ils ont tous intérêt à conserver, les freins qui répriment les agressions. A part les criminels (qui dans les conditions supposées doivent être très peu nombreux, sinon en quantité inappréciable), chaque citoyen s'abstiendra d'empiéter sur la sphère d'action d'autrui et voudra mettre la sienne à l'abri des empiétements et conserver tous les profits qu'il y aura pu réaliser. Le même motif qui porte tout le monde à s'unir pour soutenir une autorité publique protectrice de leur individualité les portera à s'unir, pour empêcher tout empiétement sur leur individualité au delà de ce qui est nécessaire pour les protéger.

Il sort de là que si, dans le type militaire, l'enrégimentation de l'armée a pour analogue une administration centralisée dans toute la société ; dans le type industriel l'administration, se décentralisant, se trouve par le fait réduite à une sphère moindre.

Sociologie domestique

I. Les formes primitives
et les formes antiques de la famille

De tous les groupes sociaux, la famille et la nation sont les plus intéressants pour le sociologue ; elles donnent l'impression d'organisations spontanées, les plus capables de se suffire, les mieux faites pour discipliner en même temps que pour alimenter l'individu, les plus comparables, par la continuité qu'elles conservent dans le flux des générations, à des êtres vivants. C'est pourquoi nous commencerons par la sociologie domestique et la sociologie politique.

Il ne sera pas d'ailleurs facile de les distinguer toujours l'une de l'autre, surtout dans les premières phases. Car la famille, entendue au sens large, est d'abord un groupement politique en même temps que domestique. Elle est une première forme d'Etat. C'est petit à petit que les deux types de sociétés se différencient. Il importerait d'ailleurs, pour comprendre comment cette différenciation s'opère, de bien distinguer les diverses espèces de familles et les phases de leur évolution.

C'est ce que négligeait de faire l'école théocratique qui, voyant dans la famille patriarcale le type de la société « naturelle », y montrait aussi le modèle universel de l'Etat.

Il faut connaître à ce propos le genre d'argumentation de Bonald, dont les vues sur la famille ont exercé une influence sur Auguste Comte, sur le Play, et même sur Proudhon.

La famille, principe et modèle de toute société

De Bonald. — *Démonstration philosophique du principe constitutif de la société.*
(Paris, Leclère, 1830, p. 91 à 95, et 97.)

Le genre humain a commencé par une famille, et la preuve en est sensible, puisqu'il continue par des familles ; et que, si on pouvait le supposer réduit à une famille, il suffirait d'une famille pour le recommencer.

Trois êtres *semblables*, puisqu'ils appartiennent à l'humanité, mais non égaux, puisqu'ils ont des fonctions différentes, père, mère, enfants, constituent la famille : constitution naturelle et nécessaire, puisqu'on ne peut supposer la famille composée de plus ou de moins que du père, de la mère et des enfants.

La famille est donc essentiellement *monogame*, c'est-à-dire du seul mariage d'un homme et d'une femme.

La polygamie, ou plusieurs mariages successifs, est non une famille, mais plusieurs familles, puisque chaque mère fait la sienne.

Nous traiterons des effets de la polygamie en parlant du divorce, qui est une polygamie actuelle ou éventuelle, puisqu'elle permet à l'homme d'avoir une ou plusieurs femmes du vivant des premières.

Ce n'est encore là que la famille, rapprochement d'êtres physiques pour la production d'un être semblable à eux.

Mais le genre humain se compose non des êtres produits, mais des êtres conservés ; la brute vit passagèrement en famille, mais seulement pour la production de ses semblables, et non pour leur conservation ; et, une fois la production assurée, le père, la mère, les petits, vivent étrangers les uns aux autres et ne se reconnaissent plus.

Mais, si la brute vit passagèrement en famille, pour la production de ses semblables, l'homme, être moral, doit vivre en société pour la conservation des êtres que la famille a produits. L'animal naît *parfait*, et n'a rien à apprendre, pour sa conservation, des animaux de son espèce ; l'homme naît *perfectible*, et a tout à recevoir de la société de ses semblables, car il ne peut se conserver au physique ni au moral que dans sa perfection relative ; et, de même que le gland périt s'il devient chêne, l'enfant périt s'il devient homme.

. . . .

Revenons pour un instant à la famille par laquelle commence toute société : *Prima societas*, dit Cicéron, *in ipso conjugio est*. (La première société réside dans le mariage lui-même.)

Dans le père est le *pouvoir*, c'est-à-dire la volonté et l'action de produire et de conserver, ou de développer l'intelligence de l'enfant, en lui donnant, par la communication de la parole, le moyen d'apprendre tout ce qu'il lui est nécessaire de savoir pour sa conservation.

Le père agit pour la conservation, comme pour la production, par le *moyen* ou le *ministère* de la mère, qui concourt à l'accomplissement de la volonté et de l'action du *pouvoir*.

L'enfant *sujet* à cette volonté et à cette action, est, pour la production comme pour la conservation, le produit de l'un et de l'autre, et procède de tous deux.

Ainsi, aux dénominations physiques et particulières de père, de mère, d'enfant, communes aux familles même d'animaux, substituons les expressions morales et générales de *pouvoir, ministre, sujet,* qui désignent l'être intelligent, conviennent à la société et même à toute société, et ne peuvent convenir qu'à elle.

Pouvoir, ministre, sujet, sont les *personnes* sociales.

. . . .

L'homme ne naît pas, comme la brute, vêtu et armé ; il n'a pas reçu de la nature cet instinct de conservation personnelle, qui, sans éducation de leçon, ni même d'exemple, fait discerner à l'animal ce qui lui est utile ou ce qui lui est nuisible, et lui fait chercher sa proie ou éviter son ennemi ; l'animal, je le répète, naît *parfait*, et ce que nous lui apprenons est pour nos besoins ou nos plaisirs, et non pour les siens : l'homme naît *perfectible ;* il faut qu'il apprenne à vivre, qu'il *juge* par son *intelligence* tout ce qui est nécessaire à sa conservation, qu'il *combatte* par l'action de ses *organes* tout ce qui s'oppose à l'accomplissement de ses besoins ou au développement de ses facultés. Il faut donc qu'il apprenne tout de ceux qui l'ont précédé dans la carrière de la vie, qu'il apprenne à parler pour apprendre à exprimer ses pensées, et pour les autres et pour lui-même ; il faut donc qu'il écoute et qu'il *obéisse ;* et je le demande aux matérialistes, qui ne voient dans l'homme qu'un animal un peu mieux organisé que les autres, comment expliqueront-ils ce pouvoir

paternel, cette tendresse maternelle, ce respect filial dont
la grossière apparence ne survit pas dans l'animal, au
temps si court de la gestation et de l'allaitement, après
lequel père, mère, petits ne se reconnaissent même plus,
et qui, dans l'homme civilisé, plus encore peut-être dans
l'homme sauvage, forment, entre les membres d'une
même famille, des nœuds si étroits, des liens si doux et
si forts, aussi durables que la vie des enfants, et qui
survivent même à la mort des parents ? Je demanderai à
ces philosophes qui ont enseigné que l'enfant ne devait
rien à ses parents, qui, dans leur union, loin de songer à
lui, n'avaient pensé qu'à leur satisfaction personnelle,
pourquoi tous ces sentiments d'obéissance et de respect,
qui ne semblent pas dans la nature de l'homme et coûtent
souvent à ses inclinations ? N'en doutons pas, une voix
puissante a été entendue d'un pôle à l'autre : « Tu hono-
reras ton père et ta mère » ; elle retentira jusqu'à la fin
des temps, et elle seule a tiré la famille humaine de l'animalité, et l'a élevée au rang de société.

**

Si la sociologie n'en est pas restée aux thèses de Bonald,
ce n'est pas seulement parce que d'autres formes de l'Etat
que celles qu'il déduit de la constitution de la famille ont
vu le jour, c'est d'abord parce que les formes de la famille sont
diverses. Sa structure comme ses dimensions ont considérablement varié. Les rapports des parents avec les enfants
ou des parents entre eux sont loin d'avoir été toujours ce qu'ils
sont aujourd'hui. M. Vinogradoff propose de définir comme
il suit les types principaux de familles.

Les divers types de parenté

Vinogradoff (Paul). — *Principes historiques du droit.* (trad. P. Duez et
F. Joüon de Longrais, Paris, Payot, 1924, p. 215 à 217.)

Il ne faut pas croire que la parenté s'est toujours
formée comme à présent. Si l'on veut comparer les
parentés collatérales qu'engendre le mariage, il faut
répartir, en trois groupes, les matériaux qui doivent
nous servir.

Il y a, en premier lieu, le lien du sang, la consanguinité, qui implique les conséquences sociales et légales du fait de la procréation. Une parenté est reconnue entre les individus nés de la même mère, et, si l'on élargit le cercle d'observations, du même père et de la même mère. C'est le système *cognatique*.

Le second élément important dans la formation de la parenté est le groupe familial, composé de membres vivant ensemble, sous un même nom et issus d'une souche commune. C'est la formation *agnatique*, ou parenté unilatérale, résultant des unions d'une seule famille. Généralement, par exemple dans notre système patriarcal de filiation, la parenté s'établit par les membres mâles ; mais, logiquement, il est aussi juste de construire un système de parenté basé sur les femmes.

La divergence existant entre ces deux types de parentés a des résultats sociaux importants, dont on peut donner le schéma suivant : la parenté cognatique part d'un couple et se développe autour de ce couple initial, à la manière d'une toile d'araignée. Le groupe n'est jamais très compact, car, à l'origine, il part de deux personnes provenant chacune de deux autres, de telle sorte qu'il y a quatre grands-parents et huit arrière-grands-parents. Pour la parenté agnatique, au contraire, nous trouvons normalement le *pater familias* au sommet du schéma. L'arbre est issu d'une seule racine et ses branches s'étendent dans différentes directions. Il se forme aussi un groupe compact de fils, petits-fils et neveux, avec le grand-père vivant au sommet, qui a sous sa *potestas* les membres qui sont au-dessous de lui.

Il existe enfin en troisième lieu le système *totémique*, qui n'est ni entièrement agnatique, ni entièrement cognatique, n'étant basé ni sur la procréation, ni sur la famille, mais sur une conception religieuse. On le trouve dans toutes les parties du monde ; il admet la parenté entre tous les membres d'un groupe, qui se reconnaissent seuls une filiation légendaire, partant à l'origine d'un ancêtre mythique, symbolisé par un animal, une plante, ou même un phénomène météorologique (le nuage, la pluie, etc.). Par exemple « chez les Omahas, nous voyons le clan des «Buffles » ; quand un homme du clan mourait, on l'enveloppait dans une peau de buffle, du côté de la chair ; la marque du clan était appliquée sur sa face, et ses amis lui parlaient ainsi : « Tu vas vers les animaux (buffles). Tu vas rejoindre tes ancêtres ; tu t'en vas, où tes quatre âmes s'en vont, aux quatre vents. Sois fort. » Dans le clan Hanga, une sous-distinction du clan Buffles, la cérémonie était analogue, et l'on disait au mort : « Tu as quitté les animaux pour venir ici, et maintenant tu y retournes. Ne reviens plus vers nous. Dès que tu seras parti, continue à aller droit devant toi. »

Nous avons vu comment, chez les Aruntas, la communauté de lieu suppléait la communauté de sang : tout ce système repose sur le lien qui est censé rattacher les habitants à chaque localité.

Chaque homme est la réincarnation d'un ancêtre, dont on cherche l'identité, par des rites magiques, dans des signes particuliers remarqués en certains lieux. Ces superstitions sont considérées comme des manifestations concrètes, régulières et réelles, de la parenté. R. H. Matthews écrit à ce sujet : « Chez les Chau-an, comme dans les autres tribus des terres de l'Amérique dont j'ai parlé, la succession des totems ne dépend ni du père, ni de la mère, mais elle est réglée par le lieu. Voici comment la chose se fait, d'après le folklore de ces peuplades, qui abonde en contes fabuleux sur les ancêtres de chaque totem. Certains d'entre eux ressemblaient aux hommes et aux femmes de notre temps, tandis que d'autres étaient des êtres mythologiques provenant d'un monde surnaturel. En ces temps anciens, comme à présent, les ancêtres totémiques étaient répartis en familles, ou groupes de familles, qui avaient leurs terrains de chasse reconnus, dans quelque partie du territoire de la tribu. Ils étaient nés dans ce lieu même, et l'occupaient en vertu de leur droit de naissance. Certains, croyaient-ils, se rattachaient aux cacatoès, d'autres aux chiens, d'autres aux kangourous ou aux serpents, etc. Les membres de ces groupes de familles se subdivisaient en huit classes, les mêmes que celles existant encore aujourd'hui... Dans toutes les tribus aborigènes, la croyance à la réincarnation des ancêtres est profondément enracinée. Les âmes des premiers d'entre eux sont perpétuellement réincarnées dans la succession des êtres humains... Quand une femme sent pour la première fois dans son sein les mouvements de l'enfant, elle observe l'endroit où ils ont lieu et en informe les gens qui sont présents. Ils croient que l'âme de quelque ancêtre défunt est entrée dans le corps de la femme. L'esprit s'introduit dans le corps par tous les organes, sa nature éthérée s'infiltre même par la peau. Quand l'enfant naît, on lui donne le nom du totem de l'ancêtre, dont le souvenir est attaché à ce lieu particulier ».

*
* *

De ces trois types quel serait le primitif ? Selon Durkheim et son école, ce serait le type totémique. La parenté se définirait alors moins par la consanguité que par la participation à un même culte. Elle reposerait donc sur un système de croyances, plutôt que sur des instincts naturels. La famille primitive serait une sorte de clan, à l'intérieur duquel s'établiraient des ménages, qui auraient une existence de fait avant d'être des institutions consacrées par le droit. La famille conjugale telle que nous la connaissons, serait le produit d'une différenciation assez tardive.

Clan et famille

Durkheim (E.). — *L'Année sociologique.* (Paris, Alcan, 1re année, 1896-97, p. 2 à 9, 39 à 40, 59 à 60.)

On appelle exogamie la règle en vertu de laquelle il est interdit aux membres d'un même clan de s'unir sexuellement entre eux. Mais ce mot de clan a été souvent employé d'une manière trop indécise pour qu'il ne soit pas nécessaire de le définir.

Nous appelons ainsi un groupe d'individus qui se considèrent comme parents les uns des autres, mais qui reconnaissent exclusivement cette parenté à ce signe très particulier qu'ils sont porteurs d'un même totem. Le totem lui-même est un être, animé ou inanimé, plus généralement un végétal ou un animal, dont le groupe est censé descendu et qui lui sert à la fois d'emblème et de nom collectif. Si le totem est un loup, tous les membres du clan croient qu'ils ont un loup pour ancêtre, et par conséquent qu'ils ont en eux quelque chose du loup. C'est pourquoi ils s'appliquent à eux-mêmes cette dénomination : ils sont des loups. Le clan ainsi défini est donc une société domestique, puisqu'il est composé de gens qui se regardent comme issus d'une même origine. Mais il se distingue des autres sortes de familles par ce fait que la parenté y est fondée uniquement sur la communauté du totem, non sur des relations de consanguinité définies. Ceux qui en font partie sont parents, non parce qu'ils sont frères, pères, cousins les uns des autres, mais parce qu'ils portent tous le nom de tel animal ou de telle plante. Le clan ne se distingue pas moins nettement de la tribu, du village, en un mot de tous les groupes qui ont une base, non plus verbale en quelque sorte, mais territoriale. Ou bien ces sociétés ne connaissent pas du tout l'emploi du totem, ou bien, s'il arrive qu'ils en aient un (ce qui est peu fréquent), il n'est plus qu'une survivance et joue un rôle effacé. Ce n'est plus lui qui confère la naturalisation, de même que, aujourd'hui, le fait de porter tel ou tel nom ne nous fait pas, à lui seul, membres de telle ou telle famille. C'est donc le totem qui constitue la propriété caractéristique du clan...

Le clan est tout autre chose qu'un agrégat de familles collatérales, de frères et de sœurs qui cohabitent ensemble et avec leurs descendants. Il présente, comme nous l'avons dit, les deux caractères distinctifs suivants : 1° Il est formé d'individus qui sont ou se considèrent comme étant en général consanguins les uns des autres, mais qui ignorent absolument quels liens définis les unissent les uns aux autres. La croyance en leur consanguinité vient seulement de ce qu'ils pensent tous avoir un même ancêtre, de nature toujours mystique ; 2° Puisqu'il n'y a pas et ne peut pas y avoir d'arbre généalogique du clan, le signe auquel ils reconnaissent leur parenté, c'est qu'ils portent un même totem. Au premier abord, ce fait a l'air bien superficiel ; mais c'est ignorer ce qu'était le totem pour les sociétés inférieures. C'est le signe auquel les parents se distinguent des étrangers, celui qui détermine le milieu dans lequel chacun doit ou ne doit pas contracter mariage ; il s'imprime dans l'*habitus* des individus qui s'efforcent de l'imiter par le tatouage, par la disposition de la chevelure, etc. Mais surtout, c'est le centre de la vie religieuse ; le totem est le Dieu et toutes les divinités particulières sont d'abord conçues par rapport à lui. Et comme la religion s'étend alors à tout, on conçoit quelle importance avait la société totémique, à savoir le clan. Et pourtant c'était une famille, puisqu'elle constituait un groupe partiel, qui ne se confondait pas avec la société politique (celle-ci comprend toujours plusieurs clans), et qu'il était formé d'individus qui se regardaient comme de même sang. Il est évident qu'un tel groupe ne ressemble ni à la famille patriarcale des Romains, ni à la *Zadruga* slave...

Il n'est donc plus possible de considérer comme une formalité sans importance le fait que, en Australie, l'enfant porte le totem de sa mère et appartient, au moins dans la généralité des cas, au clan maternel. Ce n'est pas simplement un nom qu'il reçoit ainsi, c'est une religion ; c'est un ensemble de croyances et de pratiques qui règle sa vie. Elles avaient à ses yeux encore plus de gravité que n'en eurent plus tard pour les Romains les *sacra gentilicia* qui n'en furent, pourtant, que la transformation. Par conséquent, en tout état de cause, il y avait dès lors une sorte de famille qui reposait sur de tout autres principes que la famille particulière puisqu'elle n'avait pas pour base le mariage, et qui pourtant avait une grande vitalité.

Il y a plus : c'était alors la famille proprement dite. Il faut, en effet, s'entendre sur le sens des mots, c'est-à-dire classer convenablement les choses. Une communauté de fait entre des consanguins qui se sont arrangés pour vivre ensemble, mais sans qu'aucun d'eux soit tenu à des obligations déterminées envers les autres et d'où chacun peut se retirer à volonté, ne constitue pas une famille. Autrement, il faudrait donner ce nom au groupe formé par un homme et une femme qui, sans être mariés, cohabitent régulièrement ensemble et avec leurs enfants non reconnus. Pour qu'il y ait famille, il n'est pas nécessaire qu'il y ait cohabitation, et il n'est pas suffisant qu'il y ait consanguinité. Mais il faut de plus, comme nous l'avons déjà dit, qu'il y ait des droits et des devoirs, sanctionnés par la société, et qui unissent les membres dont la famille est composée. En d'autres termes, la famille n'existe qu'autant qu'elle est une institution sociale, à la fois juridique et morale, placée sous la sauvegarde de la collectivité ambiante. En limitant ainsi le sens du mot, nous ne le restreignons pas abusivement ; car, à moins de vouloir confondre les contraires. on ne peut réunir sous un même vocable deux ordres de faits qui contrastent si énergiquement entre eux qu'un agrégat de fait, sans liens de droit, désapprouvé même, le plus souvent par la loi et par l'opinion, et une société régulière dont tous les membres sont liés juridiquement et moralement les uns aux autres. D'un autre côté, quand on entreprend de faire l'histoire de la famille humaine, c'est de la famille comme institution sociale qu'on entend s'occuper. C'est donc à cette dernière que le mot doit être réservé.

Cette distinction faite, les faits si confus que l'on rapporte à propos des sociétés australiennes s'éclairent singulièrement. Les principaux droits et obligations domestiques sont alors, et sont même encore dans des sociétés plus avancées, les suivants : 1º le devoir de venger les offenses faites à un parent (vendetta) ; 2º le droit de chaque parent sur le patrimoine familial ; 3º le droit de porter un certain nom ; 4º le devoir de participer à un certain culte. Or, tous ces droits et ces devoirs sont attachés au clan, et à lui seul ; tous les porteurs d'un même totem jouissent également des premiers et sont tenus également aux seconds. Le clan est donc la famille par excellence. Sans doute, il renferme des groupes de consanguins moins étendus ; l'homme, sa femme et leurs enfants tendent naturellement à s'isoler et à faire bande à part. Mais entre les membres de ces groupes, il n'existe pas de liens juridiques. Ce n'est pas le fait d'appartenir à tel de ces agrégats et non à tel autre qui détermine la nature des personnes auxquelles on doit la vendetta, le nom que l'on porte, la religion que l'on pratique. De même, comme, tant que la tribu n'a pas dépassé l'âge de la chasse et de la pêche, toute la propriété foncière est la chose du clan, ces sociétés plus

restreintes n'ont pas de patrimoine. Chacun possède
bien les objets meubles dont il se sert, mais c'est à titre
personnel ; il en fait ce qu'il veut. Le seul rapport où
l'on pourrait soupçonner un caractère juridique consiste
dans la dépendance où les enfants sont vis-à-vis du père,
qui peut les tuer ou les vendre à volonté. Mais si la société
ne proteste pas quand il agit ainsi, elle ne lui garantit
aucun droit. Si l'enfant se sauve, le clan n'intervient
pas. C'est affaire au père de s'arranger, avec ou sans
l'assistance de ses amis. Ce n'est donc pas un droit, à
parler exactement. On peut comparer ce pouvoir paternel à celui que l'opinion, aujourd'hui, reconnaît à l'occasion au père naturel sur ses enfants naturels qu'il a
élevés. Pourtant, le groupe qu'il forme avec eux ne
forme pas actuellement une famille au sens juridique
du mot. Il en est de même de ces petites associations
qu'on observe dans les clans australiens. Ce sont des
associations de fait, non de droit. Elles dépendent du gré
des particuliers, se forment comme elles veulent, sans
être tenues de s'astreindre à aucune norme préalable.
Elles ne constituent donc pas une institution sociale.
On peut y voir des germes pour l'avenir ; mais ce ne
sont en tout cas que des germes. C'est en dehors d'elles
que se trouve alors l'*institution domestique*.

*
* *

Si ces remarques sont exactes il conviendrait de n'accepter
que sous réserves la thèse formulée par Sumner Maine selon
laquelle la parenté par le sang est la primitive forme du lien
social : du moins doit-il être entendu, comme l'auteur lui-
même paraît l'entrevoir à la fin du passage que nous citons,
que la parenté n'implique pas forcément, dans les idées primitives, la consanguinité.

Du lien du sang au lien du sol

Sumner Maine. — *L'Ancien Droit.* (Trad. Courcelle-Seneuil, Paris, Guillaumin,
1874, p. 121 à 125.)

Dans la plupart des Etats grecs et à Rome, on vit
longtemps des vestiges d'une série ascendante de groupes
dont l'Etat s'était primitivement formé. La famille,
la maison, la tribu des Romains peuvent en être consi-

dérées comme les types, et les descriptions qu'on nous en fait sont telles qu'il nous est difficile de ne pas y voir un système de cercles concentriques formés successivement autour d'un même point. Le groupe élémentaire est la famille, liée par la puissance de l'ascendant mâle le plus âgé. L'agrégation des familles forme la *gens* ou maison. L'agrégation des maisons est la tribu. L'agrégation des tribus forme la république. Pouvons-nous suivre ces indications et affirmer que la république est une collection de personnes liées par la descendance commune de l'auteur d'une famille primitive ? Nous pouvons au moins être assurés que toutes les anciennes sociétés se regardaient comme procédant d'une même souche, et ne pouvaient même pas comprendre que l'union politique eût un autre motif. L'histoire des idées politiques commence, en réalité, avec l'idée que la communauté de sang est la seule base possible d'une communauté de fonctions politiques ; et aucun de ces renversements de sentiments, que nous appelons solennellement révolutions, n'a été si surprenant et si complet que le changement survenu lorsque quelque autre principe, celui de l'habitation sur le même sol, par exemple, fut établi pour la première fois comme base d'une action politique commune. On peut donc affirmer des anciennes républiques que leurs citoyens considéraient tous les groupes dont ils étaient membres comme fondés sur la descendance d'un même auteur. Ce qui était évidemment vrai de la famille était cru vrai de la *gens*, puis de la tribu, et enfin de l'Etat. Et cependant nous trouvons qu'avec cette croyance, ou, si nous pouvons ainsi parler, cette théorie, chaque communauté conservait des titres ou des traditions qui montraient clairement la fausseté de cette supposition. Soit que nous considérions les Etats grecs ou Rome, ou les aristocraties teutoniques de Ditmarsh qui ont fourni à Niebuhr tant d'exemples intéressants ou les clans celtiques, ou cette étrange organisation sociale des Slaves, Russes et Polonais, qui n'a été remarquée que récemment, nous découvrons partout dans l'histoire un moment où des hommes d'origine étrangère ont été admis dans la communauté primitive et y ont été incorporés. Si nous considérons Rome en particulier, nous trouvons que le premier groupe, la famille, y était constamment altéré par la pratique de l'adoption, et qu'il a toujours couru des histoires sur l'origine étrangère d'une des tribus primitives et sur la grande augmentation des *gentes*, due à l'un des premiers rois. La composition de l'Etat, que l'on considérait toujours comme naturelle, était cependant connue comme artificielle pour une grande part. Cette contradiction entre une croyance ou théorie et un fait notoire est très embarrassante à première vue ; mais elle nous montre bien la puissance avec laquelle les fictions légales font leur œuvre dans l'enfance de la société. Une des premières fictions légales et des plus employées était celle qui permettait de créer artificiellement des relations de famille, et je crois qu'il n'en est aucune à laquelle le genre humain doive une plus profonde reconnaissance. Si elle n'avait pas existé, je ne vois pas comment un groupe primitif, quelle que fût sa nature, en aurait absorbé un autre, ni comment des groupes auraient pu se réunir, si ce n'est par la supériorité absolue d'un côté et la soumission absolue de l'autre. Sans doute, lorsque, avec nos idées modernes, nous songeons à l'union des communautés indépendantes, nous pouvons imaginer cent manières de l'établir, dont la plus simple fait voter ou agir les individus compris dans les groupes réunis d'après la situation de leur domicile ; mais l'idée que des personnes devaient exercer des droits politiques en commun, simplement parce qu'elles vivaient dans la même contrée, était absolument étrange et monstrueuse pour l'antiquité primitive. L'expédient que l'on accueillait avec faveur à cette époque était celui qui consistait en ce que la population nouvelle feignît de descendre de la même souche que celle sur laquelle elle était greffée ; et c'est précisément la bonne foi de cette fiction et son imitation exacte de la réalité que nous ne pouvons pas maintenant espérer de comprendre. Une circonstance, toutefois, qu'il importe de rappeler, c'est que les hommes qui formaient les divers groupes politiques avaient certainement l'habitude de se réunir périodiquement pour reconnaître et consacrer leur association par des sacrifices communs. Les étrangers incorporés au groupe étaient sans doute admis à ces sacrifices ; et lorsque ce pas fut fait, nous pouvons croire qu'il fut aussi facile ou pas plus difficile de comprendre qu'ils descendaient de l'auteur commun. La conclusion qui résulte des documents est, non pas que toutes les sociétés primitives fussent formées par la descendance d'un même auteur, mais que toutes celles d'entre elles qui eurent de la solidité et de la durée, descendaient ou supposaient qu'elles descendaient d'un même auteur. Un nombre indéfini de causes peut avoir dispersé les groupes primitifs mais chaque fois que leurs éléments se réunissaient, c'était sur le modèle ou le principe d'une association de famille. Quoi qu'il en fût en réalité, les idées, le langage et le droit étaient fondés sur cette supposition. Mais quoique tout cela me semble prouvé pour les communautés sur lesquelles nous avons des documents, le reste de leur histoire atteste ce que nous avons affirmé plus haut du caractère essentiellement transitoire et de la courte influence des plus puissantes fictions légales. A une certaine époque, — probablement aussitôt qu'ils se sentirent assez forts pour résister à la pression du dehors, — tous ces Etats cessèrent de se recruter par des extensions artificielles de parenté. Ils devinrent donc nécessairement des aristocraties chaque fois qu'une nouvelle population réunie, par quelque cause que ce fût autour d'eux, ne put réclamer une communauté d'origine. Leur dureté à maintenir le principe central du système, sous lequel on ne pouvait obtenir les droits politiques autrement que par une parenté réelle ou artificielle, enseigna aux inférieurs un autre principe qui se montra doué d'une vitalité supérieure. Ce fut le principe de l'habitation du même territoire, aujourd'hui reconnu partout comme la condition de la communauté des droits politiques. Une nouvelle suite d'idées politiques apparut qui, étant les nôtres, celles de nos contemporains, et en grande partie de nos ancêtres, obscurcissent pour nous l'intelligence de la vieille théorie qu'elles ont vaincue et détrônée.

* * *

Lors des premières recherches sur les formes primitives du mariage un certain nombre d'auteurs avaient cru observer que la promiscuité était la règle ; d'autres pensaient que le mariage établissait la domination de la femme ; ce régime était celui du *matriarcat*. M. Westermarck s'est employé à réfuter la première thèse. M. G. Richard limite l'autre.

Contre l'hypothèse de la promiscuité primitive.

WESTERMARCK (E.). — *Origine du mariage dans l'espèce humaine*. (trad. franç., Paris, Guillaumin, 1895, p. 504 à 507.)

[Dans *The history of human marriage*, I, ch. III à X, M. Westermarck a repris et développé les mêmes thèses.]

La plupart des anthropologistes qui ont écrit sur les coutumes préhistoriques croient, en réalité, que l'homme vivait primitivement dans un état de promiscuité, ou de « mariage communal » ; mais nous avons trouvé que cette hypothèse n'avait rien de scientifique. Le témoignage allégué consiste en faits relatifs à quelques nations sauvages qui auraient vécu en promiscuité et eu quelques coutumes étranges qu'on suppose être des survivances d'un temps où le mariage n'existait pas. Beaucoup des assertions relatives à des peuples vivant ainsi ont, toutefois, été reconnues pour fausses, et l'exactitude des autres est encore en question. Mais quand même quelques-uns des récits seraient vrais, il y aurait erreur à conclure que ces faits tout à fait exceptionnels représentent une étape de développement par laquelle toute l'humanité aurait passé, et ce n'est certainement pas chez les peuples les plus inférieurs que les rapports sexuels approchent le plus de la promiscuité. La croyance en une condition primitive de « mariage communal », basée sur le fait que dans quelques parties du monde les sexes cohabitent librement avant le mariage, est tout aussi peu justifiée. Il y a de nombreux peuples sauvages et barbares chez qui le commerce sexuel, en dehors du mariage, est d'occurrence rare, le manque de chasteté de la femme étant regardé comme une disgrâce ou un crime. Le contact avec une « culture supérieure » a été pernicieux à la moralité des peuples sauvages, et nous avons quelque raison de croire que les rapports irréguliers entre les sexes ont, somme toute, montré une tendance à s'accroître avec les progrès de la civilisation. En outre, le commerce sexuel libre avant le mariage est tout différent de la promiscuité, qui implique la suppression des inclinations individuelles. La forme la plus naturelle en est la prostitution, rare chez les peuples vivant à l'état de nature, sans être exposés à l'influence étrangère. Les coutumes qu'on a interprétées comme des actes d'expiation pour le mariage individuel, — une sorte de prostitution religieuse qu'on trouve en Orient, le *jus primæ noctis* accordé aux amis du marié, ou à tous les invités à la noce, ou à une personne particulière, chef ou prêtre, et la coutume de prêter ses épouses aux visiteurs, — peuvent être bien mieux expliquées autrement. Cela est vrai aussi du fait que, chez certains peuples, les courtisanes sont tenues en bien plus haute estime que les femmes mariées à un seul mari. L'opinion de M. Morgan — que l'existence précédente du « mariage de groupe » et celle de la promiscuité sont prouvées par le « système de classification des degrés de parenté » en usage chez beaucoup de peuples — présuppose que la nomenclature était fondée sur la parenté par le sang, dans la mesure où l'on pouvait connaître la parenté des individus. Mais on peut difficilement douter que les termes de parenté aient été, primitivement, de simples formules d'interpellation données surtout en référence avec l'âge et le sexe, et aussi avec la parenté externe ou sociale où celui qui parle se trouve vis-à-vis de celui ou de celle à qui il parle. On a suggéré que le système de « parenté par les femmes seulement », — impliquant surtout que les enfants prennent le nom de leur mère, non celui de leur père, et que la propriété et le rang se transmettent exclusivement en descendance féminine — est dû à l'incertitude de la paternité résultant de la promiscuité primitive. Mais les liens du sang ont exercé une influence bien moins directe sur ce système qu'on ne le croit généralement. Nous avons vu qu'il peut y avoir bien des raisons pour nommer les enfants d'après la mère plutôt que d'après le père, en dehors de toute considération de parenté. La coutume, qui existe chez quelques peuples, que le gendre aille vivre avec sa femme dans la maison de son beau-père mérite d'être rappelée, dans cet ordre

d'idées. Il est probable que les causes faisant prendre
le nom de la mère aux enfants ont aussi influé directement sur les lois de succession, mais la puissance du
nom lui-même semble avoir été de plus grande importance encore. En outre, à notre connaissance, il n'y a
aucune coïncidence générale de ce que nous considérons
comme des habitudes morales et immorales avec la
prédominance de la descendance masculine ou féminine
chez les sauvages existant actuellement, et chez divers
peuples, la descendance masculine prévaut, bien que
la paternité soit souvent incertaine à cause de leurs
mœurs conjugales polyandres. La reconnaissance avouée
de la parenté dans la lignée féminine seule n'implique
aucunement la méconnaissance de la parenté masculine. Enfin, il y a beaucoup de peuples grossiers qui ne
montrent aucune trace d'un système de « parenté purement féminine ». Ainsi, les faits avancés pour soutenir
l'hypothèse de la promiscuité ne nous autorisent pas
à supposer que la promiscuité ait jamais été la forme
dominante des rapports sexuels même chez un seul peuple,
tandis que cette hypothèse est en opposition avec toutes
les idées correctes que nous pouvons nous faire quant à
l'état primitif de l'homme. Le commerce en promiscuité
tend à un état pathologique très défavorable à la fécondité, et la prédominance presque universelle de la jalousie
chez les peuples que n'a pas atteints l'influence étrangère, aussi bien que chez les mammifères inférieurs,
rend très improbable l'idée que la promiscuité ait jamais
dominé à aucune étape de développement humain.

La vraie nature de la famille maternelle

RICHARD (Gaston). — *La Femme dans l'histoire.* (Paris, Doin, 1909, p. 97
à 102.)

Puisque la société maternelle n'est caractérisée ni
par l'indivision des fonctions, ni par le matriarcat, ni
par la promiscuité ni même par l'indifférence aux conséquences des dérèglements génésiques, en quoi diffère-t-elle
proprement des sociétés arrivées au stade patriarcal ?

La réponse n'est pas malaisée : *le caractère distinctif de la Société régie par le droit maternel est une certaine façon de concevoir le sujet du droit.* En comparant le *veve* des Mélanésiens orientaux et la *suku* des Menangkabao nous pouvons nous en faire une idée assez nette. Le sujet du droit est un groupe de parents (Sogoi) qui descendent par les femmes d'une aïeule hypothétique, par exemple AMATERASU chez les ancêtres des Japonais. (La pensée symbolique substitue souvent à cette aïeule une plante ou un animal, mais ce n'est pas là une loi absolue.) Ce groupe forme un tout, un sujet collectif, qui a conscience de sa propre existence, se distingue nettement de tous les autres et réclame de ses membres un conformisme absolu, une obéissance indiscutée aux croyances, aux rites, aux coutumes. La notion de la parenté est beaucoup plus obsédante et impérative à ce stade qu'à aucun de ceux qui l'ont suivi et répond à un cercle social beaucoup plus étendu. Les parents sont unis les uns aux autres par une communauté de devoirs et de droits que l'on peut ramener à trois : 1° *L'inviolabilité réciproque.* Puisqu'ils sont de même sang, ils ne peuvent se servir de moyens les uns aux autres. L'exogamie n'est qu'une des conséquences ou un des aspects de cette inviolabilité. L'homicide n'est pas moins prohibé, moins sacrilège que l'inceste ; 2° *L'obligation de la défense mutuelle,* ou, dans la langue de l'ethnologie juridique, la solidarité active et passive dans la vengeance du sang. Quand le sang inviolable a été versé, le sujet collectif est atteint tout entier et doit tout entier s'unir pour exiger la réparation. De là le devoir de venger le sang. Mais la notion de la vengeance n'exclut pas celle de la justice. Quand un des membres du sujet collectif a lui-même commis un meurtre ou quelque attentat semblable, le sujet collectif pèche tout entier en lui. Par suite, tout membre du groupe accepte d'être frappé pour la faute commune. Quand le devoir de vengeance a perdu de sa rigueur, quand le groupe consent à accepter un dédommagement en compensation de l'offense, bref quand l'institution de la composition a fait son apparition, la solidarité active et passive subsiste, mais se précise. Le groupe ou son chef et représentant statue sur l'acceptation de la composition. La somme de biens versée, en bétail ou en monnaie, est attribuée au groupe et administrée d'ordinaire par son chef. Réciproquement le groupe tout entier est débiteur de la composition due à un autre groupe, au cas où une infraction a été commise par l'un de ses membres ; 3° Vient enfin *le devoir de l'entretien mutuel*. Il prime le droit de propriété, celui de la famille étroite comme celui de l'individu. Le groupe qui défend ses membres contre l'agression étrangère a droit à une part des fruits du travail des individus ou des groupements plus restreints qui se sont formés à l'intérieur du cercle. A plus forte raison a-t-il un droit supérieur sur les moyens de production. C'est pourquoi à un âge où la constitution des biens immobiliers est le seul moyen de développer les richesses, le travail de l'individu et de la famille ne peut jamais conférer un droit plein et entier à la propriété des fonds de terre. C'est ce qu'affirme le droit successoral. Sans doute, le communisme économique, au sens propre du mot, est aussi étranger à cet état social que le mariage collectif et la promiscuité. Le *veve* mélanésien s'est partagé en familles de fait et ces familles ont, sinon la propriété, tout au moins la tenure des terres sur lesquelles est bâti le village et de celles qui sont cultivées en jardins. La forêt seule reste indivise, mais il n'est pas interdit de la défricher. La *suku* des Menangkabao et des populations indonésiennes similaires s'est subdivisée en communautés domestiques au sein desquelles sont en formation des familles de fait. La communauté domestique dispose d'un patrimoine (harta pusâka) et l'individu lui-même peut posséder un pécule ou même une fortune personnelle (harta pendjarian). Or, les richesses créées par l'activité des Menangkabao sont presque toutes réparties entre les harta pusâka et les harta pendjarian. Néanmoins le droit du sujet collectif s'oppose énergiquement en certains cas à celui des individus ou des groupes restreints. La *suku* indonésienne exerce un domaine éminent sur le sol. Sans l'autorisation de son chef, la communauté domestique s'éteint, les terres qu'elle occupait rentrent dans le domaine de la *suku*. Chez les Mélanésiens orientaux, le droit du *veve* s'affirme autrement. Au témoignage de Codrington, le *veve* ne constitue pas un groupe politique et n'est pas représenté par un chef. Mais quand s'ouvre une succession, ses droits sont manifestés par tous ceux qui ont intérêt à les mettre en jeu. Le droit des Sogoi ou descendants en ligne maternelle entre victorieusement en conflit avec le droit patrimonial qui se forme dans les familles de fait. Le droit des membres du *veve* à être préférés aux fils du *de cujus* est selon les îles plus ou moins rigoureux et plus ou moins respecté. C'est dans l'archipel des Nouvelles-Hébrides que l'ancienne coutume paraît s'être le mieux conservée. Par exemple, à Araga, dans l'île de la Pentecôte, ce n'est pas seulement la terre cultivée par un homme qui, à sa mort, est dévolue aux fils de sa sœur ; ce sont encore ses arbres, ses pourceaux, sa monnaie : le fils ne peut garder que ce que son père lui a donné sa vie durant. Il est bien certain qu'en ce cas le neveu n'agit pas en vertu d'un véritable droit d'hériter, mais bien comme représentant des droits du *veve* dont il doit profiter comme en a profité son oncle maternel. Aux îles de Bank les droits du *veve* sont déjà plus limités par les droits de la famille. Les biens mobiliers (monnaies, armes, canots, ornements, auxquels il faut ajouter les porcs qui ont une grande valeur dans l'économie mélanésienne) passent généralement aux enfants, mais ceux-ci doivent dédommager les Sogoi. Quant aux biens fonciers qui comprennent la terre du village (vanua) et les fonds occupés par les jardins (utag) ils passent aux membres du *veve*.

Ainsi le droit maternel n'est pas autre chose qu'un droit collectif indéfectible dont le sujet est un groupe étendu et dont les bénéficiaires sont liés entre eux par la parenté utérine réelle ou fictive. Ce droit consiste d'ailleurs en obligations mutuelles plutôt qu'en prérogatives et en avantages. On peut demander quelle influence il exerce sur la condition de la femme.

Il est évident qu'il ne faut chercher au stade du droit maternel rien qui ressemble à la consécration du privilège ou même de la liberté de l'individualité féminine. A cet âge, la personnalité de la femme est entièrement absorbée dans celle du groupe. La femme est par excellence (qu'on nous passe la bizarrerie de ce terme), le véhicule du droit collectif, mais elle le transmet plutôt qu'elle ne l'exerce.

*
* *

Quelle sorte d'ordre le pouvoir du patriarche fait régner dans la famille, c'est ce que Renan explique en prenant pour exemple l'organisation domestique chez les tribus nomades d'Israël.

Organisation domestique des tribus nomades d'Israël

RENAN (E.). — *Histoire du peuple d'Israël.* (Paris, Calmann-Lévy, 1887, p. 15 à 25.)

Le chef de famille ou patriarche résumait toute l'institution sociale du temps. Son autorité était absolue, incontestée ; il n'avait pas besoin d'agents pour la faire respecter ; le pouvoir résidait en réalité dans l'ensemble de la tribu. Comme mesure coercitive, on ne connaissait que la peine de mort ou l'expulsion de la tribu, ce qui revenait à peu près au même. La justice se rendait par l'assemblée des vieillards. Le code consistait uniquement dans l'application de la loi du talion. La vengeance du sang, s'imposant comme un devoir à la famille, suffisait pour rendre le meurtre presque aussi rare qu'il l'est devenu dans nos sociétés au moyen d'institutions beaucoup plus compliquées. Il en est de même aujourd'hui encore en Arabie, où, sans aucun gouvernement établi, le nombre des crimes contre les personnes n'est pas supérieur à ce qu'il est chez nous.

Le pouvoir ne se traduisait, du reste, par rien d'extérieur. Le respect était la cheville ouvrière d'une telle société. On n'arrivait à être chef ni par la violence, ni par le suffrage, ni par l'hérédité, ni par une constitution établie ; l'autorité était un fait évident, qui se constatait de lui-même. Sans organisation militaire quelconque, sans prêtres ni prophètes, ces groupes nomades arrivaient à réaliser parfois des sociétés très parfaites. La nation n'existait pas ; mais, grâce à la solidarité de la tribu, la vie et la propriété étaient suffisamment garanties.

Le chef de famille n'avait le plus souvent qu'une seule

femme en titre. Dans certain cas, cependant, le patriarche avait pour épouses en même temps deux femmes égales, de sang noble, parfois deux sœurs. Ce régime entraînait ses conséquences ordinaires, c'est-à-dire de mauvaises relations entre frères. Les fils d'une même mère étaient seuls de vrais frères (amadelphes ou adelphes, ayant sucé le même sein). Le patriarche possédait, en outre, comme concubines toutes les esclaves de sa tente, en particulier celles de sa femme. Ces enfants de concubines n'avaient pas des droits égaux à ceux des fils d'épouses nobles ; ils faisaient cependant tout à fait partie de la famille.

Le droit d'aînesse, entre les fils d'épouse noble, créait un privilège considérable. Dans le cas de jumeaux, l'accoucheuse prenait soin de passer un fil rouge autour du bras qui sortait d'abord. L'aîné était le chef de la famille ; le père d'ordinaire réglait les parts entre ses fils. Sa bénédiction valait par elle-même, comme une sorte de sacrement, même quand il y avait erreur sur la personne.

Il n'y avait pas d'enfants illégitimes ; toutes les prostituées étaient des étrangères ; la femme coupable était brûlée ou lapidée, et son fruit détruit avec elle ; s'il venait à vie, il était tué à coups de pierre. D'une autre part, la femme avait en quelque sorte droit à des enfants. Son mari mort, elle devait en demander à son beau-frère ou à quelque membre de la famille du défunt. Frauder ce devoir paraissait un crime affreux.

*
* *

Le type de famille que nous voyons se développer dans l'antiquité classique est la famille patriarcale. Dans les textes suivants Guiraud nous décrit la structure que Fustel de Coulanges essaie de nous expliquer par l'emprise de certaines croyances religieuses.

La famille patriarcale en Grèce

GUIRAUD (Paul). — *Art. Famille* : *Grande Encyclopédie.* (Paris, H. Lamirault, t. XVI, p. 1180 à 1181.)

La famille hellénique a affecté primitivement la forme patriarcale. Elle était alors fort nombreuse et ses membres demeuraient toujours groupés sous le même toit. Voici en quels termes Homère décrit le palais du roi Priam : « Dans l'intérieur, il y a cinquante appartements construits côte à côte, en pierres polies. Là reposent auprès de leurs épouses les fils de Priam. En face, dans la cour des femmes, s'élèvent côte à côte, construits en pierres polies, douze appartements où reposent auprès de leurs chastes épouses les gendres du roi. » Or Homère n'établit aucune distinction entre les mœurs des Troyens et celles des Achéens. Pour lui, les deux peuples appartiennent à la même race, parlent la même langue, professent la même religion, obéissent aux mêmes lois. D'ailleurs, chez les Grecs, aussi, il nous signale au moins une famille qui ressemble fort à celle de Priam. Nestor, le roi de Pylos, a six fils mariés, plusieurs brus, plusieurs filles et sans doute des petits-enfants, et tout ce monde vit dans son palais. Plus tard quand la famille antique (γένος) fut démembrée, on crut qu'elle avait été à l'origine une association factice, où la parenté n'entrait pour rien ; mais divers textes prouvent qu'on appliquait aux membres des γένη l'épithète d'ὁμογάλακτες qui signifie *nourri du même lait* et qui indique bien une parenté par le sang. Peu importait, au reste, qu'on y fût introduit par la naissance ou par l'adoption ; le fils adoptif était sur le même pied qu'un fils ordinaire ; sa présence n'était pas une dérogation à la règle qui voulait que tous les γεννηταί fussent du même sang ; son initiation à la religion domestique d'une maison nouvelle l'avait complètement détaché de son père naturel et lui avait donné pour père l'adoptant. Le γένος était donc une réunion de personnes toutes issues d'un ancêtre commun. Mais ces personnes ne faisaient partie du γένος et n'étaient parentes entre elles que si elles se reliaient par les mâles à cet aïeul éloigné. Les enfants du frère et les enfants de la sœur étaient les uns pour les autres des étrangers. La parenté, en un mot, était purement agnatique.

Le chef de la famille était armé d'une autorité très forte. C'était généralement le père qui l'exerçait. Si le père était mort, elle passait à son fils aîné et le *pater-familias* dans ce cas était le plus âgé des frères vivants. On sait au surplus que le mot *pater* impliquait surtout l'idée de puissance et qu'il servait spécialement à désigner la souveraineté des dieux. Il n'est pas certain que la puissance paternelle découlât de la religion. Le père n'était point le maître parce qu'il était chargé d'honorer et de prier les ancêtres. C'est plutôt, semble-t-il, le culte des ancêtres qui eut sa source dans l'autorité domestique du père. Si celui-ci devenait presque un dieu après sa mort, cela tient à l'énormité du pouvoir qu'il avait eu pendant sa vie ; les esprits ne concevaient pas que ce pouvoir fût anéanti par la mort ; on continuait de l'attribuer au père qui avait brusquement disparu, et la famille se croyait forcée de marquer au défunt la même déférence qu'autrefois ; de là, le culte dont on l'entourait. Une foule de traditions et de faits historiques nous montre que la famille grecque était au début gouvernée despotiquement par son chef. Le père avait un droit illimité de vie et de mort sur ses enfants, alors même qu'ils étaient innocents. Laïus est averti par un oracle que son fils Œdipe lui sera un jour fatal ; pour conjurer ce danger, il l'expose sur une montagne déserte. Les vents sont contraires au départ de la flotte achéenne pour Troie ; Agamemnon n'hésite pas à immoler sa fille Iphigénie pour apaiser la malveillance des dieux. A plus forte raison le père avait-il un droit identique, quand ses enfants étaient coupables. Dracon n'édicta aucune peine contre le parricide, parce que le châtiment de ce crime incombait au chef de la maison. Avant Solon le père avait la faculté de vendre ses filles, s'il était dans la misère. Les vieux législateurs lui reconnaissaient le droit d'expulser le fils qui lui manquait de respect. Dans Homère, le mariage est un contrat passé entre deux pères, et le plus souvent on néglige de consulter les futurs conjoints. La femme a pour premier devoir l'obéissance. Pénélope descend de sa chambre pour prier l'aède Phémios de cesser un chant qui l'importune. A peine a-t-elle paru sur le seuil de la pièce, que son fils Télémaque, maître en l'absence de son père Ulysse, l'interpelle ainsi : « Retourne dans ton appartement, occupe-toi de tes travaux, du fuseau, de la toile, ordonne à tes servantes de terminer leur tâche ; c'est aux hommes de parler, à moi surtout qui commande dans cette maison. »

Dans un pareil système, l'individu n'est rien par lui-même ; il n'a de valeur ni de sécurité que par l'appui que lui prêtent tous les siens. Sa force, ses droits, ses ressources lui viennent de sa famille. Un lien d'étroite solidarité le rattache à elle. S'il porte atteinte aux intérêts d'un étranger, le groupe entier est responsable de sa faute ; s'il est par contre victime d'un acte délictueux, toute sa famille s'unit pour poursuivre la réparation du dommage. Le sol, enfin, ne peut être possédé à titre personnel et demeure la propriété collective de tout le γένος. Il se transmet héréditairement sans être jamais démembré ni aliéné. Le partage des successions, les testaments, les donations au moins immobilières, sont complètement inconnus, et nul n'a un droit exclusif sur une partie quelconque du patrimoine. Le père n'est maître des biens que parce qu'il représente la famille ; il en a simplement la garde et le dépôt, et, à sa mort, il faut qu'il les restitue tel qu'il les a reçus. Bien plus, chacune des générations qui se succèdent est assujettie à la même obligation, car chacun n'est en réalité qu'un moment dans l'existence de la famille. Aucune d'elles n'avait le droit d'accaparer le fruit du long travail fourni par les précédentes ; elles étaient toutes libres d'en bénéficier, mais à condition que les suivantes en profitassent à leur tour. Platon a fidèlement reproduit les idées des anciens Grecs sur ces matières, lorsqu'il écrit : « Je ne vous regarde ni vous ni vos biens comme étant à vous-mêmes ; c'est à toute votre famille qu'ils appartiennent, à vos ancêtres et à votre descendance. »

La religion dans la famille antique

Fustel de Coulanges. — *La Cité antique*. (Paris, Hachette, 14ᵉ éd., 1893 L. II, ch. ix, p. 104 à 110.)

La religion de ces premiers âges était exclusivement domestique ; la morale l'était aussi. La religion ne disait pas à l'homme en lui montrant un autre homme : « Voilà ton frère. » Elle lui disait : « Voilà un étranger ; il ne peut pas participer aux actes religieux de ton foyer ; il ne peut pas approcher du tombeau de ta famille, il a d'autres dieux que toi, et il ne peut pas s'unir à toi par une prière commune ; tes dieux repoussent son adoration et le regardent comme un ennemi ; il est ton ennemi aussi. »

Dans cette religion du foyer, l'homme ne prie jamais la divinité en faveur des autres hommes ; il ne l'invoque que pour soi et les siens…. Il est naturel que l'idée morale ait eu son commencement et ses progrès comme l'idée religieuse. Le dieu des premières générations, dans cette race, était bien petit ; peu à peu les hommes l'ont fait plus grand : ainsi la morale, fort étroite d'abord, et fort incomplète, s'est sensiblement élargie jusqu'à ce que, de progrès en progrès, elle arrivât à proclamer le devoir d'amour envers tous les hommes. Son point de départ fut la famille, et c'est sous l'action des croyances de la religion domestique que les devoirs ont apparu d'abord aux yeux de l'homme.

Qu'on se figure cette religion du foyer et du tombeau, à l'époque de sa pleine vigueur. L'homme voit tout près de lui la divinité. Elle est présente, comme la conscience même, à ses moindres actions. Cet être fragile se trouve sous les yeux d'un témoin qui ne le quitte pas. Il ne se sent jamais seul. A côté de lui, dans sa maison, dans son champ, il a des protecteurs pour le soutenir dans les labeurs de la vie et des juges pour punir ses actions coupables…. Les premières idées de faute, de châtiments, d'expiation semblent être venues de là. L'homme qui se sent coupable ne peut plus approcher de son propre foyer ; son dieu le repousse. Pour quiconque a versé le sang, il n'y a plus de sacrifice permis, plus de libation, plus de prière, plus de repas sacré. Le dieu est si sévère qu'il n'admet aucune excuse ; il ne distingue pas entre un meurtre involontaire et un crime prémédité. La main tachée de sang ne peut plus toucher les objets sacrés. Pour que l'homme puisse reprendre son culte et rentrer en possession de son dieu, il faut au moins qu'il se purifie par une cérémonie expiatoire. Cette religion connaît la miséricorde ; elle a des rites pour effacer les souillures de l'âme ; si étroite et si grossière qu'elle soit, elle sait consoler l'homme de ses fautes mêmes.

Si elle ignore absolument les devoirs de charité, du moins elle trace à l'homme avec une admirable netteté ses devoirs de famille. Elle rend le mariage obligatoire ; le célibat est un crime aux yeux d'une religion qui fait de la continuité de la famille le premier et le plus saint des devoirs. Mais l'union qu'elle prescrit ne peut s'accomplir qu'en présence des divinités domestiques ; c'est l'union religieuse, sacrée, indissoluble, de l'époux et de l'épouse. Que l'homme ne se croie pas permis de laisser de côté les rites et de faire du mariage un simple contrat consensuel, comme il l'a été à la fin de la société grecque et romaine. Cette antique religion le lui défend, et s'il ose le faire, elle l'en punit. Car le fils qui vient à naître d'une telle union est considéré comme un bâtard, c'est-à-dire comme un être qui n'a pas place au foyer ; il n'a droit d'accomplir aucun acte sacré ; il ne peut pas prier.

Cette même religion veille avec soin sur la pureté de la famille. A ses yeux, la plus grave faute qui puisse être commise est l'adultère. Car la première règle du culte est que le foyer se transmette du père au fils ; or l'adultère trouble l'ordre de la naissance. Une autre règle est que le tombeau ne contienne que les membres de la famille ; or le fils de l'adultère est un étranger qui sera enseveli dans le tombeau. Tous les principes de la religion sont violés ; le culte est souillé, le foyer devient impur, chaque offrande au tombeau devient une impiété. Il y a plus : par l'adultère la série des descendants est brisée ; la famille, même à l'insu des hommes vivants, est éteinte, et il n'y a plus de bonheur divin pour les ancêtres. Aussi l'Hindou dit-il : « Le fils de l'adultère anéantit dans cette vie et dans l'autre les offrandes adressées aux mânes ».

Voilà pourquoi les lois de la Grèce et de Rome donnent au père le droit de repousser l'enfant qui vient de naître. Voilà aussi pourquoi elles sont si rigoureuses, si inexorables pour l'adultère. A Athènes il est permis de tuer le coupable. A Rome le mari, juge de la femme, la condamne à mort. Cette religion était si sévère que l'homme n'avait pas même le droit de pardonner complètement et qu'il était au moins forcé de répudier sa femme.

Cette morale domestique prescrit encore d'autres devoirs. Elle dit à l'épouse qu'elle doit obéir, au mari qu'il doit commander. Elle leur apprend à tous les deux à se respecter l'un l'autre. La femme a des droits. car elle a sa place au foyer ; c'est elle qui a la charge de veiller à ce qu'il ne s'éteigne pas. C'est elle surtout qui doit être attentive à ce qu'il reste pur ; elle l'invoque, elle lui offre le sacrifice. Elle a donc aussi son sacerdoce. Là où elle n'est pas, le culte domestique est incomplet et insuffisant. C'est un grand malheur pour un Grec que d'avoir « un foyer privé d'épouse ». Chez les Romains, la présence de la femme est si nécessaire dans le sacrifice, que le prêtre perd son sacerdoce en devenant veuf.

... Quant au fils, nous l'avons vu soumis à l'autorité d'un père qui peut le vendre et le condamner à mort. Mais ce fils a son rôle aussi dans le culte ; il remplit une fonction dans les cérémonies religieuses ; sa présence, à certains jours, est tellement nécessaire que le Romain qui n'a pas de fils est forcé d'en adopter un fictivement pour ces jours-là, afin que les rites soient accomplis. Et voyez quel lien puissant la religion établit entre le père et le fils ! On croit à une seconde vie dans le tombeau, vie heureuse et calme, si les repas funèbres sont régulièrement offerts. Ainsi le père est convaincu que sa destinée après cette vie dépendra du soin que son fils aura de son tombeau, et le fils, de son côté, est convaincu que son père mort deviendra un dieu et qu'il aura à l'invoquer.

On peut deviner ce que ces croyances mettaient de respect et d'affection réciproque dans la famille. Les anciens donnaient aux vertus domestiques le nom de piété : l'obéissance du fils envers le père, l'amour qu'il portait à sa mère, c'était de la piété, *pietas erga parentes* [piété envers les parents] ; l'attachement du père pour son enfant, la tendresse de la mère, c'était encore de la piété, *pietas erga liberos* [piété envers les enfants]. Tout était divin dans la famille. Sentiment du devoir, affection naturelle, idée religieuse, tout cela se confondait, ne faisait qu'un, et s'exprimait par un seul mot.

Ainsi les croyances des premiers âges n'ont pas été étrangères au développement moral de cette partie de l'humanité. Ces dieux prescrivaient la pureté et défendaient de verser le sang ; la notion de justice. si elle n'est pas née de cette croyance, a du moins été fortifiée par elle. Ces dieux appartenaient en commun à tous les membres d'une même famille ; la famille s'est ainsi trouvée unie par un lien puissant, et tous ses membres ont appris à s'aimer et à se respecter les uns les autres. Ces dieux vivaient dans l'intérieur de chaque maison : l'homme a donc aimé sa maison, sa demeure fixe et durable, qu'il tenait de ses aïeux et qu'il léguait à ses enfants comme un sanctuaire.

L'antique morale, réglée par ces croyances, ignorait la charité, mais elle enseignait du moins les vertus domestiques. L'isolement de la famille a été, chez cette race, le commencement de la morale. Là les devoirs ont apparu, clairs, précis, impérieux, mais resserrés dans un cercle restreint.

II. L'évolution et les attributions
de la famille dans les temps modernes

Comment la famille antique perd progressivement ses attributions et quelles transformations en résultent, en particulier, pour la situation de la femme, c'est ce qu'indique M. Lapie dans son livre sur *La Femme dans la famille.*

La famille perd plusieurs de ses attributions

Lapie (Paul). — *La Femme dans la famille.* (Paris, Doin, 1908, p. 46 à 54.)

L'unité de la famille est déterminée par des causes d'ordre divers : commençons par l'examen de celles qui, de toute évidence, ont perdu dans nos sociétés modernes leur antique importance.

Ce sont, en première ligne, des causes d'ordre religieux. La religion donne à la famille de la cohésion, quand elle est elle-même une religion de la famille. Quand les hommes n'ont pas d'autres dieux que leurs ancêtres, chaque famille est une secte, au sens le plus rigoureux du terme, une association cultuelle distincte des associations voisines, ayant ses dieux propres et ses rites particuliers. Ses membres ont à accomplir au foyer même une tâche définie, à laquelle ils ne peuvent se soustraire, qui par conséquent les enchaîne et les empêche de subir les attractions du dehors. Ils n'ont pas le droit de faire partie de deux sectes distinctes ; aussi la femme, en entrant dans la maison de son mari, abandonne-t-elle définitivement la religion de son père. La cohésion de la secte, ainsi obtenue, est garantie par l'autorité du prêtre : l'homme, chef de la famille, est chef de la religion domestique ; descendant des divins ancêtres, futur dieu du foyer, il a le premier rôle dans les cérémonies ; il a la prééminence sur sa femme, qui n'est pour lui qu'un auxiliaire. Telle est, on le sait, la conception de la famille dans la Cité antique, grecque ou romaine : le mari et la femme y sont intimement unis, parce qu'ils ont à honorer les mêmes dieux et sont seuls à les honorer ; et c'est au nom de l'unité de cette société religieuse que la femme est reléguée à un rang subordonné.

Au contraire, dès que la religion cesse d'être aussi étroitement domestique, elle tend à dissoudre la famille. Une divinité poliade, nationale, universelle, réclame d'autres prêtres que les chefs de familles, d'autres temples que les maisons des particuliers. Une société religieuse plus étendue et plus puissante, la confrérie, l'église, attire au dehors le mari et la femme, occupe leur temps et absorbe leurs pensées. Bien qu'il puisse dire ses prières en famille, le fidèle, pour remplir complètement ses devoirs religieux, doit parfois quitter sa demeure, et dans le sanctuaire public il ne compte plus comme membre ou chef d'une famille, mais simplement comme individu. Souvent, à l'église, à la mosquée, à la synagogue, les sexes sont séparés et les familles se dispersent. Le mari n'est plus le prêtre et la femme n'est plus son diacre ; l'organisation du service cultuel n'exige plus la subordination de la femme. Bien plus, il arrive qu'entre mari et femme s'interpose l'homme de Dieu. Dès lors il a beau, au nom de son livre, recommander aux deux époux l'union, et à la femme l'obéissance : puisqu'il vide la vie conjugale de son contenu proprement religieux, puisqu'il attire à lui les deux époux, les sépare l'un de l'autre et les soumet également à l'autorité ecclésiastique, il enlève à la famille la cohésion que lui assuraient les religions domestiques.

Or il est bien évident que la famille européenne appartient à ce second type. Elle n'est plus à elle seule une secte tout entière. Quelles que soient nos croyances, nous ne croyons plus à la divinité de nos ancêtres. Etesvous religieux ? votre religion réclame un culte public et votre père n'est pas votre prêtre. Les cérémonies religieuses que vous accomplissez chez vous se réduisent à quelques prières vite psalmodiées ; l'essentiel se passe à l'église ou au temple, à moins que l'essentiel ne se produise au fond de votre cœur. Mais qu'il soit individuel ou public, l'élan de votre âme n'a plus rien de familial. Etes-vous incrédule ? vous déclarez, vous aussi, que les opinions religieuses relèvent de la conscience individuelle et non de l'autorité domestique. Aussi ne paraît-il plus nécessaire que deux époux aient mêmes croyances. Les mariages mixtes ne sont pas rares, et plus fréquents sont les mariages entre croyante et incrédule. En ce cas, non seulement la femme n'est pas subordonnée à son mari ; mais, par cela même que l'unité morale, à cet égard, leur fait défaut, elle traite avec lui d'égale à égal : souvent même elle se fait octroyer un droit supérieur au sien sur la conscience religieuse de leurs enfants. Ainsi, l'un des facteurs les plus efficaces de la cohésion domestique et par suite de la dépendance féminine, le facteur religieux, agit chez nous de manière à relâcher les liens conjugaux et à relever la condition de la femme.

En est-il de même des causes d'ordre politique ? Ces causes agissent comme les précédentes. La famille est souvent un Etat en miniature, comme elle est souvent une Église en raccourci. Son chef a les pouvoirs d'un magistrat ; il légifère, ordonne et juge sans appel : il a sur ses sujets droit de vie et de mort. L'autorité publique ne se préoccupe pas de ses décisions ; il est souverain dans sa demeure. Si par hasard elle intervient dans la vie d'un de ses subordonnés, elle est obligée de passer par son intermédiaire : une Romaine condamnée par un tribunal ne pouvait recevoir son châtiment que de son mari. Il est souverain même hors de chez lui : il représente la famille dans ses rapports avec les autres familles, et l'Etat, en pays musulman, ne peut pas le forcer à accepter la grâce du criminel qui a tué l'un des siens. Lorsque la famille forme ainsi une unité politique, la femme ne peut pas échapper à la domination de l'homme : avec la cohésion d'un Etat, la famille en possède la sévère hiérarchie.

Mais, entre ces deux sociétés politiques, — la famille et l'Etat, — la rivalité peut éclater. Tant que l'Etat, surtout préoccupé de son devoir militaire, — à Rome, par exemple, — n'a affaire qu'aux soldats, c'est-à-dire

aux mâles adultes, il n'intervient guère dans la vie familiale ; il se borne à demander aux parents, comme à
Sparte, de lui préparer de fortes réserves ; il laisse aux
pères toute leur autorité, et il ne brise pas, pour s'inter-
poser entre les membres de la famille, les portes de leur
maison. Ou bien, faible et insouciant, le gouvernement
central, — en Chine, par exemple, — se contente de
jeter sur le pays un réseau d'administrations fiscales
et judiciaires dont les mailles assez lâches laissent passer
les individus et ne retiennent que les familles. Mais le
moment peut venir où il se montre plus minutieux. Quand
la paix romaine s'étend sur l'empire, le gouvernement
s'avise que l'humanité n'est pas uniquement composée
de mâles et il prend des mesures pour protéger — ou
pour opprimer — les femmes. Il évoque à lui les affaires
jusqu'alors tranchées par les tribunaux domestiques.
Non seulement le *pater familias* est destitué de ses fonctions sacerdotales, mais il est destitué de ses fonctions
judiciaires. La cellule de l'organisme politique, ce n'est
plus la famille, c'est l'individu. L'autorité publique s'interpose entre le mari et la femme : l'antique cohésion de la
famille est ruinée.

Or il est bien évident que l'Etat, dans nos sociétés
occidentales, appartient à ce second type. Depuis l'apparition de la « monarchie administrative », la guerre n'est
ni son but unique ni même son but principal ; il s'efforce
d'établir entre les individus plus de justice. Il lui est donc
aussi impossible de laisser closes les portes de la famille
que de laisser closes les portes du couvent ou de l'atelier.
Nul n'est « maître chez soi », sauf de soi. L'Etat pénètre
partout pour veiller à ce qu'aucune injustice ne soit
commise ; il accueille toutes les plaintes, le plaignant se
fût-il volontairement soumis à l'autorité de celui qui
l'opprime ; il accueille donc les plaintes des femmes contre
leurs maris. Ceux-ci n'ont plus sur leurs femmes droit de
haute et basse justice, depuis qu'il n'est plus permis à
personne de se faire justice à soi-même. La grande
société politique, l'Etat, offrant aux individus protection
contre les individus, enlève à la famille toute raison
d'être une petite société politique. Dès lors, la souveraineté de son chef s'évanouit. Pas plus que le facteur

religieux n'agit dans notre société le facteur politique
de la cohésion familiale.

Les raisons d'ordre économique ont conservé plus de
force. Si la maison n'est plus une Eglise ou un Etat au
petit pied, n'est-elle pas, maintenant encore, un atelier
et un ouvroir ? Un atelier où se fabriquent des articles
d'exportation, un ouvroir où s'exécutent des travaux
d'intérieur ? Cette double tâche ne retient-elle pas la
femme au foyer, et ne l'y maintient-elle pas à un rang
subalterne ?...

Depuis l'apparition de la grande industrie, l'unité
économique ce n'est plus la famille, c'est l'usine. Pour
servir les puissantes machines de l'industrie moderne,
il faut réunir plus d'ouvriers qu'une famille même féconde
n'en peut fournir. Pour se plier aux exigences d'une division croissante du travail, il faut répartir les travailleurs
suivant leurs aptitudes individuelles, et non plus
suivant leurs relations familiales. Chaque matin, les
membres de chaque famille doivent donc se disperser
pour gagner leurs ateliers respectifs. Même s'ils travaillent
du même métier et dans la même usine, ils sont employés à
des besognes distinctes dans des pièces séparées. La famille
demeure une coopérative de consommation, mais elle a
cessé d'être une coopérative de production. Le centre de
la vie active n'est plus au foyer : la femme, comme son
mari, est attirée au dehors ; elle va se soumettre à une
hiérarchie dans laquelle son époux ne figure pas ; il n'est
plus, pour elle, le « patron », ni le « maître », ni même le
« contremaître ». La grande industrie dissout la famille et
émancipe la femme, tout comme la grande religion ou
le grand Etat.

* * *

A la suite de cette évolution prédomine le type de famille
auquel nous sommes habitués, la famille conjugale. Durkheim
la décrit en ces termes.

Qu'est-ce que la famille conjugale ?

Durkheim (E.). — *Revue philosophique.* (Paris, Alcan, 1921 [janvier-février], p. 2 à 4.)

J'appelle de ce nom la famille telle qu'elle est constituée chez les sociétés issues des sociétés germaniques, c'est-à-dire chez les peuples les plus civilisés de l'Europe moderne. Je vais en décrire les caractères les plus essentiels tels qu'ils se sont dégagés d'une longue évolution pour se fixer dans notre Code civil.

La famille conjugale résulte d'une contraction de la famille paternelle. Celle-ci comprenait le père, la mère, et toutes les générations issues d'eux, sauf les filles et leurs descendants. La famille conjugale ne comprend plus que le mari, la femme, les enfants mineurs et célibataires. Il y a en effet entre les membres du groupe ainsi constitué des rapports de parenté tout à fait caractéristiques, et qui n'existent qu'entre eux, et dans les limites où s'étend la puissance paternelle. Le père est tenu de nourrir l'enfant et de pourvoir à son éducation jusqu'à sa majorité. Mais en revanche l'enfant est placé sous la dépendance du père ; il ne dispose ni de sa personne, ni de sa fortune dont le père a la jouissance. Il n'a pas de responsabilité civile. Celle-ci revient au père. Mais quand l'enfant est majeur quant au mariage — car la majorité civile de vingt et un ans le laisse sous la tutelle du père en ce qui concerne le mariage — ou bien dès que, à un moment quelconque, l'enfant est légitimement marié, tous les rapports cessent. L'enfant a désormais sa personnalité propre, ses intérêts distincts, sa responsabilité personnelle. Il peut sans doute continuer à habiter sous le toit du père, mais sa présence n'est plus qu'un fait matériel ou purement moral ; elle n'a plus aucune des conséquences juridiques qu'elle avait dans la famille paternelle. D'ailleurs, le plus souvent, la cohabitation cesse même avant la majorité. En tout cas, une fois l'enfant marié, la règle est qu'il se fait un foyer indépendant. Sans doute il continue à être lié à ses parents ; il leur doit des aliments en cas de maladie, et, inversement, il a droit à une portion déterminée de la fortune familiale, puisqu'il ne peut pas (en droit français) être déshérité totalement. Ce sont les seules obligations juridiques qui survivent (des formes de familles antérieures), et encore la seconde paraît destinée à disparaître. Il n'y a là rien qui rappelle cet état de dépendance perpétuelle qui était la base de la famille paternelle, et de la famille patriarcale. Nous sommes donc en présence d'un type familial nouveau. Puisque les seuls éléments permanents en sont le mari et la femme, puisque tous les enfants quittent tôt ou tard la maison paternelle, je propose de l'appeler la famille conjugale.

Pour ce qui est de l'organisation intérieure de cette famille, ce qu'elle présente de nouveau, c'est un ébranlement du vieux communisme familial comme nous n'en avons pas encore rencontré un seul exemple. Jusqu'à présent, en effet, le communisme est resté la base de toutes les sociétés domestiques, sauf peut-être de la famille patriarcale. Dans cette dernière, en effet, la situation prépondérante acquise par le père avait entamé le caractère communautaire de l'association familiale. Mais il s'en faut que ce caractère y ait complètement disparu. En définitive, la puissance paternelle y résulte d'une transformation de l'ancien communisme ; c'est le communisme ayant pour substrat non plus la famille elle-même vivant d'une manière indivise, mais la personne du père. Aussi la société domestique y forme-t-elle un tout où les parties n'ont plus d'individualité distincte. Il n'en est plus de même de la société conjugale. Chacun des membres qui la composent a son individualité, sa sphère d'action propre. Même l'enfant mineur a la sienne, quoiqu'elle soit subordonnée à celle du père, par suite de son moindre développement. L'enfant peut avoir sa fortune propre ; jusqu'à dix-huit ans, il est vrai, le père en a la jouissance ; encore cet usufruit ne va-t-il pas sans certaines obligations envers l'enfant. Le mineur peut même posséder des biens qui sont soustraits à cette charge ; ce sont ceux qu'il a acquis par un travail personnel et ceux qu'il a reçus à condition que ses parents n'en jouiraient pas. Enfin, pour ce qui est des relations personnelles, les droits disciplinaires du père sur la personne du mineur sont étroitement limités. Tout ce qui reste de l'ancien communisme est, avec le droit d'usufruit des parents sur les biens de l'enfant au-dessous de seize ans, le droit d'ailleurs limité qu'a le descendant sur les biens de l'ascendant par suite des restrictions apportées au droit de tester.

Mais ce qui est plus nouveau encore et plus distinctif de ce type familial, c'est l'intervention toujours croissante de l'Etat dans la vie intérieure de la famille. On peut dire que l'Etat est devenu un facteur de la vie domestique. C'est par son intermédiaire que s'exerce le droit de correction du père quand il dépasse certaines limites. C'est l'Etat qui, dans la personne du magistrat, préside aux conseils de famille ; qui prend sous sa protection le mineur orphelin tant que le tuteur n'est pas nommé ; qui prononce et parfois requiert l'interdiction de l'adulte. Une loi récente autorise même, dans certains cas, le tribunal à prononcer la déchéance de la puissance paternelle. Mais il y a un fait qui, mieux que tout autre, démontre combien est grande la transformation qu'a subie la famille dans ces conditions. La famille conjugale n'aurait pu naître ni de la famille patriarcale, ni même de la famille paternelle ou du mélange des deux types de famille, sans l'intervention de ce nouveau facteur, l'Etat. Jusqu'à présent les liens de parenté pouvaient toujours être rompus, soit par le parent qui voulait sortir de sa famille, soit par le père dont il dépendait. Le premier cas est celui de la famille agnatique, et aussi celui de la famille paternelle ; le second cas ne se présente que dans la famille patriarcale. Avec la famille conjugale les liens de parenté sont devenus tout à fait indissolubles. L'Etat en les prenant sous sa garantie a retiré aux particuliers le droit de les briser.

*
* *

La famille a pu perdre nombre de ses attributions : religieuses, politiques, économiques. Mais dans son rôle moral, pédagogique et sentimental, elle paraît difficilement remplaçable. Elle reste, selon Durkheim, une sorte de foyer religieux qui est en même temps l'école du respect.

La famille est une école de respect

Durkheim (E.). — *Année sociologique*. (Paris, Alcan, 1re année, 1896-97
p. 59 à 60.)

Tout ce qui concerne la vie de famille est dominé par
l'idée de devoir. Nos rapports avec nos frères, nos sœurs,
nos parents, sont étroitement réglés par la morale ; c'est
un réseau d'obligations dont nous pouvons nous acquitter
avec joie si nous sommes sainement constitués, mais qui
ne laissent pas de s'imposer à nous avec cette impersonnalité impérative qui est la caractéristique de la loi
morale. Assurément, la sympathie, les inclinations particulières sont loin d'en être bannies ; cependant les
affections domestiques ont toujours cette propriété
distinctive que l'amour y est fortement coloré de respect. C'est que l'amour, ici, n'est pas simplement un
mouvement spontané de la sensibilité privée ; c'est, en
partie, un devoir. Il est exigible, dans la mesure où un
sentiment peut l'être ; c'est un principe de la morale
commune qu'on n'a pas le droit de ne pas aimer ses
parents. Une nuance de respect se retrouve jusque dans
le commerce fraternel. Quoique frères et sœurs soient
égaux entre eux, ils sentent bien que ce qu'ils éprouvent
les uns pour les autres ne dépend pas seulement, ni
même principalement, de leurs qualités individuelles,
mais tient avant tout à quelque influence qui les dépasse
et les domine. C'est la famille qui exige qu'ils soient
unis ; c'est elle qu'ils aiment en s'aimant, qu'ils respec-
tent en se respectant. Présente à toutes leurs relations,
elle leur imprime une marque spéciale et les élève au-
dessus de ce que sont de simples rapports individuels.
Voilà aussi pourquoi le foyer a toujours, aujourd'hui
comme autrefois, un caractère religieux. S'il n'y a plus
d'autels domestiques, ni de divinités familiales, la
famille n'en est pas moins restée tout imprégnée de
religiosité ; elle est toujours l'arche sainte à laquelle il
est interdit de toucher, précisément parce qu'elle est
l'école du respect et que le respect est le sentiment religieux par excellence. Ajoutons que c'est aussi le nerf de
toute discipline collective.

* *

Auguste Comte avait déjà analysé les différents effets, heureux pour la morale, que produit la vie de famille.

L'efficacité morale de la vie domestique

COMTE (Auguste). — *Système de politique positive*. Tome II (Paris, Crès, 1912, p. 183 à 187.)

L'efficacité morale de la vie domestique consiste à former la seule transition naturelle qui puisse habituellement nous dégager de la pure personnalité pour nous élever graduellement jusqu'à la vraie sociabilité. Cette aptitude spontanée repose toujours sur la loi générale établie d'après ma théorie cérébrale, quant aux relations spéciales entre les instincts égoïstes et les penchants altruistes. En effet, l'énergie supérieure des affections domestiques ne provient pas seulement d'une destination mieux circonscrite que celle des affections sociales proprement dites. On doit surtout l'attribuer à ce que leur nature est moins pure, d'après un mélange nécessaire de personnalité. L'instinct sexuel et l'instinct maternel, seuls particuliers à la vie de famille, sont, en eux-mêmes, presque autant égoïstes que le simple instinct conservateur, assisté des deux instincts de perfectionnement : et leur caractère est encore plus personnel que celui des deux instincts d'ambition. Mais ils suscitent des relations spéciales éminemment propres à développer tous les penchants sociaux : de là résulte leur principale efficacité morale, qui ne comporte aucun équivalent. C'est donc en vertu de leur imperfection même que les affections domestiques deviennent les seuls intermédiaires spontanés entre l'égoïsme et l'altruisme, de manière à fournir la base essentielle d'une solution réelle du grand problème humain. Dès lors, leur vrai perfectionnement doit consister, en général, à devenir de plus en plus sociales ou de moins en moins personnelles, sans rien perdre de leur intensité. Tel est, en effet, le sens nécessaire des variations continues que leur imprime l'évolution normale de l'humanité, comme je l'expliquerai dynamiquement. Il suffit ici d'indiquer le principe statique d'une pareille tendance, due à la réaction croissante de la société sur la famille.

Ayant ainsi déterminé le vrai caractère général de l'influence morale propre aux affections domestiques, je dois compléter cette appréciation en la spécifiant davantage envers chacune des phases naturelles d'une telle existence.

Dans la famille humaine, l'éducation graduelle du sentiment social commence spontanément par les relations involontaires qui résultent de notre naissance. Elles nous font d'abord sentir la continuité successive, puis la solidarité actuelle.

Nous subissons le joug du passé avant que le présent nous affecte : ce qui doit mieux repousser les tendances subversives qui, concentrant la sociabilité sur les existences simultanées, méconnaissent aujourd'hui l'empire nécessaire des générations antérieures. Dans cette première phase de l'initiation morale, le mélange entre l'égoïsme et l'altruisme devient aisément appréciable. La soumission de l'enfant étant alors forcée, elle n'y développe d'abord que l'instinct conservateur. Mais les relations continues qu'il contracte ainsi suscitent bientôt l'essor graduel d'un penchant supérieur, aussi naturel quoique moins énergique. La vénération filiale vient dès lors ennoblir une obéissance longtemps involontaire, et compléter le premier pas fondamental vers la vraie moralité, consistant surtout à aimer nos supérieurs. Une fois introduit sous l'irrésistible impulsion des besoins les plus personnels, ce respect subsiste et grandit par son propre charme, à mesure que les services sont mieux appréciés, et il survit même à toute protection objective. Des relations étroites qui l'ont fait naître, il peut s'étendre graduellement jusqu'aux plus vastes influences analogues, de manière à comprendre, non seulement tous les ancêtres proprement dits, mais aussi l'ensemble des prédécesseurs quelconques, et enfin le Grand-Etre lui-même.

Ce fondement filial de toute notre éducation morale se trouve bientôt accompagné, dans le cas normal, d'un autre essor sympathique, spécialement relatif à la simple solidarité Les rapports fraternels viennent alors développer en nous le pur attachement, exempt de toute protection et concurrence, surtout quand la diversité des sexes écarte mieux les pensées de rivalité. Mais la perfection même d'un tel penchant confirme la loi précédente sur l'intensité supérieure des tendances altruistes unies à des motifs égoïstes. Car la fraternité la plus pure est ordinairement la plus faible. On saisit ainsi la frivolité des appréciations émanées de l'anarchie moderne contre les anciennes inégalités fraternelles. Loin que la hiérarchie domestique du moyen âge pût réellement devenir, pendant la splendeur de ce régime transitoire, une source habituelle de discorde entre les frères, elle augmentait nécessairement leur union générale. D'abord, elle fortifiait l'attachement par la vénération chez les inférieurs et la bonté parmi les supérieurs. En outre, elle appelait, de part et d'autre, les impulsions personnelles au secours des affections sociales. Sous ces divers aspects, la systématisation finale devra se rapprocher davantage des institutions empiriques de nos ancêtres chevaleresques que des usages anarchiques propres à leurs descendants révolutionnaires. Quoi qu'il en soit, la fraternité termine toujours l'essor involontaire de notre sociabilité, en développant l'affection domestique la mieux susceptible d'extension extérieure, et qui, en effet, fournit partout le type spontané de l'amour universel.

*
* *

Proudhon de son côté a insisté souvent sur l'importance vitale de la famille pour l'ensemble de la société. Dans le texte qui suit il suggère que les cérémonies dont le mariage est entouré ont pour objet de rappeler à ceux qui se marient le rôle social de l'institution familiale.

Le mariage-sacrement

PROUDHON. — *De la Justice dans la Révolution et dans l'Église.* (Paris, Flammarion, 1860, p. 29 à 30 et 134 à 135.)

Au nom de quelle puissance le mariage prétend-il dompter l'amour, sauver l'homme des ennuis de la possession, des tribulations de la chair et de l'éclipse de l'idéal ; puis, protéger la femme déflorée, et assurer l'existence des enfants ?

Au nom de la Justice. Si l'amour, ainsi que nous l'avons expliqué ailleurs, est plus fort que la mort, la Justice à son tour sera plus forte que l'amour ; telle est la donnée du mariage.

Ceci résulte d'abord des conditions, formalités et cérémonies matrimoniales, telles qu'on les voit se produire ou qu'elles tendent à se produire chez tous les peuples, et dont la substance peut se résumer dans les articles ci-après :

1º Le mariage n'est point abandonné à l'inclination amoureuse ; celle-ci n'est point écartée, mais considérée comme étant seulement de second ordre ;

2º Le consentement des familles est demandé en même temps que celui des époux ;

3º La société est prise à témoin, d'abord des promesses, fiançailles, puis de l'engagement ;

4º Une cérémonie solennelle, religieuse, réalise le mariage, et en fait un sacrement ;

5º Par cet acte sacramental, incompatible de sa nature avec toute idée de polygamie et de divorce, les époux se jurent réciproquement un amour inviolable et perpétuel ;

6º Le mari promet protection et dévouement ; la femme, obéissance ;

7º Ainsi conjoints sous les auspices de la famille et de la cité, les époux forment entre eux et avec leurs futurs enfants un tout juridique et solidaire, embryon, image et partie intérieure de la grande société, dont la destinée est liée ainsi à celle de la famille.

Observations. La cohabitation suit le mariage ; mais, de même que l'amour, qui la rend désirable et l'embellit, ce n'est qu'un accessoire dont les époux ont le droit d'user ou de n'user pas, à leur convenance commune.

Quant aux stipulations d'intérêts, à ce qu'on nomme spécialement aujourd'hui contrat de mariage, bien qu'elles aient leur principe dans le mariage et qu'elles lui servent d'expression au dehors ; bien même que le mariage ne puisse exister sans une certaine communauté de fortunes et d'obligations, de douleurs et de joies, *consortium ;*

bien enfin que ce soit d'après le type de la famille qu'aient été formées par la suite des sociétés civiles, comme de telles conventions, entre hommes et femmes, peuvent exister sans mariage, elles ne font pas plus le mariage que l'amour ou la cohabitation.

Le mariage, en un mot, est une constitution *sui generis* formée tout à la fois au for extérieur par le contrat, au for intérieur par le sacrement, et qui périt aussitôt que l'un ou l'autre de ces deux éléments disparaît.

Ce qui frappe dans cette institution mystérieuse, c'est surtout, je ne saurais trop le redire, la prétention hautement avouée de soumettre l'amour, de le placer, selon l'expression de la loi romaine, *in manu*, c'est-à-dire dans la dépendance et sous l'autorité du couple conjugal, et cela par une sorte d'évocation religieuse, un exorcisme qui purge l'amour de toute lasciveté et défaillance, l'élève au-dessus de lui-même, et en fait un sentiment surnaturel.

Je laisse de côté le détail des rites qui, en chaque pays et chaque localité, précèdent, accompagnent et suivent la solennité du mariage : il y en a de touchants, de bizarres, de ridicules, d'obscènes. Je passe également sous silence les diverses interprétations que l'on a données du sacrement, soit quant à l'autorité maritale, soit quant aux prérogatives de la femme, à l'honneur dû à la mère de famille, etc. A travers la variété infinie des usages, une chose ressort constamment, savoir la pensée de maîtriser l'amour par la religion, et par une conséquence nécessaire, de rendre le mari, malgré sa prépotence orgueilleuse, que l'on a soin de reconnaître, toujours empressé pour sa femme ; la femme, malgré les disgrâces qui l'attendent, toujours aimable pour son mari.

. . . .

Le mariage est le sacrement de la Justice, le mystère vivant de l'harmonie universelle, la forme donnée par la nature même à la religion du genre humain. Dans une sphère moins haute, le mariage est l'acte par lequel l'homme et la femme, s'élevant au-dessus de l'amour et des sens, déclarent leur volonté de s'unir selon le droit, et de poursuivre, autant qu'il est en eux, l'accomplissement de la destinée sociale, en travaillant au progrès de la Justice. A cette définition se rapporte celle de Modestin, *Juris humani et divini communicatio*, (Union du droit humain et du droit divin.) que M. Ernest Legouvé traduit, avec moins de pompe, Ecole de perfectionnement mutuel.

Dans cette religion de la famille on peut dire que l'époux ou le père est le prêtre ; la femme, l'idole ; les enfants, le peuple. Il y a sept initiations : les noces, le foyer ou la table, la naissance, la puberté, le conseil, le testament et les funérailles. Tous sont dans la main du père, nourris de son travail, protégés par son épée, soumis à son gouvernement, ressortissant à son tribunal, héritiers et continuateurs de sa pensée. La Justice est là tout entière, organisée et armée : avec le père, la femme et les enfants, elle a trouvé son appareil, qui ne fera plus que s'étendre par le croisement des familles et le développement de la cité. L'autorité est là aussi, mais temporaire : à la majorité de l'enfant, le père ne conserve plus vis-à-vis de lui qu'un titre honorifique. La religion, enfin, se conserve là : tandis que partout ailleurs l'interprétation des symboles, l'habitude de la science et l'exercice du raisonnement l'affaiblissent sans cesse, elle subsiste dans la famille, s'y condense, et ne redoute aucune attaque : la révélation, tout idéale, de la femme, ne pouvant ni s'analyser, ni se nier, ni s'éteindre.

***

M. Lefebvre, dans son livre sur *La Famille en France*, insiste sur ce fait que le mariage qui fonde la famille moderne ne saurait être considéré comme un simple contrat.

Le mariage n'est pas un simple contrat

LEFEBVRE (Charles). — *La Famille en France dans le droit et dans les mœurs.* (Paris, Giard, 1920, p. 47-52.)

Nous ne pouvons plus sans doute en droit civil qualifier le mariage de sacrement et parler du lien conjugal comme d'un lien sacré, noué par Dieu lui-même. Mais c'est un lien formé et maintenu par l'autorité publique au-dessus de la volonté des parties. Le lien conjugal n'est donc pas un lien simplement contractuel ; et, à vrai dire, l'histoire montre que le mariage, tant à Rome que dans les sociétés antiques, n'avait pas été regardé comme un contrat. Cette idée juridique de contrat n'est venue qu'après coup, pour mieux servir certaines fins, surtout deux idées assez différentes : l'une que le mariage doit être traité, dans l'intérêt des époux, comme union volontaire à la façon des contrats, mais l'autre, qu'il doit aussi, qualifié de contrat civil, se ranger sous l'autorité des lois séculières. Un bref résumé d'histoire va suffire à le montrer.

Ceux qui ont étudié le droit romain savent que le mariage n'y a jamais été regardé comme un contrat passé entre les deux époux. Les Romains n'ont à aucune époque défini et classé le mariage parmi les contrats, et ce sont eux pourtant qui ont bâti toute la théorie juridique des contrats productifs d'obligations, telle que nous l'avons conservée en la libérant de certains excès du formalisme romain. Qu'étaient donc pour le droit romain les « justes noces » ? rien d'autre que le fait même de l'union et de la communauté d'existence commencé et poursuivi à titre conjugal et salué au dehors comme union légitime.

Conduire en sa demeure celle dont on voulait avoir des enfants voués à la puissance paternelle, voilà quel était en droit tout leur mariage. Rome était si loin d'y voir un contrat librement conclu entre les deux époux que longtemps, soit pour établir le mariage, soit pour le rompre, la volonté des chefs de famille figura et compta plus en droit que celle de leurs enfants qu'ils faisaient s'unir en « justes noces » pour perpétuer leur maison. Et de même que le mariage ne commençait pas pour les époux en forme contractuelle, il ne les liait pas non plus à la manière d'un contrat ; car cette idée d'un contrat dans le mariage, les Romains ne l'ont pas eue pour le fond plus que pour la forme. A leurs yeux, l'état conjugal ne durait qu'autant que ceux qui l'avaient établi persévéraient à maintenir la vie commune, et chacun pouvait répudier à son gré sauf quelques retenues pécuniaires.

Du côté des Germains ne se pourrait non plus trouver

l'idée du mariage conçu et réglé comme un contrat entre les époux. Ils n'avaient pas d'ailleurs de théorie juridique établie. Mais, sans admettre, comme on l'a trop prétendu, que le mariage se concluait chez eux comme une vente de la femme, il est certain que le fait de voir la femme mariée surtout par la volonté prédominante des siens excluait l'idée de ne voir, dans le mariage, qu'un contrat librement passé entre les deux époux.

Il en a été ainsi pendant des siècles, sans qu'on parlât du mariage comme d'un contrat. C'est parmi les canonistes du moyen âge qu'on voit commencer d'apparaître l'idée du mariage impliquant élément de contrat, pour mieux justifier la nécessité du consentement libre des époux et l'absence de formes obligatoires. L'Eglise a tenu, contre la coutume antique, à faire une part plus grande et mieux assurée au consentement propre des époux dans la formation de l'union conjugale ; elle a voulu, elle veut encore qu'un mariage librement consenti entre époux, même entre époux mineurs, ne puisse être annulé pour défaut de consentement familial. Jusqu'au Concile de Trente, l'Eglise avait même reçu pour vrai mariage l'union conclue sans présence obligatoire du prêtre. S'être dit, devant simples témoins : « Je te prends pour épouse, et tu me prends pour mari », c'était un mariage, celui qu'on appelait par paroles de présent. Il se conçoit donc qu'on ait pu songer, au point de vue de la forme, à rapprocher cet accord si simple des contrats ordinaires. Mais, il n'en était pas moins le sacrement, c'est-à-dire un accord devant Dieu, faisant du lien conjugal un lien sacré et indissoluble. Et certes les conjoints, même en ce mariage clandestin, si librement formé, n'auraient pu rien concerter qui modifiât le lien, ni l'état de mariage, car, ici et pour le fond des choses, devait expirer toute idée de contrat.

L'antiquité et quinze siècles de l'ère chrétienne s'étaient ainsi écoulés sans parler du mariage érigé juridiquement, en pur contrat, quand nos juristes français s'avisèrent de recourir à la théorie d'un contrat civil, impliqué dans le sacrement, pour soutenir les revendications de la puissance temporelle. Ce fut à l'époque où la royauté, s'étant relevée au sortir du moyen âge, visa à régir non plus seulement les effets civils du mariage, mais à statuer, elle aussi, sur sa validité, même sur les prohibitions dites empêchements. Le moyen principal des légistes fut d'alléguer que le mariage, supposant d'abord un consentement et des engagements échangés entre époux, renfermait par là même un contrat, lequel devait comme tous les contrats relever de la puissance séculière.

J'ai dit déjà tout le parti qu'on avait tiré de cette notion d'un contrat civil, matière du sacrement, dans notre ancienne jurisprudence, et comment ensuite la Constituante était arrivée par là à formuler l'indépendance et la séparation du mariage, considéré comme contrat civil. Mais cette idée nouvelle de contrat ainsi introduite comme procédé juridique devait avoir aussitôt d'autres conséquences. Là encore l'arbre a pu se juger par ses fruits. C'est d'où l'on est parti en 1792 pour soutenir que le mariage était dissoluble, résoluble, comme tous autres contrats, et nous aurons à y revenir. Mariage, contrat et divorce sans frein devaient traverser ensemble toute la période révolutionnaire. L'expérience avait parlé si net, qu'il fallut réagir quand on organisa définitivement le mariage civil au Code du Consulat. Or, le Code s'est gardé d'énoncer formellement que le mariage civil n'est rien d'autre qu'un contrat. Cela étant, l'histoire ayant montré suffisamment que la donnée du mariage contrat n'a pas été reçue de tous les temps et n'a été qu'une invention d'après coup, quelle idée juste nous en faire aujourd'hui ?

Il est certain que le mariage, en tant qu'il est maintenant considéré et réglé comme l'union volontaire des deux époux, ressemble par certains côtés à un contrat et se voit appliquer les règles générales énoncées au sujet du consentement dans les conventions. Il est pour nous de donnée essentielle qu'un libre et mutuel engagement soit à la racine même du lien de mariage. Mais ce n'est pas de ces engagements volontaires qu'il tire toute sa vertu. Il est certain aussi qu'il résulte du mariage un lien plus fort que les liens contractuels, puisque le statut, ou ce que nous appelons l'état de mariage ne saurait être réglé par la volonté des parties. Or le principe général des vrais contrats, leur donnée essentielle, c'est d'être un pacte juridique où les volontés concourent librement pour déterminer d'elles-mêmes leurs engagements et leurs droits, où, suivant l'axiome écrit dans notre Code, « les conventions tiennent lieu de loi à ceux qui les ont faites », où l'on n'est lié, en principe, que comme on l'a voulu et tant qu'on l'a voulu. Rien de cette donnée rationnelle et classique des contrats ne se retrouve dans l'accord et le lien conjugal, tel que l'institution s'en est établie par une longue tradition qui peut se suivre jusqu'à nos jours. Le mariage, en vérité, n'est autre que l'union naturelle et nécessaire à la race humaine, *conjunctio maris et feminæ* (union de l'homme et de la femme), organisée en institution par l'autorité publique pour le bien de la famille et de la société. Comme union naturelle, il a devancé les sociétés mêmes et tout ce qui s'est établi de véritables et multiples contrats surgissant entre les hommes dans l'état social. C'est aussi par l'action des autorités supérieures, religieuses le plus souvent ou plus tardivement civiles, que le mariage a été réglé comme institution fondamentale et d'ordre public, où d'ailleurs on a fini par faire prédominer justement la donnée d'union volontaire.

Concluons donc, sans vouloir insister davantage, que si l'on entre en mariage avec beaucoup des apparences d'un contrat, c'est pour s'engager dans un lien qui n'est pas simplement contractuel, mais qui vous attache et vous domine, comme noué et maintenu de plus haut. Aussi dirai-je volontiers que dans l'institution telle qu'elle est aujourd'hui construite, et cela ne date pas de bien loin, il y a comme une façade ou une entrée de style contractuel, mais que le mariage, en son ensemble, et on le voit mieux sitôt la porte franchie, n'a pas été conçu et réglé dans ses lignes essentielles et ses effets généraux sur une simple donnée de contrat.

***

On a maintes fois attiré l'attention sur les avantages de la famille monogamique qui a fini par dominer dans la civilisation occidentale. M. F. W. Roman les résume ainsi d'après M. Ellwood.

Avantages de la famille monogamique

ROMAN (F. W.). — *La Place de la Sociologie aux États-Unis.* (Paris, Giard, 1925, p. 82 à 84.)

Les peuples les plus puissants de la terre pratiquent la monogamie, et l'on peut ajouter, sans crainte de se tromper, que, s'il y a une relation entre la monogamie et les formes les plus avancées de la civilisation, ce n'est pas par accident. Quels sont donc les avantages sociaux de la monogamie, propices au développement d'une culture plus élevée ? Ils sont nombreux ; les plus importants peuvent être rangés en six groupes :

1º Le nombre des individus des deux sexes est approximativement égal. Nous voyons par là que la monogamie est en harmonie avec les conditions biologiques de l'espèce humaine. Le nombre égal des individus des deux sexes est probablement le résultat de la sélection naturelle. Nous pouvons essayer de comprendre pourquoi la nature favorise cette harmonieuse proportion des deux sexes, en considérant qu'elle permet le plus grand nombre de groupes « familles » et, par conséquent, les meilleures conditions pour élever les enfants ;

2º La monogamie assure à l'enfant la meilleure protection, à deux points de vue au moins. D'abord, elle diminue la mortalité infantile, car, sous ce régime le père et la mère peuvent unir leurs soins. D'autre part, la monogamie assure la meilleure éducation et, par conséquent, une plus complète socialisation de l'enfant.

Dans toutes les autres formes de la famille, non seulement la mortalité infantile est plus élevée, mais, du point de vue de la civilisation moderne, l'enfant y est moins préparé à devenir un membre de la société ;

3º La famille monogame seule produit des affections et des émotions supérieures. C'est seulement dans la famille monogame que les types les plus élevés de sentiments altruistes peuvent être cultivés. Il est difficile de s'imaginer, par exemple, comment une affection désintéressée pourrait exister entre mari et femme sous le régime de la polygamie. Dans la monogamie, le mari et la femme sont appelés à oublier leurs désirs égoïstes dans leur sollicitude partagée pour leurs enfants. La monogamie est, par conséquent, la forme de famille la mieux appropriée au développement d'un altruisme d'essence supérieure ; et, ainsi que nous l'avons vu, plus le niveau de l'altruisme, produit par la vie de famille, est élevé, plus la forme de la vie sociale, en général, est élevée aussi, les autres conditions étant égales. C'est la monogamie qui a créé le sentiment de la paternité, dans le sens le plus complet du terme et cela lui fait honneur. Elle a enseigné à l'élément mâle de la race la valeur du dévouement et de l'abnégation. Sous le régime de la polygamie, au contraire, le père ne peut s'occuper sérieusement de ses enfants ou d'une de ses femmes en particulier, car il se trouve, en réalité, à la tête de plusieurs familles.

Par conséquent, ainsi que nous l'avons déjà noté, la paternité, dans toute l'acception du terme, ne peut exister, sous ce régime ;

4° En outre, sous le régime de la monogamie, les relations familiales sont mieux définies, plus solides et, par suite, les liens familiaux et, finalement, les liens sociaux sont aussi plus forts... ;

5° De tout ceci il résulte que la monogamie favorise le développement des formes les plus élevées de la religion et de la morale, car l'affection familiale est une base indispensable aux plus hautes formes de religions éthiques. La forme d'organisation familiale qui permet le développement des sentiments les plus élevés favorise, en même temps, le développement de types supérieurs de religions. Ceci est encore plus vrai, peut-être, des temps anciens, car c'est la monogamie qui rendit possible le développement d'un culte des ancêtres, en permettant d'établir, d'une façon précise, la lignée ancestrale ; ainsi la monogamie contribua à l'établissement de ce culte qui devint, à son tour, la base de religions plus élevées;

6° Non seulement la monogamie favorise la conservation de la vie des enfants, mais encore celle des parents ; c'est seulement sous le régime de la monogamie que nous voyons les enfants prendre soin de leurs parents âgés. Dans la famille polygamique, la femme âgée est délaissée pour une jeune, et sa vie s'achève dans l'amertume. D'autre part, il est rare que les enfants prennent soin de leur père, car la polygamie n'a jamais favorisé les sentiments profonds entre parents et enfants. Le fait que la monogamie contribue à protéger la vie, parce que, sous son régime, les enfants prennent soin de leurs parents âgés, est un puissant argument en sa faveur : c'est ajouter beaucoup au bonheur de vivre et, par suite, à la force des liens sociaux, que d'épargner aux individus la crainte d'une vieillesse triste et solitaire.

Bref, la famille monogame présente une unité et une harmonie tellement supérieures, à tous les points de vue, qu'elle est la plus apte à produire une civilisation avancée. Quel que soit le point de vue que nous adoptions, nous trouvons de multiples raisons pour lesquelles les sociétés civilisées ne peuvent adopter d'autres formes de famille que la monogamie.

*
* *

Selon l'école de Le Play la famille ne joue pleinement son rôle, à la fois économique et moral, que si elle demeure nombreuse, groupée autour d'une propriété qu'elle cultive. Le Play, dans le texte qui suit, indique en quoi, selon lui, la famille-souche est supérieure, tant à la famille « communiste » qu'à la famille « instable ».

La famille-souche

Le Play. — *La Réforme sociale en France.* (Tours, Mame et fils, 1878, t. II, p. 6 à 13.)

La famille, considérée dans son principe, est, comme la religion et la propriété, une institution immuable ; mais comme elles aussi, elle subit dans la forme des modifications considérables. En se combinant avec ces deux institutions, elle imprime à chaque organisation sociale son caractère essentiel. On y peut distinguer, au point de vue le plus général, deux types extrêmes, la famille patriarcale et la famille instable, puis un type intermédiaire, la famille-souche.

1er type : la famille patriarcale

Le premier type de famille est commun chez les peuples pasteurs de l'Orient, chez les paysans russes et chez les Slaves de l'Europe centrale. Le père y conserve près de lui tous ses fils mariés, et il exerce sur eux, comme sur leurs enfants, une autorité fort étendue. Sauf quelques objets mobiliers, les propriétés restent indivises entre les membres ainsi réunis. Le père dirige les travaux et accumule, sous forme d'épargne, les produits non réclamés par les besoins journaliers de la famille. Chez les pasteurs nomades, cette communauté persiste pendant la vie du père. Chez les agriculteurs sédentaires, elle se divise quand la capacité du foyer domestique n'est plus en rapport avec la fécondité des ménages. Selon que le sol disponible abonde ou fait défaut, l'essaim sortant de la maison paternelle s'établit dans la localité ou émigre dans une autre contrée. C'est alors le père qui, avec le secours de l'épargne et du travail commun, préside à la création du nouvel établissement ou à la dotation des émigrants. C'est également lui qui désigne, parmi eux, le membre investi de la nouvelle autorité.

Un penchant inné porte tous les jeunes ménages à désirer l'indépendance. Cependant, parmi les races patriarcales, ce désir est atténué par divers obstacles, savoir : chez les nomades, par les inconvénients ou même les dangers de l'isolement ; chez les agriculteurs sédentaires, par l'organisation féodale de la propriété ; chez tous, par l'amour de la tradition et par les sentiments qui se transmettent avec la possession du bien-être. Cette disposition des esprits a sa source dans de fermes croyances religieuses et surtout dans le respect du IVe commandement de Dieu. Elle maintient, dans le régime du travail et dans l'ensemble dés rapports sociaux, l'attachement au passé plus que la préoccupation de l'avenir, l'obéissance plus que l'initiative.

En imposant aux esprits cet état de contrainte morale et matérielle, la communauté patriarcale arrête l'essor qu'auraient pu prendre, dans une situation indépendante, les individualités éminentes de la famille. Elle offre toutefois une large compensation : elle fait participer au bien-être commun les individus les moins moraux, les moins habiles et les moins laborieux.

2e type : *la famille instable*

Le second type, celui de la famille instable, domine

maintenant parmi les populations ouvrières soumises
au nouveau régime manufacturier de l'Occident. Ce type
se multiplie en outre parmi les classes riches de la France,
sous un ensemble d'influences, au premier rang desquelles
figure le Partage forcé. La famille, constituée par l'union
de deux époux, s'accroît d'abord par la naissance des
enfants. Elle s'amoindrit ensuite, à mesure que ces enfants,
se dégageant de toute obligation envers leurs parents et
leurs proches, s'établissent au dehors en gardant le célibat ou en fondant une famille nouvelle. Elle se dissout
enfin par la mort des vieux parents, ou, en cas de mort
prématurée, par la dispersion des orphelins mineurs.
Chaque enfant dispose librement de la dot qu'il a reçue
en quittant la maison paternelle ; dans tous les cas, il
jouit exclusivement des produits de son travail. L'usage
précoce de la raison, propagé par l'enseignement des
écoles, par les conseils des parents ou par l'exemple
des classes supérieures, porte inégalement les individus
au bien ou au mal, selon l'empire que prend sur eux la
loi morale. Souvent il fait prévaloir plus qu'il ne convient
le goût de la nouveauté sur l'esprit de tradition. L'individu, surtout s'il reste célibataire, n'a plus à pourvoir
aux besoins de ses proches moins habiles ou moins pré-
voyants : il arrive donc rapidement à une situation élevée,
s'il est lui-même doué d'aptitudes éminentes. D'un autre
côté, il ne peut prétendre à aucun secours, si le vice ou
l'incapacité l'empêchent de subvenir à ses propres besoins : lors donc qu'il a dissipé les ressources créées par
ses parents, il se trouve fatalement condamné à la misère.
Malheureusement cette triste situation, dès qu'elle s'est
produite, tend à se perpétuer, soit parce que les parents
ne peuvent plus, comme sous le premier régime, contribuer
par l'épargne à l'établissement de leurs enfants, soit
parce que ceux-ci restent abandonnés sans contrôle à
leurs penchants déréglés, soit surtout parce qu'ils sont
de bonne heure pervertis par le mauvais exemple.

La famille instable, quand elle se multiplie sur un sol
complètement défriché, livre ainsi les populations déchues
à un état perpétuel de souffrance. Elle engendre ces
agglomérations redoutables que l'histoire ne nous a
offertes à aucune autre époque. Ces foyers de misère

contrastent par des traits essentiels avec les anciennes formes de la pauvreté. Jusqu'à ces derniers temps, ils ne pouvaient être nommés dans aucune langue. C'est pour eux qu'il a fallu inventer, de nos jours, le mot de paupérisme.

3e type : *la famille-souche*

Le troisième type, la famille-souche, se développe de lui-même chez tous les peuples qui, après s'être approprié les bienfaits du travail agricole et de la vie sédentaire, ont le bon sens de défendre leur vie privée contre la domination des légistes, les envahissements de la bureaucratie et les exagérations du régime manufacturier. Cette organisation associe aux parents un seul enfant marié. Elle établit tous les autres avec une dot, dans un état d'indépendance que leur refuse la famille patriarcale. Elle garde dans leur intégrité, au foyer paternel, les habitudes du travail, les moyens de prospérité et le trésor d'enseignements utiles légués par les aïeux. Elle devient un centre permanent de protection auquel tous les membres de la famille peuvent recourir dans les épreuves de la vie. Grâce à cet ensemble de traditions, le troisième type donne aux individus une sécurité inconnue dans le second et une indépendance incompatible avec le premier.

La famille-souche surgit parfois des influences traditionnelles de la vie patriarcale ; mais elle ne se constitue définitivement que sous le bienfaisant régime de la propriété individuelle. Elle convient également à ceux qui se complaisent dans la situation où ils sont nés, et à ceux qui veulent s'élever dans la hiérarchie sociale par des entreprises aventureuses. Elle concilie, dans une juste mesure, l'autorité du père et la liberté des enfants, la stabilité et le perfectionnement des conditions. Au surplus, pour démontrer la supériorité de ce troisième type, il suffit de constater qu'il naît partout où la famille est libre, et qu'il se maintient malgré les événements de force majeure qui troublent l'ordre établi. Ainsi, quand une mort prématurée vient frapper l'héritier-associé, chaque rejeton de la souche renonce, s'il en est besoin, aux perspectives brillantes qu'il s'est ouvertes. En pareil cas, celui que désigne la coutume considère le service du foyer paternel comme le premier de ses devoirs. Il tient à honneur de revenir au sein de la famille combler le vide qui s'y est fait.

Excellence de la famille-souche en Occident.

En résumé, les peuples européens, en devenant plus libres et plus prospères, renoncent à la famille patriarcale trop adonnée au culte de la tradition, et repoussent la famille instable que mine l'esprit de nouveauté. Les vrais modèles s'éloignent progressivement de ces deux types, en organisant de plus en plus la famille-souche. Ce dernier type échappe donc aux inconvénients des deux autres : à la propriété collective du premier, comme à l'instabilité du second. Il conserve ce qu'il y a de légitime dans le penchant de chacun d'eux : le respect des bonnes traditions et la recherche des utiles nouveautés.

* *
*

Beaucoup d'auteurs se plaignent des transformations que le mouvement de notre civilisation, et spécialement le progrès de l'industrie, paraissent imprimer aux mœurs familiales. M. Delzons conclut ainsi son étude sur la famille française.

Affaiblissement de la discipline dans la famille moderne

Delzons (L.). — *La Famille française et son évolution.* (Paris, Armand Colin, 1913, p. 273 à 277.)

La famille, restreinte à la cellule primitive du père, de la mère et de l'enfant, s'y est affaiblie par le changement des rapports qui établissaient entre ces trois êtres une parfaite cohésion. Au début du xixe siècle, deux idées cimentaient cette union : la puissance maritale et la puissance paternelle. L'une et l'autre faisaient du mari et du père un chef sur qui pesaient, avec les plus grands devoirs, les plus lourdes responsabilités, mais qui était armé des droits nécessaires pour obtenir la soumission de tous à sa volonté, c'est-à-dire au bien de la famille. Ces droits, la loi les avait pris dans les mœurs pour les lui donner. On a vu que les mœurs, peu à peu, tendaient à les lui retirer. Il est bien d'inscrire dans un Code qu'une femme doit obéissance à son mari, mais à la condition que les habitudes générales comportent cette obéissance ; sinon le Code aura parlé en vain, de même qu'il a beau dire que la femme doit suivre partout son mari : si elle se refuse à le suivre, il n'est aucun moyen de l'y contraindre. Ainsi, lentement, mais continûment, la puissance maritale s'est affaiblie : le mari et la femme sont devenus, dans le mariage, des associés égaux en droits. Il n'importe, à cet égard, que la loi continue de les dire inégaux. L'essentiel, c'est la vie, et précisément la vie substitue de plus en plus aux règles légales un état différent ou même contraire.

Est-ce une perte pour la famille ? On ne saurait le nier, du moins pour sa cohésion et pour sa solidité. Il ne faut pas oublier que l'autorité maritale ne devait avoir, suivant le Code civil, d'autres fins que l'intérêt de la femme et celui du mariage. On s'aperçoit encore aujourd'hui que le premier de ces intérêts se trouve assez bien sauvegardé par cette autorité, puisque, pour la gestion de leurs biens, les femmes continuent de s'en remettre aveuglément à leurs maris et qu'elles n'ont donc pas à en pâtir. Quant à l'intérêt du mariage lui-même et par suite de la famille il se fortifiait naturellement dans une puissance maritale reconnue et acceptée par l'usage. Il n'était pas indifférent à l'existence et à l'avenir de la famille, il était au contraire très utile qu'elle eût un chef, que ce chef fût revêtu, de par son titre même, d'un prestige dont, comme individu, il pouvait être fort souvent dépourvu. Une certaine déférence, qui en résultait chez la femme, rendait évidemment plus sûr et plus facile le train de la vie conjugale. Cette sûreté et cette facilité sont grandement altérées par l'égalité nouvelle qui met en présence deux êtres pareillement satisfaits de leur jugement et décidés à faire prévaloir chacun le sien. C'est donc là une perte : car la famille a moins de chances, sous ce régime de libre discussion, de développer une force supérieure aux convenances individuelles ; et cependant, pour qu'elle existe vraiment, pour qu'elle offre aux individus ses ressources de vigueur, de bien-être, de bonheur, il faut d'abord qu'elle les absorbe, qu'ils se donnent à elle, et non qu'ils la subordonnent à soi.

Entre les parents et l'enfant, les mêmes constatations n'ont pas moins de rigueur. Comme la puissance maritale, la puissance paternelle s'est affaiblie, et sous l'action des mêmes phénomènes économiques, psychologiques, moraux. D'une part, dans les classes bourgeoises, on la voit s'abandonner elle-même par l'effet de mille causes : négligence, insouciance, et, à vrai dire, crainte égoïste de l'effort, ou bien par excès de sensibilité, faiblesse de caractère, fausse conception de l'intérêt de l'enfant qui ne s'entend plus que de son hygiène, de son élégance et de sa réussite mondaine. D'autre part, dans les classes ouvrières, on voit la puissance publique, l'Etat, se placer entre le père et l'enfant, pour interdire au premier une foule d'actes dangereux que la vie industrielle a rendus possibles, pour surveiller l'usage que ce père fait de son autorité paternelle, pour la restreindre de toutes les façons, pour la supprimer au besoin. A l'égard de tous les parents, enfin, qu'ils soient riches ou pauvres, la loi a remis au magistrat des pouvoirs presque absolus qui vont jusqu'à lui permettre, toutes les fois que la famille se rompt par le divorce ou se corrompt par la mauvaise conduite, de disposer souverainement de l'enfant. En ce cas, c'est la famille qui a provoqué elle-même, par son insuffisance, l'intervention de la puissance publique ; et, d'ailleurs, cette intervention achève de la ruiner.

Dans tous les cas, on aperçoit que les événements économiques du xixe siècle, le développement et la diffusion de la richesse mobilière, la prodigieuse extension de la vie industrielle ont imposé des conditions d'existence toutes nouvelles ; la famille, en haut et en bas de l'échelle sociale, s'en est trouvée gravement atteinte. En même temps et partout, la crise morale de l'individualisme, la religion récente de la démocratie égalitaire ont exalté la conviction que chacun avait à poursuivre un objet exclusif — l'épanouissement de sa propre personne. C'était beaucoup trop pour que le père et la mère eussent chance de conserver intacts et le sentiment de leur mission éducatrice et la force de l'accomplir ; sans compter que l'enfant proposé à leurs soins respirait, bon gré, mal gré, cette atmosphère moderne d'indépendance, et pour un peu de révolte, qui le rendait nécessairement moins docile. Et ce n'était pas tout encore : le plus singulier, le plus pénétrant effet de l'individualisme moderne se manifeste par l'exagération universelle de la sensibilité ; dans la famille, il en résulte cette dangereuse illusion qui fait croire aux parents qu'ils ont épuisé leur devoir en donnant à l'enfant toutes leurs complaisances ; quelle que soit leur condition sociale, on les voit pareillement entraînés par cette tendresse à consentir tous les sacrifices pour qu'il soit satisfait ; et dans le monde du travail comme dans celui de la richesse, cette habitude produit la même conséquence, à savoir que l'enfant tient beaucoup plus à lui-même, et beaucoup moins à eux. Dans cet amour paternel ou maternel qui se refuse à voir autre chose que le plaisir et le bien-être matériel de l'enfant, il ne semble pas douteux que ce soit un égoïsme qui se contente : égoïsme raffiné, enveloppant, pour le plus grand agrément de chacun, l'être même où chacun se retrouve et se survit ; mais égoïsme plus redoutable que s'il se restreignait à un seul individu, car il compromet l'avenir, au delà du présent.

Au total, et si l'on veut essayer de resserrer plus encore les résultats de cette étude, il faut dire que ce qui est en péril, ce qui est compromis, c'est une discipline, ce sont toutes les disciplines inventées par l'expérience séculaire, installées par le long usage et qui faisaient à la famille proprement dite, — père, mère, enfant, — aussi bien qu'au groupe familial, — ascendants, descendarts, collatéraux, — une armature si solide.

*
* *

Moins pessimiste, l'économiste G. Schmoller note les avantages que présentent pour la vie morale de la famille les transformations mêmes de la vie industrielle.

La famille moderne devient essentiellement
un groupement moral

Schmoller (Gustav). — *Principes d'Economie politique.* (Trad. G. Platon, Paris, Giard, 1905, Tome II, p. 51 à 55.)

La direction de l'ancienne économie familiale devait être une direction ferme, dure. Celle de la nouvelle est

beaucoup plus simple, et par là plus douce. Les rênes
ont passé d'une manière générale dans les mains plus
douces de la femme et de la mère. Il est plus facile en
soi de mener de trois à six hommes et de les maintenir en paix
entre eux que s'ils étaient dix ou cinquante. L'ancienne
famille, qui était en même temps une affaire, un organisme de production comportant la division du travail,
qui était une institution juridique, avait besoin d'une
discipline dure pour atteindre son but. Même à l'époque
où produisant pour elle-même elle n'avait presque pas à
vendre et à acheter, elle avait cependant besoin, pour
la conduite intérieure de la production, pour la maîtrise
des serviteurs, et des servantes, et des nombreux parents
qu'elle comprenait, d'un maître qui fût un homme et
parfois brutal, comme elle en avait également besoin
pour la représenter dans la commune, sur les marchés, dans
l'Etat. La petite famille moderne est essentiellement
un ménage dirigé vers l'intérieur, sans activité productive
compliquée et sans travail véritablement organisé. Elle
n'a presque pas besoin de la discipline du maître. L'homme
et la femme s'entendent facilement, et, quand ils sont
entre eux ce qu'ils doivent être, la femme et les domestiques s'entendent sur la façon dont les choses doivent
se passer. Les misères de la domesticité de nos jours
vont croissant avec l'individualisme plus grand des personnes, mais ces misères, somme toute, sont, je crois, en
voie de décroissance, si on les compare aux difficultés
et aux duretés qu'il fallait autrefois pour maintenir dans
l'ordre un bien plus grand nombre de personnes. Les
relations économiques, que la famille soutient avec le
dehors, ont beau croître ; on a beau réclamer des professions et des artisans les plus divers des marchandises
et des prestations, utiliser des professeurs et toutes autres
personnes, on n'a pas besoin d'un régime sévère ou dur,
comme c'était autrefois le cas pour la famille patriarcale.
Ces rapports avec le dehors se déroulent sous la forme de
contrats à conclure chaque jour de nouveau et à exécuter
de même ; et c'est surtout la femme qui les conclut. C'est
ainsi que la dureté et la violence, l'exploitation des forces
et le travail forcé, qu'on ne pouvait guère autrefois éviter
dans la famille, sont relégués sur le terrain des entre-

prises, du marché et de la concurrence. Et dans la famille il y a maintenant place pour la paix et la douceur, pour une économie toute d'amour, sans intérêts opposés entre eux, comme on n'en vit jamais autrefois au même degré.

On ne peut pas dire que la division du travail n'existe pas dans cette petite famille ; la mère, la cuisinière, les filles adultes, les enfants à demi élevés ont chacun une tâche propre. Mais en gros cette division du travail n'est pas poussée loin. Chacun fait ce qu'il peut : et il le fait toujours de toute son âme, parce que les sentiments de sympathie les plus forts sont le meilleur aiguillon de l'activité. Quant à la division du travail entre l'homme et la femme, elle ne s'accomplit pas essentiellement à l'intérieur de la famille, mais elle se réalise proprement entre l'économie familiale et les autres organisations sociales. L'homme cherche au dehors une situation, une activité lucrative, la richesse ; il livre là le dur combat de l'existence et il en trouve la force dans ce fait qu'il jouit, dans la famille, du repos, de l'harmonie, du bonheur paisible d'une existence agréable. La femme, au contraire, qui porte les enfants dans son cœur, leur donne ses soins, les élève ; elle installe les domestiques et les renvoie ; elle gouverne à la cuisine, à la cave, au logis proprement dit ; elle nettoie, ravaude, rétablit partout l'ordre dans la maison, mène la lutte contre la poussière et la détérioration et conserve ainsi bien plus longtemps les objets de possession qu'elle peut avoir dans ses mains, tous les ustensiles, tout le mobilier. Avec le même revenu, elle peut obtenir deux fois le même résultat, à la condition de bien savoir distribuer son budget, d'acheter, connaissant les marchandises et les hommes, d'avoir les petites connaissances chimiques, techniques et culinaires nécessaires. C'est de son intelligence de l'hygiène, de son expérience, de son attention autour du lit des malades que dépendent enfin la santé et la vie de tous les membres de la famille.

Il est donc vrai qu'en un certain sens, bien que l'activité de l'homme et celle de la femme soient séparées plus que jamais, elles se complètent cependant toutes les deux mieux qu'autrefois. Les deux parties réalisent l'accomplissement de leurs qualités spécifiques, elles donnent davantage et procurent aussi généralement plus de joie à elles-mêmes et aux autres. Le travail de l'homme dans l'Etat et dans l'économie nationale peut paraître là comme le plus important. Ce n'est cependant pour chaque travailleur, avec la division du travail existante, qu'une fraction de son activité dont le résultat souvent échappe à l'individu ou qui souvent ne lui apparaît que plus tard. Le travail de la femme dans la maison embrasse un petit cercle, mais un cercle fermé, harmonique. La femme qui prépare le repas pour son mari, qui lui essuie le front le soir, qui lui présente les enfants est une maîtresse de maison qui répand le bonheur autour d'elle. Chaque jour, à chaque heure, elle voit les fruits de son activité et elle sait que c'est dans son petit empire qu'ont leur principe et leur fin tous les efforts du mari. L'éducation des enfants perd de la dureté, des buts égoïstes qui étaient les siens, à l'époque de la famille patriarcale. La mère doit alors prendre plus à sa charge cette éducation et, l'école lui servant d'aide, collaborant avec elle, elle peut atteindre des résultats qui n'étaient pas possibles autrefois. Quant à ses obligations sociales hors de sa maison, dans les sociétés, pour les soins des pauvres, pour l'éducation et la moralisation des enfants des classes inférieures, la femme aujourd'hui peut les remplir plus facilement qu'autrefois, sa tâche de la maison se trouvant allégée. Pour les tâches élevées et les jouissances de l'art et de la sociabilité, on a de nos jours établi, hors de la maison, des organisations qui doivent aider à l'action de la famille. Je parle du théâtre, du concert, des sociétés d'agrément et autres choses semblables. Mais les rapports de ces cercles et de ces organes à la famille ne sont pas difficiles à ordonner. Et, en outre, c'est encore l'intérieur de la maison moderne qui peut donner la plus haute espèce de sociabilité, les plus hautes jouissances de la musique et de la littérature. Le monde antique et le Moyen âge n'ont vraiment connu que les fêtes publiques et l'amusement de la danse dans les hôtels de ville ou les maisons de corporation ; pour les hommes la fréquentation du cabaret ; de nos jours au contraire, pour les classes cultivées, la maison est devenue le centre de la sociabilité.

Et ainsi, l'économie familiale moderne, à côté de ses inconvénients, est caractérisée par de grands progrès. Ces avantages, il est vrai, n'ont pas encore, il s'en faut, apparu partout ; ils sont cependant, chez les peuples les plus civilisés, reconnaissables dans les classes supérieures et les moyennes, parfois même dans les basses classes. L'essentiel, c'est que la famille, qui reposait autrefois sur un rapport de domination, redevient de plus en plus un groupement moral ; que, d'une institution ayant pour objet la production et les affaires, elle est de plus en plus une institution ayant en vue la communauté de vie morale ; que, de plus en plus limitée dans ses buts économiques, elle peut mieux poursuivre des buts nobles, idéaux, et devenir ainsi un réservoir plus riche de sentiments sympathiques, qu'elle produit.

*
* *

Comme M. Schmoller, M. Charmont estime que les transformations du régime d'autorité dans la famille ne sont pas toutes à regretter.

La famille moderne s'est plutôt concentrée qu'affaiblie

CHARMONT (J.). — *Les Transformations du droit civil.* (Paris, Colin, 1912, p. 4 à 9.)

La famille ancienne est plus stable et plus nombreuse que la famille actuelle. L'autorité paternelle est plus forte et plus respectée.

Dans la classe moyenne et la classe rurale, la famille sous l'ancien régime était stable, fidèle à ses traditions, attachée à la même profession et au même pays. Comme les familles étaient nombreuses, une partie des enfants allait fréquemment s'établir au dehors, mais la famille se perpétuait, conservait son foyer et comptait, à chaque génération, un représentant dans la profession qui la particularisait, avocat, procureur, commerçant, paysan. Si l'on consulte les archives des petites communes, on retrouve dans les mêmes domaines la même famille pendant des siècles. Elle tendait à s'élever progressivement : chaque génération franchissait un degré ; c'est ce que Paul Bourget appelle l'Etape.

Aujourd'hui les conditions sont beaucoup plus instables : les parents préparent, non sans grands sacrifices, l'établissement d'enfants peu nombreux sur lesquels se concentre leur affection. La concurrence est devenue beaucoup plus rude et la solidarité entre parents s'est amoindrie. On est presque dispensé de se préoccuper des autres, mais on ne peut guère compter que sur soi-même. Ainsi quelques-uns peuvent aller très loin, monter très haut, mais ceux qui échouent sont abandonnés à eux-mêmes et tombent dans une misère profonde. Un autre fait caractéristique s'est produit : l'immigration urbaine. Les villes ont exercé une sorte d'attraction : en 1846, la population urbaine représentait à peine le quart de la population française ; en 1896, elle était déjà plus du tiers ; bientôt elle sera la moitié. Ces déplacements, cette dispersion rompent ou relâchent les liens de famille, dont les membres ne se connaissent plus ou se perdent de vue.

Les familles anciennes n'étaient pas seulement plus unifiées, plus sédentaires ; elles étaient aussi plus sévèrement disciplinées. L'autorité paternelle était très dure, surtout dans les pays du Midi, qu'on appelait pays de droit écrit, où s'était conservée l'influence romaine. La puissance du père est perpétuelle : ses effets subsistent quel que soit l'âge de l'enfant, à moins que, par un acte formel de volonté, l'*émancipation*, le père ne renonce lui-même à son droit. Dans certains pays de droit écrit, il est vrai, le mariage émancipait ; mais cette émancipation apparaît comme exceptionnelle, et dans les ressorts des Parlements qui la rejetaient, les enfants du fils de famille marié mais non émancipé n'étaient pas placés sous la puissance de leur père, mais, comme à Rome, sous celle de leur aïeul paternel.

Hormis certaines catégories exceptionnelles de biens, les *pécules*, tout ce qu'acquiert l'enfant appartient au père soit en pleine propriété, soit au moins en jouissance. Même avec le consentement de son père, l'enfant ne peut pas faire de testament. La règle du *senatus-consulte* macédonien, d'après laquelle le fils de famille, même majeur, ne pouvait s'obliger pour cause de prêt, reste en vigueur.

Le père a sur la personne de l'enfant un droit de correction et d'absolue direction, qui subsiste toujours. Toutes les décisions qui engagent l'avenir, le mariage, le choix d'une carrière, sont prises par le père, ou tout au moins sous son inspiration ; et son autorité paraît à ce point respectée que l'on ne saurait dire s'il la tient des mœurs ou de la loi.

Le père peut châtier lui-même son enfant, à la condition de ne pas excéder une mesure variable selon l'époque et le milieu. Il peut demander au juge d'ordonner l'emprisonnement de l'enfant, et, dans la plupart des cas, le juge ne peut refuser l'ordre de détention. Pendant longtemps, on voit enfermés à la demande des parents des fils qui ont dépassé de beaucoup l'âge de la majorité. Cependant un arrêt de règlement du Parlement de Paris du 9 mars 1673 décide que ce droit ne pourra s'exercer lorsque le fils sera majeur de vingt-cinq ans, et cette réglementation paraît n'avoir pas été sans influence dans les pays de droit écrit. Il ne faudrait pas croire cependant que dans le dernier état du droit le père soit destitué de toute autorité sur son enfant majeur. Si c'est un grand seigneur, il peut obtenir du roi une lettre de cachet : ainsi, c'est en vertu d'une lettre de cachet et sur la demande de son père que Mirabeau, alors âgé de plus de vingt-cinq ans, fut en 1774 enfermé au château d'If. Une ordonnance du 15 juillet 1763 décide également que « les parents dont les fils seront tombés dans des cas de dérangement de conduite capables d'exposer l'honneur et la tranquillité de leurs familles, sans cependant s'être rendus coupables de crimes, dont les lois ont prononcé la punition, pourront demander au Secrétaire d'Etat ayant le département de la Guerre et de la Marine leur exportation dans l'île de la Désirade. Si les motifs des parents sont trouvés légitimes, les jeunes gens seront conduits à la Désirade, sur un ordre de Sa Majesté, qui se charge, depuis l'arrivée à Rochefort, de tous les frais de détention et de nourriture ».

Sans recourir à de pareils moyens de rigueur, le père qui avait à se plaindre de son fils pouvait lui enlever sa légitime et l'écarter de sa succession par une clause d'*exhérédation*. Le droit d'exhéréder n'était pas d'ailleurs arbitraire : on ne pouvait en user que pour justes motifs, et l'on considérait comme tels les quatorze causes indiquées par la Novelle 115 de Justinien. Le fait de se marier sans le consentement des parents, ou tout au moins avant un certain âge (vingt-cinq ans pour les filles, trente ans pour les garçons), avait été considéré par plusieurs ordonnances royales comme une autre raison susceptible de justifier l'exhérédation.

On peut mesurer maintenant l'importance du changement qui s'est accompli dans l'organisation de la famille. Une lutte qui se poursuivait depuis longtemps entre deux conceptions s'est achevée par le triomphe de l'une d'elles. La puissance paternelle a cessé d'être un droit établi en faveur et dans l'intérêt de celui qui l'exerce, elle est devenue un simple pouvoir de protection, un moyen pour le père de remplir ses devoirs envers l'enfant. Une œuvre nouvelle a commencé avec le Code civil ; peu à peu toutes les conséquences du principe adopté ont apparu et se sont successivement imposées. Le législateur a dû nécessairement intervenir toutes les fois que les obligations qui justifiaient le droit du père de famille n'étaient pas remplies, ou toutes les fois que ce droit était détourné de son but. A cette tendance se rattachent les lois sur l'instruction obligatoire, le travail des enfants dans les manufactures, la protection de l'enfance maltraitée ou moralement abandonnée.

Somme toute, il y a moins d'autorité, mais plus de tendresse et d'affection, moins de vies sacrifiées dans la famille d'aujourd'hui que dans celle d'autrefois. Entre les frères, l'égalité des partages a supprimé sinon la possibilité d'une difficulté, tout au moins de très grandes causes de jalousie. Ainsi la famille s'est plutôt concentrée qu'affaiblie.

———

Sociologie politique

I. Clans, Cités, Empires

A partir de quel moment peut-on parler d'une société politique distincte du groupement domestique ? Certains auteurs,
se souvenant que, selon le mot de Bonald, il n'y a pas de société
sans gouvernement, et que d'ailleurs la famille semble se constituer en se distinguant d'un groupe plus large qui la réglemente, posent l'Etat comme une réalité primitive. C'est l'avis
entre autres d'Edouard Meyer. La plupart estiment qu'on ne
peut parler d'Etat que là où une autorité souveraine s'est nettement différenciée de la masse, et ils cherchent de divers côtés
— dans les traditions de la famille elle-même, dans les nécessités de la guerre, dans l'influence de pouvoirs magiques —
les origines du pouvoir.

L'État est une réalité primitive

Meyer (Ed.). — *Histoire de l'antiquité*. (trad., franç., Paris, Geuthner,
1912, p. 8 à 11.)

Partout où nous sommes renseignés sur la manière
d'être des hommes, nous rencontrons, non pas, comme chez
les animaux grégaires, un seul groupement social, mais
une pluralité de groupements, qui s'englobent les uns
les autres, et aussi s'entre-croisent. De petites collectivités, tribus (*Stämme*), hordes, établissements locaux,
sont associées entre elles, ou directement réunies en un
Etat qui les embrasse, ou tout au moins se sentent les
parties *d'un tout plus étendu, d'un peuple*. A l'intérieur des
tribus il y a des phratries (*Blutsbrüderschaften*), des clans
(*Clans*), des familles (*Geschlechter*), qui peuvent à leur
tour s'étendre à travers plusieurs tribus ou sous-tribus,
et créer ainsi entre membres de plusieurs tribus, un lien
commun, — plus tard, des divisions politiques et mili-

taires, des communautés cultuelles, des groupements professionnels ; l'influence de l'habitat se manifeste dans des
groupements cantonaux et des communautés de village,
etc. Ces groupements diffèrent entre eux tant par les
fins auxquelles ils servent que par la façon plus ou moins
énergique dont leurs membres y sont incorporés. A quels
groupements appartient chaque individu, c'est ce qui
jamais ne fait de doute, non plus que de savoir quels
droits chaque groupement peut revendiquer sur lui ;
mais ces droits, et les devoirs de l'individu qui en découlent, entrent souvent en conflit aigu, et, dans ce cas, c'est
une question très incertaine de savoir quel droit s'avère
le plus fort. Très souvent, ce sont les groupements les
plus petits, et, par là même, les plus individuels et les plus
fermement cohérents, qui s'affirment victorieux et peuvent dès lors briser le groupe le plus étendu, peut-être
même prendre sa place ; souvent c'est au contraire ce
dernier qui impose sa volonté. Mais parmi tous ces groupements, il en est un qui, idéalement, domine les autres :
c'est celui qui considère tous les groupements plus petits
comme des parties subordonnées, comme des subdivisions
au sein d'une unité, et qui, par suite, exige des groupes
et des individus soumis à son empire, et leur impose par
contrainte la subordination à sa volonté et aux buts qu'il
poursuit, si loin que puissent, par ailleurs, s'étendre de
leur côté leurs efforts et leurs fins propres. Il peut bien
lui-même, en tant que tout, contracter, de gré ou de force,
d'une manière passagère ou durable, un lien ferme avec
d'autres groupements semblables, subordonner sa volonté
à une volonté étrangère et plus forte (par exemple, à
titre d'Etat vassal) ; pour ses membres, en revanche, il
ne reconnaît pas, en cas de conflit, d'obligation envers
un groupement étranger : au contraire, il les sépare de
tous les autres hommes d'une façon tranchée. Cette forme
dominante du groupement social, qui renferme en son
essence la conscience d'une unité complète, reposant sur
elle-même, nous l'appelons Etat. Nous devons par suite
considérer la société politique, en un sens non seulement
conceptuel, mais encore historique, comme la forme
primaire de la communauté humaine, voire comme
le groupement social correspondant au troupeau animal,

et d'une origine plus ancienne que le genre humain lui-même, dont l'évolution n'est devenue possible qu'en lui et par lui.

Cette conception de l'Etat est essentiellement identique à la fameuse définition d'Aristote, qui fait de l'homme un être naturellement politique et de l'Etat le groupement social embrassant tous les autres et les surpassant en capacité, celui qui, à la différence de tous les autres, peut exister par lui-même ; il « prend naissance en vue de la vie, mais existe en fait en vue d'une vie bien organisée ».

Injustifiées sont les objections de beaucoup de théoriciens modernes, reposant sur ce fait que l'Etat, au cours de l'évolution historique, a revêtu des aspects de plus en plus compliqués, aussi bien que l'homme et la vie humaine en général ; en sorte qu'on répugne à appliquer le nom à des formes primitives. C'est ainsi que Ratzel a mis au premier plan, dans le concept d'Etat, le facteur territorial, et demandé qu'on ne parlât d'un Etat que lorsque l'on se trouve en présence d'un territoire fermé, organisé d'une façon unitaire. Or, les relations avec le sol ne font jamais défaut chez l'homme : même des tribus qui ne sont pas encore devenues sédentaires, voire qui habitent avec leur bétail des territoires entièrement différents suivant l'époque de l'année, ou qui se contentent de les exploiter comme chasseurs, considèrent néanmoins ce territoire, avec ses pâturages, ses terrains de chasse et ses sources, comme leur propriété, et cherchent à en écarter toute tribu étrangère ; mais quant à être fermement attachées au sol, elles ne le sont assurément pas. D'autre part, la possession d'un territoire nettement délimité ne constitue en aucune façon un élément intégrant du concept d'Etat ; au contraire nous pouvons très bien nous représenter un Etat, même développé, qui, sans abandonner son individualité, se détache entièrement du sol, comme le firent les Athéniens en 480, comme y songèrent les Spartiates en 366 et les Hollandais en 1672. Inversement, en revanche, tous les éléments vraiment déterminants du concept d'Etat, unité de la volonté, exécution des règles juridiques, organisation militaire et politique, et avant tout, la conscience de l'éternité du groupement, dont la persistance ne dépend pas de la volonté des sous-groupes

et des individus qui en font partie, mais les force au contraire à se soumettre à la sienne, tout cela se rencontre
jusque chez les tribus nomades et chasseresses, souvent
même sous des formes très développées : il n'y a donc
aucune raison d'éviter ici l'expression d'Etat ou de société
politique.

* * *

Paul Lacombe, dans l'*Histoire considérée comme science*,
essaie de se représenter les différents « intérêts » qui ont pu
concourir à l'organisation des premières institutions politiques.

Les causes psychologiques des institutions politiques

Lacombe (P.). — *De l'histoire considérée comme science.* (Paris, Hachette, 1894.
p. 108 à 110.)

Il y a des hommes à un tel degré d'hébétement, causé
par la misère, qu'ils n'ont aucun gouvernement : tels
les Fuégiens, et tels certains groupes australiens. Ces
groupes d'ailleurs sont formés d'un très petit nombre
d'individus. Dès que le groupe grandit un peu, dès que
l'intelligence prévisionnelle se manifeste à quelque degré,
les sauvages suivent un chef. S'il s'agit de guerre, ils
suivent le plus brave ; s'il s'agit de chasse, le plus alerte
ou le plus avisé. En cela chacun obéit à l'intérêt personnel : il espère, grâce au chef, réussir mieux, soit à vaincre
l'ennemi, soit à capter le gibier. Le premier gouvernement n'est donc pas fondé sur la force : il ne peut
pas l'être ; la seule force dont l'homme dispose alors est
la force des muscles. Un homme peut avec elle ravir à
un autre homme sa femme ou son boomerang, mais il
lui est bien impossible de contraindre cinq ou six individus à le suivre et à exécuter ses ordres.

Plus tard, grâce à des genres de force artificiellement
créés, le gouvernant pourra beaucoup plus.

Ce que veut un groupe qui se donne un chef, c'est
donc quelque résultat qu'il n'atteindrait pas sans cela
ou qu'il atteindrait difficilement : vaincre l'ennemi, cap-
turer une grosse bête. Pour atteindre le résultat voulu,

il est nécessaire de coordonner les efforts de chacun, de donner à ces efforts réunis une certaine unité, un certain concert. Les hommes s'aperçoivent vite que le concert est chose mal aisée à établir, et qu'en réalité il ne s'obtient que par la démission des idées, des volontés de chacun au profit d'une volonté particulière et supérieure, qui fait du groupe comme un seul homme en train d'agir.

J'ai montré l'intérêt du gouverné.

Il faut maintenant regarder du côté du gouvernant. Il serait superflu de prouver que l'homme a intérêt à gouverner, intérêt d'orgueil et intérêt tout court. Jusqu'à un certain point, gouvernant et gouverné s'accordent donc l'un pour avoir un chef, l'autre pour être le chef. Le gouverné entend charger le gouvernant d'une fonction, le gouvernant demande naturellement, sous formes diverses, le prix de sa peine. Jusqu'ici, c'est au fond un marché comparable à celui d'une location d'ouvrage, mais avec cette observation toutefois qu'ici le prix consiste en honneur, aussi bien qu'en valeur économique...

De bonne heure d'autres causes psychiques sont entrées en concert. D'abord le pouvoir concédé s'est fait craindre. Puis, quand les pauvres gouvernants de peuples sauvages sont devenus les monarques fastueux des peuples demi-civilisés, les avantages visibles, et manifestés d'ailleurs avec ostentation, que procurait le gouvernement, richesse territoriale et mobilière, luxe et plaisirs de toute sorte, pouvoir arbitraire sur les hommes, pouvoir de libertinage sur les femmes, tout cela a opéré pour inspirer au gouverné cette révérence qui suit les supériorités extérieures ; et ici, proportionnée à sa cause, la révérence a été profonde. Transmise de génération en génération, inculquée au jeune, la soumission est devenue un article de foi civile, à laquelle les sacerdoces ont enfin, dans la plupart des pays, surajouté des craintes et des respects d'un nouveau genre.

* *

D'après M. Cureau, observateur des sociétés primitives de l'Afrique équatoriale, les hommes « supérieurs » deviendraient, sous la seule pression des besoins ressentis par le groupe, les chefs naturels.

De l'autorité temporaire à l'autorité permanente

CUREAU (D^r Ad.). — *Les Sociétés primitives de l'Afrique équatoriale.* (Paris, Colin, 1912, p. 324 à 328.)

Le principe générateur de l'association humaine, depuis le couple bisexuel jusqu'à ses transformations les plus élevées, a sa source, je l'ai déjà maintes fois noté au cours de cette étude, dans l'instinct de conservation éveillé par la lutte contre les forces naturelles, les animaux et les hommes. Ce que j'ai dit de l'union de l'homme et de la femme, de l'économie de la famille, de l'avantage du travail en commun et de la spécialisation selon les facultés et aptitudes individuelles a montré sous l'empire de quels mobiles des étrangers sont venus s'adjoindre au noyau familial primitif, d'abord comme membres artificiels, puis comme clients. Tous cherchent autour d'un tronc puissant la protection de leurs personnes et de leurs biens. Cela revient à dire que l'association nègre a son principe dans l'inégalité des hommes. Même chez les tribus qui font profession d'anarchie, qui proclament l'égalité de tous et n'ont pas de vocable pour traduire le mot « chef », nous voyons les faibles rechercher les puissants, nous voyons la foule subir l'ascendant des forts, des beaux parleurs, des habiles, des meneurs, de ceux, en un mot, qui sont nés avec cet attribut mystérieux, l'ascendant naturel. C'est l'inégalité, la faiblesse des uns, la force des autres qui rend l'autorité inévitable ; on verra de quelle manière et sous quelles conditions. Les nombreuses utopies édifiées sur ce sujet, et d'ailleurs réductibles à quelques espèces seulement, partent de la conception d'hommes identiques, tous sans défauts, sans passions, également forts, également intelligents. Avec des matériaux aussi parfaits, point de doute qu'on ne puisse construire des systèmes parfaits ; et même tous les systèmes indifféremment sont parfaits. La pierre d'achoppement dans la pratique, c'est précisément les inégalités innées, l'impuissance, où se trouve le plus grand nombre, de penser, de créer, de se conduire soi-même. Entre la minorité des forts et la majorité des faibles — les mots « forts » et « faibles » étant pris dans un sens extrêmement large — il s'établit un échange équitable : le fort donne l'appoint de sa supériorité ; le faible donne l'appoint de sa multitude. C'est établir la prééminence de l'intelligence.

Voilà la loi initiale dans sa nue simplicité, telle que l'observation des sauvages nous la fournit. N'y cherchez point d'autre précision. Celle-là suffit. Elle n'est point écrite ; mais elle est sentie et obéie par tous.

J'ai expliqué, à propos des biens, par quel système de réciprocité la propriété de chacun — dans l'acception la plus large du mot propriété, depuis les personnes jusqu'aux richesses — est garantie par un consentement tacite, par une opposition d'intérêts toujours armés et toujours vigilants. Là encore point de loi formulée. La nécessité ne s'en fait nullement sentir : car la défense de chacune des parties contre l'oppression éventuelle de l'autre partie a pour allié l'intérêt même de cette dernière. Chacune d'elles trouve avantage à ne pas pousser ses prétentions à l'extrême, sous peine de susciter, selon le cas, grève ou lock-out, comme nous disons maintenant, et de sonner du même coup l'heure de sa déchéance. La cité nègre, ce minuscule et embryonnaire édifice social, se maintient debout par le jeu alterné des tensions contraires, par la balance du *contre-un* et du *contre-tous*.

Il est intéressant de noter tout de suite une différence, purement apparente d'ailleurs, entre les tribus anarchistes et les tribus déjà organisées, si peu que ce soit. Chez les premières, l'autorité est occasionnelle et momentanée. C'est le meneur, l'orateur en vogue pour une circonstance donnée. Edvoughe a remporté les suffrages dans tel palabre difficile ; l'agora tout entière obéit pour un instant à ce chef éphémère. Demain, Nzokh aura succédé à Edvoughe dans la conduite de l'opinion. Ici donc, la lutte du *contre-un* et du *contre-tous* se passe entre des combattants sans cesse changeants, sans cesse renouvelés. Querelles intestines, disputes, instabilité dans le dessein et dans l'action, mauvaise foi publique résultant du changement incessant de direction : telles sont les conséquences inévitables. Il n'en résulte pourtant pas grand danger pour la chose publique à cause de l'exiguïté du corps social en jeu, et parce que, comme je l'ai remarqué précédemment, les âmes y sont à très peu près identiques, sur toute l'étendue de leurs domaines intellectuel et moral. Dans ces conditions, il ne saurait se produire de grands renversements d'opinion, des déplacements considérables de la majorité. Et puis, à force d'essais, cette petite masse, sensiblement homogène, finit par trouver le politicien, le meneur qui incarnera pour leur éphémère durée ses passions du moment.

L'institution des autorités temporaires chez les tribus anarchistes nous fait passer par une transition insensible aux tribus politiquement organisées, où les deux parties en présence conservent un degré marqué de permanence. Nous trouvons, d'une part, un homme isolé, père naturel de la famille originelle, puis père fictif de la famille étendue, d'autre part, une collectivité soumise au père. Pour un membre adjoint de la famille étendue, reconnaître au-dessus de soi cette paternité, c'est attribuer au chef de famille des dons innés ou acquis d'expérience, d'habileté, de tact dans la direction des affaires ; en un mot, c'est lui consentir un degré de supériorité sur soi-même. De cette supériorité effective, et, en même temps, de la reconnaissance de cette supériorité par le corps social, naît le principe d'autorité. Ainsi, dans ce raccourci d'histoire que développent sous nos yeux les peuplades nègres de l'Afrique équatoriale, nous voyons du chaos social primitif sortir la notion d'autorité en la personne du père de famille ; nous la voyons déborder le père de famille chez les tribus anarchistes, s'affirmer, s'incarner en un père artificiel, en un ancien, chez les peuplades parvenues à un stade social plus avancé ; enfin nous la verrons s'épancher hors du village, grouper plusieurs villages sur une direction unique et, au dernier terme, se hiérarchiser.

*
* *

L'historien allemand Th. Mommsen cherche à montrer que la famille est le modèle en même temps que l'élément de l'Etat et que le gouvernant hérite des attributions du père.

De la famille à l'État

Mommsen (Th.). — *Histoire romaine* (trad. franç., Paris, Hérold, 1863,
t. I, p. 87 à 89.)

Comme l'Etat repose sur l'élément de la famille,
de même, dans l'ensemble et dans les détails, il en a adopté
les formes. La nature a donné pour chef à la famille le
père dont elle procède, et sans lequel elle prendrait fin.
Mais, dans la communauté politique qui ne doit pas périr,
il n'existe point de chef selon la loi de la nature. L'association romaine, entre toutes, s'est formée par le concours
de paysans, tous libres, tous égaux, sans noblesse instituée de droit divin. Il lui fallait quelqu'un pourtant qui
la dirigeât (*rex*), qui lui dictât ses ordres (*dictator*),
un maître du peuple enfin (*magister populi*) ; et elle l'a
choisi dans son sein pour être, à l'intérieur, le chef de la
grande famille politique. Longtemps plus tard, on verra
encore auprès de la demeure, ou dans la demeure même
de ce chef, le foyer sacré de la cité toujours allumé, les
magasins clos de l'Etat, la Vesta romaine, et les Pénates
romains ; symboles vénérés de l'unité domestique
suprême de la cité romaine. La fonction royale a commencé
par une élection : mais dès que le roi a convoqué l'assemblée des hommes libres en état de porter les armes, et
qu'ils lui ont formellement promis obéissance, ils la lui
doivent fidèle, entière. Il a dans l'Etat la puissance du
père de famille dans sa maison : elle dure également
tant qu'il vit. Il entre en rapports avec les dieux de la cité ;
il les interroge et leur donne satisfaction (*auspicia publica*) :
il nomme les prêtres et les prêtresses. Les traités qu'il a
conclus avec l'étranger, au nom de la cité, obligent le
peuple, alors que dans l'origine aucun contrat avec un
non-Romain n'était obligatoire pour un membre de l'Association romaine. Il commande (*imperium*) en temps de
paix et en temps de guerre ; et, quand il marche officiellement, ses appariteurs, ou licteurs (*lictores*, de *licere*, ajour-
ner), le précèdent portant la hache et les verges. Lui seul
a le droit de parler en public aux citoyens ; il tient les
clés du trésor que seul il peut ouvrir. Comme le père de
famille, il rend la justice et châtie. Il prononce les peines
de police : il soumet à la peine du bâton, par exemple, les

contrevenants au service militaire. Il connaît des causes privées et criminelles : il condamne à mort : il condamne à la privation de la liberté, soit qu'il adjuge le citoyen à un autre citoyen pour lui tenir lieu d'esclave, soit même qu'il ordonne sa vente et sa mise en esclavage, chez l'étranger. Sans doute l'appel au peuple (*provocatio*) est possible, après la sentence capitale prononcée ; mais ce recours en grâce, le roi, qui a mission de l'accorder, n'est point tenu à l'ouvrir. Il appelle le peuple à la guerre et commande l'armée ; en cas d'incendie, il doit accourir en personne sur le lieu du sinistre. Comme le père de famille, qui n'est pas seulement le plus puissant, mais le seul puissant dans sa maison, le roi est à la fois le premier et le seul organe du pouvoir dans l'Etat ; qu'il prenne et organise en collèges spéciaux, pour pouvoir demander leur conseil, les hommes ayant davantage la connaissance des choses de la religion et des institutions publiques ; que, pour faciliter l'exercice de son pouvoir, il confère à d'autres des attributions diverses, les communications à transmettre au Sénat, certains commandements à la guerre, la connaissance des procès moins importants, la recherche des crimes ; qu'il confie, par exemple, lorsqu'il s'absente du territoire, tous ses pouvoirs d'administration à un autre lui-même, à un préfet urbain (*proefectus urbi*) laissé en ville à sa place : toutes ces fonctions ne sont que des émanations de la royauté ; tout fonctionnaire n'est tel que par le roi, et ne reste tel que pendant le temps qu'il plaît au roi. Il n'y a point, alors, de magistrats dans le sens plus récent du mot ; il n'y a que des commissaires royaux. Nous venons de parler du préfet urbain temporaire ; nous en dirons autant des inquisiteurs du meurtre (*quoestores parricidii*) dont la mission continue, sans doute, et des chefs de section (tribuns ; *tribuni*, de *tribus*), préposés à la milice de pied (*milites*) et à la cavalerie (*celeres*). La puissance royale est et doit être sans limites légales : pour le chef de la cité, il ne peut y avoir de juge dans la cité ; pas plus que dans la maison il n'y a de juge pour le père de famille.

.

Selon von Jhering au contraire le roi serait avant tout chef militaire.

Les origines militaires du pouvoir

JHERING (R. VON). — *L'Esprit du droit romain dans les diverses phases de son développement* (trad. franç., Paris, Chevalier-Marescq, 1886, p. 253 à 255.)

Le roi s'appelle *rex* : celui qui régit (*reg-ula, reg-ere*), non parce qu'il gouverne dans le sens juridique. mais parce qu'il commande dans le sens militaire. De même que chez un peuple guerrier l'ordre militaire est le plus important, le plus ancien, qu'il est le point de départ de l'ordre politique, de même aussi la fonction du commandant qui organise et maintient cet ordre extérieur et mécanique est plus indispensable et plus ancienne que celle du magistrat qui veille sur l'ordre et l'organisation plus abstraite de l'État. Ce rapport ne change qu'à mesure que l'ingérence de l'Etat dans des intérêts primitivement abandonnés à eux-mêmes devient plus importante. Mais à l'époque la plus antique les fonctions politiques du roi le cèdent de beaucoup à ses fonctions militaires. Un commandant intrépide et habile était plus nécessaire à un peuple guerrier qu'un prince sage et pacifique. Le peuple se soumet plus aisément au premier qu'au second. Il suffit de se souvenir de l'esprit républicain dont est issu le droit romain, de cette idée de liberté personnelle, de coordination des individus, de cette répugnance pour l'ingérence des fonctionnaires de l'Etat, etc..., pour se convaincre que le principe de subordination (et ce principe est la royauté elle-même), devait pour la première fois surgir là où la nécessité inéluctable de la subordination allait éclater aux yeux de tous, c'est-à-dire dans la constitution militaire. Le premier roi fut un capitaine élu au commandement en chef à raison de sa valeur militaire, auquel on reconnut le pouvoir indispensable à son office, c'est-à-dire une autorité illimitée, l'*imperium*. Or, comme le peuple entier restait toujours sur le pied de guerre, la dignité du général en chef devait aussi durer toujours. Le roi était un général en chef permanent qui n'avait personne au-dessus de lui.

Le caractère et le pouvoir religieux du roi ne sont comme son pouvoir politique que le produit et le résultat accessoire de son pouvoir militaire. Comment aurait-il pu risquer une bataille sans s'être au préalable assuré, par les auspices, du consentement des dieux ; comment aurait-il pu compter sur leur assistance, s'il ne se les était rendus favorables par des sacrifices, à lui et à son armée ? La religion apparaît chez les Romains comme la compagne inséparable de toute institution importante, de tout lien intérieur ou extérieur de l'Etat, de toute dignité ; elle préside à toute résolution importante de la vie publique ou privée. Le père de famille pourvoit pour les siens au culte domestique des dieux ; le Roi pourvoit au culte des dieux pour le peuple. Les dieux de Rome ne demandaient point, pour être honorés, la médiation des prêtres ; ceux-ci peuvent enseigner le mode dont il faut honorer la divinité pour lui être le plus agréable ; mais la faculté de s'approcher des dieux, pour soi et pour tous ceux qu'on représente, appartient essentiellement à tout chef d'une société petite ou grande.

La dignité royale n'est donc point le cumul de trois pouvoirs indépendants : le pouvoir militaire, le pouvoir politique et le pouvoir religieux ; le roi n'est pas chef d'armée, souverain politique et prêtre : il est chef d'armée, et comme tel il a en même temps le droit de rassembler l'armée dans un but politique et d'offrir des sacrifices pour elle. La distinction de ces trois qualités, la séparation des divers pouvoirs qui en découlent et l'institution des fonctions diverses qui y correspondent ne sont que les fruits d'un plus long développement. A ce point de vue postérieur on peut désigner l'*imperium* comme la réunion de trois pouvoirs différents ; d'après sa nature originaire, il n'est autre chose que le commandement militaire suprême.

*
* *

Les recherches de Sir James Frazer ont attiré l'attention sur le caractère magique des premières royautés ; MM. Moret et Davy montrent sur l'exemple égyptien comment se vérifient les thèses de Frazer.

Les origines religieuses du pouvoir

Moret (A.) et Davy (G.). — *Des Clans aux empires.* (Paris, La Renaissance du Livre, 1923, p. 168 à 178.)

Sir James Frazer a démontré que dans la plupart des sociétés primitives on prête aux rois le pouvoir de faire briller le soleil, tomber la pluie et germer les récoltes : aussi les appelle-t-on les « rois du temps, du feu, de l'eau, des moissons ». Ce pouvoir, on le prêtait aux Pharaons : des traditions curieuses conservées pendant toute la période historique, et des rites spéciaux, qui remontent à Ménès, nous en donnent la certitude. Les sorciers d'Egypte, au témoignage des contes populaires, ont eu, à toutes les époques, la prétention d'arrêter le cours des astres et des fleuves, de faire à volonté la nuit ou le jour, la pluie et le beau temps ; nul doute que le Pharaon, dont on disait sous la XVIIIe dynastie qu'il était « le maître des charmes magiques, celui à qui Thot lui-même avait enseigné tous ses secrets », ne fût estimé plus capable encore que n'importe quel magicien, d'agir à son gré sur la nature.

Roi du feu, Pharaon l'est comme le soleil, dont il « imite » sur terre la course glorieuse. Au jour du couronnement, le roi « se lève » (Kha) sur son trône comme le soleil au ciel ; il faut prendre ces termes au sens plein et comprendre que, pour ses sujets thinites, Ménès, en exécutant son « lever de roi du Sud » (Kha nswt) et son « lever de roi du Nord » (Kha bity), assurait réellement sur terre l'apparition du soleil, le grand promoteur de toute existence. Aussi vrai que le roi « se lève » chaque jour sur son trône, le soleil se lèvera chaque jour pour fertiliser la nature. Le roi dispose aussi d'une autre forme de feu céleste, la foudre, que crache l'*uraeus* qui ceint ses couronnes, et que symbolise le sceptre *was*, parfois tordu comme l'éclair qu'il tient en mains. Grâce à cette arme magique, et par les rugissements, semblables aux éclats du tonnerre, qu'il fait entendre contre ses ennemis, le roi terrifie ceux qui voudraient attaquer son peuple.

Roi de l'eau, Pharaon personnifie, à l'imitation d'Osiris, dieu du Nil et de la végétation, le « premier flot d'eau de la crue » ; on l'appelle « celui qui donne l'eau à la terre », et même dans le désert, l'eau surgit à sa voix, dès qu'il l'appelle. Au moment critique où le Nil presque à sec semble se perdre dans les abîmes du monde inférieur, Pharaon jette au fleuve l'ordre écrit de commencer la crue, et l'inondation se produit incontinent. Chaque année, l'administration royale étudie dans quelles conditions la crue se produit, et note la hauteur de l'eau en coudées et en palmes, observations que la pierre de Palerme nous a conservées pour les premières dynasties. .

Roi des moissons, Pharaon inaugure les grandes périodes des travaux agricoles, défrichant la terre avec le hoyau, ouvrant à la pioche les canaux d'irrigation, coupant de sa faucille les premières gerbes. Sur une des masses d'armes d'Hiérakonpolis, nous voyons le roi Scorpion creuser de sa main une tranchée d'irrigation ; Ménès, au témoignage d'Hérodote, n'avait pas de plus beau titre de gloire que d'avoir protégé le Delta, par une grande digue, des crues trop abondantes. Le roi met au premier rang de ses préoccupations la culture du sol, les récoltes, la conservation des grains dans de solides greniers, et la multiplication des bestiaux. Sous les premières dynasties, l'administration royale fait, à dates régulières, « le recensement des champs et du bétail », répartit la terre pour la culture entre des équipes de travailleurs, et finit par installer un contrôle si rigoureux et si efficace, que toutes propriétés particulières disparurent et que le sol entier de l'Egypte fut le domaine du roi. Par contre, le roi laisse à chaque famille de travailleurs la part de récoltes nécessaire à la vie, et en cas de disette, il alimente son peuple avec les réserves des greniers. Dans l'imagination populaire, le roi possède des secrets magiques si puissants que les produits de toute nature « sortent à sa voix » (per-khrou), dès qu'il prononce les formules efficaces ; aussi est-il le grand « nourricier » de son peuple ; il « préside aux provisions de tous les vivants ».

La contre-partie de ces pouvoirs magiques dans les sociétés primitives, c'est que les rois y sont soumis à des obligations rigoureuses (tabous) et sont tenus comme responsables des récoltes, de la prospérité et de la santé publiques. En est-il de même dans l'Egypte primitive ?

Pour emprunter les termes de l'auteur du *Rameau d'Or*, « la personne du roi est considérée comme le centre dynamique du monde : la moindre faute de sa part peut tout déranger. Il doit donc prendre les plus grandes précautions : toute sa vie doit être minutieusement réglée dans les moindres détails ». De là les interdictions de faire telle ou telle chose, de manger tel ou tel mets, qui ont pour but de créer autour du roi une zone d'isolement : ce sont les tabous. A ce sujet, on doit rappeler une tradition conservée par Diodore : « La vie des Pharaons était réglée jusque dans ses moindres détails ; ils ne devaient manger que du veau et de l'oie et ne boire qu'une certaine quantité de vin. » On a trouvé, en effet, dans les temples égyptiens de la basse époque, des listes qui donnent pour chaque nome, à côté des noms des dieux, des temples, des prêtres, la mention de la chose défendue (bout), du tabou qui est le plus souvent un mets, dont l'usage est interdit dans cette région. On a prétendu que ces interdictions n'étaient en vigueur qu'à la plus basse époque et s'appliquaient principalement aux prêtres-rois de Napata ; leur caractère serait plus sacerdotal que royal. Aujourd'hui que nous connaissons mieux les institutions primitives, nous n'hésitons pas à voir dans ces tabous la survivance d'usages très anciens, tels que l'interdiction de manger les totems locaux.

D'autre part, certaines traditions curieuses laissent supposer que les Pharaons étaient tenus responsables de la régularité des récoltes et de la santé publique...

Telle est, en ses traits principaux, l'image de la royauté au temps le plus ancien que l'histoire nous permette d'atteindre actuellement. Le roi n'est pas seulement un « soldat heureux », un brave protecteur de son peuple sur le champ de bataille, un rassembleur de terres devenu le plus riche chef du pays ; il prend aussi la figure d'un magicien qui fonde son autorité sur une série d'opérations de magie imitative. Après avoir assimilé et digéré la personne et le pouvoir des dieux et des fétiches, vénérés protecteurs des clans et des royaumes, il prend possession des deux terres, il se lève comme le soleil, il donne aux hommes l'eau et les moissons, il assure leur sécurité, par sa force, son intelligence, son courage certainement, mais aussi par l'ascendant moral que lui donne aux yeux de son peuple la répétition constante de rites souverains, inventés au profit des dieux, et dont il a seul les secrets (seshlaou). Sa santé, si précieuse au bien du pays, est entretenue par le rajeunissement magique opéré par les fêtes Sed, qui font de lui un Osiris toujours vivant ; même après le trépas, il « renouvelle ses naissances », il règne comme Osiris ou Râ dans l'autre monde, où il a le pouvoir d'introduire les hommes auprès des dieux, grâce à ce qu'on appelle « la magie secrète de la Cour » (heka seshtan khen). Ainsi se crée, pour Ménès et tous les pharaons, un droit dynastique à la couronne, fondé sur leur identité parfaite avec les dieux, premiers rois des humains, confirmé par la tradition et soutenu par les rites magiques qui donnent au roi le costume, les couronnes, les armes, l'aspect physique, toute la puissance matérielle et morale des dieux.

*
* *

Frazer, qui aime à rappeler comment « la folie mystérieusement verse dans la raison », insiste sur les avantages que présentèrent aux époques primitives, pour le progrès de l'humanité, ces croyances qui soutiennent l'autorité.

Les heureux effets du pouvoir personnel dans les sociétés primitives

FRAZER (J. G.). — *Les Origines magiques de la royauté.* (Trad. P. H. Loyson, Paris, Geuthner, 1920, p. 87 à 91.)

L'influence des magiciens publics, dès qu'elle s'exerça sur la constitution de la société sauvage, tendit à remettre la direction des affaires à un homme unique, au plus habile de la tribu ; elle fit passer le gouvernement du grand nombre aux mains d'un seul ; elle substitua une monarchie à la démocratie, ou plutôt à la gérontocratie, car, en général, la communauté primitive est dirigée, non pas par tout le corps des hommes d'âge adulte, mais par un conseil des anciens. Quelles que soient les causes qui amènent cette substitution et quel qu'ait pu être le caractère des premiers chefs, ce changement fut, tout bien considéré, un véritable bienfait. Car l'apparition de la monarchie semble avoir été une condition nécessaire à l'humanité pour la tirer de la sauvagerie. Nul être humain n'est serré aussi étroitement dans l'étau de la coutume et de la tradition que le sauvage à l'état démocratique, et, par suite, à aucun stade de la société, le progrès n'est si lent et si difficile. La vieille idée que l'homme primitif est l'être le plus libre est le contre-pied de la vérité. Il est l'esclave, non pas sans doute d'un maître visible, mais du passé, des esprits de ses ancêtres défunts, visiteurs marchant sur ses pas depuis sa naissance jusqu'à sa mort et le menant comme avec une verge de fer. Ce que firent ces ancêtres est le modèle de la justice, de la loi naturelle non écrite, à laquelle il offre une soumission aveugle et qui ne discute pas. Le moins possible est-il laissé libre carrière au talent supérieur pour améliorer de vieilles coutumes. L'homme le plus capable est entraîné à descendre par ses compagnons, d'esprit plus débile et plus lourd, qui, naturellement, donnent la mesure de tout, ne pouvant s'élever à lui, mais pouvant le rabaisser à eux.

Une pareille société présente un morne et uniforme niveau pour autant qu'il est humainement possible de réduire les inégalités naturelles et les incommensurables différences innées d'intelligence et de caractère à une fausse et superficielle apparence d'égalité. C'est cet état social, stagnant et inférieur de la société, que les démagogues et les rêveurs ont prôné naguère comme l'état idéal, l'âge d'or de l'humanité ; mais tout ce qui aide la société à s'élever au-dessus de cet état, en ouvrant le champ au talent, en proportionnant l'autorité aux facultés naturelles de chacun, mérite d'être salué d'enthousiasme par ceux qui ont à cœur le véritable bien de leurs frères. Une fois que ces influences libératrices ont commencé à agir — et elles ne sauraient être étouffées pour toujours — le progrès de la civilisation devient comparativement rapide. L'élévation d'un seul homme au pouvoir suprême lui permet d'effectuer pendant sa vie des changements qu'autrefois plusieurs générations ne suffisaient pas à mener à bonne fin ; et si, comme il arrive souvent, ce dirigeant est un homme au-dessus des autres par l'intelligence et l'énergie, il saisira l'occasion sans hésiter. Les fantaisies et les caprices même d'un tyran peuvent servir à rompre la chaîne dont le sauvage a si longtemps traîné le boulet. Dès que la tribu cesse d'être régie par les conseils timides et souvent divergents des anciens pour obéir à la direction d'un seul esprit vigoureux et résolu, elle devient redoutable pour les tribus voisines et elle entre dans une voie d'agrandissement qui, aux premiers stages de l'histoire,

est parfois hautement favorable au progrès social, industriel et intellectuel ; car en étendant sa domination, soit
par les armes, soit par la soumission volontaire de tribus
plus faibles, la communauté acquiert bientôt des richesses
et des esclaves ; par là, certaines classes, libérées du soin
perpétuel de travailler pour la seule subsistance, peuvent
se consacrer à la poursuite désintéressée de la science,
qui est l'instrument le plus noble et le plus puissant
pour l'amélioration du sort commun.

Le progrès intellectuel qui se révèle dans le développement des arts et des sciences et dans l'expansion d'idées
plus libérales ne peut être indépendant du progrès industriel et économique, et celui-ci, à son tour, reçoit une impulsion extraordinaire des conquêtes et de l'extension de
l'empire. Ce n'est pas par l'effet d'un hasard que toujours
les plus belles périodes d'éclat de l'activité intellectuelle
ont suivi de près les grandes victoires, et que les grandes
races conquérantes du monde sont généralement celles
qui ont le plus fait pour avancer et répandre la civilisation, guérissant ainsi dans la paix les blessures infligées
dans la guerre. L'histoire des Grecs, des Romains, des
Arabes en témoigne dans le passé.

En remontant le cours de l'histoire, on trouvera aussi
que ce n'est point par pur accident que les grands pas
vers la civilisation ont été faits sous des gouvernements
despotiques et théocratiques comme ceux de la Chine,
de l'Egypte, de la Babylonie, du Mexique, du Pérou,
tous pays où le chef suprême exigeait et obtenait l'obéissance servile de ses sujets par son double caractère de
roi et de dieu. A peine serait-ce une exagération de dire
qu'à cette époque reculée le despotisme est le plus grand
ami de l'humanité, et, si paradoxal que cela semble, de
la liberté. Car, après tout, il y a plus de liberté au meilleur sens du mot, liberté de penser nos pensées et de
façonner nos destins, sous le despotisme le plus absolu
et la tyrannie la plus oppressive que sous l'apparente
liberté de la vie sauvage où le sort de l'individu, du berceau à la tombe, est coulé dans le moule rigide des coutumes héréditaires.

Par conséquent, dès que la profession publique de magicien a été pour les hommes les plus intelligents une des

routes d'accès vers le pouvoir suprême, elle a contribué
à émanciper l'humanité de la servitude de la tradition,
elle a aidé à lui assurer une vie large, plus libre en élar-
gissant son coup d'œil vigilant sur le monde. Ce n'est pas
là un mince service, et quand, en outre, on se rappelle
que la magie a, dans une autre direction, frayé le chemin
à la vraie science, on est forcé de reconnaître que, si la
science noire a fait beaucoup de mal, elle a aussi été la
source de beaucoup de bien, que si elle est fille de l'erreur,
elle a été cependant mère de la liberté et de la vérité.

*
* *

L'autorité royale, dans les temps primitifs, n'était-elle pas
le plus souvent à la fois secondée et contrôlée par des assemblées ou des conseils ? C'est ce qu'indique M. Vinogradoff.

Les formes élémentaires de l'autorité politique

Vinogradoff (Paul). — *Principes historiques du droit.* (trad. P. Duez et
F. Joüon de Longrais, Paris, Payot, 1924, p. 356 à 357.)

Dans toutes les dispositions que les différentes nationalités ont empruntées à la tribu primitive, on retrouve
constamment les mêmes formes rudimentaires d'autorité
politique : royauté, conseil des anciens et assemblée de
guerriers. Il est malaisé d'établir l'ordre chronologique
dans lequel ces institutions ont pu se développer. En tout
cas, la royauté n'est pas la plus ancienne forme de la tribu.
S'il était nécessaire d'établir un ordre de priorité, je place-
rais plutôt en première ligne le conseil des anciens (γερουσία),
sénat, parce que c'était à l'origine le conseil des rois des
clans, et comme les clans ont indubitablement une
origine plus ancienne que la confédération des clans en
tribu, ce conseil est évidemment antérieur à l'institution
de la royauté dans la tribu. De même que, dans un état
moderne du type fédéral, les États-Unis d'Amérique, par
exemple, le Congrès de l'Union était à l'origine une assemblée de plénipotentiaires, de même dans la société primitive, les rois des clans formèrent d'abord le noyau des représentants fédéraux. Il importe cependant de se souvenir

que, dans les sociétés primitives, un roi ne représentait pas simplement une autorité politique et judiciaire : son rôle était intimement lié à la religion de la tribu, ou plutôt à la magie, forme caractéristique des religions des sociétés primitives. Le roi était une sorte d'intermédiaire entre les dieux et la communauté, et son premier devoir était d'attirer la faveur divine sur le peuple confié à ses soins. Son mérite, en tant que roi, dépendait de la faveur que les dieux lui accordaient. L'un des rois les plus favorisés de Norvège était Halfdan le Noir. L'importance que le peuple attachait à la faveur dont il jouissait, est prouvée par ce fait que, lorsqu'il mourut, son corps fut coupé en morceaux et chaque district de son royaume s'efforça d'en obtenir une part. L'aspect opposé nous est fourni par l'histoire d'Olaf Traetelgya, chef puissant et grand colonisateur, qui, à la fin de son règne fut poursuivi par la malchance : ses sacrifices n'étaient plus accueillis favorablement par les dieux. Il ne pouvait y avoir d'autre solution que de supprimer cette source d'offense permanente aux dieux, et de prendre un autre chef jouissant de la faveur divine. En conséquence Olaf fut exécuté sommairement, non pas comme responsable d'une faute volontaire, mais simplement parce qu'il ne possédait pas les dons propitiatoires nécessaires pour attirer sur son peuple la faveur des dieux.

L'Assemblée n'est pas moins essentielle à l'organisation de la société primitive, que les rois de la tribu, et les anciens ou chefs des clans. Il ne faut pas supposer que quelque chose d'analogue au sentiment démocratique, au sens moderne où nous l'entendons, ait existé dans la communauté primitive. Le principe de l'assemblée n'est pas celui d'une représentation politique, mais d'une organisation militaire. L'assemblée générale du peuple est identique à l'armée (host). Les exemples historiques des « *comitia centuriata* » (Assemblées du peuple par centuries) des Romains, ou de l'assemblée armée des Germains, nous sont particulièrement familiers. La mesure dans laquelle cette assemblée collective de l'armée pouvait exercer un pouvoir supérieur à celui des rois, dépendait des conditions particulières de la vie de la tribu.

* *
*

C'est par des réunions de ces groupes mi-domestiques, mi-politiques qu'on appelle les clans que s'explique la formation de « Confédérations », d'abord provisoires, puis permanentes, et englobant un nombre de plus en plus grand de groupes élémentaires.

Des clans aux tribus

Vinogradoff (Paul). — *Principes historiques du droit*. (trad. P. Duez et F. Joüon de Longrais, Paris, Payot, 1924, p. 349 à 351.)

Comment le clan ou la parenté peuvent-ils assurer leur existence en tant qu'unité sociale ? Bien que ces groupements soient composés d'un nombre de membres supérieur à celui des familles primitives, on ne peut les considérer comme formant des groupes complets se suffisant à eux-mêmes. Au cours de leur évolution, ils ont dû former avec d'autres clans ou d'autres groupes des confédérations de tribus. Cette formation de groupes plus étendus peut être observée dans beaucoup de pays. En Albanie, par exemple, le système d'organisation sociale est fondé sur l'alliance d'un grand nombre de clans en confédérations, à l'intérieur du groupe plus vaste de la tribu. Chez les Albanais du sud qui engagèrent une lutte acharnée contre les Turcs, les clans ainsi confédérés sont si puissants qu'ils peuvent pour ainsi dire être considérés eux-mêmes comme des tribus. Il y a parmi eux un ordre reconnu d'ancienneté, et le premier des groupes, constituant celui des Hoti, a le pas sur tous les autres dans les assemblées générales de la tribu. Selon Gopcevic, ils comprennent environ deux mille cinq cents hommes et doivent fournir cinq cents combattants en cas de guerre. Mais puisque ces associations familiales sont si puissantes et si étendues, la question se pose naturellement de savoir comment il est possible de concilier le gouvernement de toute la tribu avec l'autorité et l'organisation du clan. Il semble, à première vue, que la tribu, dans ce cas en général, puisse être assimilée à une famille dont les membres seraient divisés, car il arrive que des rivalités et des luttes éclatent parmi les membres influents de l'union. Mais d'ordinaire, les éléments opposés finissent par se réconcilier dans un but de défense commune : un compromis a lieu, à peu près de la même manière dans la plupart des cas.

Il y a, dans l'histoire ancienne, des exemples nombreux de confédérations des tribus et des gouvernements fédéraux. César, en particulier, fait une description remarquable de la situation politique des tribus germaniques ; chaque mot de sa description porte, c'est bien l'œuvre d'un homme d'action échappant entièrement à l'influence de la rhétorique ou des préjugés politiques : « *Cum bellum civitas aut illatum defendit aut infert, magistratus, qui ei bello praesint, ut vitae necisque habeant potestatem, deliguntur. In pace nullus est communis magistratus, sed principes regionum atque pagorum inter suos jus dicunt controversiasque minuunt* (1). »

Le trait le plus saillant de la relation de César est qu'il n'y a pas d'autorité commune à toute la tribu en temps de paix, bien qu'à l'intérieur des clans régionaux les querelles soient réglées par les chefs. Mais, dès que la guerre éclate, une autorité commune à toute la tribu est élue, et ce représentant (*magistratus*) de l'union possède droit de vie et de mort.

***

La confédération des Γένη ou des *gentes* rend compte, selon Fustel de Coulanges, de la formation de la cité antique, dont le principe continue d'être religieux, des croyances plus larges s'ajoutant à celles de la famille.

Formation de la cité en Grèce

Fustel de Coulanges. — *La Cité antique.* (Paris, Hachette, 1903, 14ᵉ éd., p. 143 à 148.)

La tribu, comme la famille et la phratrie, était constituée pour être un corps indépendant, puisqu'elle avait

______

(1) « Quand une cité a une guerre à soutenir, défensive ou offensive, on désigne pour mener cette guerre des chefs à qui l'on donne droit de vie et de mort. Dans la paix, pas de chef commun, mais les chefs particuliers des pays ou des villages disent le droit pour leurs hommes et atténuent leurs disputes. »

un culte spécial dont l'étranger était exclu. Une fois formée, aucune famille nouvelle ne pouvait plus y être admise. Deux tribus ne pouvaient pas davantage se fondre en une seule ; leur religion s'y opposait. Mais, de même que plusieurs phratries s'étaient unies en une tribu, plusieurs tribus purent s'associer entre elles, à la condition que le culte de chacune d'elles fût respecté. Le jour où cette alliance se fit, la cité exista.

Il importe peu de chercher la cause qui détermina plusieurs tribus voisines à s'unir. Tantôt l'union fut volontaire, tantôt elle fut imposée par la force supérieure d'une tribu ou par la volonté puissante d'un homme. Ce qui est certain, c'est que le lien de la nouvelle association fut encore un culte. Les tribus qui se groupèrent pour former une cité ne manquèrent jamais d'allumer un feu sacré et de se donner une religion commune.

Ainsi la société humaine, dans cette race, n'a pas grandi à la façon d'un cercle qui s'élargirait peu à peu, gagnant de proche en proche. Ce sont, au contraire, de petits groupes qui, constitués longtemps à l'avance, se sont agrégés les uns aux autres. Plusieurs familles ont formé la phratrie, plusieurs phratries la tribu, plusieurs tribus la cité. Famille, phratrie, tribu, cité sont d'ailleurs des sociétés exactement semblables entre elles et qui sont nées l'une de l'autre par une série de fédérations.

Il faut même remarquer qu'à mesure que ces différents groupes s'associaient ainsi entre eux, aucun d'eux ne perdait pourtant ni son individualité, ni son indépendance. Bien que plusieurs familles se fussent unies en une phratrie, chacune d'elles restait constituée comme à l'époque de son isolement ; rien n'était changé en elle, ni son culte, ni son sacerdoce, ni son droit de propriété, ni sa justice intérieure. Des curies s'associaient ensuite, mais chacune gardait son culte, ses réunions, ses fêtes, son chef. De la tribu on passa à la cité, mais les tribus ne furent pas pour cela dissoutes, et chacune d'elles continua à former un corps, à peu près comme si la cité n'existait pas. En religion il subsista une multitude de petits cultes au-dessus desquels s'établit un culte commun ; en politique, une foule de petits gouvernements continuèrent à fonctionner, et au-dessus d'eux un gouvernement commun s'éleva.

La cité était une confédération. C'est pour cela qu'elle fut obligée, au moins pendant plusieurs siècles, de respecter l'indépendance religieuse et civile des tribus, des curies et des familles, et qu'elle n'eut pas d'abord le droit d'intervenir dans les affaires particulières de chacun de ces petits corps. Elle n'avait rien à voir dans l'intérieur d'une famille ; elle n'était pas juge de ce qui s'y passait ; elle laissait au père le droit et le devoir de juger sa femme, son fils et son client. C'est pour cette raison que le droit privé, qui avait été fixé à l'époque de l'isolement des familles, a pu subsister dans les cités et n'a été modifié que fort tard.

Ce mode d'enfantement des cités anciennes est attesté par des usages qui ont duré fort longtemps. Si nous regardons l'armée de la cité, dans les premiers temps, nous la trouvons distribuée en tribus, en curies, en familles, « de telle sorte, dit un ancien, que le guerrier ait pour voisin dans le combat celui avec qui, en temps de paix, il fait la libation et le sacrifice au même autel ». Si nous regardons le peuple assemblé, dans les premiers siècles de Rome, il vote par curies et par gentes. Si nous regardons le culte, nous voyons à Rome six Vestales, deux pour chaque tribu ; à Athènes, l'archonte fait la plupart des sacrifices au nom de la cité entière, mais il reste encore quelques cérémonies religieuses qui doivent être accomplies en commun par les chefs des tribus.

Ainsi la cité n'est pas un assemblage d'individus : c'est une confédération de plusieurs groupes qui étaient constitués avant elle et qu'elle laisse subsister. On voit dans les orateurs attiques que chaque Athénien fait partie à la fois de quatre sociétés distinctes ; il est membre d'une famille, d'une phratrie, d'une tribu et d'une cité. Il n'entre pas en même temps et le même jour dans toutes les quatre, comme le Français qui, du moment de sa naissance appartient à la fois à une famille, à une commune, à un département et à une patrie. La phratrie et la tribu ne sont pas des divisions administratives. L'homme entre à des époques diverses dans ces quatre sociétés, et il monte, en quelque sorte, de l'une à l'autre. L'enfant est d'abord admis dans la famille par la cérémonie religieuse qui a lieu dix jours après sa naissance. Quelques années après, il entre dans la phratrie par une nouvelle cérémonie que nous avons décrite plus haut. Enfin, à l'âge de seize ou de dix-huit ans, il se présente pour être admis dans la cité. Ce jour-là, en présence d'un autel et devant les chairs fumantes d'une victime, il prononce un serment par lequel il s'engage, entre autres choses, à respecter toujours la religion de la cité. A partir de ce jour-là, il est initié au culte public et devient citoyen. Que l'on observe ce jeune Athénien s'élevant d'échelon en échelon, de culte en culte, et l'on aura l'image des degrés par lesquels l'association humaine avait jadis passé. La marche que ce jeune homme est astreint à suivre est celle que la société a d'abord suivie.

Un exemple rendra cette vérité plus claire. Il nous est resté sur les antiquités d'Athènes assez de traditions et de souvenirs pour que nous puissions voir avec quelque netteté comment s'est formée la cité athénienne. A l'origine, dit Plutarque, l'Attique était divisée par familles. Quelques-unes de ces familles de l'époque primitive, comme les Eumolpides, les Cécropides, les Géphyréens, les Phytalides, les Lakiades, se sont perpétuées jusque dans les âges suivants. Alors la cité athénienne n'existait pas ; mais chaque famille, entourée de ses branches cadettes et de ses clients, occupait un canton et y vivait dans une indépendance absolue. Chacune avait sa religion propre : les Eumolpides, fixés à Eleusis, adoraient Déméter, les Cécropides, qui habitaient le rocher où fut plus tard Athènes, avaient pour divinités protectrices Poséidon et Athéné. Tout à côté, sur la petite colline de l'Aréopage, le dieu protecteur était Arès ; à Marathon, c'était un Hercule ; à Prasies, un Apollon ; un autre Apollon à Phlyes, les Dioscures à Céphale, et ainsi de tous les autres cantons.

Chaque famille, comme elle avait son dieu et son autel, avait aussi son chef. Quand Pausanias visita l'Attique, il trouva dans les petits bourgs d'antiques traditions qui s'étaient perpétuées avec le culte ; or ces traditions lui apprirent que chaque bourg avait eu son roi avant le temps où Cécrops régnait à Athènes. N'était-ce pas le souvenir d'une époque lointaine où ces grandes familles patriarcales, semblables aux clans celtiques, avaient chacune son chef héréditaire, qui était à la fois prêtre et juge ? Une centaine de petites sociétés vivaient donc isolées dans le pays, ne connaissant entre elles ni lien religieux, ni lien politique, ayant chacune son territoire, se faisant souvent la guerre, étant enfin à tel point séparées les unes des autres que le mariage entre elles n'était pas toujours permis.

Mais les besoins ou les sentiments les rapprochèrent. Insensiblement elles s'unirent en petits groupes, par quatre, par six. Ainsi nous trouvons dans les traditions que les quatre bourgs de la plaine de Marathon s'associèrent pour adorer ensemble Apollon Delphinien ; les hommes du Pirée, de Phalère et de deux cantons voisins s'unirent de leur côté et bâtirent en commun un temple à Hercule. A la longue, cette centaine de petits Etats se réduisit à douze confédérations. Ce changement, par lequel la population de l'Attique passa de l'état de famille patriarcale à une société un peu plus étendue, était attribué par la légende aux efforts de Cécrops ; il faut seulement entendre par là qu'il ne fut achevé qu'à l'époque où l'on plaçait le règne de ce personnage, c'est-à-dire vers le xvi⁰ siècle avant notre ère. On voit d'ailleurs que ce Cécrops ne régnait que sur l'une des douze associations, celle qui fut plus tard Athènes ; les onze autres étaient pleinement indépendantes ; chacune avait son dieu protecteur, son autel, son feu sacré, son chef.

Plusieurs générations se passèrent pendant lesquelles le groupe des Cécropides acquit insensiblement plus d'importance. De cette période il est resté le souvenir d'une lutte sanglante, qu'ils soutinrent contre les Eumolpides d'Eleusis, et dont le résultat fut que ceux-ci se soumirent, avec la seule réserve de conserver le sacerdoce héréditaire de leur divinité. On peut croire qu'il y a eu d'autres luttes et d'autres conquêtes dont le souvenir ne s'est pas conservé. Le rocher des Cécropides, où s'était peu à peu développé le culte d'Athéné, et qui avait fini par adopter le nom de sa divinité principale, acquit la suprématie sur les onze autres Etats. Alors parut Thésée, héritier des Cécropides. Toutes les traditions s'accordent à dire qu'il réunit les douze groupes en une cité. Il réussit, en effet, à faire adopter dans toute l'Attique le culte d'Athéné Polias, en sorte que tout le pays célébra dès lors en commun le sacrifice des Panathénées. Avant lui, chaque bourgade avait son feu sacré et son prytanée : il voulut que le prytanée d'Athènes fût le centre religieux de toute l'Attique. Dès lors l'unité athénienne fut fondée ; religieusement, chaque canton conserva son ancien culte, mais tous adoptèrent un culte commun ; politiquement, chacun conserva ses chefs, ses juges, son droit de s'assembler, mais au-dessus de ces gouvernements locaux il y eut le gouvernement central de la cité.

De ces souvenirs et de ces traditions si précises qu'Athènes conservait religieusement, il nous semble qu'il ressort deux vérités également manifestes : l'une est que la cité a été une confédération de groupes constitués avant elle ; l'autre est que la société ne s'est développée qu'autant que la religion s'élargissait. On ne saurait dire si c'est le progrès religieux qui a amené le progrès social ; ce qui est certain, c'est qu'ils se sont produits tous les deux en même temps et avec un remarquable accord.

*
* *

Masqueray a cherché à relever des analogies entre les phases de la formation des cités chez les populations sédentaires de la Kabylie du Djurjura et celles de la formation des cités dans l'antiquité classique. Mais d'une part, il attribue moins d'importance au lien religieux, d'autre part il montre à l'œuvre, non seulement des confédérations de clans, mais des conventions d'individus.

Formation de la cité chez les Kabyles

MASQUERAY (Emile). — *Formation des cités chez les populations sédentaires de l'Algérie* (Paris, Leroux, 1886, p. 21 à 24.)

Chez nos Africains sédentaires, la famille née de la guerre constituée par la nécessité de vivre au milieu des luttes qui déchirent les peuples privés de gouvernement, composée tantôt de descendants d'un seul ancêtre, tantôt d'individus de provenance diverse, tantôt d'un groupe principal et de fractions qui s'y sont venues souder, intimement unie par les dangers dont tous ses membres sont menacés, incapable de subsister sinon par l'humble dévouement des faibles autant que par le courage des forts, met tout en commun, richesse et pauvreté, douleur et joie, et doit être, sous peine de périr, ordonnée comme un régiment, disciplinée comme un équipage. La liberté individuelle y est inconnue. L'individu n'est qu'un grain de ce bloc de granit, une partie minime de cet être presque vivant, dans les veines duquel un seul et même sang coule ou est supposé couler. L'individu y porte un nom commun, n'y jouit que d'un bien commun, n'y a qu'un intérêt commun, qu'une vie commune. Le jour où 'sa famille, frappée par une famille voisine, le choisit pour son exécuteur, il faut qu'il tue, et s'il est tué, sa mort est un dommage aussi grand pour ses cousins que pour son père. Usufruitier, jamais propriétaire, sinon d'objets de mince valeur, il ne peut tester qu'en faveur de sa famille, et sous la surveillance de ses proches parents qui le traitent comme un mineur. Que dire de la femme ? Egale de l'homme en principe, elle est astreinte à le servir, parce qu'il faut que la maison soit tenue pendant que les guerriers combattent, veillent ou labourent, et c'est elle qui remplit les vides que la vieillesse ou les balles font parmi les hommes. Son devoir est double et d'une rigueur extrême, en dépit de ce que la coutume a pu faire pour l'alléger.

Mais on ne peut concevoir l'Afrique, ni aucune autre région du monde civilisé, comme couverte uniquement de familles isolées. Il faut que ces petits états se dissolvent peu à peu et donnent naissance à des sociétés nouvelles dont l'esprit leur est contraire. En effet, l'individu ne saurait périr. Quelque grave et persistant que soit le désordre général dont il redoute les suites, quelque étroitement discipliné que soit le groupe dans lequel il s'est réfugié, aurait-il renoncé de cœur et de bouche à tous ses droits pour éviter la mort qui l'aurait frappé partout ailleurs, il échappe toujours par quelque endroit, et saisit l'occasion d'agir en homme libre, dès qu'il croit le pouvoir faire sans léser les intérêts ni l'honneur de ses frères. Les relations commerciales qui commencent par l'échange des produits du travail personnel, lui en offrent le moyen à chaque instant de sa vie. S'il n'est pas sollicité par le lucre, au moins le besoin le pousse un jour, hors de sa famille, vers un homme sorti comme lui du hameau voisin. Il en résulte des contrats qui se renouvellent et se multiplient. Les combats font place aux trèves ; un ancien champ de bataille devient un marché. Bientôt des associations se forment, non seulement commerciales mais agricoles. Un homme qui possède dans sa famille plus de terre qu'il n'en peut labourer avec ses bœufs s'associe avec un de ses voisins d'une autre famille qui se trouve dans des conditions contraires, ou bien, deux laboureurs, également pourvus des deux parts, s'entendent pour défricher un terrain vague : l'un fournit la semence, l'autre les instruments. Ils opèrent avec plus de sécurité qu'ils ne le feraient seuls dans leurs familles réciproques ; car leur œuvre étant indivise jouit d'une protection double. En cas de guerre, leur champ commun serait le dernier ravagé. L'amitié naît enfin. L'étranger de la veille devient un hôte qui franchit quand il lui plaît, confiant et sans armes, la palissade du hameau. Sa personne est alors sacrée. Des mariages achèvent et scellent ces alliances privées. La jeune fille est, il est vrai, comme perdue pour sa famille quand elle se marie à l'étranger et l'usage est même resté dans le Mezâb de simuler un combat pour la défendre. Les amis du père accueillent ceux du mari par une salve de tromblons chargés à poudre, et la bande qui doit être victorieuse compte toujours quelques brûlures. Cependant la nature crée des liens durables entre les gendres et les beaux-pères, et malgré le proverbe kabyle qui veut que « les pires conseils soient ceux de l'oreiller », ces unions contribuent grandement à la paix : on a vu des femmes africaines se jeter, comme les Sabines, entre leurs pères et leurs époux prêts à se combattre. Il se forme ainsi, en dehors de deux familles dont les membres communiquent de leur plein gré, une infinité de relations qui s'entre-croisent. C'est comme un tissu qui s'étend entre elles, sans cesse accru de fils nouveaux, sans cesse épaissi. Il n'est bientôt personne dans l'une qui ne compte un ami dans l'autre, et tous les intérêts, toutes les affections de ces individus se confondent tellement à la longue qu'on n'en saurait plus faire le partage. Alors, et c'est là le signe de l'union absolue, les nouveaux amis enterrent leurs morts ensemble. Ces hommes, dont la sympathie libre a créé un monde nouveau, ne se sépareront plus.

Les membres d'une troisième famille, puis d'une quatrième, entrent l'un après l'autre dans cette société
encore indécise, ou bien c'est en même temps que les
hommes de quatre ou cinq familles diverses confondent
leurs intérêts. Toutefois, cette fusion est promptement
circonscrite, parce que la même loi, qui forme un groupe
nouveau, en produit alentour plusieurs autres semblables,
et que tous ces groupes, loin de se rien céder, se considèrent avec méfiance comme les familles isolées de la
première heure.

Ainsi naît la cité chez nos Africains sédentaires, quelque
nom qu'elle porte, *Taddèrt* chez les Kabyles, *Thaquelèth*
dans l'Aouras, *Arch* chez les Beni Mezâb, *Tireremt* au
Maroc ; elle n'est composée que d'individus, elle ne connaît que des individus, elle ne protégera et ne punira que
des individus. Quel que soit le nombre de ses membres,
ne serait-il que la somme des jeunes gens et des hommes
de deux familles, elle a, dès qu'elle se forme, ce caractère
d'être l'expression d'énergies individuelles. Nous la verrons
bientôt s'organiser pour vivre ; elle se manifestera par
la réunion de ses guerriers ; elle sera gouvernée par un
sénat ; ici elle se rédigera tout un code ; là elle se conten-
tera de règlements rudimentaires ; en principe et partout,
elle sera un concert de volontés libres, tandis que la famille
consistait dans l'abandon de la personnalité.

⁕ ⁕

Les cités ainsi formées peuvent d'ailleurs faire des parts
inégales à la démocratie ou à l'aristocratie.

Diversité de la constitution des cités

Masqueray (Emile). — *Formation des cités chez les populations sédentaires de
l'Algérie.* (Paris, Leroux, 1886, p. 47 à 48.)

« Un membre de l'assemblée, dit M. Letourneux,
peut se mêler à la discussion et donner son avis. S'il le
fait en termes convenables, il sera toujours écouté ;
mais il s'en faut que tous indistinctement usent de cette
liberté. Bien que l'égalité des droits soit la base fondamentale de leur société, les Kabyles accordent dans la direc-

tion de leurs affaires une influence prépondérante à l'âge, à la fortune, à la naissance, même à la profession. Un vieillard à barbe grise ne saurait admettre que sa voix n'ait pas plus d'autorité, dans les conseils du village, que celle du jeune homme dont la raison n'a pas été mûrie par l'expérience de la vie ; le descendant d'une famille qui vit depuis longtemps dans l'aisance, ou qui a donné des chefs au pays, n'accepte pas davantage l'égalité d'influence avec le prolétaire tenu loin des affaires par les exigences d'un travail journalier, et encore moins avec l'homme exerçant une des professions réputées viles... Ces préjugés ont pour conséquence de réduire singulièrement le nombre des personnes qui prennent une part effective à la conduite des affaires, et la véritable djemâa, celle qui, en réalité, gouverne le village, ne se compose guère que des hommes jouissant d'une influence héréditaire, des chefs de Cof, de l'Amîn, des Temmân et de quelques Akâl. Lorsqu'un Kabyle parle de la Djemâa de son village, c'est le plus souvent à cette assemblée qu'il fait allusion... Toutes les affaires, avant d'être soumises à la discussion publique, sont examinées par cette djemâa restreinte, qui en règle définitivement un certain nombre. Quand elle a statué d'un commun accord sur une question, l'approbation de sa décision par l'assemblée générale n'est plus qu'une simple formalité. L'homme qui voudrait sortir de la foule où il est confondu, pour faire de l'opposition, risquerait beaucoup de se voir accueilli par les rires moqueurs et par les huées de l'assistance. »

Ces exemples prouvent que les cités des Africains sédentaires admettent toutes les formes de constitution. Les unes peuvent être absolument démocratiques, les autres aristocratiques ; d'autres enfin se composent de démocratie et d'aristocratie. Plus on étudiera, sans parti pris, l'organisation de ces petits peuples qui ont toujours tendu, en dépit de mille difficultés, à former des sociétés semblables aux nôtres, plus on y discernera de formes diverses, bien que déduites du même principe, la souveraineté populaire. Quelle distance ne sépare pas l'assemblée tumultueuse des Menâa du conseil étroit des Kebar et des Mqöddemin de Beni Sgen, et combien on compte de degrés entre ces deux extrêmes ! J'estime que l'aris tocratie paraît toujours dès le début, même dans la plus égalitaire de ces sociétés, et qu'elle ne fait qu'y grandir, non par la violence, ni par la corruption, ni par l'insolence, mais par la libéralité paternelle, la gravité mêlée de bonhomie, la modération calculée, dont les exemples sont une bonne moitié de l'histoire de toutes les républiques.

*
* *

Comment la cité antique évolue vers la démocratie, c'est une description qui a été souvent faite. Le résumé suivant de M. A. Jardé met en relief les changements de conditions économiques correspondant aux changements de structure politique.

L'évolution de la cité vers la démocratie

JARDÉ (A.). — *La Formation du peuple grec.* (Paris, La Renaissance du Livre, 1923, p. 200 à 206.)

Dans la cité unifiée politiquement, les populations ne sont pas intimement mélangées et, tant par leur genre de vie que par leur condition juridique, elles forment des classes encore séparées. La classe dominante est celle des Eupatrides. Elle détient le pouvoir politique. A l'origine, la cité a à sa tête un roi, prêtre, juge et chef de guerre ; mais les Eupatrides, qui forment son conseil et sa cour de justice, limitent, au nom de la coutume traditionnelle, l'absolutisme royal et, à Athènes comme dans les autres cités grecques, la royauté doit céder le pas à l'aristocratie. Successivement les fonctions militaires et judiciaires sont retirées au roi, qui ne garde que ses attributions religieuses. Dès la seconde moitié du VIIe siècle, les neuf archontes gouvernent la cité, et le conseil formé des anciens archontes, l'Aréopage, rend la justice et exerce une haute surveillance sur les affaires publiques. Les charges d'archonte, dont peu à peu la durée a été réduite à une seule année, sont ouvertes à tous les Eupatrides, même celle du roi, d'abord réservée aux membres de l'ancienne famille royale, et elles ne sont ouvertes qu'à eux. Par l'archontat et par l'Aréopage, les Eupatrides sont les maîtres de l'Etat.

Leur puissance économique n'est pas moindre que leur puissance politique. Ils sont les grands propriétaires, ceux dont les domaines ne se morcellent pas, mais tendent au contraire à absorber les domaines voisins. Non seulement ils détiennent la majeure partie des terres, mais ils réduisent à la plus misérable condition les petits cultivateurs obligés d'avoir recours à eux. En garantie des dettes contractées, les pauvres engagent leur personne ou leurs terres. Les plus favorisés restent comme tenanciers sur le domaine qui leur appartenait et que maintenant ils cultivent pour le compte de leur créancier ; et cependant combien dure est la situation qui leur est faite, s'il est vrai qu'ils doivent abandonner au créancier les cinq sixièmes de leur récolte. Il semble que, sous la tyrannie politique et économique des Eupatrides, il va se former en Attique une classe de serfs, plus misérables encore que les ilotes de Laconie.

Mais voici que vont intervenir les gens de la côte. Les Athéniens pauvres ont l'avantage de pouvoir vivre ailleurs que dans les campagnes. Ils échappent à la dépendance des grands propriétaires parce qu'ils peuvent demander du travail et des moyens d'existence aux marchands, aux fabricants, aux armateurs. Bien plus, ils vont trouver chez ces mêmes gens des protecteurs. Parmi les Paraliens, il y a des riches, et ces riches naturellement réclament une part dans le gouvernement. Ils jugent légitime que la fortune mobilière leur assure les mêmes prérogatives politiques que la fortune foncière aux Eupatrides. Contre ceux-ci, ils s'appuient sur les classes populaires, qui elles aussi ont à se plaindre de l'aristocratie, et sur les thètes de la ville qui sont leurs compagnons de travail, et sur les thètes de la campagne, plus menacés encore dans leur indépendance. Ainsi c'est par les industriels et les marchands que se prépare l'évolution politique d'Athènes. Durant toute l'histoire athénienne, il y aura correspondance entre les progrès de l'industrie et du commerce et les progrès de la démocratie.

La première étape vers un régime démocratique est franchie avec Solon. Choisi comme arbitre entre les partis pour rétablir la paix et la concorde dans Athènes, Solon alla au plus pressé en libérant les débiteurs opprimés par leurs créanciers. Ceux qui avaient été vendus comme esclaves furent rachetés ; ceux qui s'étaient enfuis à l'étranger purent rentrer à Athènes ; les terres mises en gage furent affranchies de toute redevance et les bornes, qui indiquaient la mainmise du créancier sur le domaine, furent arrachées du sol. L'abolition des dettes « souleva le poids » qui écrasait les agriculteurs endettés. Mais Solon fait plus encore en préparant l'avenir. Il empêche la reconstitution d'une classe de serfs, en abolissant la contrainte par corps. Il arrête le développement de la grande propriété en permettant le testament comme la vente : le domaine des Eupatrides, qui cesse d'être inaliénable, se morcelle comme il arrivait déjà pour les domaines des non-nobles. Enfin il organise la société athénienne selon un principe nouveau : substituant aux droits de la naissance les droits de la fortune, il répartit les Athéniens en quatre classes censitaires.

.   .   .   .

Cependant les réformes de Solon n'avaient contenté personne, ni les riches qui lui reprochaient l'abolition des dettes, ni les pauvres qui espéraient de lui le partage des terres. Les troubles renaissent dans la cité, luttes des partis, luttes des ambitieux qui se disputent le pouvoir. La noblesse garde encore assez de prestige et assez d'influence locale pour que chaque parti prenne comme chef un eupatride. C'est l'un d'eux, Pisistrate, qui, s'appuyant sur les Diacriens, impose son pouvoir personnel. La tyrannie de Pisistrate n'arrête pas l'évolution d'Athènes. Il maintient les institutions soloniennes et même affermit par une longue et paisible pratique l'œuvre du législateur. Et surtout Athènes poursuit son développement économique.

C'est ce développement même de la richesse athénienne qui explique la chute des tyrans. Sans doute la cause occasionnelle en est la politique dure et soupçonneuse d'Hippias, les attaques des Alcméonides, chefs des Paraliens, et l'intervention de Sparte. En réalité la révolution de 510 continue l'évolution régulière de la cité. La tyrannie n'était qu'un régime de transition entre l'aristocratie d'autrefois et la démocratie qui n'est pas encore mûre :

Pisistrate a eu le pouvoir absolu, mais il a respecté les formes légales et gouverné « plus en citoyen qu'en tyran ». Mais les progrès économiques ont fait grandir les classes populaires et tout naturellement la tyrannie apparaît à son tour comme une forme périmée : un nouveau pas se fait vers la démocratie. C'est au lendemain de la chute de la tyrannie que l'organisation de la cité s'achève avec les réformes de Clisthène. Clisthène procède à une nouvelle répartition des citoyens : tous les Athéniens, quelles que soient leur naissance et leur condition, sont inscrits d'après leur domicile dans une circonscription territoriale, quartier de la ville ou village de la campagne, le *dème*. Le dème est l'unité administrative. Un groupe de dèmes contigus forme une circonscription territoriale plus étendue, la *trittye* ; les trittyes se répartissent en trois groupes de dix qui correspondent chacun à une région naturelle, la ville et sa banlieue, la côte, l'intérieur. Enfin trois trittyes forment une tribu ; mais les dix tribus clisthéniennes, qui remplacent les quatre vieilles tribus ioniennes, n'ont qu'une unité morale et ne constituent pas une circonscription territoriale d'un seul tenant ; tout au contraire, chacune d'elles comprend une trittye du district urbain, une du district côtier, une du district de l'intérieur.

L'organisation clisthénienne a pour objet de briser les anciens cadres et de réaliser l'unité morale de la cité. Elle achève de ruiner l'ancienne organisation familiale en dispersant les membres du génos : désormais l'Athénien ne porte plus un patronymique qui rappelle sa naissance, mais il ajoute à son nom le démotique qui indique à quel dème il appartient. Elle ne tient pas compte des anciennes associations politico-religieuses, mais crée de nouveaux cultes pour les nouveaux groupements : des quatre villages, de la tétrapole marathonienne, trois font partie de la tribu Aiantis et l'autre de la tribu Pandionis ; en revanche, la tribu affirme son unité en célébrant à Athènes le culte du héros dont elle porte le nom et dont la statue se dresse sur l'agora. Elle rompt toutes les attaches locales, puisque chaque tribu comprend une trittye de chaque région : la tribu Hippothontis, par exemple, groupe en un même ensemble la plaine d'Eleusis. le port du Pirée et les cantons montagneux du Parnès où est Décélie. Dans les nouveaux cadres, tous les Athéniens sont confondus, riches et pauvres, eupatrides et non-nobles, Pédiéens, Diacriens et Paraliens. Tout ce que la tradition, à défaut de la loi, accordait encore d'influence locale aux nobles et aux grands propriétaires disparaît. A discuter en commun les affaires du dème ou à célébrer tous ensemble les fêtes de la tribu, les Athéniens se sentent vraiment égaux et membres d'une même famille. Une vie nouvelle commence pour la démocratie athénienne.

*
* *

Quels changements le progrès de la démocratie entraîne dans le gouvernement (consultation des assemblées, souci croissant de l'intérêt public, prédominance du point de vue politique sur le point de vue religieux), c'est ce que Fustel de Coulanges met en relief dans le passage suivant.

La politique prend le pas sur la religion

Fustel de Coulanges. — *La Cité antique.* (Paris, Hachette, 14ᵉ édition, 1893, p. 376 à 378.)

Dans la période où nous entrons maintenant, la tradition n'a plus d'empire et la religion ne gouverne plus. Le principe régulateur duquel toutes les institutions doivent tirer désormais leur force, le seul qui soit au-dessus des volontés individuelles et qui puisse les obliger à se soumettre, c'est l'intérêt public. Ce que les Latins appellent *res publica*, les Grecs τὸ κοινόν, voilà ce qui remplace la vieille religion. C'est là ce qui décide désormais des institutions et des lois, et c'est à cela que se rapportent tous les actes importants des cités. Dans les délibérations des sénats ou des assemblées populaires, que l'on discute sur une loi ou sur une forme de gouvernement, sur un point de droit privé ou sur une institution politique, on ne demande plus ce que la religion prescrit, mais ce que réclame l'intérêt général.

On attribue à Solon une parole qui caractérise assez bien le régime nouveau. Quelqu'un lui demandait s'il

croyait avoir donné à sa patrie la constitution la meilleure :
« Non pas, répondit-il, mais celle qui lui convient le
mieux. » Or, c'était quelque chose de très nouveau que
de ne plus demander aux formes de gouvernement et aux
lois qu'un mérite relatif. Lés anciennes constitutions,
fondées sur les règles du culte, s'étaient proclamées
infaillibles et immuables ; elles avaient eu la rigueur et
l'inflexibilité de la religion. Solon indiquait par cette
parole qu'à l'avenir les constitutions politiques devraient
se conformer aux besoins, aux mœurs, aux intérêts des
hommes de chaque époque. Il ne s'agissait plus de vérité
absolue ; les règles du gouvernement devaient être désormais flexibles et variables. On dit que Solon souhaitait,
et tout au plus, que ses lois fussent observées pendant
cent ans.

Les prescriptions de l'intérêt public ne sont pas aussi
absolues, aussi claires, aussi manifestes que le sont
celles d'une religion. On peut toujours les discuter ; elles
ne s'aperçoivent pas tout d'abord. Le mode qui parut
le plus simple et le plus sûr pour savoir ce que l'intérêt
public réclamait, ce fut d'assembler les hommes et de les
consulter. Ce procédé fut jugé nécessaire et fut presque
journellement employé. Dans l'époque précédente, les
auspices avaient fait à peu près tous les frais des délibérations : l'opinion du prêtre, du roi, du magistrat sacré
était toute-puissante ; on votait peu, et plutôt pour accomplir une formalité que pour faire connaître l'opinion de
chacun. Désormais on vota sur toutes choses ; il fallut
avoir l'avis de tous, pour être sûr de connaître l'intérêt
de tous. Le suffrage devint le grand moyen de gouvernement. Il fut la source des institutions, la règle du droit ;
il décida de l'utile et même du juste. Il fut au-dessus des
magistrats, au-dessus même des lois ; il fut le souverain
dans la cité.

Le gouvernement changea aussi de nature. Sa fonction
essentielle ne fut plus l'accomplissement régulier des
cérémonies religieuses ; il fut surtout constitué pour maintenir l'ordre et la paix au dedans, la dignité et la puissance au dehors. Ce qui avait été autrefois au second plan,
passa au premier. La politique prit le pas sur la religion,
et le gouvernement des hommes devint chose humaine.

.*.

Les groupements d'hommes, loin d'affecter toujours la forme de cité à tendance démocratique, constituent souvent de grands Etats où règne de haut une autorité centrale capable de s'imposer par la force ; ce sont les empires. L'Etat romain est devenu en Occident le type de l'Empire. Victor Duruy a analysé la méthode qui lui a permis d'assimiler et d'unifier une grande quantité de populations diverses.

La politique de l'Empire romain

Duruy (Victor). — *Histoire des Romains*. (Paris, Hachette, 1870, p. 286 à 289.)

La république romaine croît lentement. Son territoire ne s'étend qu'à mesure que sa population augmente ; et avant de faire d'un pays une province, elle s'y prépare de longue main des appuis ; elle y forme à l'avance une population romaine, romaine par ses intérêts ou par son origine. Au milieu de vingt peuples indépendants, elle lance une colonie, sentinelle perdue qui veille toujours sous les armes. De telle cité elle fait son alliée ; à telle autre elle accorde l'honneur de vivre sous la loi quiritaire ; à celle-ci avec le droit de suffrage, à celle-là en lui conservant son propre gouvernement. Municipes de divers degrés, colonies maritimes, colonies latines, colonies romaines, préfectures, villes alliées, villes libres, toutes isolées par la différence de leur condition, toutes unies par leur égale dépendance du sénat, elles forment comme un vaste réseau qui enlacera les peuples italiens, jusqu'au jour où, sans luttes nouvelles, ils s'éveilleront sujets de Rome. Donnons-nous à loisir le spectacle de cette politique qui fit d'une petite ville le plus grand empire du monde.

Le patriotisme ancien avait quelque chose de matériel et d'étroit. La patrie qu'on pouvait voir et toucher, dont on embrassait d'un regard l'étendue, du haut du cap Sunium, du mont Taygète ou du Capitole, était la patrie véritable, l'autel et les foyers pour lesquels il fallait mourir : *pro aris et focis*. Mais ces liens invisibles d'un même idiome, d'idées, de sentiments, de mœurs et

d'intérêts communs, ce patriotisme, né de la fraternité
chrétienne et de la civilisation moderne, nul dans l'antiquité ne le connut. Chacun était de sa tribu, de son canton
ou de sa ville. Comme Sparte, Athènes et Carthage,
comme toutes les républiques conquérantes de l'antiquité, Rome ne voulait pas que la souveraineté fût trans-
férée hors de son forum et de sa curie. Ces villes n'étaient
point des capitales, mais l'Etat tout entier. Il n'y avait de
citoyens que dans leurs murs ou sur l'étroit territoire
qui les entourait : au delà c'étaient des terres conquises
et des sujets. Sparte, Athènes et Carthage, qui ne renon-
cèrent jamais à cet orgueil municipal, ne furent jamais
aussi que des villes, et périrent. Rome, qui l'oublia souvent, devint un grand peuple et vécut douze siècles.

La sagesse politique des Romains ne s'éleva point
cependant d'abord jusqu'à l'idée de créer une nation italienne. Enlever aux vaincus leur indépendance et une
partie de leurs terres, pour les affaiblir ; étouffer leur nationalité et leur culture indigène, pour en faire de dociles
sujets ; les soumettre à des degrés différents de servitude,
pour qu'une commune et égale oppression n'amenât
pas une révolte générale ; les faire servir enfin à la grandeur romaine, telle fut la pensée du sénat, quand les légions
lui eurent donné l'Italie à gouverner. Les Italiens furent
donc à l'égard du peuple romain ce que les plébéiens
eux-mêmes avaient été si longtemps à l'égard des patriciens, des instruments de puissance.

Mais l'origine de Rome et toute son histoire, et cette
politique qui, sous les rois, avait ouvert la cité aux
vaincus, sous les consuls, la curie aux plébéiens montraient en même temps une autre route au sénat. Le peuple
souverain sera toujours le peuple du Forum, et il ne pourra
exercer ses droits que dans l'enceinte sacrée du Pomœ-
rium ; mais dans cette enceinte seront admis les vaincus,
peu à peu, à mesure que par une longue communauté
d'action et d'intérêts, ils se seront pénétrés de l'esprit de
Rome. Les plus braves et les plus voisins de la ville y
entrèrent d'abord. C'était sans doute, pour les Romains,
partager les profits de la victoire ; mais c'était aussi,
en doublant leur nombre, s'assurer des victoires nouvelles
et des conquêtes durables. De 384 à 264, douze tribus

furent créées et l'*ager romanus* étendu de la forêt Ciminienne jusqu'au milieu de la Campanie. Sur ce territoire, les censeurs vont compter 292.334 hommes en état de combattre, c'est-à-dire une population de 1.200.000 âmes, qui, serrée autour de Rome, sera certainement assez forte pour tenir en respect le reste de l'Italie. Deux siècles auparavant la population militaire ne dépassait pas 124.214 hommes. Malgré les pertes des guerres gauloise et samnite, la force de Rome en citoyens et par conséquent en soldats, s'est donc accrue dans la proportion de 1 à 3.

Le vieux peuple romain compte à peine pour moitié dans ce nombre. Mais ses vingt et une tribus lui donnent vingt et un suffrages, et les nouveaux citoyens, peut-être plus nombreux, en comptent douze seulement : les districts de l'Etrurie méridionale romaine depuis 384, ont quatre voix ; les Latins, les Volsques, les Ausones et les Èques, deux chacun ; les Sabins, en 241, ne forment non plus que deux tribus. Ajoutons que pour le vote dans les centuries l'éloignement de Rome des nouveaux citoyens ne leur permettra pas, à moins de déplacements coûteux, d'assister aux comices. Ainsi, tout en doublant ses forces militaires, tout en déclarant membres de l'Etat souverain les peuples établis autour d'elle jusqu'à 50, 60 ou 100 milles de ses murs, Rome réserve prudemment à ses anciens citoyens leur légitime influence. Elle contente la vanité de ses sujets, sans altérer le caractère fondamental de sa constitution ; elle reste une ville, et elle est déjà presque un peuple ; elle a la force du nombre et celle de l'unité.

II. Le régime féodal

Lorsqu'une autorité centrale ne réussit pas à se constituer, ou lorsque, s'étant constituée, elle faiblit, c'est le plus souvent un régime « féodal » qui s'installe, régime qui lie étroitement autorité et propriété, et fait reposer l'ordre social sur le dévouement des vassaux aux suzerains. Dans les textes qui suivent, Fustel de Coulanges explique par l'exemple de la Germanie comment l'absence d'Etat développe l'institution du patronage, et par l'exemple de la France sous les derniers Mérovingiens, comment le déclin de l'autorité accroît les inégalités.

L'institution du patronage

Fustel de Coulanges. — *Histoire des institutions politiques de l'ancienne France*. (L'Empire romain, les Germains, la Royauté mérovingienne.) (Paris, Hachette, 1875, p. 303 à 305.)

Les institutions des Germains et leur vie domestique, leurs habitudes et leurs croyances, leurs vertus et leurs vices étaient ceux de toutes les nations de l'Europe.

Ce qui les distinguait le plus des peuples dont nous venons de parler, c'est qu'ils n'étaient pas parvenus à cette forte constitution de l'Etat que les Grecs et les Romains avaient atteinte depuis plusieurs siècles. Le régime de la cité ne s'établit jamais chez eux avec cette régularité et cette rigueur qu'il eut à Athènes, à Sparte, à Rome. La famille resta plus longtemps forte, et l'Etat resta toujours faible. Les petits groupes du canton et de la tribu qui s'étaient effacés d'assez bonne heure dans la cité grecque ou italienne conservèrent longtemps en Germanie leur indépendance et leur vie propre. Aussi les Germains se trouvaient-ils encore au temps de Tacite dans cet état social par lequel avaient passé les anciens Grecs avant que leurs cités fussent fortement organisées. Un peuple germain, au lieu d'être, comme nos sociétés démocratiques, un assemblage de milliers d'individus égaux entre eux et directement soumis à l'autorité publique, était une fédération de cantons, de villages, de grandes familles nobles, de bandes de guerriers volontairement associés ; et les chefs de ces divers groupes, forts de leur noblesse ou du nombre de leurs serviteurs, étaient plus puissants que le roi et que l'Etat.

De là vient que les Germains apparaissent à Tacite comme doués d'une liberté dont Rome depuis bien des siècles n'offrait plus l'exemple. Il admirait que cette royauté ne fût jamais absolue ; c'est que le véritable pouvoir ne résidait pas en elle ; il se partageait entre les chefs de famille, les chefs de canton, les chefs de bande, tous ceux qui étaient nobles ou prêtres, tous ceux qui exerçaient cette espèce d'autorité que les langues germaniques appelaient *mund*, tous ceux qui traînaient à leur suite une nombreuse escorte de clients, de compagnons, de serviteurs. Là était la puissance, là était la force de discipline pour cette société. La liberté, très grande vis-à-vis de l'autorité publique, était à peu près nulle vis-à-vis de ces chefs locaux ou de ces chefs domestiques. On a beaucoup vanté l'esprit d'indépendance des Germains ; pourtant, l'immense majorité de ces hommes étaient dans les liens d'une sujétion personnelle. A titre d'esclaves ou de paysans attachés à la glèbe, de lites ou d'affranchis, de compagnons de guerre, ils étaient étroitement soumis, non au roi ou à l'Etat, mais à la personne d'un autre homme ; ils avaient un maître. Ce qui dominait de beaucoup dans la Germanie, loin que ce fût la liberté, c'était la subordination.

Le déclin de l'autorité et l'accroissement des inégalités sociales

FUSTEL DE COULANGES. — *Histoire des institutions politiques de l'ancienne France. (Les Transformations de la Royauté)*. (Paris, Hachette, 1892, p. 583-590.)

Le fait dominant de cette triste époque, celui qui remplissait toutes les existences et les troublait toutes, c'était l'absence de sécurité. Défendre son bien, sa liberté, sa vie, était la grande affaire, la grande difficulté, la suprême ambition de l'être humain. Pour cela, il ne fallait compter ni sur les rois, ni sur leurs fonctionnaires, ni sur les tribunaux. L'administration et la justice étaient sans force.

Il arriva alors ce qui s'était produit dans tous les temps et se reproduira toujours en pareil cas : le faible, qui ne se sentait pas protégé par les pouvoirs publics, demanda à un fort sa protection et se mit sous sa dépendance. Le patronage fut le refuge de tous ceux qui voulaient vivre en paix.

Telle est l'inévitable loi : les inégalités sociales sont toujours en proportion inverse de la force de l'autorité publique. Entre le petit et le grand, entre le pauvre et le riche, c'est cette autorité publique qui rétablit l'équilibre. Si elle fait défaut, il faut de toute nécessité que le faible obéisse au fort, que le pauvre se soumette au riche.

...Dans cet universel affaiblissement, dans cette égale absence d'ordre social et de vigueur individuelle, chacun chercha sa sûreté où il put. Le patronage seul offrait un asile sûr, on y courut. Ce qui faisait que cette protection était sûre, c'est qu'on l'achetait ; elle n'eût été qu'un vain mot, comme celle que promettaient les lois et l'autorité publique, si le protégé ne l'eût payée d'un prix réel et palpable. Il promettait au protecteur ses redevances, ses services, son obéissance ; il faisait plus : il donnait sa terre, il livrait sa personne même. De propriétaire et d'homme libre, il devenait bénéficiaire et vassal. Plus son sacrifice était grand, plus la protection lui était assurée. Le patron était pour lui un défenseur intéressé. Comment n'aurait-il pas défendu de son mieux cette terre qui était devenue sa propriété, cet homme qui était devenu son homme ? En se livrant, on avait trouvé le plus sûr moyen d'être protégé.

Gardons-nous de croire que le patronage ou le séniorat — ce second terme remplace le premier à partir du VIIIe siècle — ait été imposé de force aux populations. Ce furent elles, la plupart du temps, qui allèrent au-devant de lui. La lecture des documents et l'observation des faits donnent à penser que le faible rechercha l'appui du fort plus souvent que le fort ne mit de lui-même le joug sur le faible.

Il est surtout incontestable que ce lien s'est établi en

vertu d'une multitude de contrats individuels. Chaque homme a pu choisir entre l'indépendance et le vasselage. Les Chroniques n'offrent pas un seul exemple d'une province où les hommes aient été réduits à l'état de vassaux par la force. On voit bien qu'ils auraient préféré rester hommes libres et propriétaires ; il n'est pas douteux qu'ils n'eussent souhaité la protection sans la dépendance ; mais comme on ne pouvait avoir l'une sans l'autre, on n'hésita guère à se faire vassal et sujet. Cette sujétion s'établit par contrat régulier : ce fut un véritable marché entre deux hommes, dont l'un vendait sa protection, l'autre vendait son obéissance.

Le contrat était personnel et n'engageait jamais les héritiers des contractants ; il était rompu par la mort de l'une ou de l'autre des deux parties. La liberté du choix reparaissait donc à chaque génération nouvelle. S'il s'était trouvé depuis le vi^e siècle jusqu'au xie un seul moment où la majorité des hommes eût intérêt à ressaisir sa liberté, elle pouvait la reprendre. Il se trouva, au contraire, que le désordre alla grandissant de siècle en siècle. Alors le plus ardent désir des hommes ne fut pas d'être libres, ce fut de vivre en sûreté.

Représentons-nous un petit propriétaire de ce temps-là. Son champ lui suffirait, il y vivrait à l'aise ; mais isolé qu'il est et mal protégé par l'autorité publique, il ne saurait se défendre contre la cupidité et la violence. Il voit qu'à côté de lui un grand propriétaire, homme riche, bien armé, entouré de nombreux serviteurs, sait repousser les attaques, et que sur ce domaine on laboure et on récolte en paix. Comment ne lui viendrait-il pas à l'esprit que sa petite terre jouira du même calme dès qu'elle fera partie du grand domaine ? Il la donne, on la lui rend à titre de bénéfice, il y vit dès lors sans crainte, et, en rendant les redevances et les services convenus, il peut compter sur sa moisson de chaque année.

Si le riche voisin est un monastère, la tentation de se livrer est encore plus forte ; car la paix est mieux assurée sur la terre d'Eglise que sur toute autre, et le saint du couvent défend son sol avec autant d'énergie pour le moins que l'homme de guerre. Le petit propriétaire renonce donc en faveur du saint à son droit de propriété, et, devenu simple bénéficiaire, il jouit et travaille en paix.

D'autres sont déterminés par d'autres motifs. La propriété est grevée d'impôts ou d'obligations diverses ; le riche antrustion ou le monastère a obtenu d'en être exempt, et la charte prononce même que cette immunité s'étendra à toutes les terres qu'il acquerra dans la suite. Il arrivera alors que le petit propriétaire livrera son champ pour le décharger de l'impôt ; il le reprendra en bénéfice, et aimera mieux payer une légère redevance à son seigneur que l'impôt au roi. Un autre a une terre qu'il possède en plein droit d'alleu ; mais la loi veut que tout propriétaire soit soldat toute sa vie et à ses frais. Or il y a une guerre presque chaque année, et c'est chaque année la ruine du cultivateur ; cet homme donnera sa terre et se donnera lui-même à un couvent pour éviter les dangers et surtout les dépenses du service militaire.

A mesure que le patronage s'étend, il devient plus difficile de vivre en dehors de lui. A chaque génération nouvelle s'accroît le danger de rester libre. L'inégalité sociale grandissant toujours et l'autorité publique s'affaiblissant de plus en plus, il faut bon gré mal gré subir le patronage. Si le riche voisin n'est pas un protecteur, il sera un ennemi et facilement un spoliateur. Si l'on ne se fait pas l'homme du monastère, on aura à redouter la colère du saint. Le petit propriétaire fera bien, tout calculé, de donner son champ et de se soumettre au vasselage. La religion était une force de plus pour les forts, plutôt qu'elle n'était une sauvegarde pour les faibles.

Voilà pour quels motifs il y eut à chaque génération nouvelle un plus grand nombre d'hommes qui se firent sujets, un plus grand nombre d'alleux qui devinrent bénéfices. Il se fit un mouvement continu et de plus en plus rapide vers la vassalité. L'autorité publique perdait chaque jour du terrain ; le patronage en gagna chaque jour. Insensiblement il prit possession de presque toutes les terres et de presque toutes les personnes humaines. Il attirait tout à lui.

Ce n'étaient pas seulement les faibles et les pauvres qui s'y réfugiaient : il n'était homme si fort qui pût se flatter d'y échapper, car le puissant rencontrait toujours un plus puissant que soi. Comme les plus petits recherchaient sa protection, il recherchait à son tour celle d'un plus grand ; on se recommandait à lui et il se recommandait à un autre. On était son vassal, et il était vassal. On lui livrait la terre, et il livrait la sienne. On s'était fait bénéficiaire à son égard, et il devenait à son tour un bénéficiaire. Tous les liens de dépendance que d'autres avaient contractés avec lui, il les contractait avec un autre. On l'appelait d'un côté maître et seigneur, et il y avait d'un autre côté un personnage qu'il appelait aussi son maître et son seigneur et dont il se disait l'homme. C'était une chaîne d'engagements où toutes les classes d'hommes trouvaient leur place.

Le contrat de protection et de fidélité se reproduisait de degré en degré dans toute l'échelle sociale. Entre le roi et le comte, entre le comte et le simple seigneur, entre ce seigneur et celui qu'on appelait « un nourri », les conditions et les lois du patronage étaient les mêmes ; elles avaient toujours pour effet de soustraire l'homme à l'autorité publique et de le soumettre corps et âme à un autre homme.

*
* *

Comment le régime féodal tend à dissoudre en individus la nation, c'est ce qu'expliquait Guizot dans des leçons sur la *Civilisation française*.

Caractère particulier du despotisme féodal

Guizot (F.). — *Essais sur l'histoire de France*. (Paris, Brière, 1823. p. 355 à 362.

Quels étaient la nature particulière de cette aristocratie, le caractère politique de son gouvernement ?

C'était une confédération de petits souverains, de petits despotes, inégaux entre eux et ayant, les uns envers les autres, des devoirs et des droits, mais investis dans leurs propres domaines, sur leurs sujets personnels et directs, d'un pouvoir arbitraire et absolu.

Là réside la féodalité tout entière ; c'est par là qu'elle se distingue de toute autre aristocratie, de tout autre gouvernement.

Ni le despotisme ni les aristocraties n'ont été rares

en ce monde. On a vu des peuples arbitrairement gouvernés, possédés même par un seul homme, par un collège de prêtres, par un corps de patriciens. Aucun de ces gouvernements n'a ressemblé au régime féodal.

Là où le pouvoir souverain a été placé aux mains d'un seul homme, la condition du peuple a pu être servile, déplorable. Au fond, la féodalité valait mieux, et tout à l'heure je dirai pourquoi. Cependant il le faut reconnaître, bien souvent cette condition a paru moins lourde et s'est fait plus aisément accepter que le régime féodal. C'est que, dans les grandes monarchies, les hommes ont du moins obtenu une sorte d'égalité et de repos. Egalité honteuse, repos funeste, mais dont se contentent quelquefois les peuples sous l'empire de certaines situations ou dans la dernière période de leur existence. La liberté, l'égalité et le repos manquaient également du xe au xiiie siècle, aux habitants de domaines de chaque seigneur. Leur souverain était à leur porte; aucun d'eux n'était obscur pour lui ni éloigné de son pouvoir. De toutes les tyrannies, la pire est celle qui peut ainsi compter ses sujets et voit de son siège les limites de son empire. Les caprices de la volonté humaine se déploient alors dans leur intolérable bizarrerie et avec une irrésistible promptitude. C'est alors aussi que l'inégalité des conditions se fait le plus rudement sentir ; la richesse, la force, l'indépendance, tous les avantages et tous les droits s'offrent à chaque instant en spectacle à la misère, à la faiblesse, à la servitude. Les habitants des fiefs ne pouvaient se consoler au sein du repos ; sans cesse compromis dans les querelles de leur seigneur, en proie aux dévastations de ses voisins, ils menaient une vie encore plus précaire, encore plus agitée que lui-même, et subissaient à la fois la continuelle présence de la guerre, du privilège et du pouvoir absolu.

La domination de la féodalité ne différait pas moins de celle d'un collège de prêtres ou d'un sénat de patriciens que du despotisme d'un seul. Ici c'est un corps aristocratique qui possède et gouverne la masse du peuple ; là c'est une aristocratie dissoute en individus, dont chacun possède et gouverne pour son propre compte un certain nombre d'hommes qui ne dépendent que de lui. Le corps aristocratique est-il un clergé ? Son pouvoir se fonde sur des croyances qui lui sont communes avec ses sujets ; or dans toute croyance commune à ceux qui commandent et à ceux qui obéissent, il y a un lien moral, un principe d'égalité, et, de la part de ceux qui obéissent, une adhésion tacite à l'empire. Est-ce un sénat de patriciens qui règne ? il ne peut régner aussi capricieusement, aussi arbitrairement qu'un homme, car il procède par mesures générales, et sa souveraineté n'est que collective. Il y a diversité, délibération dans le sein du gouvernement, il peut s'y former, il s'y forme toujours des factions, des partis qui, pour arriver à leurs fins, cherchent à se concilier la faveur du peuple, prennent quelquefois en main ses intérêts ; et quelque mauvaise que soit sa condition, en s'associant aux rivalités de ses maîtres, il exerce quelque influence sur son propre sort. La féodalité n'était point, à proprement parler, un gouvernement aristocratique, un sénat de rois, comme disait Cinéas à Pyrrhus ; c'était une collection de despotismes individuels, exercés par des aristocrates isolés, dont chacun, souverain et législateur dans ses domaines, ne devait compte à aucun autre et ne délibérait avec personne de sa conduite envers ses sujets. Peut-on s'étonner qu'un tel système ait encouru, de la part des peuples, plus de haine que ceux-là mêmes qui les ont réduits en une servitude plus monotone et plus durable ? Le despotisme était là comme dans les monarchies pures, le privilège comme dans les aristocraties les plus concentrées, et l'un et l'autre s'y produisaient sous la forme la plus offensante, la plus crue si je puis ainsi parler ; le despotisme ne s'atténuait point par l'éloignement et l'élévation d'un trône ; le privilège ne se voilait point sous la majesté d'un grand corps ; l'un et l'autre appartenaient à un homme toujours présent et toujours seul, toujours voisin de ses sujets, jamais appelé, en traitant de leur sort, à s'entourer de ses égaux.

Maintenant, je quitte les sujets, la nation possédée ; je ne considère plus que les maîtres, cette nation souveraine, dissoute en individus dont chacun règne, pour son compte, dans ses terres, et pourtant unie par ces rapports des fiefs qui, d'abord fondés sur la nécessité et l'usage, devinrent bientôt des institutions.

Ici je rencontre un autre spectacle ; des libertés, des droits, des garanties, qui, non seulement honorent et protègent ceux qui en jouissent, mais qui, par leur nature et leur tendance, ouvrent à la population sujette une porte vers un meilleur avenir.

Il faut bien que cela fût ainsi, car, d'une part, le régime féodal n'a manqué ni de dignité ni de gloire ; de l'autre il n'a point comme la théocratie de l'Égypte, le despotisme de l'Asie ou l'aristocratie de Venise condamné sans retour ses sujets à la servitude. Il les opprimait, mais ils ont pu s'affranchir.

Et d'abord, si la féodalité, en plaçant le maître près du sujet, rendait le despotisme plus odieux et plus pesant, elle plaçait aussi, dans la nation souveraine, l'inférieur près du supérieur, cause très efficace d'égalité et de liberté. C'est le vice de la monarchie pure d'élever le pouvoir si haut, et de l'entourer d'un tel éclat que la tête tourne à celui qui le possède, et que ceux qui le subissent osent à peine le regarder. Le souverain s'y croit un dieu, le peuple y tombe dans l'idolâtrie. On peut écrire alors les devoirs des rois et les droits des sujets ; on peut même les prêcher sans cesse ; mais les situations ont plus de force que les paroles, et, quand l'inégalité est immense, les uns oublient aisément leurs devoirs, les autres leurs droits. La grandeur féodale était accessible et simple, la distance courte du vassal au suzerain. Ils vivaient entre eux familièrement et comme des compagnons, sans que la supériorité se pût croire illimitée, ni la subordination servile, presque également nécessaires l'un à l'autre, seule garantie assurée de la réciprocité des devoirs et des droits. De là, cette étendue de la vie domestique, cette noblesse des services personnels où l'un des plus généreux sentiments du moyen âge, la fidélité, a pris naissance, et qui conciliait merveilleusement la dignité de l'homme avec le dévouement du vassal. D'ailleurs, les situations n'étaient point exclusives ; le suzerain d'un fief était le vassal d'un autre ; souvent les mêmes hommes, à raison de fiefs différents, se trouvaient entre eux tantôt dans le rapport du vasselage, tantôt dans celui de la suzeraineté. Les plus puissants seigneurs avaient des devoirs envers de petits suzerains. Le roi de France qui ne tenait sa couronne que

de Dieu et de son épée, tenait des terres de plusieurs seigneurs. Nouveau principe de réciprocité et d'égalité.
Enfin, par l'enchaînement hiérarchique des fiefs, l'abîme
était comblé entre le plus petit et le plus élevé des propriétaires féodaux ; de degré en degré, le moindre d'entre eux
se liait sans courir le risque de perdre, dans l'inégalité
qu'eût fait éclater un rapprochement subit et immédiat,
le sentiment de sa propre dignité.

Ce sentiment, qui, dans les sociétés les plus diverses
de principes et de formes, est le plus sûr boulevard comme
le plus noble effet de la liberté, puisait dans une autre
cause une rare énergie. Je viens de dire quels étaient,
quant à la nation sujette, les résultats de la dispersion
des citoyens de la nation souveraine, gouvernant chacun
isolément et non en corps. Le peuple en souffrait, l'aristocratie féodale y perdit beaucoup en consistance et en
durée, mais les possesseurs de fiefs y gagnaient en indépendance et en dignité personnelle. La puissance et la
gloire du Sénat de Rome ou de Venise faisaient la puissance et la gloire des patriciens ; chacun d'eux avait sa
part de cette grandeur collective, mais c'était à son corps,
non à lui-même qu'il devait sa propre grandeur. Dans
l'aristocratie féodale, au contraire, tout était individuel,
la destinée, le pouvoir, la gloire. De lui seul, non de sa
corporation, chaque possesseur de fief tirait sa force et
son éclat. Isolé dans ses domaines c'était à lui à s'y
maintenir, à les étendre, à se conserver des sujets
soumis, des vassaux fidèles, à punir ceux qui lui manquaient d'obéissance ou de foi. Les liens qui l'unissaient
à ses supérieurs ou à ses égaux étaient trop faibles, les
garanties qu'il y pouvait trouver trop lointaines et trop
tardives pour qu'il leur confiât son sort. De là cette
individualité si forte et si fière, caractère des membres
de la hiérarchie féodale. C'était un peuple de citoyens
épars, dont chacun, toujours armé, suivi de sa troupe
ou retranché dans son fort, veillant lui-même à sa sûreté,
à ses droits, comptait bien plus sur son courage et son
renom que sur la protection des pouvoirs publics. Un
tel état ressemble moins à la société qu'à la guerre ;
mais l'énergie et la dignité de l'individu s'y maintiennent;
la société peut en sortir.

**

Dans ses remarques sur le développement de l'Etat, M. Wilson explique en quel sens le régime féodal a pu servir de transition entre l'Etat de type antique et l'Etat de type moderne.

Comment le régime féodal a ouvert les voies à l'État moderne

WILSON (W.). — *L'Etat. Eléments d'histoire et de pratique politique.* (Trad. Wilhem, Paris, Giard et Brière, 1902, t. II, p. 363 à 365.)

La nation était séparée en un grand nombre de masses sans lien, sans sympathie. Tout homme avait son seigneur, et était l'ennemi de quiconque en avait un autre.

Un tel système était fatal à la paix et au bon gouvernement, mais il ouvrait les voies à l'Etat moderne en détruisant de fond en comble les vieilles conceptions. L'Etat des anciens avait été une entité par lui-même, une entité à laquelle l'entité formée par l'individu avait été toujours subordonnée. Le système féodal n'était qu'une agrégation d'individualités, une union très large de groupes séparés et composés d'hommes ayant peu d'aspirations et d'actions communes. Non seulement il n'avait aucune unité réelle, mais il n'avait aucune idée d'unité. L'unité nationale finit par naître — en France, par exemple, de la soumission des seigneurs par le roi ; en Angleterre, de l'effort combiné du peuple et des seigneurs contre le trône — mais quand elle naquit, ce ne fut pas sous la même forme que l'unité antique. Les hommes ne furent plus des fractions, mais des unités dans l'Etat. L'Etat sembla dès lors moins un organisme naturel et plus une association consciente et organisée. La fidélité personnelle au roi avait partout pris la place de l'ancien état de choses, dans lequel les citoyens naissaient membres d'un corps politique. Les hommes ne furent plus des citoyens, mais des sujets.

On arriva ainsi au XIIIe siècle, le siècle des grandes aventures, des grandes découvertes, le siècle de la pira-

terie autant que du commerce. La Renaissance suivit de
près, et poussa les hommes à étudier au point de vue
philosophique tout ce qui les entourait, par-dessus tout
à pénétrer de nouveau dans le domaine de la pensée,
si longtemps négligé. Puis vint Luther, qui reprit les
vérités presque oubliées sur l'individualité des consciences
humaines, sur le droit de jugement que possède tout
individu. Peu de temps se passa avant que ces idées
eussent pénétré dans les masses populaires. Les réformateurs avaient commencé à abandonner leurs armes scolas-
tiques et étaient venus au peuple lui-même, lui parlant
dans sa langue vulgaire, et sollicitant son approbation
des nouvelles doctrines qui tendaient à briser toute
subordination de l'âme et de l'intelligence au pape ou au
chef d'école. Une littérature nationale était née. La pensée
avait brisé les portes des cloîtres et des universités, et
poussait partout le peuple à se servir de son intelligence.
En faisant usage de son intelligence, le peuple put, petit à
petit, rejeter bien loin les croyances enfantines qu'il avait
eues à l'époque où il était ignorant, et commença à
réclamer quelque participation aux affaires. Finalement,
l'éducation du peuple, systématiqement poursuivie, a
complété l'œuvre. Les nations atteignent maintenant
l'âge viril. Les peuples deviennent assez grands pour se
gouverner eux-mêmes.

C'est donc le résultat normal et non accidentel de
grandes causes permanentes qui fait qu'on ne trouve
plus, dans les races civilisées de l'Europe, un seul exemple
parfait des monarchies et des aristocraties d'Aristote.
La force des gouvernements modernes est rarement
aujourd'hui basée sur la puissance des minorités ; elle
tend de plus en plus à l'être sur la puissance des majori-
tés. La sanction des lois ne repose plus sur un véritable despotisme militaire, mais sur le consentement
d'un peuple qui pense. Les despotismes militaires ne
peuvent être maintenant qu'éphémères. Seuls les monarques qui sont aimés parce qu'ils cherchent le bien de
leurs sujets sont tranquilles sur leurs trônes. Les monarchies ne peuvent plus subsister qu'avec le consentement
du peuple.

Bien plus, cette transformation a eu pour résultat de

donner une nouvelle unité à la société. La coutume est devenue de nouveau une force, non seulement quand il s'agit de consentement et de soumission, mais quand il s'agit d'initiative et de progrès. La société n'est plus l'organisme qu'elle était autrefois, ses membres ont plus de liberté, plus d'occasions pour agir. Mais son caractère organique est de nouveau prédominant. Elle est le Tout qui est sorti de l'état de désorganisation qui constituait le Système féodal, et de l'état de spécialisation qui constituait la monarchie absolue. Ce Tout a pris également conscience de lui-même, il est entré dans une nouvelle phase de son développement.

III. Nations et États modernes

Les groupements politiques dont nous avons parlé jusqu'ici méritent-ils le nom de nations ? Beaucoup d'auteurs réservent ce mot pour la période moderne, la nation supposant d'une part une large population animée d'une volonté de vie commune, désireuse de conserver un patrimoine, prête à défendre un sol où elle a comme incorporé une civilisation, d'autre part un pouvoir central, un Etat qui, établi au-dessus des diverses institutions primitives, maintient l'unité du groupe. Là où manquent la possession d'un sol et le régime d'Etat, il pourrait y avoir nationalité, mais non nation. M. Hauriou résume, dans le passage qui va suivre, les caractères de la nation et de l'Etat, et précise leurs rapports.

Nation et État

HAURIOU (Maurice). — *Précis de droit constitutionnel.* (Paris, Tenin, 1923, p. 24 à 29.)

Les institutions primitives, au moment où nous les saisissons aux débuts de l'histoire, présentent un certain nombre de caractères constants :

1º Les groupes humains sont de faibles dimensions; fixés ou non au sol, ils sont fondés, avant tout, sur la parenté matérielle et sur la race (tribus patriarcales, clans, γένη, phratries, *gentes*) ;

2º Il y a dans ces groupes des classes sociales ou même des castes, le régime y est aristocratique et inégalitaire, les individus de la basse classe sont rattachés à ceux de la haute classe par les liens personnels de la vassalité et de la clientèle (pouvoir d'homme à homme) ;

3º Le pouvoir politique y est intimement mêlé au pouvoir économique, c'est-à-dire que les personnages puissants sont ceux qui détiennent les richesses, les troupeaux ou les terres ; les palais des petits rois égéens de l'époque minoenne, comme déjà ceux des pharaons de la haute

Egypte, comme déjà ceux des Patésis de la Suzianne ou de la Chaldée, sont des magasins à blé et des celliers ;

4º Les pouvoirs ne sont pas centralisés, mais au contraire dispersés.

On ne peut s'empêcher d'être frappé du rapprochement qui s'impose entre les caractères de ces institutions primitives et ceux des institutions féodales de notre moyen âge. Visiblement, après le grand effort de l'Etat antique et après la première apparition de la discussion, quand la société, fatiguée, a voulu se reposer, elle est retombée dans les vieux moules millénaires des institutions à base de vassalité et, du même coup, sous l'empire de la coutume. La solidité de ces vieux moules sociaux peut se mesurer à celle du régime féodal qui, pendant de longs siècles, a paru indestructible.

C'est vers la fin de l'âge des coutumes primitives qu'on voit apparaître les nations dans la civilisation méditerranéenne, lorsque la fixation au sol est devenue complète ; les continuelles migrations des tribus de pasteurs ou de bandes de chasseurs étaient un obstacle au développement des groupes sociaux, mais, avec la fixation au sol et avec les progrès de la culture de la terre, la population augmente rapidement, les cadres sociaux primitifs sont débordés, il en faut de nouveaux à la fois plus vastes et plus souples, ce seront les cadres nationaux. La formation des nations est un phénomène extrêmement important : 1º parce qu'il dure encore et qu'il continue d'agiter le monde par les mouvements contradictoires du nationalisme et de l'internationalisme ; 2º parce que les nations constituent la matière première des Etats ; 3º parce qu'au point de vue constitutionnel elles engendrent l'opposition entre le pouvoir de gouvernement et la souveraineté nationale.

On peut définir les nations de la façon suivante : ce sont *des groupements de populations fixées au sol chez qui un lien de parenté spirituelle développe la pensée de l'unité du groupement lui-même.*

Nous n'insisterons pas sur la condition de la fixation au sol qui ne soulève pas de difficultés, mais nous devons insister sur le *lien de parenté spirituelle* et sur *la pensée de l'unité du groupe.*

1º *Le lien national en tant que fondé sur la parenté spirituelle.* — Les nationaux sont gens qui sentent entre eux une parenté spirituelle, non pas précisément parce qu'ils ont les mêmes croyances, mais parce qu'ils ont les mêmes façons de sentir, de penser et d'agir, et, en somme, la même mentalité. Deux Français inconnus l'un à l'autre et se rencontrant à l'étranger se reconnaîtront immédiatement nationaux à leur tour d'esprit, à leur façon de prendre les événements, à leur faculté de se dédoubler pour juger les choses ni trop légèrement ni trop sérieusement, à leur manière directe et franche d'aborder les questions, à leur goût pour les idées générales.

Il n'est pas douteux qu'originairement cette parenté spirituelle n'ait été engendrée par la parenté matérielle sur laquelle nous avons vu que les groupements primitifs étaient fondés, par la longue cohabitation, par la communauté de race, par la communauté de langage et par les croyances communes qui s'en étaient suivies. Le jour où la fiction de la parenté matérielle (laquelle souvent était fictive) n'a plus pu être maintenue, à raison de l'agrandissement démesuré du groupe, on est passé tout naturellement au lien de la parenté spirituelle qui continuait à présenter une grande réalité ; *natura non facit saltus* (la nature ne fait pas de bonds), d'une espèce de parenté on était passé à une autre.

Il suit de là que les nations sont des formations essentiellement *spirituelles*, mais ce n'est pas une raison pour qu'elles soient des formations purement *volontaires*, car la parenté spirituelle n'est pas nécessairement chose volontaire.

Voici sur cette question très discutée la solution qui nous paraît la plus acceptable : il convient de distinguer, dans la population d'une nation, deux éléments : un *noyau coutumier*, assimilé par *la longue cohabitation sur le territoire*, et puis les immigrants. Non seulement les nations, qui sont des formations coutumières et territoriales, ne peuvent se créer que par un noyau coutumier, mais elles ne peuvent, par la suite, continuer d'assimiler les immigrants que grâce à lui, lui seul est capable d'engendrer la parenté spirituelle nationale, laquelle ne peut point être uniquement une affaire de volonté.

Après cela, la communauté de langue et de religion n'apparaît pas comme indispensable et, de fait, il y a des nations bilingues, comme la Belgique, et même trilingues, comme la Suisse et, dans la presque totalité des nations modernes, il existe plusieurs religions.

La communauté de race existe forcément dans le noyau coutumier de population par suite du continuel métissage qu'entraîne la longue cohabitation sur un même territoire ; c'est une race mélangée, mais toutes les races nationales sont mélangées ; la nationalité française est constituée au moyen âge, lorsqu'est achevé le métissage des populations gallo-romaines et barbares.

Quant à l'assimilation volontaire des immigrants, elle est admissible à la condition que le nombre des naturalisés reste toujours relativement faible par rapport au noyau national coutumier ;

2º *La pensée et la volonté d'unité nationale.* — Le lien national de parenté spirituelle ne suffirait pas à constituer une nation, il ne fournit que la population nationale, matière qui est en soi comme le corps de la nation ; il faut que dans ce corps se manifestent une pensée et une volonté d'unité nationale. Ce sera le résultat d'un long travail de réflexion, de ce que Michelet appelle magnifiquement « un travail de soi sur soi » accompli par « la grande âme » de la nation en formation.

Ce travail sera celui d'une pensée commune, d'une volonté commune, d'un sentiment commun. La pensée qui vient à chacun est que la nation constitue un milieu de vie dans lequel il fait bon vivre. La volonté qui vient à chacun, c'est qu'on veut vivre ensemble dans ce milieu. Le sentiment qui vient à chacun, c'est l'amour de ce milieu national qui prend le nom de patrie.

Rien de tout cela n'éveille l'idée d'une conscience collective, l'âme de la nation n'est qu'une métaphore, il n'y a pas autre chose que la pensée commune, la volonté commune, le sentiment commun. Mais tout cela est d'ordre spirituel et c'est en quoi l'unité nationale est si forte, parce qu'il n'y a de véritable unité que la spirituelle ;

3º *L'organisation de la nation.* — On pense bien que, pendant les longs siècles que dure la formation des nations, les populations ne restent pas sans une organisation politique et sociale.

Une nation possède tout ce qu'il est possible d'avoir en fait d'organisation, hormis une centralisation politique qui lui sera donnée plus tard par sa transformation en un Etat.

D'abord, dans les populations arrivées au stade national, existe déjà le cadre complet de la vie privée ou de la vie civile, telle que nous la comprenons aujourd'hui et qui est la vie sociale par excellence. Il y a un régime de la famille qui plonge dans les origines lointaines de l'âge patriarcal, un régime de la propriété privée et du commerce des biens qui s'est établi avec l'âge sédentaire, un régime des professions et des métiers qui est venu s'y surajouter. Dans la civilisation antique, qui était déjà nationale, ces organisations de la vie civile constituèrent une sorte de droit commun que les jurisconsultes romains appelaient le *jus gentium* et que le droit civil de chaque nation modifiait cependant par des particularités. Ce régime civil est demeuré l'objectif du régime d'Etat lui-même ; celui-ci a pour fin de le réaliser de mieux en mieux ; il représente l'idéal national en fait d'ordre social et nous verrons que c'est un idéal individualiste que les *déclarations des droits de l'homme* traduisent à leur façon.

Les nations possèdent aussi une organisation de la vie publique dont le caractère est d'être décentralisée, particulariste, acéphale ; ce sont des cités locales, des seigneuries féodales, des petites principautés, des corporations, des guildes, des hanses de marchands. Il n'y a point de confédération permanente de ces pouvoirs morcelés ni de chef commun permanent ; tout au plus, dans les cas de péril national extrêmement pressant, une confédération passagère, un *conventus* et un généralissime improvisé ; la parenté spirituelle est à l'ordinaire le seul ressort commun. Tel était l'état de la nation gauloise au moment de la conquête de Jules César ; il y avait la fraternité d'âmes, mais une organisation politique morcelée en des cités rivales et le chef commun fut essayé trop tard, en Vercingétorix, dans la lutte suprême.

Il n'y a point de loi écrite commune, ni même de coutume générale, mais seulement des coutumes locales et particulières, l'unité du droit n'est pas plus réalisée que l'unité politique. Par là, les nations appartiennent encore à l'âge de la coutume et des institutions primitives.

Au total, comme unité vivante, la nation est larvaire, seule sa métamorphose en un Etat centralisé en fera un être parfait ; son individualité est passive, elle ne réagit pas sur les nationaux d'une façon formelle ; la personnalité raisonnable, active, puissante, que cette individualité amorphe est susceptible d'engendrer, c'est seulement *l'idée de l'Etat* qui la fera jaillir, et ce sera dans l'âge de la discussion.

* *

On a remarqué que M. Hauriou, accordant que les nations sont des formations spirituelles, n'admet pas pour autant qu'elles soient des formations purement volontaires. Il fait allusion à la thèse défendue par Renan dans une conférence fameuse, thèse idéaliste ou volontariste, qu'on oppose à la thèse déterministe souvent préférée, en matière de nationalité, par les penseurs allemands, la nation étant à leurs yeux constituée moins par des volontés expresses que par des affinités ethniques.

Une nation est une grande solidarité morale

RENAN (E.). — *Qu'est-ce qu'une nation?* (Pages françaises, Paris, Calmann-Lévy, 1921, p. 68 à 73.)

Une nation est une âme, un principe spirituel. Deux choses qui, à vrai dire, n'en font qu'une constituent cette âme, ce principe spirituel. L'une est dans le passé, l'autre dans le présent. L'une est la possession en commun d'un riche legs de souvenirs ; l'autre est le consentement actuel, le désir de vivre ensemble, la volonté de continuer à faire valoir l'héritage qu'on a reçu indivis. L'homme, messieurs, ne s'improvise pas. La nation, comme l'individu, est l'aboutissement d'un long passé d'efforts, de sacrifices et de dévouements. Le culte des ancêtres est de tous le plus légitime ; les ancêtres nous ont faits ce que nous sommes. Un passé héroïque, des grands hommes, de la gloire (j'entends de la véritable), voilà le capital social sur lequel on assied une idée nationale. Avoir des gloires communes dans le passé, une volonté commune dans le présent, avoir fait de grandes choses ensemble, vouloir en faire encore, voilà la condition essentielle pour être un peuple. On aime en proportion des sacrifices qu'on a consentis, des maux qu'on a soufferts. On aime la maison qu'on a bâtie et qu'on transmet. Le chant spartiate : « Nous sommes ce que vous fûtes ; nous serons ce que vous êtes » est dans sa simplicité l'hymne abrégé de toute patrie.

Dans le passé, un héritage de gloire et de regrets à partager, dans l'avenir un même programme à réaliser ; avoir souffert, joui, espéré ensemble, voilà ce qui vaut mieux que des douanes communes et des frontières conformes aux idées stratégiques ; voilà ce que l'on comprend malgré les diversités de race et de langue. Je disais tout à l'heure : « avoir souffert ensemble »; oui, la souffrance en commun unit plus que la joie. En fait de souvenirs nationaux, les deuils valent mieux que les triomphes ; car ils imposent des devoirs, ils commandent l'effort en commun.

Une nation est donc une grande solidarité constituée par le sentiment des sacrifices qu'on a faits et de ceux qu'on est disposé à faire encore. Elle suppose un passé ; elle se résume pourtant par un fait tangible : le consentement, le désir clairement exprimé de continuer la vie commune. L'existence d'une nation est (pardonnez-moi cette métaphore) un plébiscite de tous les jours, comme l'existence de l'individu est une affirmation perpétuelle de la vie. Oh ! je le sais, cela est moins métaphysique que le droit divin, moins brutal que le droit prétendu historique. Dans l'ordre d'idées que je vous soumets, une nation n'a pas plus qu'un roi le droit de dire à une province : « Tu m'appartiens, je te prends. » Une province, pour nous, ce sont les habitants ; si quelqu'un en cette affaire a droit d'être consulté, c'est l'habitant. Une nation n'a jamais intérêt à s'annexer ou à retenir un pays malgré lui. Le vœu des nations est, en définitive, le seul critérium légitime, celui auquel il faut toujours en revenir.

Nous avons chassé de la politique les abstractions métaphysiques et théologiques. Que reste-t-il, après cela ? Il reste l'homme, ses désirs, ses besoins. La sécession, me direz-vous, et, à la longue, l'émiettement des nations, sont la conséquence d'un système qui met ces vieux organismes à la merci de volontés souvent peu éclairées. Il est clair qu'en pareille matière aucun principe ne doit être poussé à l'excès. Les vérités de cet ordre ne sont applicables que dans leur ensemble et d'une façon très générale. Les volontés humaines changent, mais qu'est-ce qui ne change pas ici-bas ? Les nations ne sont pas quelque chose d'éternel. Elles ont commencé, elles finiront. La confédération européenne, probablement, les remplacera. Mais telle n'est pas la loi du siècle où nous vivons. A l'heure présente, l'existence des nations est bonne, nécessaire même. Leur existence est la garantie de la liberté, qui serait perdue si le monde n'avait qu'une loi et qu'un maître.

Par leurs facultés diverses, souvent opposées, les nations servent à l'œuvre commune de la civilisation ; toutes apportent une note à ce grand concert de l'humanité, qui, en somme, est la plus haute réalité idéale que nous atteignons. Isolées, elles ont leurs parties faibles. Je me dis souvent qu'un individu qui aurait les défauts tenus chez les nations pour des qualités, qui se nourrirait de vaine gloire, qui serait à ce point jaloux, égoïste, querelleur, qui ne pourrait rien supporter sans dégainer, serait le plus insupportable des hommes. Mais toutes ces dissonances de détail disparaissent dans l'ensemble. Pauvre humanité ! que tu as souffert ! que d'épreuves t'attendent encore ! Puisse l'esprit de sagesse te guider pour te préserver des innombrables dangers dont ta route est semée !

Je me résume, messieurs. L'homme n'est esclave ni de sa race, ni de sa langue, ni de sa religion, ni du cours des fleuves, ni de la direction des chaînes de montagnes. Une grande agrégation d'hommes, saine d'esprit et chaude de cœur, crée une conscience morale qui s'appelle une nation. Tandis que cette conscience morale prouve sa force par les sacrifices qu'exige l'abdication de l'individu au profit d'une communauté, elle est légitime, elle a le droit d'exister. Si les doutes s'élèvent sur ses frontières, consultez les populations disputées. Elles ont bien le droit d'avoir un avis dans la question. Voilà qui fera sourire les transcendants de la politique, ces infaillibles qui passent

leur vie à se tromper et qui, du haut de leurs principes
supérieurs, prennent en pitié notre terre à terre. « Consulter les populations, fi donc ! quelle naïveté ! Voilà
bien ces chétives idées françaises qui prétendent remplacer
la diplomatie et la guerre par des moyens d'une simplicité enfantine. » Attendons, messieurs ; laissons passer le
règne des transcendants ; sachons subir le dédain des forts.
Peut-être, après bien des tâtonnements infructueux,
reviendra-t-on à nos modestes solutions empiriques. Le
moyen d'avoir raison dans l'avenir est, à certaines heures,
de savoir se résigner à être démodé.

***

Comment cette théorie « élective », généralement acceptée
par les penseurs français, s'oppose aux théories allemandes
de la nationalité, c'est ce qu'explique M. Ruyssen.

Les diverses formes du principe des nationalités

Ruyssen (Th.). — *Les Minorités nationales*. (Paris, Presses Universitaires,
1924, p. 235 à 240.)

Développée non seulement par des philosophes, mais
surtout par des historiens ou des géographes, la conception allemande de la nationalité suspend cette dernière
à un déterminisme, celui du sol, de la race ou de l'histoire.
Elle professe que la nation est l'aboutissement d'un devenir, dans lequel la volonté des individus, et par suite celle
des groupes, ne joue qu'un rôle insignifiant. Les lois naturelles déterminent par le dehors la formation des nationalités. Le critérium de la nationalité ne réside pas dans
la conscience ; la nationalité est, bien au contraire, un
type par excellence de phénomène « inconscient ». Ses
critères sont extérieurs à l'individu ; c'est le sol qui,
par sa configuration, ses produits, sa dimension, est
propre à assurer l'existence d'un peuple capable de se
suffire à lui-même ; c'est le signe physiologique qui garantit l'homogénéité de la population ; c'est la langue,
« force fatale qui mène l'individu », disait Fichte ; ce sont
enfin les nécessités dont l'ensemble perpétue le devenir
historique d'une nation. D'où il est aisé de conclure que

la détermination de la nationalité ne saurait être subordonnée au caprice individuel, mais qu'elle dépend de l'Etat, seul compétent pour apprécier ses besoins et ses capacités d'expansion — l'Etat, éclairé d'ailleurs sur ses droits et sur ses ressources par la science de ses universitaires, historiens, ethnographes, économistes et juristes.

On ne saurait méconnaître la force concrète que l'Etat et la nation elle-même tirent d'une semblable conception. Celui-ci, en effet, frappe par avance de nullité toute revendication séparatiste ou simplement autonomiste, formulée par telle ou telle communauté qui arguerait de sa nationalité. Elle a merveilleusement servi les desseins de l'impérialisme allemand au cours du xixe siècle et n'a pas peu contribué à la formation de l'unité allemande. Elle a même permis d'étendre cet impérialisme bien au delà des frontières de la Germanie, puisqu'elle autorise, par la loi Delbrück du 22 juillet 1913, tout sujet allemand résidant à l'étranger à conserver la nationalité allemande tout en acquérant une nationalité étrangère : loi vraiment extraordinaire, qui maintient l'emprise nationale de l'Etat sur le sujet qu'un autre Etat accepte comme ressortissant de sa souveraineté. Une politique réaliste ne peut trouver qu'un point d'appui excellent dans une théorie également réaliste ou qui se donne pour telle.

Or, la question est tout justement de savoir si la théorie allemande de la nationalité est aussi réaliste qu'elle peut sembler au premier abord. Toutes les pages qui précèdent tendent précisément à montrer que la valeur réaliste des facteurs de la nationalité invoqués par la théorie allemande est très inégale. D'une part, en effet, la race et les « frontières naturelles » elles-mêmes ne nous apparaissent pas comme des données concrètes absolument définissables, mais plutôt comme des concepts construits au nom des préoccupations entachées par avance de parti pris politique, de sorte qu'on retrouve au fond de la théorie érudite de la race et du cadre géographique précisément tout ce que le préjugé national y a mis déjà. Beau cas de cercle vicieux ! D'autre part il est très certain que la religion, la tradition, la langue surtout sont des facteurs de première importance dans la constitution de la nationalité ; mais précisément ces facteurs ne sont

plus, comme le sol et le sang, de l'ordre strictement
inconscient. Ils sont plutôt, comme l'habitude, à la limite
mutuelle du conscient et de l'inconscient ; ils sont sujets
à passer de l'inconscient au subconscient et au conscient
sous l'effet de la réflexion, et surtout grâce aux suggestions contagieuses exercées sur les consciences faibles
ou obscures par les consciences énergiques et claires.
De sorte que la nationalité, dans ce qu'elle a d'authen-
tiquement essentiel, échappe justement à ce déterminisme
du fait dans lequel on voulait l'emprisonner.

C'est par des voies diamétralement inverses que procède la théorie française, ou théorie élective de la nationalité. Celle-ci est issue en droite ligne de l'individualisme
religieux de la Réforme et de la théorie individualiste
de la souveraineté chez J.-J. Rousseau. Elle transfère
de l'individu au groupe le droit de disposer de sa personne,
comme de sa foi intime et de son allégeance et, par suite,
de remettre en question à tout moment sa fidélité à l'Eglise
et son loyalisme vis-à-vis de l'Etat. Comme le pacte
social dépend de l'accord des volontés, la solidarité
nationale est subordonnée à la libre adhésion des groupements ethniques ; et de même qu'un citoyen peut abandonner une nationalité pour se faire adopter par une autre,
les nationalités, à leur tour, ont le droit de rompre les
liens de fait qui les attachent à un système politique, pour
s'agréger à la communauté politique de leur choix. De
même que la théorie érudite sert les desseins des gouvernements d'autorité, la thèse élective, ou contractuelle,
se trouve, en fait comme en droit, solidaire du développement des démocraties ; et si la « guerre des nationalités » s'est terminée par un effondrement inouï et simul-
tané de toutes les dynasties de l'Europe centrale, c'est là
sans doute une incomparable illustration de cette solidarité de toutes les libertés.

*
* *

Le même auteur fournit des arguments pour limiter la thèse
qui, dans la formation des nations, attribue le rôle principal
aux dynasties, idée abondamment développée par M. Johannet
dans un livre sur le *Principe des nationalités*.

Rôle des dynasties

Ruyssen (Th.). — *Les Minorités nationales*. (Paris, Presses Universitaires, 1924, p. 136 à 139.)

Renan avait déjà signalé le rôle historique joué par les dynasties dans la formation des nations. Nous ne pouvons être surpris de trouver chez un écrivain nationaliste français, M. Johannet, le même thème repris avec complaisance. « La cause d'une statue n'est pas le marbre, mais l'artiste. En fait de nationalité, cet artiste, c'est en premier lieu la dynastie. La dynastie nous fait pénétrer dans le monde non plus de l'inertie de la matière, de l'inconscience, du vague, du déterminé, mais de l'initiative, du calcul, de la volonté formatrice ; la dynastie tient la tête des valeurs que nous allons maintenant étudier comme les points de départ de l'évolution historique. Livrés à soi-même, la religion, le territoire, la langue, la race se résoudraient en un éparpillement informe ; la force qui intervient la première pour tirer de ce chaos des effets politiques laissés par l'histoire, la force qui évalue, qui ordonne, qui choisit, la force cohérente à la nature des choses et qui plonge au cœur de l'homme par la famille, la force qui limite la nationalité, lui fournit une tête, un miroir, une mémoire, une prévision et des organes, c'est la dynastie nationale. »

Les exemples ne manquent pas qui confirment la théorie. Il ne vient à personne l'idée de réduire l'importance du rôle joué par les Capétiens dans la formation de l'unité française ni celle des Hohenzollern dans la constitution de la Prusse d'abord, de l'Allemagne ensuite. On a beau jeu encore à montrer que l'Italie a cherché en vain durant dix siècles à se constituer, jusqu'au jour où la maison de Savoie a pris en mains le grand œuvre du Risorgimento. Et la thèse de M. Johannet, exposée avant la fin de la guerre, pourrait s'enrichir aujourd'hui de la dislocation de l'Autriche-Hongrie, que maint écrivain avait prévue pour le jour où s'éclipserait la monarchie des Habsbourg.

Nous ne contestons point ces faits évidents. Mais trop de faits contraires s'y opposent pour qu'on puisse en déduire une loi sociale concernant la relation de la formation nationale avec l'institution dynastique.

Tout d'abord, n'est-il pas évident que les dynasties qui ont réussi à grouper autour d'elles les éléments nationaux n'y sont parvenues, le plus souvent, qu'en triomphant de la résistance acharnée d'autres dynasties entre lesquelles les nationalités se trouvaient écartelées ?

Si l'Italie a réalisé si tardivement son unité, ce n'est pas qu'elle manquât de dynasties disposées à revêtir la couronne de fer ; n'est-ce pas plutôt qu'elle en comptait trop, plus occupées de leurs ambitions familiales que des intérêts de l'Italie ? A-t-on oublié les adjurations de Dante dressant par-dessus les querelles des principicules la grande image de la patrie italienne déchirée par ses propres enfants ? Aussi bien, aux compétitions princières du dedans s'ajoutaient celles des souverains du dehors. Depuis le traité de Verdun (843) que de nationalités mises en pièces, que de nations retardées dans leur intégration par suite de partages, d'héritages, de constitutions d'apanages ou de dots, de tractations entre familles régnantes !

En revanche, combien de nationalités artificiellement unies par un « lien personnel » et entravées dans leur développement original ! Il est bien imprudent à M. Johannet d'invoquer l'exemple des Habsbourg et des Romanof. Russie et Autriche-Hongrie se sont disloquées après l'effondrement de ces dynasties, parce que ni l'une ni l'autre n'avaient su établir entre les nationalités composites de leur Empire d'autre lien que celui d'un cadre administratif et policier.

En tout cas, les formations nationalitaires les plus récentes accusent un divorce radical de l'esprit nationaliste et du loyalisme dynastique. A cet égard, l'échec des tentatives allemandes d'apporter une solution au problème albanais et au problème finlandais est très significatif. En revanche, la Pologne et la Tchécoslovaquie, en dépit des souvenirs d'une histoire purement dynastique, se sont d'emblée constituées en République. En Allemagne, la chute des Hohenzollern et de toutes les dynasties royales, ducales ou princières, bien loin d'affaiblir la concentration de l'Allemagne autour du centre berlinois, a provoqué la fusion de plusieurs petits Etats et accru la subordination au Reich des Etats confédérés sur le terrain militaire et financier. Nulle part dans le monde trouble issu de la désagrégation de l'Empire des tsars, les cristallisations nationales nouvelles n'affectent la forme monarchique. Finlande, Ukraine, Géorgie, Azerbaidjan, etc..., sont ou se sont efforcées d'être des Républiques. La Chine même ne fait pas exception ; et le cas du Hedjaz représente un type de création trop artificiel pour qu'il ne soit pas permis d'y voir une de ces exceptions qui confirment la règle.

Bref, la dynastie a joué un rôle incontestable dans l'histoire des nationalités, tant que l'ascendant d'une personnalité ou d'une famille a pu être nécessaire pour incarner et stimuler à la fois la faible conscience qu'un peuple avait de sa physionomie et de ses aspirations nationales. Il n'en est plus de même du moment où la diffusion de la culture élève cette conscience à un degré suffisant de force et de clarté. L'ère dynastique de l'histoire des nationalités semble close ; c'est l'ère démocratique qui se déroule largement sous nos yeux.

*
* *

Que toute vie nationale comporte d'ailleurs un travail d'assimilation incessant et multiforme, c'est ce que montre M. F. Pécaut.

L'assimilation : loi de vie nationale

PÉCAUT (F.). — *La Sociologie politique.* Revue pédagogique, novembre 1921. (Paris, Delagrave, p. 319 à 322.)

La vie nationale est un passage incessant de l'hétérogène à l'homogène, un formidable brassage.

a) *Rôle assimilateur de l'État.* — C'est d'abord l'État qui, à lui seul parfois, a créé la nationalité (et on peut méditer un instant, à cette occasion, sur le rôle des guerres et des massacres dans cette création). Mais l'État continue toujours, de tout son pouvoir et de tout son instinct, sans pouvoir faire autrement, et autant sous une République que sous une Monarchie, son œuvre d'assimilation.

Il homogénéise les institutions, supprime tout ce qui gêne la vie commune, intéresse les âmes à une histoire commune ;

b) *Rôle assimilateur des villes.* — Elles assimilent parce qu'elles dissolvent les différences de mœurs et de croyances des populations qui affluent vers elles. Elles sont le centre où les campagnes viennent moudre leurs différences. Remarquez cette « atmosphère de liberté » qu'on respire à la ville : si vous l'analysez c'est un sentiment de libération à l'égard des différences ;

c) *Rôle assimilateur de l'Ecole.* — Quand on parle du rôle national de l'école, on pense à son utilité pour la prospérité matérielle ou, pour la moralité de la nation, par exemple, ou encore qu'elle sert à éveiller la conscience nationale. Mais la vérité fondamentale est autre. C'est que l'école d'abord fait de la nation ; elle est un des plus puissants facteurs d'assimilation.

Elle répand, par tout le territoire, la même culture intellectuelle et morale. Que l'on réfléchisse un instant, par exemple, aux fins réelles de l'enseignement grammatical et pourquoi, quoi qu'on y fasse, il garde toujours si grande place. L'instinct qui le maintient sur le programme est plus sûr que les théories des novateurs, et les grammairiens se trompent qui lui attribuent pour rôle d'expliquer la langue. Non; il s'agit bien plus profondément de faire l'unité de langue, de lutter incessamment contre les causes de différenciation.

Il y a là de quoi renouveler complètement et placer dans son vrai jour la question de l'enseignement général et des enseignements spéciaux. L'enseignement général, qu'on devrait appeler plutôt commun, on le justifie très mal en ne faisant valoir en sa faveur que ses qualités pédagogiques, ses mérites pour la culture des facultés ; si pauvre justification qu'il en sort tout meurtri et que la spécialisation prend tout l'avantage. Or il a, en réalité, une incomparable portée, non pédagogique mais sociale : il nous fait semblables ,

d) *La similitude française.* — Il faut prendre conscience de la grande douceur, si peu remarquée, qui résulte entre Français, de leur profonde similitude. Nulle pâte nationale n'est homogène et n'a été brassée comme la pâte française. Nous sommes semblables en largeur et en profondeur, d'un bord à l'autre du territoire, et du haut en bas des classes sociales. Homogénéité complète des institutions, presque complète de la langue, même place faite à la femme et aux enfants dans la famille, une certaine tournure commune d'esprit, même façon, en général, de traiter les choses divines et humaines ; un même dosage de foi et d'ironie à l'égard de la vie....

Une civilisation assez homogène ; par-dessus, un Etat qui met de la solidarité entre les diverses parties de la nation, les associe à une vie commune, soude la dépendance entre les générations et est ainsi l'organe d'une histoire : en voilà assez pour que nécessairement les individus s'éveillent à la conscience et à la volonté de cette unité et de cette identité collective. C'est le patriotisme.

Incontestablement, les Patries sont des Etres, ayant l'unité et tous les caractères d'un être et non d'une collection. Chacun de nous a un vouloir-vivre individuel. Mais il y a, en nous tous, un même vouloir-vivre de la Patrie. Il est un, il est puissant, il a ses fins distinctes des nôtres. Nous ne sommes donc pas absolument des individus et on peut méditer à ce propos le mot d'Auguste Comte : « L'individu est une abstraction ». Et comme ce grand vouloir-vivre, intérieur à nous et dépassant chacun de nous, se subordonne notre vouloir-vivre, c'est aussi le cas de comprendre sur le vif comment un Etre social, de par son existence même, est générateur de devoirs dans les consciences.

Il serait inexcusable, pour cette analyse, de ne pas se servir des révélations de la guerre. Le patriotisme apparaissant vraiment avec une puissance et une grandeur qu'on ne lui connaissait pas, formidable, surgissant au premier plan de la conscience morale, l'accaparant et la dominant impérieusement. Non seulement exigeant du vouloir-vivre individuel le sacrifice suprême, mais subalternisant ou brisant tous les autres devoirs : de tolérance, de justice exacte, de sympathie ; enchaînant la liberté de pensée jusqu'à l'intérieur des esprits, car nous sentions comme un péché non seulement d'exprimer certaines opinions mais de les avoir. Obtenant tout cela par le sentiment d'amour et de vénération pour la Patrie.

mais mettant au service de ce sentiment toutes les sanctions organisées ou diffuses. Prodigieux spectacle que
celui de cette brusque transformation de la conscience
morale en fonction des circonstances et où s'aperçoit,
au loin, ce qu'a pu être la conscience morale des civilisations inférieures, sujettes à la guerre chronique, sans rien
qui limite leurs patriotismes.

*
* *

Les nations modernes ainsi constituées, il y a intérêt à les
distinguer nettement des cités antiques dont on les a souvent
rapprochées (à l'époque de la Révolution par exemple).
Benjamin Constant a approfondi cette distinction dans une
célèbre conférence prononcée à l'Athénée en 1819 sur la
liberté des anciens comparée à celle des modernes

La liberté des Anciens comparée à celle des Modernes

CONSTANT (Benjamin). — *Cours de politique constitutionnelle*. (Paris, Guillaumin, 1861, p. 540 à 546.)

Demandez-vous d'abord, Messieurs, ce que de nos
jours un Anglais, un Français, un habitant des Etats-Unis
de l'Amérique, entendent par le mot de liberté ?

C'est pour chacun le droit de n'être soumis qu'aux
lois, de ne pouvoir être ni arrêté, ni détenu, ni mis à mort,
ni maltraité d'aucune manière, par l'effet de la volonté
arbitraire d'un ou de plusieurs individus. C'est pour chacun le droit de dire son opinion, de choisir son industrie
et de l'exercer ; de disposer de sa propriété, d'en abuser
même ; d'aller, de venir, sans en obtenir la permission,
et sans rendre compte de ses motifs et de ses démarches.
C'est, pour chacun, le droit de se réunir à d'autres individus, soit pour conférer sur ses intérêts, soit pour profes
ser le culte que lui et ses associés préfèrent, soit simplement pour remplir ses jours et ses heures d'une manière
plus conforme à ses inclinations, à ses fantaisies. Enfin,
c'est le droit, pour chacun, d'influer sur l'administration
du gouvernement, soit par la nomination de tous ou de
certains fonctionnaires, soit par des représentations, des
pétitions, des demandes que l'autorité est plus ou moins

obligée de prendre en considération. Comparez maintenant à cette liberté celle des anciens.

Celle-ci consistait à exercer collectivement, mais directement, plusieurs parties de la souveraineté tout entière, à délibérer, sur la place publique, de la guerre et de la paix, à conclure avec les étrangers des traités d'alliance, à voter les lois, à prononcer les jugements, à examiner les comptes, les actes, la gestion des magistrats, à les faire comparaître devant tout le peuple, à les mettre en accusation, à les condamner ou à les absoudre ; mais en même temps que c'était là ce que les anciens nommaient liberté, ils admettaient comme compatible avec cette liberté collective l'assujettissement complet de l'individu à l'autorité de l'ensemble. Vous ne trouverez chez eux presque aucune des jouissances que nous venons de voir faisant partie de la liberté chez les modernes. Toutes les actions privées sont soumises à une surveillance sévère. Rien n'est accordé à l'indépendance individuelle, ni sous le rapport des opinions, ni sous celui de l'industrie, ni surtout sous le rapport de la religion. La faculté de choisir son culte, faculté que nous regardons comme l'un de nos droits les plus précieux, aurait paru aux anciens un crime et un sacrilège. Dans les choses qui nous semblent les plus futiles, l'autorité du corps social s'interpose et gêne la volonté des individus. Terpandre ne peut chez les Spartiates ajouter une corde à sa lyre sans que les Éphores ne s'offensent. Dans les relations les plus domestiques, l'autorité intervient encore. Le jeune Lacédémonien ne peut visiter librement sa jeune épouse. A Rome les censeurs portent un œil scrutateur dans l'intérieur des familles. Les lois règlent les mœurs, et comme les mœurs tiennent à tout, il n'y a rien que les lois ne règlent.

Ainsi chez les anciens, l'individu, souverain presque habituellement dans les affaires publiques, est esclave dans tous ses rapports privés. Comme citoyen, il décide de la paix et de la guerre ; comme particulier, il est circonscrit, observé, réprimé dans tous ses mouvements ; comme portion du corps collectif, il interroge, destitue, condamne, dépouille, exile, frappe de mort ses magistrats ou ses supérieurs ; comme soumis au corps collectif, il peut à son tour être privé de son état, dépouillé de ses dignités, banni, mis à mort, par la volonté discrétionnaire de l'ensemble dont il fait partie. Chez les modernes, au contraire, l'individu, indépendant dans la vie privée, n'est, même dans les Etats les plus libres, souverain qu'en apparence. Sa souveraineté est restreinte, presque toujours suspendue ; et si à des époques fixes, mais rares, durant lesquelles il est encore entouré de précautions et d'entraves, il exerce cette souveraineté, ce n'est jamais que pour l'abdiquer.

Nous allons actuellement remonter à la source de cette différence essentielle entre les anciens et nous.

Toutes les républiques anciennes étaient renfermées dans des limites étroites. La plus peuplée, la plus puissante, la plus considérable d'entre elles n'était pas égale en étendue au plus petit des Etats modernes. Par une suite inévitable de leur peu d'étendue, l'esprit de ces républiques était belliqueux ; chaque peuple froissait continuellement ses voisins ou était froissé par eux. Poussés ainsi par la nécessité les uns contre les autres, ils se combattaient ou se menaçaient sans cesse. Ceux qui ne voulaient pas être conquérants ne pouvaient déposer les armes sous peine d'être conquis. Tous achetaient leur sûreté, leur indépendance, leur existence entière au prix de la guerre. Elle était l'intérêt constant, l'occupation presque habituelle des Etats libres de l'antiquité. Enfin, et par un résultat nécessaire de cette manière d'être, tous ces Etats avaient des esclaves. Les professions mécaniques, et même, chez quelques nations, les professions industrielles étaient confiées à des mains chargées de fers.

Le monde moderne nous offre un spectacle complètement opposé. Les moindres Etats de nos jours sont incomparablement plus vastes que Sparte ou que Rome durant cinq siècles. La division même de l'Europe en plusieurs Etats est, grâce au progrès des lumières, plutôt apparente que réelle. Tandis que chaque peuple, autrefois, formait une famille isolée, ennemie née des autres familles, une masse d'hommes existe maintenant sous différents noms, et sous divers modes d'organisation sociale, mais homogène de sa nature. Elle est assez forte pour n'avoir rien à craindre des hordes barbares. Elle est assez éclairée pour que la guerre lui soit à charge. Sa tendance uniforme est vers la paix.

Cette différence en amène une autre. La guerre est antérieure au commerce ; car la guerre et le commerce ne sont que deux moyens différents d'atteindre le même but : celui de posséder ce que l'on désire. Le commerce n'est qu'un hommage rendu à la force du possesseur par l'aspirant à la possession. C'est une tentative pour obtenir de gré à gré ce qu'on n'espère plus conquérir par la violence. Un homme qui serait toujours le plus fort n'aurait jamais l'idée du commerce. C'est l'expérience qui, en lui prouvant que la guerre, c'est-à-dire l'emploi de sa force contre la force d'autrui, l'expose à diverses résistances et à divers échecs, le porte à recourir au commerce, c'est-à-dire à un moyen plus doux et plus sûr d'engager l'intérêt d'un autre à consentir à ce qui convient à son intérêt. La guerre est l'impulsion, le commerce est le calcul. Mais par là même il doit venir une époque où le commerce remplace la guerre. Nous sommes arrivés à cette époque.

Enfin, grâce au commerce, à la religion, aux progrès intellectuels et moraux de l'espèce humaine, il n'y a plus d'esclaves chez les nations européennes. Des hommes libres doivent exercer toutes les professions, pourvoir à tous les besoins de la société.

On pressent aisément le résultat nécessaire de ces différences.

Premièrement, l'étendue d'un pays diminue d'autant l'importance politique qui échoit en partage à chaque individu. Le républicain le plus obscur de Rome et de Sparte était une puissance. Il n'en est pas de même du simple citoyen de la Grande-Bretagne ou des Etats-Unis. Son influence personnelle est un élément imperceptible de la volonté sociale qui imprime au gouvernement sa direction.

En second lieu, l'abolition de l'esclavage a enlevé à la population libre tout le loisir qui résultait pour elle de ce que des esclaves étaient chargés de la plupart des travaux. Sans la population esclave d'Athènes, vingt mille Athéniens n'auraient pas pu délibérer chaque jour sur la place publique.

Troisièmement, le commerce ne laisse pas, comme

la guerre, dans la vie de l'homme, des intervalles d'inactivité. L'exercice perpétuel des droits politiques, la discussion journalière des affaires d'Etat, les discussions, les conciliabules, tout le cortège et tout le mouvement des factions, agitations nécessaires, remplissage obligé, si j'ose employer ce terme, dans la vie des peuples libres de l'antiquité, qui auraient langui, sans cette ressource sous le poids d'une inaction douloureuse, n'offriraient que trouble et que fatigue aux nations modernes, où chaque individu occupé de ses spéculations, de ses entreprises, des jouissances qu'il obtient ou qu'il espère, ne veut en être détourné que momentanément et le moins qu'il est possible.

Enfin le commerce inspire aux hommes un vif amour pour l'indépendance individuelle. Le commerce subvient à leurs besoins, satisfait à leurs désirs, sans l'intervention de l'autorité. Cette intervention est toujours un dérangement et une gêne. Toutes les fois que le pouvoir collectif veut se mêler des spéculations particulières, il vexe les spéculateurs. Toutes les fois que les gouvernements prétendent faire nos affaires, ils les font plus **mal** et plus dispendieusement que nous.

⁂

A. de Tocqueville devait indiquer, vingt ans plus tard, le caractère irrésistible — à ses yeux « providentiel » — du mouvement qui entraîne les nations modernes vers la démocratie.

Caractère irrésistible du mouvement démocratique

DE TOCQUEVILLE (A.). — *De la Démocratie en Amérique.* (Paris, Calmann-Lévy 1888, p. 1 à 9.)

Parmi les objets nouveaux qui, pendant mon séjour aux Etats-Unis, ont attiré mon attention, aucun n'a plus vivement frappé mes regards que l'égalité des conditions. Je découvris sans peine l'influence prodigieuse qu'exerce ce premier fait sur la marche de la société ; il donne à l'esprit public une certaine direction, un certain tour aux lois ; aux gouvernants des maximes nouvelles, et des habitudes particulières aux gouvernés.

Bientôt je reconnus que ce même fait étend son influence fort au delà des mœurs politiques et des lois, et qu'il n'obtient pas moins d'empire sur la société civile que sur le gouvernement : il crée des opinions, fait naître des sentiments, suggère des usages et modifie tout ce qu'il ne produit pas.

Ainsi donc, à mesure que j'étudiais la société américaine, je voyais de plus en plus, dans l'égalité des conditions, le fait générateur dont chaque fait particulier semblait descendre et je le retrouvais sans cesse devant moi comme un point central où toutes mes observations venaient aboutir.

Alors, je reportais ma pensée vers notre hémisphère et il me sembla que je distinguais quelque chose d'analogue au spectacle que m'offrait le nouveau monde. Je vis l'égalité des conditions qui, sans y avoir atteint comme aux États-Unis ses limites extrêmes, s'en rapprochait chaque jour davantage ; et cette même démocratie, qui régnait sur les sociétés américaines, me parut en Europe s'avancer rapidement vers le pouvoir.

De ce moment j'ai conçu l'idée du livre qu'on va lire.

Une grande révolution démocratique s'opère parmi nous ; tous la voient, mais tous ne la jugent point de la même manière. Les uns la considèrent comme une chose nouvelle, et, la prenant pour un accident, ils espèrent pouvoir encore l'arrêter ; tandis que d'autres la jugent irrésistible, parce qu'elle leur semble le fait le plus continu, le plus ancien et le plus permanent que l'on connaisse dans l'histoire.

Je me reporte pour un moment à ce qu'était la France il y a sept cents ans : je la trouve partagée entre un petit nombre de familles qui possèdent la terre et gouvernent les habitants ; le droit de commander descend alors de générations en générations avec les héritages ; les hommes n'ont qu'un seul moyen d'agir les uns sur les autres, la force ; on ne découvre qu'une seule origine de la puissance, la propriété foncière.

Mais voici le pouvoir politique du clergé qui vient à se fonder et bientôt à s'étendre. Le clergé ouvre ses rangs à tous, au pauvre et au riche, au roturier et au seigneur ; l'égalité commence à pénétrer par l'Eglise au sein du gouvernement, et celui qui eût végété comme serf dans un éternel esclavage, se place comme prêtre au milieu des nobles, et va souvent s'asseoir au-dessus des rois.

La société devenant avec le temps plus civilisée et plus stable, les différents rapports entre les hommes deviennent plus compliqués et plus nombreux. Le besoin des lois civiles se fait vivement sentir. Alors naissent les légistes ; ils sortent de l'enceinte obscure des tribunaux et du réduit poudreux des greffes, et ils vont siéger dans la cour du prince, à côté des barons féodaux couverts d'hermine et de fer.

Les rois se ruinent dans les grandes entreprises ; les nobles s'épuisent dans les guerres privées ; les roturiers s'enrichissent dans le commerce. L'influence de l'argent commence à se faire sentir sur les affaires de l'Etat. Le négoce est une source nouvelle qui s'ouvre à la puissance, et les financiers deviennent un pouvoir politique qu'on méprise et qu'on flatte.

Peu à peu, les lumières se répandent ; on voit se réveiller le goût de la littérature et des arts ; l'esprit devient alors un élément de succès : la science est un moyen de gouvernement, l'intelligence une force sociale, les lettrés arrivent aux affaires.

A mesure cependant qu'il se découvre des routes nouvelles pour parvenir au pouvoir, on voit baisser la valeur de la naissance. Au xie siècle, la noblesse était d'un prix inestimable ; on l'achète au xiiie : le premier anoblissement a lieu en 1270, et l'égalité s'introduit enfin dans le gouvernement par l'aristocratie elle-même.

Durant les sept cents ans qui viennent de s'écouler il est arrivé quelquefois que, pour lutter contre l'autorité royale ou pour enlever le pouvoir à leurs rivaux, les nobles ont donné une puissance politique au peuple.

Plus souvent encore, on a vu les rois faire participer au gouvernement les classes inférieures de l'Etat, afin d'abaisser l'aristocratie.

En France, les rois se sont montrés les plus actifs et les plus constants des niveleurs. Quand ils ont été ambitieux et forts, ils ont travaillé à élever le peuple au niveau

des nobles ; et, quand ils ont été modérés et faibles, ils
ont permis que le peuple se plaçât au-dessus d'eux-mêmes.
Les uns ont aidé la démocratie par leurs talents, les autres
par leurs vices. Louis XI et Louis XIV ont pris soin de
tout égaliser au-dessous du trône, et Louis XV est enfin
descendu lui-même avec sa cour dans la poussière.

Dès que les citoyens commencèrent à posséder la terre
autrement que suivant la tenure féodale, et que la richesse
mobilière, étant connue, put à son tour créer l'influence
et donner le pouvoir, on ne fit point de découvertes dans
les arts, on n'introduisit plus de perfectionnements dans
le commerce et l'industrie, sans créer comme autant de
nouveaux éléments d'égalité parmi les hommes. A partir
de ce moment, tous les procédés qui se découvrent, tous
les besoins qui viennent à naître, tous les désirs qui
demandent à se satisfaire, sont des progrès vers le nivelle-
ment universel. Le goût du luxe, l'amour de la guerre,
l'empire de la mode, les passions les plus superficielles
du cœur humain comme les plus profondes, semblent
travailler de concert à appauvrir les riches et à enrichir
les pauvres.

Depuis que les travaux de l'intelligence furent devenus
des sources de force et de richesse, on dut considérer chaque
développement de la science, chaque connaissance nouvelle, chaque idée neuve, comme un germe de puissance
mis à la portée du peuple. La poésie, l'éloquence, la mémoire,
les grâces de l'esprit, les feux de l'imagination, la profondeur de la pensée, tous ces dons que le ciel répartit au
hasard, profitèrent à la démocratie, et, lors même qu'ils
se trouvèrent dans la possession de ses adversaires, ils
servirent encore sa cause en mettant en relief la grandeur
naturelle de l'homme ; ses conquêtes s'étendirent donc
avec celles de la civilisation et des lumières, et la littérature fut un arsenal ouvert à tous, où les faibles et les
pauvres vinrent chaque jour chercher des armes.

Lorsqu'on parcourt les pages de notre histoire, on ne
rencontre pour ainsi dire pas de grands événements qui,
depuis sept cents ans, n'aient tourné au profit de
l'égalité.

Les croisades et les guerres des Anglais déciment les
nobles et divisent leurs terres ; l'institution des com-

munes introduit la liberté démocratique au sein de la monarchie féodale ; la découverte des armes à feu égalise le vilain et le noble sur le champ de bataille ; l'imprimerie offre d'égales ressources à leur intelligence ; la poste vient déposer la lumière sur le seuil de la cabane du pauvre comme à la porte des palais ; le protestantisme soutient que tous les hommes sont également en état de trouver le chemin du ciel. L'Amérique, qui se découvre, présente à la fortune mille routes nouvelles, et livre à l'obscur aventurier les richesses et le pouvoir.

Si, à partir du xi⁰ siècle, vous examinez ce qui se passe en France de cinquante en cinquante années, au bout de chacune de ces périodes, vous ne manquerez point d'apercevoir qu'une double révolution s'est opérée dans l'état de la société. Le noble aura baissé dans l'échelle sociale, le roturier s'y sera élevé ; l'un descend, l'autre monte. Chaque demi-siècle les rapproche, et bientôt ils vont se toucher.

Et ceci n'est pas seulement particulier à la France. De quelque côté que nous jetions nos regards, nous apercevons la même révolution qui se continue dans tout l'univers chrétien.

Partout on a vu les divers incidents de la vie des peuples tourner au profit de la démocratie ; tous les hommes l'ont aidée de leurs efforts : ceux qui avaient en vue de concourir à ses succès et ceux qui ne songeaient point à la servir, ceux qui ont combattu pour elle, et ceux-mêmes qui se sont déclarés ses ennemis : tous ont été poussés pêle-mêle dans la même voie, et tous ont travaillé en commun, les uns malgré eux, les autres à leur insu, aveugles instruments dans les mains de Dieu.

Le développement graduel de l'égalité des conditions est donc un fait providentiel, il en a les principaux caractères : il est universel, il est durable, il échappe chaque jour à la puissance humaine ; tous les événements, comme tous les hommes, servent à son développement.

* *
*

M. Bryce, en menant une enquête sur les *Démocraties modernes*, analyse les diverses forces qui ont pu en préparer l'avènement. Il montre, derrière les principes proclamés par la déclaration des Droits de l'homme, les expériences sur lesquelles cet idéal s'appuie.

L'idéal démocratique et l'expérience

BRYCE (James). — *Les Démocraties modernes*. (trad. fr. Paris, Payot, 2 vol., 1924, t. I, p. 59-61.)

« Nous tenons pour vérités démontrées que tous les hommes ont été créés égaux et qu'ils possèdent, en naissant, certains droits que rien ne peut leur ravir, tels que celui de la vie, celui d'être libres, et celui d'aspirer au bonheur, que les gouvernements n'ont été institués que pour garantir l'exercice de ces droits et qu'ils ne tiennent leur pouvoir que de la volonté des gouvernés... »

(Déclaration d'indépendance adoptée par le Congrès des Etats-Unis d'Amérique, le 4 juillet 1776.)

« Les hommes naissent et demeurent libres et égaux en droits. Le but de toute association politique est la conservation des droits naturels et imprescriptibles de l'homme ; ces droits sont la liberté, la propriété et la résistance à l'oppression.

« Le principe de toute souveraineté réside essentiellement dans la nation. Nul corps, nul individu ne peut exercer d'autorité qui n'en émane expressément.

« La loi est l'expression de la volonté générale ; tous les citoyens, étant égaux à ses yeux, sont également admissibles à toutes les dignités, places et emplois publics...

« Nul né doit être inquiété pour ses opinions, même religieuses... »

(Déclaration des Droits de l'Homme et du Citoyen, décrétés par l'Assemblée nationale de France, août 1789.)

Ces deux déclarations faites avec autorité par deux Assemblées à deux moments d'une importance historique capitale, contiennent les dogmes fondamentaux — une sorte de symbole des Apôtres — de la Démocratie. Vérités sur lesquelles celle-ci prétend s'établir et exprimées dans des termes presque identiques, elles personnifient l'appel à la raison. Leur substance peut s'analyser de la façon suivante :

Tout homme, en naissant, arrive dans ce monde,

libre, pourvu d'un cerveau qui pense pour lui-même et armé d'une volonté qui agit pour elle-même. La sujétion d'un individu envers son semblable — sauf le cas où elle est librement acceptée — constitue un état contre nature. Tous les hommes sont nés égaux avec un droit égal à la poursuite du bonheur. Pour que chacun puisse exercer ce droit et conserver sa liberté en tant que membre d'une communauté, il doit jouir d'une part égale dans le gouvernement de celle-ci, après que les institutions qui la régissent auront été créées du consentement de ses membres et maintenues par leur volonté.

L'égalité est la garantie de l'indépendance.

Ces vérités posées en axiomes, et formulées en dehors de toute expérience, ne demandent pas à être démontrées. Elles sont émises comme faisant partie de la loi universelle de la nature, inscrites dans le cœur même de l'homme et par conséquent vraies, d'une vérité universelle et éternelle.

Alors que les Déclarations des Droits naturels de l'homme, faites à Philadelphie et à Paris, retentissaient à travers le monde, d'autres penseurs, à l'exemple de quelques philosophes d'il y a plus de deux mille ans, tiraient, des expériences courantes de l'humanité, des arguments qui permettent d'établir d'autres bases sur lesquelles la Démocratie pourrait reposer. Concluant des résultats pratiques d'un principe à la valeur intrinsèque de celui-ci, ils mirent en avant certaines propositions dont quelques-unes peuvent se donner comme des exemples courants.

La liberté est bonne en soi, parce qu'elle développe le caractère de l'individu et conduit aussi au bien-être de la communauté. Lorsqu'un seul homme ou même plusieurs sont appelés à gouverner leurs semblables, il n'y a pas de doute que quelques-uns parmi ces derniers s'irriteront tôt ou tard du contrôle exercé par leurs chefs ; ils se révolteront, troublant ainsi la paix générale. Nul individu ne possède une sagesse suffisante pour qu'on lui confie un pouvoir illimité. A moins d'être un saint — même peut-être s'il est un saint — il en abusera.

Chacun demeure le meilleur juge de son propre intérêt et connaît par conséquent la forme de gouvernement et de législation la plus favorable à cet intérêt. Partant de là, il est à présumer que les meilleures lois et le meilleur gouvernement seront ceux que désignera le plus grand nombre de membres d'une communauté. Deux hommes seront sans doute plus aptes qu'un seul à juger de ce qui est désirable pour le bien commun ; trois témoigneront de plus de sagesse encore, et ainsi de suite. Dès lors, plus nombreux seront les membres de la communauté en droit de donner leur opinion et plus vraisemblablement sera judicieuse la décision de ces délibérants.

Pris individuellement, les hommes peuvent avoir des visées égoïstes, même nuisibles à la communauté, mais celles-ci seront maîtrisées par l'opposition qu'y feront d'autres membres dont les buts personnels seront probablement différents. Ainsi les visées trop personnelles se trouveront éliminées, cédant le pas aux buts communs que voudront atteindre le plus grand nombre.

Chaque homme prend quelque intérêt au bien-être de la communauté, une partie de son propre intérêt s'y trouvant attachée, aussi aura-t-il ainsi un motif de soutenir son gouvernement, et il lui donnera son appui tant que ses intérêts particuliers n'en souffriront pas.

L'inégalité sociale, en soulevant l'envie et la jalousie, provoque le mécontentement, lequel trouble l'harmonie d'une communauté, et engendre les querelles. Dès lors l'égalité politique, non seulement profite à la collectivité, parce qu'elle fournit au talent l'occasion de rendre des services utiles, mais elle détermine en même temps la paix et l'ordre.

En résumé, le gouvernement auquel participe le peuple entier assure mieux que tout autre les deux principaux objectifs de l'administration : la justice et le bonheur. La justice, parce qu'aucun homme, aucune classe ou groupe d'individualités ne seront alors assez forts pour faire du tort à leurs concitoyens ; le bonheur, parce que chaque membre de la communauté jugeant le mieux ce qui peut contribuer à sa propre satisfaction, aura toute facilité de poursuivre ses fins. Les principes de liberté et d'égalité se justifient par leurs résultats.

*
* *

En même temps que l'idée démocratique, l'idée laïque gagne du terrain, dans les nations surtout où la coexistence des

croyances diverses — et des incroyances — empêche que l'unité
nationale demeure fondée sur une religion. La laïcité de l'école
n'est que la dernière étape d'un mouvement d'affranchissement qui a sécularisé successivement l'armée, les fonctions
administratives, les fonctions civiles, la justice enfin.

M. F. Buisson retrace cette évolution.

Laïcisation progressive de tous les services publics

BUISSON (F.). — *Nouveau dictionnaire de pédagogie* (art. laïcité). (Paris
Hachette, 1911, p. 936 à 937.)

La laïcité de l'école à tous les degrés n'est autre chose
que l'application à l'école du régime qui a prévalu dans
toutes nos institutions sociales. Nous sommes partis,
comme la plupart des peuples, d'un état de choses qui
consistait essentiellement dans la confusion de tous les
pouvoirs et de tous les domaines, dans la subordination
de toutes les autorités à une autorité unique, celle de la
religion. Ce n'est que par le lent travail des siècles que peu
à peu les diverses fonctions de la vie publique se sont
distinguées, séparées les unes des autres et affranchies de
la tutelle étroite de l'Eglise. La force des choses a de très
bonne heure amené la sécularisation de l'armée, puis
celle des fonctions administratives et civiles, puis celle
de la justice. Toute société qui ne veut pas rester à l'état
de théocratie pure est bientôt obligée de constituer comme
forces distinctes de l'Eglise, sinon indépendantes et souveraines, les trois pouvoirs législatif, exécutif, judiciaire.
Mais la sécularisation n'est pas complète quand sur chacun de ces pouvoirs et surtout l'ensemble de la vie publique
et privée le clergé conserve un droit d'immixtion, de
surveillance, de contrôle et de veto. Telle était précisément la situation de notre société jusqu'à la Déclaration
des Droits de l'Homme. La Révolution française fit apparaître pour la première fois dans sa netteté entière l'idée
de l'Etat laïque, de l'Etat neutre entre tous les cultes,
indépendant de tous les clergés, dégagé de toute conception théologique. L'égalité de tous les Français devant la
loi, la liberté de tous les citoyens, la constitution de l'état
civil et du mariage civil, et en général l'exercice de tous
les droits civils désormais assuré en dehors de toute condi-

tion religieuse, telles furent les mesures décisives qui consommèrent l'œuvre de sécularisation. Malgré les réactions, malgré tant de retours directs ou indirects à l'ancien régime, malgré près d'un siècle d'oscillations et d'hésitations politiques, le principe a survécu ; la grande idée, la notion fondamentale de l'Etat laïque, c'est-à-dire la délimitation profonde entre le temporel et le spirituel, est entrée dans nos mœurs de manière à n'en plus sortir. Les inconséquences dans la pratique, les concessions de détail, les hypocrisies masquées sous le nom de respect des traditions, rien n'a pu empêcher la société française de devenir, à tout prendre, la plus séculière, la plus laïque de l'Europe.

Un seul domaine avait échappé jusqu'à ces dernières années à cette transformation : c'était l'instruction publique, ou plus exactement l'instruction primaire, car l'enseignement supérieur n'était plus tenu depuis longtemps à aucune sujétion ; et, quant à l'enseignement secondaire, il n'y était astreint que pour ses élèves internes, c'est-à-dire en tant que l'Etat se substituant aux familles est tenu d'assurer aux enfants, dans les murs des collèges où ils sont enfermés, les moyens d'instruction religieuse qu'ils ne peuvent aller chercher au dehors. L'enseignement primaire public, au contraire, restait essentiellement confessionnel : non seulement l'école devait donner un enseignement dogmatique formel, mais encore, et par une conséquence facile à prévoir, tout dans l'école, maîtres et élèves, programmes et méthodes, livres, règlements, était placé sous l'inspection ou sous la direction des autorités religieuses.

L'histoire même de notre enseignement primaire expliquait ce régime.

Par des motifs divers, tous les gouvernements qui se sont succédé chez nous depuis le Consulat avaient répudié les projets de la Convention et mis tous leurs soins à reconstituer ou à maintenir le système ancien de l'école confessionnelle. Un système qui a pour lui une existence de plusieurs siècles, tout un ensemble d'écoles formées et de maîtres en possession d'état, qui a de plus l'approbation du clergé, celle de tous les partis, sauf un seul, et qui a enfin en sa faveur des considérations économiques toujours puissantes même auprès des municipalités théoriquement opposées à l'enseignement clérical, ce système ne pouvait être aisément abandonné. Et pour qu'un gouvernement résolût d'y substituer hardiment le régime de la laïcité, il fallait que d'une part l'opinion publique fût revenue aux traditions de 1789 et de 1792 et vît d'une vue bien claire la nécessité d'accomplir dans l'instruction publique la même révolution que dans tout le reste de nos institutions, et il fallait d'autre part que le gouvernement fût en mesure de lever les nombreux obstacles préalables qui empêchaient de songer à cette transformation, c'est-à-dire qu'il fût maître de l'enseignement public, qu'il en tînt le budget dans sa main, qu'il l'eût rendu gratuit et obligatoire, qu'il l'eût dégagé de la tutelle des communes et de celle des bienfaiteurs de toute sorte qui, sous prétexte de le doter plus ou moins richement, se réservaient le droit de le faire diriger à leur gré.

C'est à une date très récente encore que ces diverses conditions se sont trouvées remplies et que la loi française a pu établir la laïcité de l'école primaire. On sait après quels débats acharnés et au prix de quels efforts persévérants la loi du 28 mars 1882 a pu être promulguée.

*
* *

L'école publique est laïque parce qu'elle est nationale. Edgar Quinet, dans les pages qui suivent, montre pourquoi, une religion d'Etat étant incompatible avec le principe même des sociétés démocratiques, l'école ouverte à tous ne peut rester confessionnelle.

Incompatibilité de la religion d'État et du principe démocratique

QUINET (Edgar). — *L'enseignement du peuple.* (Paris, Germer-Baillière, 1876, p. 91 à 96.)

Dans les pays où règne sans partage une religion d'Etat, cette question (la question de l'enseignement du peuple) est résolue. Le clergé, s'il est maître de la conscience publique et du gouvernement, doit savoir mieux que personne ce qu'il convient à chacun d'apprendre ou d'ignorer pour entrer dans ses vues qui sont les secrets de l'Empire. Tant que l'Etat s'ordonne sur le plan du sacerdoce, c'est le sacerdoce qui tient dans ses mains la science des choses divines et humaines. A lui seul, il appartient d'enseigner. C'est le temps de la tribu de Lévi dans l'antiquité et de la compagnie de Jésus dans les monarchies modernes, ordonnées sur le principe du concile de Trente.

Mais lorsque, par l'effet de révolutions profondes, la religion, qui était celle de l'Etat, a été ramenée à la dure condition, non seulement de tolérer des religions opposées, mais de les accepter pour égales, il faut examiner quel changement s'accomplit dans le principe de l'autorité et de l'enseignement.

La première chose qui frappe est celle-ci : Dans le cas où les religions conserveraient une direction quelconque du principe enseignant, il s'ensuivrait que la doctrine de l'une détruisant radicalement la doctrine de l'autre, l'enseignement national aboutirait à zéro. Pendant que le catholicisme renverse le protestantisme, si le protestantisme avec la même force légale renverse le catholicisme, il est évident qu'au point de vue de l'autorité, le résultat est nul ; il peut même descendre au-dessous de rien, c'est-à-dire à un résultat négatif, si, après que le protestantisme et le catholicisme se sont niés officiellement, il arrive que le judaïsme, avec une puissance égale à celle de l'un et de l'autre, les renverse non seulement tous deux, mais encore le christianisme, base de l'un et de l'autre.

C'est la raison pour laquelle dans les Etats où la liberté des cultes est réelle, les clergés perdent tout droit de diriger l'éducation. Ils ne pourraient le faire sans détruire, par la contradiction où ils sont à l'égard les uns des autres, la matière même de tout enseignement...

Une autre conséquence se présente également nécessaire.

Lorsqu'une religion longtemps maîtresse d'un peuple cesse d'être la religion de l'Etat, qu'est-ce que cela veut dire ? Ce changement s'opère-t-il seulement par hasard ? Non, certes ; il signifie que toute religion a cessé d'être l'âme de tel Etat, qu'elle a perdu l'intelligence de ce qu'il réclame. Si, de plus, la marche de tous les événements atteste que la société civile entre dans une voie et l'Eglise dans une autre, si l'organisation laïque s'éloigne de plus en plus de l'organisation ecclésiastique, il arrive nécessairement que la science des choses humaines et la science des choses divines, qui n'en faisaient qu'une seule, se séparent.

Comment le sacerdoce, qui n'a pas su garder la direction de la société civile, pourrait-il être dépositaire du principe d'éducation nécessaire à cette société ? Que pourrait-il lui enseigner puisqu'il n'a pas eu la science nécessaire pour rester son conseil et son guide ? Elle va dans une direction, lui dans une autre. Il peut bien l'accuser de s'être soustraite à son esprit ; il peut, du rivage où il reste immobile, la suivre, de loin, dans les tempêtes où elle s'engage ; mais il n'a plus ni le secret, ni la science de ce monde civil ; il s'est laissé enlever le gouvernail.

De cette contradiction violente entre la science des dogmes particuliers et la science des choses humaines, il s'ensuit que le sacerdoce peut s'attribuer la première, mais qu'il a perdu toute autorité pour enseigner la seconde; et dans cette observation se trouve contenu le seul système d'enseignement qui se concilie avec les droits de tous.

Qui ne voit, en effet, qu'aucun des clergés officiels ne peut aujourd'hui donner à la fois la science des choses divines et humaines, et que la doctrine de chacun d'eux en particulier serait la dissolution de la France, telle que le temps l'a faite ? L'enseignement catholique pourrait-il maintenir la société actuelle ? Si tout était ordonné sur son principe, que deviendrait l'égalité des cultes ? Il ne peut la professer sans apostasier, ni la renverser sans renverser l'ordre civil. Est-ce le judaïsme qui satisfera aux conditions sociales ? Personne ne le pense. Le protestantisme est moins éloigné de ces conditions, il appartient au monde moderne. Mais qui songe néanmoins à convertir la France au protestantisme ? Personne. Il n'est donc aucun des cultes officiels qui puisse devenir l'âme, la doctrine, le principe enseignant de la société.

Un peuple qui se soustrait à la domination exclusive d'une Eglise affirme, autant qu'il est en lui, qu'aucun sacerdoce ne possède la vérité sociale à l'exclusion des autres. Par cette révolution, la plus grande qui puisse se consommer chez lui, l'ancienne religion, obligée de partager l'autorité avec ses adversaires, descend au rang d'une secte. La société admettant également toutes les croyances, les repoussant également comme direction exclusive, déclare par là que l'esprit nouveau qui habite en elle est l'opposé de l'esprit sectaire. Par cela seul que nulle des religions positives ne peut renfermer les religions opposées, chacune d'elles se trouve incapable de fournir à la société nouvelle son principe d'éducation ; et ce que ne peut faire aucune secte en particulier, elles le peuvent encore moins faire toutes ensemble. Le catholicisme, le protestantisme, le judaïsme, et, si vous le voulez encore le mahométisme, ne peuvent, par leur mélange, produire le principe de concorde, d'alliance, sur lequel la société française veut se reposer, en communion avec l'humanité entière.

Qui enseignera à cette nation à vivre d'un esprit étranger à toute secte ? Est-ce la secte ? De cela résulte évidemment que le lien de la société actuelle est indépendant de chacun des cultes et des dogmes particuliers, puisque s'ils étaient seuls en présence, chacun d'eux étant inconciliable avec les autres, la guerre religieuse serait permanente. Tant que ces cultes ont été les maîtres du monde civil, ils se sont combattus sans relâche. Si aujourd'hui il y a trêve entre eux, c'est qu'au-dessus d'eux est l'esprit général de la société qui les oblige à une paix apparente.

Car, remarquez qu'aucun d'eux ne peut faire la profession de foi de la société, et dire que tous méritent un respect égal. Que deviendrait le pape, s'il professait le plus grand respect pour Mahomet ? Que deviendrait Luther, s'il déclarait que le dogme du papiste a une valeur égale au sien ? Que deviendrait le prêtre romain si, en cette qualité, il affirmait que le judaïsme est aussi nécessaire que le catholicisme au bien de l'Etat ? Ces cultes se détruiraient eux-mêmes. Par où l'on voit que si ces religions enseignent le principe de la société moderne, elles se renversent, et que si, réciproquement la société laïque prend pour base morale la doctrine essentielle de l'une ou de l'autre de ces religions, elle se détruit de même. Ce qui revient à dire que la société est ainsi faite qu'elle vit par le principe de la séparation, et qu'elle se tue par le principe de la confusion.

****

Jusqu'où doivent s'étendre les attributions sociales de l'Etat moderne ? Question très controversée, la tendance « libérale » s'opposant à la tendance « socialiste ». (La première représentée par exemple par Leroy-Beaulieu : *l'Etat moderne et ses fonctions*, l'autre par Menger : *l'Etat socialiste*). L'économiste allemand A. Wagner montre qu'en fait on voit s'étendre, en matière sociale, les fonctions de tous les Etats modernes.

Les besoins collectifs et l'intervention de l'État

WAGNER (Ad.). — *Les Fondements de l'Economie politique*. (Trad. Léon Polack, Paris, Giard et Brière, 1904, t. III, p. 271 à 274 et 356 à 360.)

La relation collective n'a chez les bêtes qu'une raison d'existence d'ordre physiologique, se limite donc principalement aux rapports entre les parents et les rejetons, et ces rapports cessent quand ces derniers sont suffisamment développés. Chez les hommes, au contraire, la relation collective, d'abord également d'ordre physiologique, devient morale bientôt, même à sa première période, dure même au delà du temps nécessaire à l'émancipation et s'étend à ceux avec lesquels les parents sont dans des relations humaines plus larges et avec lesquels ils forment diverses collectivités (famille, race, tribu, nation, gens d'une même maison, d'une même localité, d'un même pays, d'un même Etat, etc...). Ainsi l'individu devient, par le fait de sa naissance et d'une façon durable, membre des collectivités humaines les plus diverses, auxquelles on ne trouve rien d'analogue, dans le règne animal, si ce n'est accidentellement.

Ces collectivités, au début essentiellement naturelles, s'attachent l'individu, dès que sa conscience s'éveille, par des droits et des devoirs moraux et font de lui, précisément par cela, d'un atome isolé, d'un véritable individu, d'une partie purement mécanique, un membre de la collectivité. Il en a le sentiment, et la collectivité, e'est-à-dire naturellement, puisque celle-ci est en un sens une abstraction, les autres membres de la collectivité le considèrent comme un des leurs. Sous ces conditions se constitue ce qu'on nomme ici un besoin collectif, qui trouve son explication dans ces mêmes conditions.

Toutes ces collectivités, qu'elles en soient ou non conscientes, ont pour base les *fins qu'elles se proposent* : fins qui sont celles de l'individu en tant que membre de la collectivité, mais aussi celles de la collectivité elle-même. Celle-ci voit un de ses membres dans l'individu et en le conservant, en lui donnant la sécurité, en le développant, elle s'affermit et se développe elle-même. Mais ces fins se fondant précisément sur ces besoins qui dérivent des divers rapports sociaux sont une conséquence de la nature sociale de l'homme, de la multiplicité des rapports de la vie en commun des hommes en un lieu déterminé et dans un temps donné...

Bien que la collectivité ne soit pas sa propre fin, mais toujours un moyen pour les fins individuelles des individus, qui seuls réellement vivent, ont des besoins, sentent, pensent — des hommes enfin, considérés il est vrai, non comme des atomes isolés, mais comme des personnes unies en théorie et en fait dans la collectivité pour former un ensemble, un tout — néanmoins la collectivité, même ainsi comprise, apparaît en face des individus, de ses membres mêmes, comme une réalité plus haute, plus importante et durable (au moins, si on la compare avec l'individu, plus durable). Les intérêts de la collectivité sont — au moins hypothétiquement — aussi les véritables intérêts de l'individu, qu'il ne peut atteindre avec succès que dans les collectivités dont il fait partie et avec leur concours.

Nous arrivons ainsi à une exposition plus précise de la nature des besoins collectifs. Ce sont des besoins que les individus, en tant que membres de collectivités humaines auxquelles ils appartiennent naturellement et par nécessité ou volontairement, ressentent sciemment ou à leur insu ; dans ce dernier cas un tiers les ressent pour eux sciemment et par devoir (par exemple les grandes personnes pour les enfants) ; besoins qu'ils veulent et qu'ils doivent satisfaire pour l'amour d'eux-mêmes, pour l'amour des autres individus formant avec eux ladite collectivité, pour cette collectivité elle-même ; ce sont enfin des besoins, dont la satisfaction n'est possible que par l'existence d'une vie sociale collective, d'une collaboration économique d'individus, doués d'une volonté propre, et aussi d'individus incapables totalement ou en partie, à de certains moments et dans de certaines conditions, d'avoir soin d'eux-mêmes ; sans conflit perturbateur, sans actes réciproques d'hostilité, qui pourraient résulter du conflit des volontés et des actes individuels, mais, au contraire, avec une réciprocité convenable de services, conséquence de la tendance commune de la volonté et des actes vers les fins collectives, en sorte que prospèrent le mieux possible les intérêts des collectivités et de leurs membres.

L'Etat, en tant qu'économie collective de contrainte, opère une division du travail, en se chargeant, exclusivement, ou bien avec d'autres économies particulières, de certains besoins, notamment de besoins collectifs ; il enlève ainsi l'activité nécessaire (travail et capital) à d'autres économies particulières, et leur permet d'appliquer cette activité ainsi mise en liberté à d'autres fins ; et suivant les méthodes qui sont à sa disposition en tant qu'économie collective de contrainte, en particulier suivant le principe du recouvrement des frais au moyen d'impôts, il impose les économies particulières ou toute l'économie nationale et met en retour ses services à leur disposition.

Suivant le genre et la nature, l'étendue et le contenu de ces services la division du travail se constitue diversement entre l'Etat et les autres économies particulières.

A cet égard donc, l'Etat historique manifeste de fortes différences suivant l'époque et le pays, suivant la conception et la réalisation des fins de l'Etat en général et des divers services de l'Etat en particulier.

Ce fait, dont l'observation a constaté la certitude, démontre déjà que c'est une entreprise oiseuse, et qui nécessairement ne peut aboutir, que de vouloir en principe fixer une fois pour toutes le domaine de l'activité de l'Etat ou ses limites, ou en langage économique la division du travail entre l'Etat et les autres économies particulières, qu'elles soient des économies privées ou des sociétés industrielles, des économies collectives libres, ou d'autres économies collectives de contrainte (les corps administratifs autonomes), notamment la commune...

Il sera toujours réservé à la réalité de démontrer par le fait si une extension nouvelle de l'activité de l'Etat dans des domaines peut-être tout à fait nouveaux peut se justifier, et d'autre part aussi si dans certaines circonstances une limitation de ce domaine plus forte que de coutume peut également être juste, ou peut devenir nécessaire dans une certaine situation historique donnée.

De là on peut déduire les propositions suivantes, importantes pour l'étude de l'Etat au point de vue de l'économie nationale et qui acquièrent dans la pratique l'importance d'axiomes pour la politique d'Etat, et par suite particulièrement aussi pour la politique financière.

On ne peut établir définitivement ni *a priori* ni *a posteriori* quel service particulier est du ressort exclusif de l'Etat et tout aussi peu lequel ne doit pas être de son ressort.

L'extension de l'activité de l'Etat, sans choix, par principe aux dépens de l'activité économique privée et en partie de l'activité caritative et de l'activité des autres économies collectives est théoriquement fausse et doit être rejetée en pratique...

La limitation théorique de l'Etat, à un but unique plus ou moins étroitement et arbitrairement compris, par exemple, la protection par la loi dans l'Etat juridique abstrait, et par suite la proclamation du laissez-faire et du laissez-passer pour tout le reste, est tout aussi théoriquement fausse et inadmissible en pratique.

Les activités devant produire les biens destinés à la satisfaction des besoins, et les installations et les institutions nécessaires à cet effet doivent être réparties convenablement suivant ce qui a été dit entre les économies particulières des systèmes économiques privé, caritatif et collectif, y compris l'Etat et les corps administratifs autonomes. Mais la combinaison qui est ici nécessaire est à son tour soumise à un changement constant. L'Etat qui grâce à sa souveraineté peut faire intervenir la contrainte commettra facilement et par cela même des erreurs. C'est pourquoi il faut revendiquer l'examen le plus impar-

tial des divers cas, et le garantir par l'institution, en face
du gouvernement, d'une représentation de la nation et
d'organes de contrôle financier.

*
* *

Cette extension des fonctions de l'Etat n'irait pas d'ailleurs
sans une transformation de ses méthodes, qui substituerait
« au gouvernement des personnes l'administration des choses ».
Il y a longtemps qu'Henri de Saint-Simon, s'il n'emploie pas
cette formule elle-même, a lancé l'idée.

Du gouvernement à l'administration

L'Œuvre d'Henri de Saint-Simon. Textes choisis, par C. Bouglé (Paris,
Alcan, 1925, p. 198 à 203.)

Tant que la société se bornera à ordonner vaguement à
ses gouvernants de la rendre heureuse, sans avoir arrêté
ses idées sur les moyens généraux de prospérité pour elle,
l'arbitraire régnera nécessairement sous le rapport
le plus général et le plus essentiel, puisque les gouvernants
se trouveront cumuler avec leur fonction naturelle de
guider la société dans une direction donnée, celle, bien
autrement importante, de déterminer la direction. Il
s'ensuit donc que l'objet capital des travaux des publi-
cistes doit être aujourd'hui de fixer les idées sur la direction de prospérité que la société doit prendre, et de la
déterminer à prendre cette direction.

Or, demandons-nous maintenant, quels sont les moyens
généraux de bonheur pour la société ? Nous ne craignons
pas de l'avancer hardiment, et tout homme sensé en établira facilement la preuve, il n'y en a pas d'autres que les
sciences, les beaux-arts et les arts et métiers ; car les
hommes ne peuvent être heureux que par la satisfaction
de leurs besoins physiques et de leurs besoins moraux,
ce qui est le but unique et l'objet plus ou moins direct
des sciences, des beaux-arts et des arts et métiers. C'est
à ces trois directions, et à elles seules, que se rapportent
tous les travaux vraiment utiles à la société : hors de là,
on ne trouve que les parasites et les dominateurs. Dans
tout ce qu'on a entrepris jusqu'à présent, et dans tout ce
qu'on pourra jamais entreprendre pour le bonheur des

hommes, il n'y a jamais eu et il n'y aura jamais d'utile
à l'amélioration de leur sort que ce qui tend, soit directement, soit indirectement, à appliquer, à répandre ou à
perfectionner les connaissances acquises dans les sciences,
dans les beaux-arts et dans les arts et métiers. On ne
saurait trop le répéter, il n'y a d'action utile exercée par
l'homme que celle de l'homme sur les choses. L'action de
l'homme sur l'homme est toujours, en elle-même, nuisible à l'espèce, par la double destruction de forces
qu'elle entraîne; elle ne devient utile qu'autant qu'elle
est secondaire et lorsqu'elle concourt à exercer une plus
grande action sur la nature.

Certes, nous sommes loin de prétendre que, *dans l'état
actuel des choses*, il n'y ait d'hommes utiles que les savants,
les artistes et les artisans, et de travaux utiles que les
leurs. Car, à la manière dont la société est encore constituée, ces trois classes étant dominées par les parasites,
tous les hommes qui, sans appartenir à aucune de ces
classes, s'occupent de les débarrasser de cette domination,
exercent une action non seulement très utile, mais même
absolument indispensable. Leur influence, quoique indirecte, est sans contredit avantageuse aux sciences, aux
beaux-arts et aux arts et métiers. Mais qui ne voit que
l'utilité de cet ordre de travaux est, pour ainsi dire, de
circonstance, et qu'elle doit cesser avec le fait (nécessairement passager) sur lequel elle est fondée ? D'ailleurs on
ne peut point organiser la société sur une base critique ;
et comme ce que nous cherchons ici c'est un principe susceptible de servir de base à un nouveau système social,
nous devons faire abstraction totale de tout ce qui se
rapporte à la transition.

Ainsi, nous croyons pouvoir poser en principe que, dans
le nouvel ordre politique, l'organisation sociale doit avoir
pour objet unique et permanent d'appliquer le mieux
possible à la satisfaction des besoins de l'homme les connaissances acquises dans les sciences, dans les beaux-
arts et dans les arts et métiers ; de répandre ces connaissances, de les perfectionner et de les accroître le plus possible : en un mot, de combiner le plus utilement possible
tous les travaux particuliers dans les sciences, dans les
beaux-arts et dans les arts et métiers.

Maintenant que nous avons fixé ce but, nous pouvons nous faire de cette nécessité une idée bien plus exacte. Il suffit pour cela de comparer ce que doit être le système social dans les deux suppositions d'un but vague et du but positif que nous avons déterminé. Le parallèle fera ressortir, sous un nouveau point de vue, l'importance du principe que nous avons proposé.

Qu'on se représente une nombreuse caravane, disant à ses conducteurs : *Menez-nous où nous serons le mieux.* Dès ce moment, les conducteurs sont tout, la caravane n'est rien ; elle ne marche plus qu'en aveugle ; car pour qu'un voyage de cette nature puisse avoir lieu, seulement pendant vingt-quatre heures, il faut que la caravane accorde à ses chefs une confiance illimitée, une obéissance tout à fait passive. Elle est donc entièrement à la merci de leur mauvaise foi et de leur ignorance. Elle ne peut plus se réserver d'autre droit que celui de déclarer que tel désert où on l'aura menée ne lui convient pas, et qu'il faut la conduire ailleurs ; mais ce droit ne peut guère lui servir qu'à faire, à ses dépens, une série d'expériences qui lui seront toujours inutiles, tant qu'elle laissera à ses guides à déterminer le but du voyage.

Supposons, au contraire, que la caravane dise à ses conducteurs : *Vous savez le chemin de La Mecque, menez-nous-y.* Dans ce nouvel état de choses, les conducteurs ne sont plus des chefs, ils ne sont que des guides ; leurs fonctions, quoique très importantes, ne sont que subalternes ; l'action principale est partie de la caravane. Chaque voyageur conserve le droit de faire, toutes les fois qu'il le juge convenable, des observations critiques sur la route que l'on tient, et de proposer, suivant ses lumières, les modifications qu'il croit utiles. Comme la discussion ne peut jamais rouler que sur une question très positive et très jugeable (*nous éloignons-nous ou nous rapprochons-nous de La Mecque ?*), ce n'est plus à la volonté des guides que la caravane obéit (en la supposant un peu éclairée), c'est à *sa propre conviction*, résultant des démonstrations qui lui ont été présentées.

La première supposition est l'image de la société, enjoignant vaguement à ceux qui la dirigent de faire son bonheur ; la seconde correspond à la société, organisée pour travailler à accroître sa prospérité, par les sciences, les beaux-arts et les arts et métiers. On peut même dire que l'énorme différence qui existe entre les deux états de la caravane ne donne qu'une idée imparfaite de celle qu'il y a entre ces deux systèmes sociaux. Leur opposition nous semble fidèlement rendue par ce peu de mots : dans l'ancien système, la société est essentiellement gouvernée par des hommes ; dans le nouveau, elle n'est plus gouvernée que par des principes. Nous avons déjà suffisamment établi plus haut la première partie de cette assertion ; occupons-nous de la seconde.

Dans une société organisée pour le but positif de travailler à sa prospérité par les sciences, les beaux-arts et les arts et métiers, l'acte politique le plus important, celui qui consiste à fixer la direction dans laquelle la société doit marcher, n'appartient plus aux hommes investis des fonctions sociales, il est exercé par le corps social lui-même ; c'est de cette manière que la société, prise collectivement, peut réellement exercer la souveraineté, souveraineté qui ne consiste point alors dans une opinion arbitraire érigée en loi par la masse, mais dans un principe dérivé de la nature même des choses, et dont les hommes n'ont fait que reconnaître la justesse et proclamer la nécessité. Dans un tel ordre de choses, les citoyens chargés des différentes fonctions sociales, même des plus élevées, ne remplissent, sous un certain point de vue, que des rôles subalternes, puisque leurs fonctions, de quelque importance qu'elles soient, ne consistent plus qu'à marcher dans une direction qui n'a pas été choisie par eux. De plus, le but et l'objet d'une telle organisation sont si clairs, si déterminés, qu'il n'y a plus de place pour l'arbitraire des hommes ni même pour celui des lois parce que l'un et l'autre ne peuvent s'exercer que dans le vague qui est, pour ainsi dire, leur élément naturel. L'action de gouverner est nulle alors, ou presque nulle, en tant que signifiant action de commander. Toutes les questions qui doivent s'agiter dans un pareil système politique : quelles sont les entreprises par lesquelles la société peut accroître sa prospérité actuelle, à l'aide des connaissances qu'elle possède présentement dans les sciences, dans les beaux-arts et les arts et métiers ? Quelles sont les mesures à prendre pour répandre ces connaissances et pour les perfectionner autant que possible ? Enfin, par quels moyens ces différentes entreprises peuvent-elles s'exécuter avec le moins de frais et dans le moins de temps possible ? Ces questions, disons-nous, et toutes celles qu'elles peuvent engendrer, sont éminemment positives et jugeables ; les décisions ne peuvent être que le résultat de démonstrations scientifiques absolument indépendantes de toute volonté humaine, et susceptibles d'être discutées par tous ceux qui auront le degré d'instruction suffisant pour les entendre. En outre, par cela seul que, dans un tel système toutes les fonctions sociales ont un caractère positif et un objet bien déterminé, la capacité nécessaire pour les remplir est si évidente, si facile à constater qu'il ne saurait y avoir jamais d'indécision à ce sujet, et que chaque citoyen doit tendre naturellement à se renfermer dans le rôle auquel il est le plus propre. Et, de même alors que toute question d'intérêt social sera nécessairement décidée aussi bien qu'elle peut l'être avec les connaissances actuellement requises, de même toutes les fonctions sociales seront nécessairement confiées aux hommes les plus capables de les remplir conformément au but général de l'association. Ainsi, dans cet ordre de choses, on verra disparaître à la fois les trois principaux inconvénients du système politique actuel : l'arbitraire, l'incapacité et l'intrigue.

Sociologie morale et juridique

Dans la sociologie domestique et dans la sociologie politique, l'attention se porte sur des *êtres* sociaux, sur des groupes que l'on voit se former, se développer, se différencier, se fédérer : la sociologie morale et juridique étudierait plus directement la genèse et le fonctionnement des *règles* qui gouvernent la vie des hommes en société.

I. Droit et morale

La morale et le droit énoncent l'une comme l'autre des obligations ; tous deux impliquent des sanctions. Les sanctions du droit sont ordinairement plus définies, formulées à l'avance et appliquées par la force publique. Il arrive d'ailleurs souvent que les sanctions du droit consacrent des obligations édictées par la morale. On a dit que le droit correspond au minimum éthique d'une société. Les limites entre les deux zones sont difficiles à fixer, variant elles-mêmes selon les types de sociétés et selon les moments de l'évolution sociale.

M. Roguin et M. Lévy-Ullmann proposent pour le droit les caractéristiques suivantes :

Caractéristiques du droit

Roguin (Ernest). — *La Science juridique pure.* (Lausanne 1923, librairie Rouge, t. I, p. 132 à 135.)

Pour procéder scientifiquement, il ne faut pas admettre d'emblée qu'il y aurait nécessairement un certain ensemble de préceptes s'appelant « morale », et un certain autre, méritant la dénomination de « droit ». Il convient bien plutôt d'examiner attentivement les phénomènes sociaux objectifs, pour en déterminer les groupes naturels. Placé à ce point de vue et interrogeant l'histoire, on ne tarde pas à remarquer que, dans de certaines périodes, relativement primitives (dans celle du droit mosaïque, par exemple, et sous le régime du Coran), il existe des amalgames de règles de conduite, non distinguées nettement les unes des autres, et censées émaner toutes d'une divinité. Il apparaît aussi, cependant, que certaines de ces règles contiennent des menaces de conséquences extérieures fâcheuses, de maux ou de privations de biens, infligés par une autorité à ceux violant ces préceptes (sanctions), tandis que d'autres prescriptions n'ont pas ce caractère ; et on assiste à la distinction progressive de ces deux ordres de règles de conduite. On constate que les premières ont été de plus en plus nettement rangées sous des dénominations que nous traduisons par les mots *droit* ou *loi, législation,* et que les deuxièmes l'ont été sous celle de *religion* et de *morale.* On remarque aussi que ces deux derniers ensembles de croyances et de préceptes ont eux-mêmes une tendance à se séparer l'un de l'autre, dans ce sens du moins que, à l'époque actuelle, il y a des systèmes de règles de *morale religieuse* et d'autres de *morale laïque,* quelques-uns de ces derniers étant considérés par leurs adeptes comme ne comportant pas de commandements, mais seulement des recommandations plus ou moins pressantes. Cette différence a assurément une importance sociologique, les hommes étant plus disposés à se conformer aux ordres d'une divinité ou d'un autre être supérieur dont ils admettent l'existence (comme l'Humanité, la Conscience) qu'à de simples conseils, si instants qu'ils soient.

Mais, cette distinction entre les préceptes de conduite, suivant qu'ils sont considérés comme dictés par un supérieur, divin ou non, ou qu'ils constituent seulement des recommandations, est beaucoup moins importante en sociologie que celle entre les prescriptions selon que l'observation en est, oui ou non, assurée par des sanctions physiques ; et voici pourquoi : dans toute société humaine, il est nécessaire qu'il y ait une autorité, et les libertés sociales doivent être limitées, autrement un état d'anarchie sévirait, et ce serait la lutte de tous contre tous ; or l'observation nous apprend que, sauf dans de rares communautés (les congrégations religieuses), l'ordre ne peut être maintenu que par l'existence d'une force armée, capable de sanctionner effectivement les ordres du droit. Un État n'est tel que grâce à une organisation comportant des contraintes extérieures et il ne saurait guère se défendre contre l'étranger sans son armée propre, ou celle d'autrui. Bref, dépourvu de règles sanctionnées au besoin par la force, aucun corps politique ne saurait subsister, ni même se former, au lieu que l'existence d'une religion et d'une morale n'est nullement nécessaire au même degré. Il convient donc, pour ces raisons principales, et pour d'autres secondaires, de maintenir l'opposition, du moins la profonde différence, qu'il y a entre ce qu'on est arrivé à nommer *droit* et ce qu'on appelle *morale*, en faisant entrer dans la définition du droit l'existence de sanctions coercitives. Et, comme dans les pays européens et modernes, où seul l'État a une armée, il est seul aussi à pouvoir appliquer ou permettre d'appliquer régulièrement ces sanctions, il s'ensuit qu'il est seul capable aussi d'édicter ou d'autoriser à édicter le droit ou la loi. En résumé donc, la méthode à suivre pour définir le droit et la morale, au regard l'un de l'autre, consiste à examiner, sans se préoccuper encore de terminologie, quelles sont les espèces naturelles de préceptes de conduite sociale. On constate que les uns émanent d'un corps politique disposant d'une force armée, employée au besoin à en assurer l'exécution, qui en temps de paix intérieure et internationale est assez complète, tandis que d'autres préceptes, édictés par des groupes d'hommes, religieux ou laïques, ne sont pas sanctionnés par la contrainte physique, et se trouvent, dès lors, même dans une situation normale de la société, très fréquemment inobservés, à moins qu'ils ne coïncident avec ceux de la loi. On donnera donc aux règles de la première espèce le nom de « droit », et à celles de la seconde le nom de « morale ». Manifestement le droit, qui donne à la société son armature, est autrement important que la morale, très relâchée en certains de ses préceptes, dans beaucoup d'Etats même fortement organisés. Il nous est donc impossible de faire de la sociologie sans distinguer le droit de la morale, comme un naturaliste distingue les vertébrés des invertébrés.

Toutefois, il faut reconnaître que, si en prenant, d'un côté, la pure morale, celle par exemple enseignée par un philosophe, de l'autre le droit privé interne, le plus nettement pourvu de sanctions précisées, l'opposition entre les deux sortes de préceptes apparaît immédiatement, il n'en est pas de même partout dans la vaste région intermédiaire. Il y a des domaines, surtout celui du droit consistant en usages dont la consécration par l'autorité est indécise, puis celui du droit international *public*, dans lesquels la délimitation entre le droit et la morale est malaisée à tracer, faute de clarté sur les sanctions.

Le droit, délimitation du permis et du défendu

Lévy-Ullmann. — *Eléments d'introduction générale à l'étude des sciences juridiques. La définition du droit.* (Paris, Sirey, 1917, p. 140 à 145.)

Rien ne fait mieux comprendre le droit que d'assister, à la campagne, à une opération de bornage, présidée par un juge de paix.

Le bornage, disent nos livres de pratique, est une opération qui a pour objet de situer la ligne séparative de deux fonds de terre contigus, à l'aide de signes matériels appelés bornes, pierres-bornes ou de toutes autres marques de délimitation admises comme telles par l'usage de l'endroit.

Après avoir examiné les titres, ouï les témoins, compulsé le cadastre, consulté la coutume, étudié les lieux, interrogé les vieux, statué sur les questions de propriété rentrant dans le cadre de sa compétence, il ne va plus rester au juge qu'à fixer la ligne séparative, et à procéder à la plantation des bornes, dont cette démarcation doit être jalonnée par ses soins.

Au jour fixé dans sa sentence, il se transporte aux points litigieux, suivi de son greffier, des parties, de leurs conseils, et aussi d'experts arpenteurs. Avec une rigoureuse minutie, touffe d'herbe par touffe d'herbe ou motte

de terre par motte de terre, d'arbre en arbre ou de racine
en racine, de pierre en pierre ou de caillou en caillou,
sa parole trace et sa main dessine la ligne idéale dictée
par son jugement ; sous son geste, les experts se courbent,
plantent en terre les signes révélateurs. Un procès-verbal
circonstancié, contenant la désignation des bornes, des
troncs d'arbres, des autres objets matériels employés
pour la faire reconnaître, décrira la ligne séparative
avec toutes ses sinuosités. Et ces humbles tables de pierre
enfouies aux limites des champs dans les alentours de
nos villages y maintiendront pour la suite des siècles,
un culte qui n'en a jamais complètement disparu ; car
si, depuis le paganisme antique, l'homme a détruit bien
des autels, dans la vénération un peu superstitieuse du
peuple de nos campagnes, le dieu Terme est toujours
debout.

Une délimitation : telle est bien la forme extérieure
sous laquelle se révèle à nous, dans la pensée, la notion
de droit ; telle est bien l'*opération de l'esprit* qui y est
substantiellement impliquée ; et ce sera là, pour commencer, le *substantif* de notre définition recherchée.

Les héritages contigus au milieu desquels, juge de
paix sociale, le droit, prononçant souverainement, trace
et dicte la ligne séparative, ce sont les activités humaines.
Les bornes, ce sont les règles, qui crient à chacun : attention ; ici commence la contrainte, ici expire la libre volonté.
Les raisons qui ont déterminé le droit à faire passer la
ligne à ce point-ci, plutôt qu'à celui que voilà, plus près
ou plus loin de nos regards, on peut aller les chercher
là où elles se trouvent, dans la nature, la fatalité, l'histoire, la morale, la raison, la conscience, les mœurs et
les croyances, le respect et la considération des personnes
ou la balance utilitaire des intérêts ; un seul moment est
saisi, fixé, matérialisé, c'est celui où l'idée du droit, surgissant, armée de pied en cap, sous la forme où le cerveau
l'enfante, y apparaît commandant à tous : halte-là !
en ce lieu je marque une frontière, la frontière au delà
de laquelle, sauf comme moi, nul ne pourra plus dire :
je veux.

..... L'opération de l'esprit impliquée par la notion de
droit étant précisée, il nous faut maintenant aborder

les deux autres éléments essentiels de cette notion :
— la *règle* (précepte, ordre, commandement, injonction,
« norme ») — et la *sanction* (contrainte, astreinte, coercition).

La règle (en effet, nous l'avons vu), est susceptible,
de se manifester sous un double aspect : tantôt elle
commande une abstention (c'est le précepte négatif,
type *alterum non lædere*, ne léser personne), tantôt elle
impose une action (c'est le précepte positif, type *suum
cuique tribuere*, donner à chacun son dû). La définition devra naturellement tenir compte de cette distinction. Et puisque nous concevons le droit comme
une délimitation, nous dirons, en conséquence, que le
droit détermine la limite entre ce qui est interdit et ce
qui demeure permis (précepte négatif), entre ce qui est
ordonné et ce à quoi on n'est pas forcé (précepte positif),
ou enfin en d'autres termes, que le droit détermine *ce
qu'il est permis ou défendu de faire et de ne pas faire*, par
voie de délimitation.

Quant à l'élément tiré de la *sanction*, il importe (contrairement aux habitudes prises) d'insister quelque peu
ici au sujet des expressions par lesquelles il convient de
le préciser dans la formule de la définition du droit ; car
c'est cet élément, nous l'avons vu, qui confère à la notion
de droit son caractère *spécifique*, relativement aux notions
voisines dont il se rapproche par le genre, et qui se présentent, elles aussi, sous l'aspect d'une délimitation de
ce qu'il est permis ou défendu de faire et de ne pas faire
(religion, morale, mœurs, etc.).

On sait ce qu'il faut entendre par la « contrainte »
qui sert de sanction au droit. C'est, purement et simplement, la force, la « coercition extérieure et physique »
dont parlent Aubry et Rau, et qui permet d'« astreindre »
l'homme à l'observation des règles prescrites. C'est, pour
les individus, l'appréhension au corps ou dans les biens,
la mainmise sur la personne ou le patrimoine ; ce sont
les « voies d'exécution ».

Dans les cas, même les plus légitimes, où, pour la défense
du droit violé, l'on met en jeu cette arme redoutable,
il est nécessaire que l'usage en soit essentiellement limité.
De même que, dans la peine capitale prononcée au nom

de la société, les procédés cruels sont bannis, et que, dans la défense individuelle, une mesure doit être gardée, de même, dans la guerre la plus meurtrière, le droit des gens proscrit les méthodes barbares, édicte le respect des blessés, des captifs, des non-combattants (femmes, enfants, vieillards, malades), et des ressortissants des pays non belligérants, prohibe les engins sauvages...

On sent donc toute l'urgence qui s'attache à ce que, dans la définition du droit, nous ne mentionnions pas d'une façon vague, à titre de sanction de ses règles, un emploi *quelconque* de la force. Il est essentiel, au contraire, de préciser, autant qu'il y a moyen de le faire, dans une formule générale, qu'il s'agit d'un emploi mesuré, caractérisé, et, si possible, spécifié, — bref, d'une *mise en jeu particulière expressément déterminée*.

Nous obtiendrons ainsi la formule provisoire suivante : *le droit, c'est la délimitation de ce qu'il est permis de faire et de ne pas faire sans encourir une condamnation, une saisie, une mise en jeu particulière de la force.*

***

Si le droit consacre les obligations les plus impérieuses pour la conscience publique, on devine quel intérêt il présente pour la sociologie morale, pour la science des mœurs, celle-ci voulant être d'abord une étude objective et comparative des consignes qui s'imposent dans les divers types de sociétés. M. Durkheim a montré comment, à travers les formes du droit, on peut espérer saisir les tendances de la conscience collective.

Le droit, symbole visible de la conscience collective

DURKHEIM (E.) — *De la division du travail social.* (Paris, Alcan, 4ᵉ éd., 1922, p. 28 à 31.)

La solidarité sociale est un phénomène tout moral qui, par lui-même, ne se prête pas à l'observation exacte ni surtout à la mesure. Il faut donc substituer au fait interne qui nous échappe un fait extérieur qui le symbolise et étudier le premier à travers le second.

Ce symbole visible, c'est le droit. En effet, là où la solidarité sociale existe, malgré son caractère immatériel, elle ne reste pas à l'état de pure puissance, mais manifeste sa présence par des effets sensibles. Là où elle est forte, elle incline fortement les hommes les uns vers les autres, les met fréquemment en contact, multiplie les occasions qu'ils ont de se trouver en rapports...

Plus les membres d'une société sont solidaires, plus ils soutiennent de relations diverses soit les uns avec les autres, soit avec le groupe pris collectivement : car, si leurs rencontres étaient rares, ils ne dépendraient les uns des autres que d'une manière intermittente et faible. D'autre part, le nombre de ces relations est nécessairement proportionnel à celui des règles juridiques qui les déterminent. En effet, la vie sociale, partout où elle existe d'une manière durable, tend inévitablement à prendre une forme définie et à s'organiser, et le droit n'est autre chose que cette organisation même dans ce qu'elle a de plus stable et de plus précis. La vie générale de la société ne peut s'étendre sur un point sans que la vie juridique s'y étende en même temps et dans le même rapport. Nous pouvons donc être certains de trouver reflétées dans le droit toutes les variétés essentielles de la solidarité sociale.

On pourrait objecter, il est vrai, que les relations sociales peuvent se fixer sans prendre pour cela une forme juridique. Il en est dont la réglementation ne parvient pas à ce degré de consolidation et de précision ; elles ne restent pas indéterminées pour cela, mais, au lieu d'être réglées par le droit, elles ne le sont que par les mœurs. Le droit ne réfléchit donc qu'une partie de la vie sociale et, par conséquent, ne nous fournit que des données incomplètes pour résoudre le problème. Il y a plus : il arrive souvent que les mœurs ne sont pas d'accord avec le droit ; on dit sans cesse qu'elles en tempèrent les rigueurs, qu'elles en corrigent les excès formalistes, parfois même qu'elles sont animées d'un tout autre esprit. Ne pourrait-il pas alors se faire qu'elles manifestent d'autres sortes de solidarité sociale que celles qu'exprime le droit positif ?

Mais cette opposition ne se produit que dans des circonstances tout à fait exceptionnelles. Il faut pour cela que le droit ne corresponde plus à l'état présent de la société et que pourtant il se maintienne, sans raison d'être, par la force de l'habitude. Dans ce cas, en effet, les relations nouvelles qui s'établissent malgré lui ne laissent pas de s'organiser ; car elles ne peuvent pas durer sans chercher à se consolider. Seulement, comme elles sont en conflit avec l'ancien droit qui persiste, elles ne dépassent pas le stade des mœurs et ne parviennent pas à entrer dans la vie juridique proprement dite. C'est ainsi que l'antagonisme éclate. Mais il ne peut se produire que dans des cas rares et pathologiques, qui ne peuvent même durer sans danger. Normalement les mœurs ne s'opposent pas au droit, mais au contraire en sont la base. Il arrive, il est vrai, que sur cette base rien ne s'élève. Il peut y avoir des relations sociales qui ne comportent que cette réglementation diffuse qui vient des mœurs ; mais c'est qu'elles manquent d'importance et de continuité, sauf, bien entendu, les cas anormaux dont il vient d'être question. Si donc il peut se faire qu'il y ait des types de solidarité sociale que les mœurs sont seules à manifester, ils sont certainement très secondaires ; au contraire, le droit reproduit tous ceux qui sont essentiels, et ce sont les seuls que nous ayons besoin de connaître.

Ira-t-on plus loin et soutiendra-t-on que la solidarité sociale n'est pas tout entière dans ses manifestations sensibles ; que celles-ci ne l'expriment qu'en partie et imparfaitement, qu'au delà du droit et des mœurs il y a l'état interne d'où elle dérive et que, pour la connaître véritablement il faut l'atteindre en elle-même et sans intermédiaire ? — Mais nous ne pouvons connaître scientifiquement les causes que par les effets qu'elles produisent, et, pour en mieux déterminer la nature, la science ne fait que choisir parmi ces résultats ceux qui sont le plus objectifs et qui se prêtent le mieux à la mesure. Elle étudie la chaleur à travers les variations de volume que produisent dans les corps les changements de température, l'électricité à travers ses effets physico-chimiques, la force à travers le mouvement. Pourquoi la solidarité sociale ferait-elle exception ?

* * *

Est-ce à dire que pour la constitution des faits moraux l'étude du droit suffise ? M. A. Bayet dit pour quelles raisons cette étude devrait être complétée.

Le droit et la morale

BAYET (Albert). — *La Science des faits moraux.* (Paris, Alcan, 1925, p. 58 à 61.)

Admettre *a priori* que les phénomènes moraux et les phénomènes juridiques sont « inséparables », qu'au sein d'un groupe quelconque l'éthique tout entière tient dans le droit, c'est heurter délibérément les faits les mieux établis.

La langue proteste. Qu'est-ce que la pauvre distinction des crimes, des délits et des contraventions au regard de ces mille nuances dont se pare notre vocabulaire moral ? Combien de mots désignant des choses bonnes ou mauvaises ne figurent pas dans le Code ? Et quand nous disons : « Il a tort, mais la loi est pour lui », « ce n'est pas bien joli, mais enfin c'est légal », « il n'est pas généreux, mais il est dans son droit », le sens même de ces expressions courantes ne suffit-il pas à nous avertir que la conscience commune distingue quelquefois la morale et le droit ?

La morale formulée proteste : je viens de relire une trentaine de manuels contemporains destinés aux élèves de philosophie : il n'en est pas où je n'aie trouvé, sous une forme ou sous une autre, une distinction entre les obligations juridiques et les obligations morales.

La littérature proteste : depuis *Maître Guérin, Les Effrontés, La Question d'argent*, le type de l'homme en règle avec la loi et cependant sans probité est devenu un type cliché, — et non moins cliché est, depuis les romantiques, le type du criminel vertueux. Invariablement l'un est antipathique, invariablement l'autre est sympathique.

Les juristes enfin protestent. Nous les avons vus impuissants à séparer nettement le droit de l'éthique. Mais leur effort même pour tracer une limite montre assez qu'à leur avis les deux domaines ne sont pas confondus. Veut-on, au lieu de formules générales, quelques faits précis ? Parcourons le Code pénal annoté de M. Garçon. Un riche refuse l'aumône à un pauvre qui va mourir de faim : nul ne soutiendra sérieusement que cette omission soit punissable : sans doute elle est immorale, mais la loi pénale « ne peut imposer ni l'héroïsme ni même la charité » : « cette indifférence est blâmable, il y a faute morale, mais non point crime ». Distinction analogue à propos de la dénonciation calomnieuse : l'article 373 s'applique quand la dénonciation impute un fait tombant sous le coup de la loi pénale, non quand elle impute un fait « d'immoralité non punissable ». Distinction analogue à propos des articles 354-357 : selon que le ravisseur d'une enfant aura voulu abuser d'elle ou au contraire la soustraire à des exemples pernicieux, à de mauvais traitements, sa « culpabilité morale » sera bien différente, mais « en droit le crime sera constitué dans tous les cas ». En tête de son commentaire sur l'article 330, M. Garçon explique que la loi ne punit « ni celui qui commet une action contraire aux mœurs, ni celui qui s'associe de sa propre volonté à une pareille action accomplie par un tiers ». Pourquoi ? parce que le législateur ne prétend atteindre ni le vice ni le péché et ne réprime plus une action parce qu'elle est immorale en soi...

Aujourd'hui même, on serait donc exposé à de graves erreurs si l'on prétendait atteindre la morale entière à travers le droit. Mais à d'autres époques où le droit est moins riche, cette prétention deviendrait insensée. Là où nous trouvons un code un peu bref et sommaire, nous avons tendance à imaginer une morale rudimentaire. Mais rien ne prouve *a priori* que la richesse du droit corresponde forcément à celle de l'éthique. Un acte n'est pas visé par les lois ; évidemment cela peut tenir à ce qu'il n'est pas suffisamment blâmé pour être aux yeux du groupe punissable ; mais cela peut tenir aussi à ce que l'horreur qu'il excite le rend infiniment rare : c'est ainsi que notre Code ne punit pas l'anthropophagie. Cela peut tenir encore à ce que personne ne doute qu'il soit criminel et doive être puni. Dans les coutumes du moyen âge il arrive communément qu'on trouve trois ou quatre lignes sur le droit criminel : qui en conclura que, dans les pays où ces coutumes ont été rédigées, on ne punisse pas les crimes punis dans les pays voisins ? Cent témoins prouvent qu'en fait les punitions sont les mêmes : le silence des textes prouve seulement que les rédacteurs de la coutume n'ont pas cru devoir parler d'une chose qui allait de soi.

Non seulement l'éthologue doit se dire au seuil de sa recherche que la morale du groupe n'est pas enclose forcément tout entière dans le droit et qu'on ne peut pas préjuger la nature et l'importance de ce qui, dans l'éthique, reste extérieur au droit, mais, même lorsqu'une loi semble sur un point précis traduire une idée morale, il doit se dire que cette traduction peut être très infidèle.

Ce qui fait, aux yeux de l'observateur, la valeur éminente d'une loi, c'est qu'elle nous montre des idées et des sentiments assez forts pour inspirer des actes. Mais cela suppose naturellement que la loi est appliquée. Or, il peut arriver :

1º Qu'une loi soit inappliquée ;

2º Que la façon dont elle est interprétée ou appliquée en modifie profondément la signification morale ;

3º Qu'elle soulève au sein du groupe des protestations parfois violentes.

Les lois peuvent être des témoins infidèles lorsqu'elles excitent dans le groupe au sein duquel elles sont en vigueur une révolte de l'opinion. Qu'il s'agisse chez nous de la peine de mort, du système des peines en général, des crimes politiques, des actes arbitraires de l'administration, du recèlement de criminels, du vagabondage et de la mendicité, des lois sur la presse, de l'infanticide, de l'avortement, des attentats aux mœurs, de l'adultère, des mauvais traitements infligés aux enfants, du faux témoignage, de la dénonciation calomnieuse, du vol, de l'escroquerie, de la fraude, de la hausse illicite des prix, les dispositions du Code pénal ont été et sont encore l'objet de mille discussions. Juristes, hommes politiques, journalistes les critiquent librement. Qui doutera que ces discussions soient, pour l'éthologue, aussi instructives que la loi elle-même ?

Or, aujourd'hui même, mes premières recherches ne m'ont pas laissé l'impression qu'il y eût une révolte unanime contre l'ensemble de notre droit pénal. Mais, à d'autres époques, il n'en va pas de même. La campagne menée par Voltaire et ceux qui le suivent contre les lois du xviiie siècle est une campagne qui vise l'ensemble, le plus gros droit. Dès avant la Révolution, cette campagne aboutit à la curieuse Ordonnance de 1788, dans laquelle Louis XVI demande à tous ses sujets de lui soumettre toutes leurs idées, de façon qu'on élève au rang des lois « les résultats de l'opinion publique ». C'est reconnaître avec éclat que la morale réelle de l'ensemble du groupe n'est plus dans la lettre des lois, mais dans les ouvrages de ceux qui critiquent les lois.

***

L'auteur conclut que les consignes qui s'imposent dans une Société doivent être saisies, non pas seulement ni surtout à travers le droit, mais à travers les morales formulées, les langues, les littératures, etc.

II. La science des mœurs et la vie morale

Les conclusions auxquelles pourraient conduire les recherches ainsi entreprises rendraient-elles inutile toute morale théorique ? Question très discutée aujourd'hui encore. MM. Belot (*Etudes de morale positive*, Paris, Alcan, 2ᵉ éd., 1921), Parodi (*Le Problème moral et la pensée contemporaine* Paris, Alcan, 2ᵉ éd., 1921), Bureau (*La Science des mœurs, introduction à la méthode sociologique*, Paris, Bloud et Gay, 1923), entre autres, contestent sur ce point les tendances de M. Lévy-Bruhl dans son ouvrage sur *La Morale et la science des mœurs*. Personne en tout cas ne contestera qu'il soit utile de commencer par décrire les règles morales pratiquées en fait. D'ores et déjà certaines thèses se dégagent des résultats de cette observation. Elles tendent à démontrer que les idées morales sont en rapport étroit avec la structure des sociétés, et dans une large mesure varient comme celles-ci varient. En quel sens et dans quelle mesure cette introduction de la méthode scientifique modifie l'idée que nous nous faisons de la conscience morale, c'est ce que M. Lévy-Bruhl s'efforce de préciser dans le texte suivant.

Méthode scientifique et conscience morale

Lévy-Bruhl (L.). — *La Morale et la science des mœurs*. (Paris, Alcan, 7ᵉ éd., p. 208, à 211.)

Les conséquences de cette introduction de la méthode scientifique ne modifient pas seulement le caractère de la spéculation morale : elles en déplacent l'axe et le centre de gravité. Ce qui servait de principe d'explication, la conscience morale, devient au contraire l'objet de l'investigation scientifique. Au lieu de spéculer sur l'homme, être naturellement moral, il s'agit de voir comment l'ensemble des prescriptions, obligations et défenses, qui constitue la morale d'une société donnée, s'est formé en fonction des autres séries de phénomènes sociaux. Dès lors, nous n'avons plus le droit d'affirmer, sous la diversité réelle des morales existantes ou passées, l'existence d'une racine ou origine morale commune à

toutes. Ou du moins, si nous faisons cette hypothèse —
et il nous est permis de la faire, à condition de la soumettre à l'épreuve des faits, — il nous reste à rechercher
quels sont les éléments constants de toutes les morales
humaines. Nous ne pouvons déterminer à l'avance quels
ils sont, ni surtout nous fonder sur cette détermination
préalable pour considérer telle ou telle morale donnée
comme un type aberrant, comme une déformation plus
ou moins grave de la morale originelle. Ce serait revenir
à l'idée de la « morale naturelle », à qui nous avons dû
refuser un caractère scientifique et où nous avons reconnu
une expression de l'anthropocentrisme métaphysique et
religieux.

...Dans le cas particulier de la morale, nous ne devons
donc pas non plus faire usage de notre conscience actuelle
pour comprendre ou pour éclairer ce qu'a pu être la
conscience dans les sociétés primitives. Nous ne pouvons
même pas poser *a priori* qu'elles aient connu un équivalent de notre conscience morale individuelle, qui est
capable d'affirmer son initiative et son indépendance,
soit en s'opposant aux règles généralement acceptées,
soit même en s'y conformant par une décision réfléchie.
Ici encore, une méthode précisément opposée s'impose
au savant. Il devra essayer de déterminer ce qui, pour
les membres d'une société de ce genre, est ordonné ou
interdit, comment les obligations ou les défenses se
manifestent, quelles en sont les sanctions sous forme
d'expiation, de châtiment ou de remords, et surtout
de quelles croyances et de quelles représentations ces
obligations et ces défenses sont solidaires. Il ne devra
pas transporter dans ce passé reculé la distinction nette,
évidemment plus récente entre ce qui est religieux, juridique, ou purement moral. Enfin, pour poser le problème
général dans toute sa complexité, il devra essayer de déterminer, autant qu'il le pourra, les stades par lesquels la
coutume et le *tabou* du sauvage deviennent peu à peu
la loi, dans les textes à la fois religieux et juridiques,
tels que le Pentateuque, et aboutissent à l'impératif
catégorique du philosophe, expression abstraite de la
conscience morale d'aujourd'hui, qui se prend pour
rationnelle.

Il faut avouer que nous sommes encore extrêmement loin de pouvoir résoudre ce problème, où même d'en posséder les données positives indispensables. Dans cette série de phénomènes sociaux, plus peut-être que dans toute autre, nous ignorons presque tout et nous commençons à peine à nous apercevoir de notre ignorance. Notre conscience morale, si nous la considérons objectivement, est pour nous un mystère, ou plutôt un ensemble de mystères actuellement indéchiffrables. Elle nous présente comme obligatoires ou comme interdites des manières d'agir, dont les raisons, croyances disparues depuis de longs siècles, sont presque aussi insaisissables pour nous que les globules du sang du mammouth dont on retrouve aujourd'hui le squelette. Nous savons qu'il s'y trouve des éléments de provenance et d'âge très divers, des éléments germaniques, chrétiens, classiques, préclassiques et préhistoriques, et peut-être même préhumains. Nous n'ignorons plus que la stratification de ces apports successifs n'est peut-être pas plus régulière que la disposition des couches géologiques dans une région souvent bouleversée. Et pourtant, comme notre conscience morale est impérative et que nous nous sentons soumis à ses ordres, non seulement nous ne la trouvons pas obscure (puisqu'elle nous commande clairement) mais nous la prenons pour la conscience morale universelle, éternelle, pour la conscience morale absolue et en soi.

*
* *

Le même auteur établit qu'un précepte aussi simple et d'apparence aussi universelle que celui-ci : *suum cuique*, rendre à chacun ce qui lui est dû, comporte, selon les milieux sociaux, des interprétations fort différentes.

Évolution de l'idée de justice

LÉVY-BRUHL. (L.). — *La Morale et la science des mœurs.* (Paris, Alcan, 7ᵉ éd., p. 116 à 192.)

Même dans les sociétés déjà plus élevées, il ne faut pas que la ressemblance extérieure des formules nous dissimule la différence intime des « vérités morales » qu'elles expriment. Par **exemple**, les règles essentielles de la justice, dit-on souvent, étaient aussi bien connues de l'antiquité civilisée la plus reculée que de nos jours : *Neminem lædere* ; *suum cuique tribuere* (Ne nuire à personne ; donner à chacun ce qui lui est dû). Peut-être ; mais tout ce que l'on peut en conclure légitimement, c'est que, depuis cette antiquité très reculée, le langage a permis une expression abstraite des rapports moraux essentiels. La ressemblance s'arrête là. Elle n'est que dans la généralité et dans l'abstraction de la formule. Pour qu'elle fût aussi dans la signification, il faudrait que le sens des termes fût à peu de choses près le même que dans les différentes civilisations. Or il s'en faut, et de beaucoup. Comment entendre *neminem* ? **A quels** actes peut s'appliquer *lædere* ? Dans les sociétés à demi civilisées, l'étranger n'est pas compris dans *neminem*. Le bateau jeté par la tempête sur une côte étrangère est pillé, les hommes qui le montent, égorgés ou réduits à l'esclavage, sans que personnne y voie une infraction à la règle *neminem lædere*. De tels exemples abondent, non pas seulement dans le passé, mais chez nous, et de notre temps. La façon dont les indigènes des colonies, même civilisés, comme les Annamites, sont traités en général par les Européens, montrent que les « vérités morales » souffrent une singulière éclipse hors de leur pays d'origine. De même pour la règle *suum cuique tribuere*. Comment se définit *suum* ? Dans une société où les castes existent, la justice consiste à traiter chacun selon sa caste, le brahmane en brahmane, le paria en paria ; chez un grand nombre de peuples à demi civilisés, à regarder les enfants du sexe féminin comme une charge importune, les femmes comme des bêtes de somme ; dans la société féodale, à prendre le vilain pour une matière taillable et corvéable à merci. Même dans les sociétés les plus développées, certaines applications de cette formule de la justice peuvent provoquer les protestations d'un petit nombre de consciences, tandis que les autres ne sont point troublées. L'industriel qui juge qu'il ne gagne plus assez d'argent peut fermer d'un jour à l'autre son usine, et penser qu'il ne « fait tort à personne », puisqu'il a payé à ses ouvriers, maintenant sur le pavé, le travail fourni par eux jusqu'à **ce**

jour. Au milieu du xixe siècle, lors du développement
rapide des manufactures en Angleterre et de l'horrible
consommation qui fut faite d'enfants et de femmes travaillant dans les usines jusqu'à seize et dix-huit heures
par jour, il ne semble pas que les patrons aient eu conscience de violer la règle de la justice : *suum cuique tribuere*. Ne payaient-ils pas le salaire convenu ?

Ces formules, prises abstraitement, n'ont donc pas
la vertu qu'on leur attribue d'exprimer en tout temps
et en tout lieu l'essence éternelle de la justice. Considérées
en elles-mêmes, elles sont vides. Elles ne reçoivent leur
signification et leur valeur morale que de leur contenu.
Or ce contenu ne leur est pas fourni *a priori* par une sorte
d'intuition naturelle, ni par une estimation immédiate
de l'utilité commune. Il leur vient de la réalité sociale
existante à chaque époque, et qui impose à chaque
individu la façon dont il doit se conduire dans un cas
donné. Elles représentent ainsi des expressions de la
morale de telle ou telle société, à un certain moment, et
non pas des expressions de la « vérité morale » en soi.
Elles disent également à l'Egyptien contemporain des premières dynasties, à l'Assyrien du temps de Sargon, au Grec
du temps de Thucydide, au baron et au prélat du xie siècle :
« Il faut être juste, il faut rendre à chacun le sien. » Mais
il n'y a de commun dans ces cas, et dans tous les autres
qu'on pourrait citer, que la formule ordonnant de se
conformer, en fait, à des règles, précises ou diffuses, qui
se répercutent dans chaque conscience individuelle.

Les progrès effectifs de la justice sociale ne peuvent
donc pas être attribués, comme à leur cause décisive
ou même principale, à une conception préexistante de
la justice dans les esprits. Sans doute, en fait, quand un
progrès se réalise dans les mœurs ou dans les lois, il
était déjà réclamé, exigé depuis quelque temps, et parfois
depuis fort longtemps par un certain nombre de consciences. Mais d'où vient-il que ces consciences en ressentent le besoin ? Ce n'est pas une conséquence nouvelle qu'elles ont tirée de la formule de la justice antérieurement connue ; car pourquoi cette conséquence
serait-elle aperçue à ce moment précis, et ne l'était-elle
pas auparavant ? La déduction n'est donc qu'apparente.

Le fait réel dont elle est la manifestation abstraite, c'est, le plus souvent, une modification profonde qui s'est produite dans une autre série de phénomènes sociaux, presque toujours dans la série économique. C'est ainsi que l'esclavage, le servage, après avoir été considérés comme des phénomènes tout à fait normaux, comme des nstitutions excellentes et nécessaires à l'ordre social, ayant été peu à peu éliminés par la transformation économique des sociétés européennes, se sont trouvés exclus du droit par la conscience et condamnés au nom de la morale. C'est ainsi que la condition des prolétaires dans le régime capitaliste moderne, après avoir été longtemps considérée par les économistes comme normale, inévitable, et même, en un certain sens, comme providentielle, est regardée d'un tout autre œil, aujourd'hui que le prolétariat, ayant pris conscience de sa force, exige et obtient des conditions d'existence plus humaines. La conscience morale commune commence à estimer que les revendications des prolétaires sont justes. Sans doute, une fois la transformation économique commencée, l'idée d'une justice meilleure qu'il faut réaliser concourt efficacement à en accélérer le mouvement. Mais cette idée elle-même ne serait pas née, et surtout ne se serait pas développée, n'aurait pas acquis une force capable d'entraîner des adhésions par millions, si l'ensemble des conditions où se trouve la société ne l'avait fait surgir. Autant le matérialisme historique est difficile à soutenir, s'il prétend subordonner toute l'évolution des sociétés à leur vie économique, autant il est vrai qu'aucune série de phénomènes sociaux, pas plus celle des phénomènes moraux et juridiques que les autres, ne se développe indépendamment des autres séries.

Pour M. Durkheim non seulement les morales pratiques varient comme varient les sociétés, mais les caractères du fait moral en général sont tels qu'on ne peut en rendre compte sans une action spécifique du groupe. Ainsi non seulement les morales varieraient en fonction des sociétés, mais la morale exprimerait une fonction de la société.

La morale, fonction de la société

DURKHEIM (É.). — *Sociologie et Philosophie.* (Paris, Alcan, 1924, p. 71 à 77.)

On ne contestera probablement pas que jamais la conscience morale n'a considéré comme moral un acte visant *exclusivement* la *conservation* de l'individu ; sans doute un tel acte de conservation peut devenir moral, si je me conserve pour ma famille, ma patrie ; mais si je ne me conserve que pour moi-même, ma conduite est, au regard de l'opinion commune, dénuée de toute valeur morale.

Les actes qui tendent, non plus à conserver, mais à *développer* mon être, en auront-ils davantage ? Oui encore, si je cherche à me développer, non pas dans un intérêt personnel, ni même dans un intérêt esthétique. mais afin que ce développement ait des effets utiles pour d'autres êtres que moi. Mais si je cherche seulement à développer mon intelligence et mes facultés pour briller, pour réussir, pour faire de moi une belle œuvre d'art, jamais mon acte ne sera considéré comme moral.

Ainsi l'individu que je suis, en tant que tel, ne saurait être la fin de ma conduite morale. Les autres individus, mes semblables, seraient-ils davantage susceptibles de jouer ce rôle ? Mais si je ne fais rien de moral en conservant ou en développant mon être individuel comme tel, pourquoi. l'individualité d'un autre homme aurait-elle un droit de priorité sur la mienne ? Si, par soi-même, l'agent n'a rien qui puisse conférer un caractère moral aux actes qui le visent, pourquoi un autre individu, son égal, jouirait-il d'un privilège que le premier n'a pas ?

D'autre part, si un de mes semblables ne saurait, en servant d'objectif à ma conduite, lui imprimer un caractère moral, celle-ci ne deviendra pas morale en prenant pour fin non pas un, mais plusieurs individus comme tel. Car si chaque individu pris à part est incapable de communiquer une valeur morale à la conduite, c'est-à-dire s'il n'a pas *par soi* de valeur morale, une somme numérique d'individus n'en saurait avoir davantage.

D'ailleurs, pour ce qui concerne les actes qui visent autrui tout comme pour ceux qui me visent moi-même, je ne songe pas à soutenir qu'en fait et toujours l'opinion leur refuse toute valeur morale, surtout pour les derniers, ce serait manifestement contraire à l'évidence. Je dis seulement que, quand ils ont une valeur morale c'est qeu'ils visent une fin supérieure à l'individu que je suis, ou aux individus que sont les autres hommes. J'entends que la moralité qui leur est reconnue doit nécessairement découler d'une source plus haute. C'est évident pour les actes dont je suis l'agent et l'objet ; si nous sommes conséquents avec nous-mêmes, la même évidence vaut pour les actes dont je suis l'agent et dont autrui est l'objet.

Mais si nous ne pouvons être liés par le devoir qu'à des sujets conscients, maintenant que nous avons éliminé tout sujet individuel il ne reste plus d'autre objectif possible à l'activité morale que le sujet *sui generis* formé par une pluralité de sujets individuels associés de manière à former un groupe ; il ne reste plus que le sujet collectif. Encore faut-il que la personnalité collective soit autre chose que le total des individus dont elle est composée ; car si elle n'était qu'une somme, elle ne pourrait avoir plus de valeur morale que les éléments dont elle est formée, et qui, par eux-mêmes n'en ont pas. Nous arrivons donc à cette conclusion : c'est que, s'il existe une morale, un système de devoirs et d'obligations, il faut que la société soit une personne morale qualitativement distincte des personnes individuelles qu'elle comprend et de la synthèse desquelles elle résulte.

Toute cette argumentation peut, en définitive, se ramener à quelques termes très simples. Elle revient à admettre que, au regard de l'opinion commune, la morale ne commence que quand commence le désintéressement, le dévouement. Mais le désintéressement n'a de sens que si le sujet auquel nous nous subordonnons a une valeur plus haute que nous, individus. Or, dans le monde de l'expérience, je ne connais qu'un sujet qui possède une réalité morale, plus riche, plus complexe que la nôtre, c'est la collectivité.

La morale commence donc là où commence la vie en groupe, parce que c'est là seulement que le dévouement et le désintéressement prennent un sens. Je dis la vie

en groupe d'une manière générale. Sans doute, il y a des
groupes différents, famille, corporation, cité, patrie,
groupements internationaux ; entre ces groupes divers
une hiérarchie pourrait être établie, et l'on trouverait
des degrés correspondants dans les différentes formes de
l'activité morale suivant qu'elle prend pour objet une
société plus étroite ou plus vaste, plus élémentaire ou
plus complexe, plus particulière ou plus compréhensive.
Mais il est inutile d'entrer ici dans ces questions. Il
suffit de marquer le point où paraît commencer le domaine
de la vie morale, sans qu'il y ait utilité d'y introduire
pour l'instant une différenciation. Or il commence dès
qu'il y a attachement à un groupe, si restreint soit-il.

Et maintenant les actes que nous avons écartés chemin
faisant vont reprendre immédiatement, indirectement,
un caractère moral. L'intérêt d'autrui, avons-nous dit,
ne saurait avoir plus de valeur intrinsèque que mon
intérêt propre. Mais en tant qu'autrui participe à la vie
du groupe, en tant qu'il est membre de la collectivité
à laquelle nous sommes attachés, il prend à nos yeux
quelque chose de la même dignité et nous sommes en-
clins à l'aimer et à le vouloir. Tenir à la société, c'est
tenir à l'idéal social ; or il y a un peu de cet idéal en chacun
de nous ; il est donc naturel que chaque individu participe en quelque mesure du respect religieux que cet idéal
inspire. L'attachement au groupe implique donc d'une
manière indirecte, mais nécessaire, l'attachement aux
individus, et quand l'idéal de la société est une forme particulière de l'idéal humain, quand le type du citoyen
se confond en grande partie avec le type générique de
l'homme, c'est à l'homme en tant qu'homme que nous
nous trouvons attachés. Voilà ce qui explique le caractère
moral qui est attribué aux sentiments de sympathie
inter-individuelle et aux actes qu'ils inspirent. Ce n'est
pas qu'ils constituent par eux-mêmes des éléments
intrinsèques du tempérament moral ; mais ils sont assez
étroitement — quoique indirectement — liés aux dispositions morales les plus essentielles pour que leur absence
puisse être, non sans raison, considérée comme l'indice
très probable d'une moindre moralité. Quand on aime
sa **patrie**, quand on aime l'humanité, on ne peut pas

voir la souffrance de ses compagnons et plus généralement de tout être humain sans souffrir soi-même et sans éprouver le besoin d'y porter remède. Mais ce qui nous lie moralement à autrui, ce n'est rien de ce qui consitue son individualité empirique, c'est la fin supérieure dont il est le serviteur et l'organe.

*
* *

La morale n'est pas seulement faite pour la société, on peut dire qu'elle est faite par la société.

La morale est faite pour et par la société

Durkheim (E.). — *L'Education morale.* (Paris, Alcan, 1925, p. 97 à 99.)

Nous venons de montrer que la morale a pour objet d'attacher l'individu à un ou plusieurs groupes sociaux et que la moralité suppose cet attachement même. C'est donc que la morale est faite pour la société ; dès lors n'est-il pas, *a priori*, évident qu'elle est faite par la société ? Quel en serait, en effet, l'auteur ? L'individu ? Mais, de tout ce qui se passe dans cet immense milieu moral qu'est une grande société comme la nôtre, des actions et des réactions en nombre infini qui s'échangent à chaque instant entre ces millions d'unités sociales, nous ne percevons que les quelques contre-coups qui viennent retentir dans notre sphère personnelle. Nous pouvons bien apercevoir les grands événements qui se déroulent à la pleine lumière de la conscience publique ; mais l'économie intérieure de la machine, le fonctionnement silencieux des organes intestins, en un mot, tout ce qui fait la substance et la continuité de la vie collective, tout cela est hors de notre vue, tout cela nous échappe. Sans doute, nous entendons le sourd bruissement de la vie qui nous enveloppe, nous sentons bien qu'il y a là, tout autour de nous, une réalité énorme et complexe. Mais nous n'en avons pas directement conscience, non plus que des forces physiques qui peuplent notre milieu matériel. Seuls, les effets en parviennent jusqu'à nous. Il est donc impossible que l'individu ait été l'auteur de ce système d'idées et de pratiques qui ne le concernent pas directement lui-même, mais qui visent une réalité autre que lui, et dont il n'a qu'un si obscur sentiment. Seule, la société dans son ensemble a d'elle-même une suffisante conscience pour avoir pu instaurer cette discipline dont l'objet est de l'exprimer, telle, du moins, qu'elle se pense. Par conséquent, la conclusion s'impose logiquement. Si la société est la fin de la morale, elle en est aussi l'ouvrière. L'individu ne porte pas en lui les préceptes de la morale, dessinés comme par avance, au moins sous forme schématique, de telle sorte qu'il n'ait par la suite qu'à les préciser et à les développer ; mais ils ne peuvent se dégager que des relations qui s'établissent entre les individus associés ; de même qu'ils traduisent la vie du groupe ou des groupes qu'ils concernent.

Cette raison logique se trouve d'ailleurs confirmée par une raison historique qui peut être regardée comme décisive. Ce qui montre bien que la morale est l'œuvre de la société, c'est qu'elle varie comme les sociétés. Celle des cités grecques et romaines n'était pas la nôtre, de même que celle des tribus primitives n'était pas celle de la cité. Il est vrai qu'on a essayé parfois d'expliquer cette diversité des morales comme le produit d'erreurs dues à l'imperfection de notre entendement. Si la morale des Romains, a-t-on dit, était différente de la nôtre, c'est que l'intelligence humaine était alors voilée et obscurcie par toute sorte de préjugés et de superstitions qui depuis se sont dissipés. Mais s'il est un fait que l'histoire a mis hors de doute, c'est que la morale de chaque peuple est directement en rapport avec la structure du peuple qui la pratique. Le lien est tellement étroit qu'étant donné les caractères généraux d'une morale observée par une société, sous la réserve des cas anormaux et pathologiques, on peut en inférer la nature de cette société, quelles sont les parties dont elle se forme et la manière dont elles sont organisées. Dites-moi ce qu'est le mariage, ce qu'est la morale domestique chez un peuple, et je vous dirai les traits principaux de sa constitution. L'idée que les Romains auraient pu pratiquer une morale différente de la leur est une véritable absurdité historique. Non seulement ils ne pouvaient, mais ils ne devaient pas en avoir une autre. Supposons, en effet, que, par un miracle, ils se fussent ouverts à des idées analogues à celles qui sont à la base de notre morale actuelle, la société romaine n'aurait pas pu vivre. Or la morale est œuvre de vie, non de mort. En un mot, chaque type social a la morale qui lui est nécessaire, comme chaque type biologique a le système nerveux qui lui permet de se maintenir. C'est donc que la morale est élaborée par la société même dont elle reflète ainsi fidèlement la structure. Et il en est ainsi même de ce qu'on appelle la morale individuelle. C'est la société qui nous prescrit jusqu'à nos devoirs envers nous-mêmes. Elle nous oblige à réaliser en nous un type idéal, et elle nous y oblige parce qu'elle y a un intérêt vital. Elle ne peut vivre, en effet, qu'à condition qu'il existe entre tous ses membres de suffisantes similitudes, c'est-à-dire à condition qu'ils reproduisent tous, à des degrés différents, les traits essentiels d'un même idéal qui est l'idéal collectif. Et voilà pourquoi cette partie de la morale a varié comme toutes les autres, suivant les types et suivant les pays.

*
* *

En assignant ces origines et ces fonctions sociales à la morale, on peut dégager les éléments essentiels de toute moralité : non pas seulement *l'esprit de discipline* ou *l'attachement au groupe* mais l'autonomie de la volonté.

Quelle orientation ces réflexions peuvent imprimer dès à présent à l'éducation morale, c'est ce que Durkheim explique dans les textes suivants.

Discipline, mais non automatisme

Durkheim (É.). — *L'Education morale.* (Paris, Alcan, 1925, p. 59 à 61.)

Si la discipline est un moyen de réaliser la nature de l'homme, elle doit changer avec la nature de l'homme qui, on le sait, varie suivant les temps. A mesure que l'on avance dans l'histoire, par l'effet même de la civilisation, la nature humaine devient plus riche en énergies plus intenses, elle a plus besoin d'activité ; c'est pourquoi il est normal que le cercle de l'activité individuelle s'étende, que les bornes de notre horizon intellectuel, moral, affectif aillent toujours en reculant plus loin. De là, la vanité des systèmes qui, soit en fait de science, soit en fait de bien-être, soit en fait d'art, prétendent nous interdire de dépasser le point où s'étaient arrêtés nos pères, ou voudraient nous y ramener. La limite normale est dans un devenir perpétuel, et toute doctrine qui, au nom de principes absolus, entreprend de la fixer une fois pour toutes d'une manière immuable, vient tôt ou tard se heurter à la force des choses. Non seulement le contenu de la discipline change, mais aussi la manière dont elle est et doit être inculquée. Non seulement la sphère d'action de l'homme varie, mais les forces qui nous retiennent ne sont pas tout à fait les mêmes aux différentes époques de l'histoire. Dans les sociétés inférieures, comme l'organisation sociale est très simple, la morale a le même caractère et, par suite, il n'est ni nécessaire ni même possible que l'esprit de discipline soit très éclairé. La simplicité même des pratiques fait qu'elles prennent facilement la forme habituelle de l'automatisme, et, dans ces conditions, l'automatisme est sans inconvénients ; car puisque la vie sociale est toujours semblable à elle-même, qu'elle diffère peu d'un point à l'autre ou d'un moment à l'autre, l'habitude et la tradition irréfléchies suffisent à tout. Aussi ont-elles un prestige, une autorité qui ne laissent aucune place au raisonnement et à l'examen. Au contraire, plus les sociétés deviennent complexes, plus il est difficile que la morale fonctionne par un mécanisme purement automatique. Les circonstances ne sont jamais les mêmes et les règles morales demandent, en conséquence, à être appliquées avec intelligence ; la nature de la société est en perpétuelle évolution ; il faut donc que la morale elle-même soit assez souple pour pouvoir se transformer au fur et à mesure que cela est nécessaire. Mais pour cela, il faut qu'elle ne soit pas inculquée de telle sorte qu'elle se trouve mise au-dessus de la critique et de la réflexion, agents par excellence de toutes les transformations. Il faut que les individus, tout en s'y conformant, se rendent compte de ce qu'ils font, et que leur déférence n'aille pas jusqu'à enchaîner complètement l'intelligence. Ainsi, de ce qu'on croit que la discipline est nécessaire, il ne s'ensuit pas qu'elle doive être aveugle et asservissante. Il faut que les règles morales soient investies de l'autorité sans laquelle elles seraient inefficaces, mais à partir d'un certain moment de l'histoire, il ne faut pas que cette autorité les soustraie à la discussion, en fasse des idoles sur lesquelles l'homme n'ose, pour ainsi dire, pas lever les yeux. Nous aurons à chercher plus tard comment il est possible de satisfaire à ces deux nécessités, en apparence contradictoires ; pour l'instant il nous suffit de les indiquer.

Cette considération nous amène à examiner une objection qui a pu se présenter à vos esprits. Nous avons dit que les irréguliers, les indisciplinés sont des incomplets moraux. Cependant n'ont-ils pas à jouer un rôle moralement utile dans la société ? Est-ce que le Christ n'était pas un irrégulier aussi bien que Socrate, et n'en est-il pas ainsi de tous les personnages historiques aux noms desquels se rattachent les grandes révolutions morales par lesquelles a passé l'humanité ? S'ils avaient eu un trop vif sentiment de respect pour les règles morales suivies de leur temps, ils n'auraient pas entrepris de les réformer. Pour oser secouer le joug de la discipline traditionnelle, il ne faut pas en sentir trop fortement l'autorité. Rien n'est plus certain. Mais, tout d'abord, de ce que, dans des circonstances critiques anormales, le sentiment de la règle et l'esprit de la discipline doive être affaibli, il ne s'ensuit pas que cet affaiblissement soit normal. De plus, il faut se garder de confondre deux sentiments très différents : le besoin de remplacer une réglementation vieille par une réglementation nouvelle, et l'impatience de toute réglementation, l'horreur de toute discipline. Dans des conditions déterminées, le premier de ces sentiments est naturel, sain et fécond, le second est toujours anormal, puisqu'il nous incite à vivre en dehors des conditions fondamentales de la vie. Sans doute, en fait, chez les grands révolutionnaires de l'ordre moral, le besoin légitime de nouveauté a souvent dégénéré en tendance anarchique. Parce que les règles en usage de leur temps les froissaient douloureusement, ils s'en prenaient, du mal ressenti, non à telle ou telle forme particulière et temporaire de la discipline morale, mais au principe même de toute discipline. Mais, précisément, c'est ce qui fait que tant de révolutions ont été stériles ou n'ont pas donné de résultats en rapport avec les efforts qu'elles ont coûtés. C'est qu'il faut sentir, plus vivement que jamais, la nécessité des règles, au moment où on s'élève contre elles. C'est au moment où on les ébranle, qu'on doit avoir toujours présent à l'esprit qu'on ne peut s'en passer ; car c'est à cette condition qu'on fera œuvre positive. Et ainsi, l'exception qui paraissait contredire le principe, ne fait que le confirmer.

Formation d'une morale nouvelle

Durkheim (E.). — *L'Education morale.* (Paris, Alcan, 1925, p. 115 à 118.)

Quand un peuple est arrivé à l'état d'équilibre et de maturité ; quand les diverses fonctions sociales ont trouvé, au moins pour un temps, leur forme d'organisation ; quand les sentiments collectifs, dans ce qu'ils ont de plus essentiel, sont incontestés de la grande majorité des individus, le goût de la règle, de l'ordre est naturellement prépondérant. Les velléités, même généreuses, qui tendraient à troubler d'une manière quelconque le système des idées reçues ou des règles établies, fût-ce pour le perfectionner, n'inspirent qu'éloignement. Même, il arrive que cet état d'esprit est tellement accentué qu'il fait sentir son influence, non seulement dans les mœurs, mais aussi dans les arts et les lettres, qui expriment à leur manière la constitution morale du pays. Tel est le trait caractéristique des siècles, comme celui de Louis XIV par exemple, comme celui d'Auguste, où la société est arrivée à la pleine possession d'elle-même. Au contraire, aux époques de transition et de transformation, l'esprit de discipline ne saurait garder sa vigueur morale, puisque le système des règles en usage est ébranlé, au moins dans certaines de ses parties. Il est inévitable qu'à ce moment les esprits sentent moins l'autorité d'une discipline qui est réellement affaiblie. Par suite, c'est l'autre élément de la moralité, c'est le besoin d'un objectif auquel on puisse s'attacher, d'un idéal auquel on puisse se consacrer, c'est en un mot l'esprit de sacrifice et de dévouement qui devient le ressort moral par excellence.

Or, — et c'est à cette conclusion que nous voulions en venir, — nous traversons justement une de ces phases critiques. Même, il n'y a pas dans l'histoire de crise aussi grave que celle où les sociétés européennes sont engagées depuis plus d'un siècle. La discipline collective, sous sa forme traditionnelle, a perdu de son autorité, comme le prouvent les tendances divergentes qui travaillent la conscience publique et l'anxiété générale qui en résulte. Par suite, l'esprit de discipline lui-même a perdu de son ascendant. Dans ces conditions, il n'y a de ressource que dans l'autre élément de la morale. Sans doute, à aucun moment, l'esprit de discipline n'est un facteur négligeable. Nous avons dit nous-mêmes qu'il fallait plus que jamais sentir la nécessité des règles morales au moment où on travaille à les transformer. Il est nécessaire d'en entretenir le sentiment chez l'enfant, et il y a là une tâche que l'éducateur ne doit jamais abandonner. Nous verrons sous peu comment il doit s'en acquitter. Mais la discipline morale ne peut avoir toute son action utile que quand la morale est constituée, puisqu'elle a pour objet de fixer, de maintenir les traits essentiels que cette morale suppose fixés. Quand, au contraire, la morale est à constituer, quand elle se cherche, il faut bien, pour la faire, recourir, non aux forces purement conservatrices, puisqu'il ne s'agit pas de conserver, mais aux forces actives et inventives de la conscience. Bien qu'il ne faille assurément pas perdre de vue la nécessité de discipliner l'énergie morale, cependant, c'est surtout à l'éveiller, à la développer que doit alors s'appliquer l'éducateur. Ce sont surtout les aptitudes à se donner, à se dévouer qu'il faut stimuler, et auxquelles il faut fournir des aliments. Il faut entraîner les individus à la poursuite de grandes fins collectives auxquelles ils puissent s'attacher ; il faut leur faire aimer un idéal social à la réalisation duquel ils puissent travailler un jour. Autrement, si la seconde source de la moralité ne vient pas compenser ce que la première a de provisoirement, mais de nécessairement insuffisant, la nation ne peut manquer de tomber dans un état d'asthénie morale, qui n'est pas sans danger même pour son existence matérielle. Car, si la société n'a ni cette unité qui vient de ce que les rapports entre ses parties sont exactement réglés, de ce qu'une bonne discipline assure le concours harmonique des fonctions, ni celle qui vient de ce que toutes les volontés sont attirées vers un objectif commun, ce n'est plus qu'un monceau de sable que la moindre secousse ou le moindre souffle suffira à disperser. Par conséquent, dans les conditions présentes, c'est surtout la foi dans un commun idéal qu'il faut chercher à éveiller. Nous avons vu comment un patriotisme spiritualisé peut fournir cet objectif nécessaire. Des idées nouvelles de justice, de solidarité sont en train de s'élaborer qui, tôt ou tard, se susciteront des institutions appropriées. Travailler à dégager ces idées encore confuses et inconscientes d'elles-mêmes, les faire aimer des enfants, sans provoquer chez eux des sentiments de colère contre les idées ou les pratiques que le passé nous a léguées, et qui ont été la condition de celles qui se forment sous nos yeux, voilà quel est aujourd'hui le but le plus urgent de l'éducation morale. Avant tout, il faut nous faire une âme, et cette âme, il faut la préparer chez l'enfant. Et, sans doute, la vie morale qui se dégagera risquera fort d'être tumultueuse, puisqu'elle ne s'organisera pas du coup ; mais elle sera, et, une fois suscitée, tout permet d'espérer qu'avec le temps elle se réglera et se disciplinera.

III. Le parallélisme des institutions juridiques

Le même esprit « relativiste » qui règne dans la science des mœurs a tendance à pénétrer la sociologie juridique. Elle ne s'en tiendrait donc pas aux conceptions de la philosophie du droit naturel, qui pose *a priori*, comme principes valables pour tous les temps et tous les pays, les droits de la personne humaine. Elle commencerait par comparer les institutions des diverses sociétés pour établir les phases de l'évolution de ces institutions : ainsi verrait-elle se former peu à peu les concepts juridiques auxquels nous sommes habitués aujourd'hui. M. Dareste donne une idée des résultats auxquels peuvent aboutir ces recherches. Les exemples cités par M. G. Richard et par Fustel de Coulanges confirment ce qu'il dit du parallélisme des institutions juridiques.

Le parallélisme des institutions juridiques

Dareste (Rodolphe). — *Etudes d'histoire du droit.* (Paris, Larose et Tenin, 1889, p. vii à x.)

Les études que nous publions aujourd'hui peuvent contribuer, nous le croyons du moins, aux progrès de la science du droit, qui, en ce moment plus que jamais, sent le besoin d'élargir sa base et d'étendre son horizon.

Il lui arrive ce qui est arrivé au commencement de ce siècle pour l'étude des langues. Du jour où on a connu le sanscrit et entrevu les lois de la transformation du langage à travers les temps et les lieux, on s'est aperçu que la spéculation pure était impuissante et qu'on perdait son temps à n'étudier qu'une seule langue, fût-ce le grec ou le latin. Il en est de même de la science du droit. Si elle se livre à la spéculation, elle s'égare ; si elle se renferme dans l'étude d'un texte unique, fût-ce le Digeste ou le Code civil, elle se condamne à voir sans comprendre. Elle ne peut trouver la raison des choses qu'à la condition de n'ignorer aucun des monuments de législation, de les rapprocher les uns des autres et de les embrasser tous dans leur ensemble. C'est par là seulement qu'elle peut discerner, dans chaque institution, l'élément absolu qui tient à la nature même de l'homme et qui a son fondement dans la raison, et l'élément relatif, variant à l'infini sous l'influence des conditions extérieures. Cette variation elle-même, cette évolution, comme on dit aujourd'hui, s'accomplit partout suivant certaines lois, qui se dégagent et apparaissent par la comparaison. C'est là précisément ce qui fait que le droit est une science, et non un amas de décisions et de textes, une simple notion empirique. Ce n'est donc pas une vaine curiosité ni le goût d'une érudition stérile qui conduit le jurisconsulte au delà des textes classiques, de Manou à Zoroastre et de la Russkaïa Pravda au Grágás. En marchant dans cette voie la science ne fait qu'obéir à une incontestable nécessité.

Ces vues, au surplus, ne sont pas nouvelles. L'antiquité les a connues et mises en pratique. Aristote, dans son admirable *Politique*, n'en a pas eu d'autres, et, à toute époque, de grands esprits les ont suivies et proclamées. Si elles n'ont pas conduit plus loin, c'est qu'on manquait de données positives. Mais les temps sont bien changés. Autrefois les documents étaient rares, aujourd'hui ils abondent. Dans tous les pays de l'Europe, et jusque dans l'extrême Orient, on exhume, on met à la portée de tous les anciens monuments du droit, on observe, on fixe par écrit les anciennes coutumes. Les matériaux s'accumulent. Il ne reste plus qu'à en faire usage. A la vérité cela n'est pas toujours facile. L'abondance même des textes et la multiplicité des langues sont des obstacles qui ne peuvent être surmontés qu'au prix de longs efforts, mais rien ne saurait arrêter le mouvement de la science, et s'il reste encore beaucoup à faire, on aperçoit dès à présent de grands résultats acquis.

Et d'abord un fait que les travaux modernes ont mis dans tout son jour est l'affinité, pour ne pas dire l'identité, des diverses législations primitives. La philologie a montré par d'admirables découvertes l'origine commune de la plupart des langues européennes qu'elle a su rattacher aux anciennes langues, mortes aujourd'hui, de l'Inde et de la Perse. Plus étroite encore est la parenté des diverses législations. Non seulement elles ont toutes subi des transformations analogues, mais elles se reproduisent souvent les unes les autres, trait pour trait, et presque mot pour mot, à travers les plus énormes distances de lieu, et les plus longs intervalles de temps, alors qu'aucun emprunt direct n'a jamais été possible, en sorte que pour expliquer cette ressemblance qui ne saurait être fortuite, il faut nécessairement admettre ou que les deux peuples avaient une origine et, par suite une tradition commune, ou que les mêmes causes ont partout produit les mêmes effets.

Un autre résultat non moins considérable est celui-ci : aucune législation n'a son explication complète en elle-même. Les jurisconsultes romains, qui ne manquaient assurément ni de pénétration ni de jugement, n'ont pas toujours pu se rendre compte du développement historique de leurs institutions parce qu'ils n'ont pas assez regardé autour d'eux. La science moderne, quoique mieux placée à certains égards, n'a guère réussi jusqu'à présent et pour la même raison. Là surtout où il s'agit de reconstituer par induction la marche du droit, en s'appuyant sur les données éparses et incomplètes, il est indispensable de recourir à l'analogie. Il est légitime de présumer, jusqu'à preuve contraire, que les divers peuples ont suivi la même route et passé par les mêmes degrés.

Enfin un dernier point sur lequel il faut insister, c'est que telle institution ne peut être revendiquée par tel ou tel peuple comme une création nationale et originale. Grecs, Romains, Celtes, Slaves, Germains, tous les peuples de l'Europe ont eu au fond les mêmes idées sur le droit et la justice, quoiqu'ils ne les aient pas toujours exprimées de la même façon. Si, à un moment donné, un contraste s'est manifesté, c'est que les uns avaient marché plus vite que les autres, mais toujours en suivant le même chemin.

Richard (Gaston). — *Essai sur l'origine de l'idée de droit.* (Paris, Ernest Thorin, 1892, p. xx à xxiii.)

A priori, nous savons que la formation d'une idée de droit est possible, c'est-à-dire que l'homme pourra être contraint par l'homme à certaines abstentions, à certaines actions, à certaines réparations. Mais, de cette contrainte, nous ignorons la nature, le but et la limite. Il faut donc en demander la notion à l'expérience.

Chercher dans l'expérience l'origine de l'idée de droit, n'est-ce pas faire une supposition peut-être illégitime ? C'est admettre en effet que les hommes ont été conduits, par le fait même de vivre en société, à définir leurs relations juridiques, en d'autres termes à déterminer ce que tous peuvent exiger de chacun et ce que chacun peut attendre de tous. Si vous estimez que, la raison pratique exceptée, l'homme ne peut être conduit que par des penchants intéressés et égoïstes, vous jugerez cette supposition inadmissible. Et cependant les faits la vérifient. Jetons en effet un coup d'œil sur les codes. Ils varient assez de siècle à siècle et de peuple à peuple pour qu'on y voie des fruits de l'expérience. Or, considérez une législation déterminée : Bentham vous montrera une idée commune, sous-jacente au droit constitutionnel et au droit pénal, au droit pénal et au droit civil, au droit substantif et au droit adjectif. Cette idée est que : 1º certaines formes de la conduite doivent être prohibées et certaines autres formes protégées, voire provoquées ; 2º que la conduite à prohiber est celle qui, généralisée par imitation, rend impossible la vie de société, et la conduite à protéger est celle qui en renforce l'énergie. L'idée de droit a donc un contenu empirique suffisant pour guider les législateurs.

Ce contenu se serait-il formé au hasard et sans lois ? N'exprimerait-il que la pensée arbitraire des législateurs ? Mais ceux-ci ne sont-ils pas des hommes soumis comme tels à l'action des lois générales de l'expérience humaine ? Quand Tronchet, Portalis, Malleville, Bigot rédigeaient le Code civil, la société française était-elle un argile inerte recevant sa forme des mains de ces quatre législateurs ? N'était-ce pas l'histoire de France et par delà l'histoire de France, la marche générale de la civilisation qui tenaient leur plume ? Le cours de l'histoire est-il une succession arbitraire de faits arbitraires ? Est-ce autre chose que le développement successif et collectif de la pensée et de la sensibilité humaines ?

L'histoire du droit, telle que l'ont constituée à une date récente les travaux de M. Dareste et de Fustel de Coulanges en France, de Sir Henry Sumner Maine en Angleterre, de Post en Allemagne, a prouvé l'universalité d'institutions qu'il y a cinquante ans encore on croyait locales, soit exclusivement germaniques comme la composition, l'ordalie, la recommandation, soit presque exclusivement romaines, comme la puissance paternelle, l'agnation, le patronage et la clientèle. Maine a induit une grande loi, à la fois historique et ethnologique, la loi du passage de l'état au contrat.

Le développement de l'idée de droit est donc soumis à des lois empiriques. Où en chercher l'explication ? Dans les faits sociaux ? Mais qu'entendrons-nous par là ? Des faits physiques comptés par les statistiques, la balance des naissances et des décès, des choses produites et consommées, importées et exportées, ou même la correspondance entre le nombre des crimes et le coût des aliments ? Ce sont là des signes de la vie sociale, ce n'en sont pas les éléments. La société, c'est l'esprit, étudié non dans un *moi* individuel, mais dans la totalité de ses manifestations, dans les réactions mutuelles et perpétuelles des intelligences individuelles. Cependant l'étude du composé nous amène en dernière analyse aux lois des éléments composants. C'est aux lois mentales, agissant dans la durée sur des éléments fournis par l'expérience collective, qu'il faut demander l'origine de la notion de Droit.

L'arbitrage et l'idée de droit

RICHARD (Gaston). — *Essai sur l'origine de l'idée de droit.* (Paris, Ernest Thorin, 1892, p. 8 à 10.)

La représentation du litige est celle d'un trouble, d'une destruction partielle de la société. Quand un procès éclate entre époux, la société conjugale se trouve dissoute sur un point de l'espace ; de plus, le sort de la société conjugale se trouve, à certains égards, universellement associé à l'issue du litige, car il faut tenir compte de la tendance à l'imitation. Quand, au sujet d'une propriété ou d'une servitude. un procès éclate entre voisins, le genre de coopération qui résulte de l'habitation contiguë est partiellement suspendu et universellement menacé. La coopération du bailleur et du preneur, de l'employé et de l'entrepreneur, de l'acheteur et du vendeur, du mandataire et du mandant est également atteinte et menacée quand éclate un procès dont l'occasion est la faillite à une obligation.

...Si la représentation des fins sociales contraste avec la représentation du litige, elle doit donc revêtir la forme d'une tentative de restauration de la vie sociale partiellement détruite.

La représentation du litige est l'image symbolique d'une guerre qui commence. L'idée des fins sociales, laquelle lui est associée par contraste, serait celle d'une intervention conciliatrice capable de mettre fin à la guerre, soit en mettant d'accord les prétentions opposées, soit en donnant satisfaction à l'une par la condamnation de l'autre. Bref, elle représentera l'intervention d'un arbitre.

Les faits vérifient cette conclusion....

Les deux compétiteurs ont abaissé la lance sur l'objet litigieux et prononcé chacun la formule de revendication. Le combat symbolique (*manuum consertio*) [l'acte d'en venir aux mains] va donc avoir lieu. Mais d'un mot le préteur l'arrête. Il donne aux adversaires l'ordre de laisser la chose contestée (*Mittite ambo hominem*) [laissez-moi tous deux cet homme]. Après l'énonciation alternative de quelques formules, le magistrat désigne celui des plaideurs qui aura la possession provisoire de la chose contestée. Le procès n'est pas vidé ; mais la guerre est évitée.

La conception d'une sentence arbitrale, associée à l'idée du conflit, contribue à former l'idée du procès. Est-elle un élément essentiel de l'idée de droit ? Les habitudes d'esprit que nous tenons de la métaphysique répugnent à un rapprochement quelconque entre la conception du procès et l'idée de droit. Néanmoins, le procès est la preuve de l'existence du droit. Abandonnons cependant cette discussion ; aussi bien pouvons-nous montrer directement et par les méthodes les plus rigoureuses que sans la représentation de l'arbitrage, il ne saurait exister une représentation du droit.

Écartons pour un instant toutes les définitions métaphysiques : chacun accordera qu'empiriquement le droit est un état de choses où une prétention peut triompher d'une prétention contraire sans le recours à la violence et sans la possession d'une force supérieure. Imaginons que pour exercer soit le droit de penser autrement que la majorité, soit le droit de propriété, il faille disposer toujours d'une force supérieure à celles que peuvent mettre en jeu les prétentions contraires, nous conviendrons que la liberté de conscience et le droit de propriété ne sont plus en ce cas que de vains mots. Le droit implique la possibilité d'une égalité des prétentions du faible et des prétentions du fort.

Le droit étant ainsi conçu repose sur l'idée d'arbitrage : supprimer la conception de l'arbitrage, c'est le faire disparaître totalement, non seulement de la réalité, mais de la pensée.

L'état social que nous pouvons observer tous les jours nous présente, à côté de conflits réglés par un arbitrage impératif, des conflits qui ne sont réglés par aucun arbitrage sinon par un arbitrage facultatif. Une méthode comparative, équivalant pratiquement à la méthode expérimentale, nous permettra donc d'étudier avec rigueur les relations de l'arbitrage et du droit.

Supposons l'arbitrage supprimé dans les circonstances où aujourd'hui il règle toujours et impérativement les conflits, nous voyons réapparaître un état de guerre et de violence mutuelles que l'humanité a jadis connu. Supposons l'arbitrage introduit dans les circonstances où il ne règle encore les conflits qu'accidentellement, nous voyons disparaître l'état de guerre et de violence dont l'humanité souffre encore aujourd'hui.

Les institutions des Germains se retrouvent dans tout le monde ancien

FUSTEL DE COULANGES. — *Histoire des institutions politiques de l'ancienne France*, 1re partie. *Les Germains*. (Paris, Hachette, 1875, p. 300 à 303.)

La peine de mort n'était pas inconnue des Germains. Elle frappait les crimes commis contre la société, ne fût-ce que celui d'avoir été lâche dans un combat. Elle

était prononcée par la bouche des prêtres et le coupable
était immolé aux dieux, suivant un principe commun à
tous les peuples primitifs et dont on trouve la trace dans
le vieux droit romain.

Quant aux crimes d'ordre privé, ni l'Etat ni la religion
n'intervenaient pour les punir. Il appartenait à la famille
lésée d'en poursuivre la vengeance. Le fils de la victime
pouvait, à son choix, rendre meurtre pour meurtre ou
conclure un arrangement avec l'assassin et recevoir
de lui une indemnité. Cette façon de payer le crime n'était
pas particulière aux Germains ; elle fut commune à
toutes les sociétés primitives, et on le peut voir dans la
vieille législation des Grecs. A Athènes, aussi bien que
dans la Germanie, c'était à chaque famille qu'il appartenait de venger le crime dont un des siens avait été
frappé, et elle avait toujours le droit de transiger avec
le coupable et de recevoir l'argent du meurtre.

Si l'on regarde deux peuples à une même époque, on
est frappé de leurs différences ; il semble d'abord que
chacun d'eux ait un génie propre, des institutions spéciales, une nature humaine particulière. Mais ce n'est
pas ainsi qu'il faut comparer les peuples. Pour juger s'ils
se ressemblent ou s'ils diffèrent, il les faut observer,
non au même point du temps, mais dans les mêmes périodes
de leur développement. Deux groupes de populations
peuvent avoir été régis par les mêmes institutions et
avoir traversé les mêmes changements politiques ; parce
que l'un d'eux a marché moins vite que l'autre ils paraissent différer beaucoup ; la vérité est qu'ils se ressemblent. Si Tacite avait connu le vieil état social des populations sabelliennes et helléniques, il y aurait trouvé
presque tous les traits de caractère qui le frappèrent si
fort en Germanie. L'usage de marcher toujours armé
avait été celui des anciens Grecs. La répugnance des
Germains à former des villes et le soin qu'ils prenaient
d'isoler leurs habitations sont des traits de mœurs que
Thucydide signale chez les Athéniens avant la guerre
médique. La solidarité des membres de chaque famille
pour l'expiation des fautes comme pour le partage des
indemnités, a été une institution reconnue par le plus
vieux droit de Rome, et on en trouve des vestiges dans

le droit grec. Ce que disent les lois germaniques de l'homme qui veut renoncer à sa famille rappelle une antique formalité que les Romains et les Grecs avaient connue.

Le droit civil des Germains était celui qu'avaient eu toutes les vieilles sociétés, en Grèce, en Italie et même dans l'Inde. Le mari achetait la femme à ses parents et marquait par là que le père lui avait cédé sa puissance sur elle. La femme était en tutelle toute sa vie, ainsi que dans l'Inde et dans la Grèce ; de l'autorité du père, elle passait sous celle du mari, puis sous celle des parents du mari défunt, et c'était de ceux-ci qu'un nouvel époux devait l'obtenir par un nouvel achat. La succession, au moins celle de la terre, passait au fils et non pas à la fille ; le patrimoine se transmettait de mâle en mâle sans que les parents par les femmes fussent admis au partage ; cette règle, que l'on peut observer dans la loi salique, dans les codes des Ripuaires, des Bavarois, des Burgondes, avait été autrefois en vigueur dans l'Inde et dans la Grèce, et le droit romain en conservait encore des restes très visibles. Les ordalies, les épreuves, les jugements de Dieu avaient été usités partout. Le bouclier qui était dressé devant tout tribunal germain a beaucoup d'analogie avec la pique qui était fichée en terre devant le tribunal des Quirites. L'usage des cojurateurs germains trouve son pendant dans l'ancienne Rome; là aussi la famille accusée comparaissait tout entière devant le tribunal, escortée de ses amis et de tous ceux qui se portaient garants pour elle et s'engageaient à prendre leur part de responsabilité. Il n'est pas jusqu'à ces assemblées de guerriers germains applaudissant l'orateur par le cliquetis des armes, qui ne se retrouvent trait pour trait chez les anciens Gaulois. Les institutions des Germains et leur vie domestique, leurs habitudes et leurs croyances, leurs vertus et leurs vices étaient ceux de toutes les nations de l'Europe.

IV. L'État et la formation du Droit

En parlant de l'Etat nous avons dû parler déjà du Droit. Les deux notions sont liées. Et l'on ne connaît guère d'Etat qui n'assume la fonction de faire respecter une règle par la force dont il dispose.

L'État et le Droit

Vinogradoff (P.). — *Principes historiques du Droit.* (Trad. P. Duez et F. Joüon des Longrais, Paris, Payot, 1924, p. 98 à 102.)

La première question à laquelle il faut répondre dès à présent concerne les rapports entre l'Etat et le Droit : est-ce que leurs fonctions se combinent, et à quel égard doivent-ils être étudiés séparément et en opposition l'un à l'autre ?

Nous pouvons partir d'une assertion catégorique en ce qui concerne leur dépendance réciproque. Il est impossible de se figurer le droit sans une organisation politique, qui lui serve de support ; et il n'est pas possible non plus de se figurer un Etat sans lois. Le droit, sans l'Etat, serait un contresens, parce que le droit exige, pour son existence et son application, une organisation qui assure sa mise en vigueur. L'action de cette organisation peut se borner à faire admettre et à maintenir les règles élaborées par certains dirigeants, par exemple : prêtres, jurisconsultes, spécialistes du commerce, praticiens coutumiers. L'élément politique peut, dans d'autres cas, se manifester par certains accords entre Etats indépendants. Cet élément ne fait pas défaut, non plus, lorsqu'il s'agit d'associations plus ou moins autonomes, subordonnées ou coordonnées à l'Etat, par exemple, l'Eglise, où les corps locaux sont dépositaires, à l'égard de leurs membres, d'une certaine autorité dans l'exercice de leurs fonctions spécifiques. Toutes ces alter-

natives, cependant, ne sont que des variantes du rapport
normal et fondamental, grâce auquel l'ordre social est
maintenu, par les lois appliquées en dernier ressort par
des collectivités politiques. Bien que sous un aspect plus
large la fonction du droit puisse être attribuée à toutes
les formes de l'organisation sociale, le droit lui-même ne
peut néanmoins exister, nulle part, sans reposer directement ou indirectement sur une union politique
quelconque, qui sauvegarde l'ordre social. En ce sens,
le droit présuppose l'Etat comme condition de son
existence.

D'autre part, ni l'Etat, ni aucun autre corps politique
ou quasi politique ne peut exister en dehors du droit
conçu comme un corps de règles, gouvernant les relations
et la conduite de ses membres. Les individus qui apparaissent, en dernier ressort, comme les éléments composant
ces corps politiques, ne sont pas soudés les uns aux autres
par des forces physiques, ils doivent, en conséquence,
être unis par des liens psychiques, que ce soit un accord
libre et occasionnel, ou la soumission à une règle de conduite, plus ou moins permanente. Or, dans toute société
formant une union politique, ces liens prennent nécessairement la forme de lois : lois coutumières ou codifiées,
« parfaites » ou « imparfaites », mais tendant toutes à
établir l'ordre et à répartir les droits et les devoirs. Quand
la base de ce mécanisme repose sur le consentement
mutuel, comme c'est le cas pour le droit international,
l'édifice entier est inévitablement imparfait et fragile,
mais théoriquement, il comprend les règles reconnues
par les Etats existants, en tant que membres d'une communauté internationale. Par conséquent, en dépit de
flagrantes violations de la bonne foi, et en dépit des
abus de force fréquents, le droit international possède
un titre permanent à être soutenu et sanctionné par
l'action commune des corps politiques qui ont contribué
à le dégager. Bref, le droit et l'Etat dépendent à tel point
l'un de l'autre, qu'il serait vain de vouloir rechercher
quel est celui dont l'autre dérive. A ce point de vue, l'on
peut définir l'Etat : une nation, juridiquement organisée.
ou une nation organisée pour agir conformément aux
règles du droit.

Ce droit auquel l'Etat prête le concours de sa force organisée est-il le produit de volontés personnelles conscientes ou d'une sorte d'instinct collectif inconscient ?

M. Capitant et M. Jellinek, dans les textes qui suivent, cherchent, chacun à leur manière, à dégager la part de vérité contenue dans les théories qui se sont affrontées à propos de ce problème d'origine depuis la Révolution française.

Comment s'élabore le droit

Capitant (Henri). — *Introduction à l'étude du droit civil.* (Paris Pédone, 3e éd., 1912, p. 4 à 7.)

Le droit est un produit nécessaire de la société, mais il est édicté et formulé par l'homme lui-même.

Comment donc s'élabore-t-il ?

Pendant longtemps on a cru qu'il était une création purement rationnelle, fruit des méditations du législateur. Cette conception avait été mise en honneur par les jurisconsultes des xviie et xviiie siècles, qui formèrent une école, comptant des représentants dans les divers pays, que l'on désigne sous le nom *d'école du droit de la nature et du droit des gens.* Elle fut ensuite reprise par les philosophes du xviiie siècle. C'est la conception rationaliste du droit : l'ordre juridique est le produit de la pensée humaine ; c'est par l'effort de la réflexion, en s'interrogeant sur sa fin, sur sa destinée, que l'homme construit et perfectionne le système législatif. Sa raison lui permet, en effet, de découvrir un droit idéal, immuable et parfait qu'il doit prendre pour modèle et dont il doit s'efforcer de rapprocher les institutions existantes.

Ainsi cette doctrine ne tenait aucun compte du milieu social dans lequel le droit se développe. Elle ne comprenait pas qu'il est un produit de ce milieu, qu'il y plonge ses racines, comme la plante est un produit du sol.

C'est Montesquieu qui lui a porté les premiers coups. Dans son *Traité de l'Esprit des Lois,* il s'est attaché à prouver que « les hommes ne sont pas uniquement conduits par leurs fantaisies », que les lois qu'ils font, leur sont dictées par « la nature des choses », c'est-à-dire « par un ensemble de circonstances qui en expliquent l'infinie variété, comme le physique du pays, la qualité du terrain, sa situation, sa grandeur, leurs inclinations, leur commerce, leurs mœurs ».

Cette vérité proclamée par lui, a été mise en pleine lumière, au début du xixe siècle, par l'école historique allemande et sa brillante pléiade de jurisconsultes, dont les chefs furent de Savigny, Hugo, Puchta. Cette école s'est efforcée de démontrer que le droit est un produit de l'histoire, non du raisonnement, qu'il naît des rapports sociaux, des besoins économiques et des aspirations de chaque époque, de la lutte des classes pour la défense de leurs intérêts divergents. Son développement, loin d'être arbitraire, est donc en quelque sorte nécessaire ; il se réalise conformément aux traditions, aux mœurs, au tempérament de la société qu'il régit. Aussi le présent tient-il au passé par des liens indissolubles ; l'histoire d'un peuple nous montre que son droit est dans un état permanent d'évolution, qu'il se transforme incessamment, insensiblement, comme sa langue elle-même.

Mais l'école historique est tombée à son tour dans l'exagération. Elle a perdu de vue la part qui revient à la volonté de l'homme dans la formation du droit. D'après elle, le droit naît, pour ainsi dire, automatiquement ; il se dégage de l'ensemble des relations humaines ; il ne peut pas être autre qu'il n'est ; il sort de la conscience commune du peuple, sorte d'entité abstraite résumant les désirs, les besoins, les aspirations de tous. Une espèce de fatalisme préside à son développement. Ce qui a été et ce qui est ne peuvent pas ne pas être. Le rôle du législateur se borne à constater les règles juridiques qui se sont élaborées en dehors de lui.

Ainsi, cette école partait d'un point de vue exact, et c'est son grand mérite de l'avoir mis en lumière et d'avoir montré la vanité du pur rationalisme. Il est vrai que le droit n'est pas une création arbitraire du législateur ; il est le produit du milieu social. Il s'adapte aux conditions économiques, sociales, morales de chaque société. Il se modifie incessamment sous leur poussée ; il évolue. C'est cette idée d'évolution que l'école historique a mise en honneur. Le droit est en état de constante transformation ; il se rattache au droit passé ; il prépare le droit à venir par un lent et incessant travail d'adaptation.

Mais il n'en résulte pas que sa création soit purement automatique et soustraite à la volonté de l'homme. C'est là qu'est l'exagération. Il y a une part d'initiative laissée à l'homme, au législateur. Sans doute, celui-ci agit sous l'influence de causes extérieures, indépendantes de sa volonté ; il ne dépend pas de lui de transformer le droit, de rompre brusquement avec la tradition, sous peine de faire une œuvre éphémère ; mais, quand il a constaté les besoins qui demandent satisfaction, les nécessités qui imposent la modification du droit existant, il lui reste une part de liberté. Car, pour atteindre le but poursuivi, plusieurs voies s'ouvrent devant lui ; pour réaliser la réforme, il y a divers systèmes entre lesquels il doit choisir.

Le législateur n'est donc pas une machine inconsciente qui se borne à constater le droit.

La part des instincts collectifs et la part de la raison réfléchie dans la formation du droit

JELLINEK (G.). — *L'Etat moderne et son droit*. (Trad. G. Fardis, Paris, Giard, 1904, t. I, p. 74 à 78.)

Depuis l'antiquité deux doctrines fondamentales se dressent en face l'une de l'autre.

L'une d'elles ne compte plus guère de partisans à l'heure qu'il est ; c'est celle qui attribue la formation première de l'Etat, du droit et des autres institutions sociales à une activité consciente. L'autre conception, plus généralement admise aujourd'hui, ne voit dans ces faits qu'un processus naturel, dominé par des forces supérieures contre lesquelles l'individu ne peut rien.

Ces conceptions fondamentales pèchent l'une et l'autre. La première est en opposition directe avec la compréhension exacte de l'histoire : elle suppose que l'homme isolé, et non encore touché par la civilisation, ait pu avoir, d'un seul coup, avec une vue nette et raisonnée de leurs finalités dernières, des institutions dont la formation a exigé des milliers et des milliers d'années d'expérience collective. Un des vices fondamentaux de cette conception de droit naturel, c'est de ne pas comprendre le changement de destination des institutions sociales.

La théorie contraire tombe dans le même défaut, mais en sens inverse. Elle affirme la création naturelle de l'Etat et du droit ; elle les considère comme la manifestation, en quelque sorte mystique, de l'âme du peuple, ou encore comme le résultat de forces aveugles. Mais en raisonnant ainsi, elle ne tient pas compte d'une idée essentielle : aucune institution ne saurait naître en l'absence d'une activité consciente du but qu'elle poursuit. C'est d'une façon consciente que s'accomplit, même chez les peuples les moins civilisés, la satisfaction des besoins de nourriture, d'habitation et de sécurité ; c'est un but conscient que poursuivent à l'origine toutes les institutions et tous les usages en vigueur chez ces peuplades. Peut-être ce but est-il déraisonnable ou nuisible ; peu importe, il répond à une nécessité psychologique qu'on retrouve partout. La science moderne a réuni sur ce point des documents nombreux. Il va de soi qu'aux époques de civilisation rudimentaire, ce but n'a pas été le même que celui qu'élaborent aujourd'hui des peuples de culture avancée. Les institutions, les mœurs, les usages une fois créés changent petit à petit leur finalité ; peu à peu des destinations nouvelles se viennent ajouter aux anciennes ; souvent elles arrivent à les recouvrir complètement et à les éliminer. Ainsi, par le changement et le développement des fins qu'elle poursuit, une institution prend naturellement une forme que ne pouvaient soupçonner ceux qui ont assisté à ses origines. Les effets d'une volonté consciente se trouvent à un moment donné dépasser de beaucoup les prévisions. En ce sens seulement, on peut dire avec exactitude que l'Etat et le Droit reposent sur une création non consciente de l'homme. On entend par là que l'homme, à l'origine, ne pouvait avoir conscience du développement ultérieur et des finalités subséquentes de l'institution qu'il créait.

La conception qui fait de l'Etat une formation non consciente dans l'ensemble de son être, dont les différentes étapes toutefois se sont développées sous l'impulsion d'actions conscientes de l'homme, a été entrevue déjà par les plus grands penseurs de la philosophie, par ceux que l'on nous a présentés, un moment, dans un exposé superficiel de leurs idées, comme les promoteurs de la théorie de la formation purement naturelle de l'Etat. Selon Platon, et selon Aristote, il s'en faut que l'Etat soit une formation arbitraire. L'homme individu et l'homme en société ne font qu'un, dans leurs idées. Il en est de lui comme de ces animaux qui ne vivent qu'en troupeaux. Aristote va même plus loin quand il affirme que, par sa nature, l'homme est un être sociable. En logique, l'Etat précède l'individu, puisque la partie ne saurait être envisagée qu'en considération du tout. L'être qui vit en dehors de l'Etat ne saurait donc être qu'un animal ou un Dieu. Toutefois, ces philosophes considèrent que l'Etat se forme dans l'histoire par l'initiative d'individus conscients de leurs actions.

La division du travail, d'après Platon, oblige l'homme à se réunir ; il sent qu'il ne peut réaliser seul toute la tâche. Selon Aristote, les hommes, tout en ayant des instincts analogues à ceux qui poussent les animaux à se réunir en troupeaux, ont commencé par vivre isolément. Plus tard seulement, et sous l'impulsion d'instincts sociaux, ils ont fondé le foyer, ensuite le village, et en dernière analyse l'Etat ; c'est dans cette dernière forme que l'homme peut pleinement réaliser la tendance qui le pousse à compléter son activité par l'association, grâce à laquelle la division du travail est possible. Encore que ce soit une tendance commune à tous les individus de chercher à réaliser l'Etat, Aristote loue comme le plus grand bienfaiteur de l'humanité l'homme qui le premier a constitué l'Etat. L'Etat ainsi fondé, son but primitif se développe et s'enrichit. Il est sorti seulement du besoin de conserver la vie ; il continue à exister pour la pleine satisfaction des besoins de la vie.

*
* *

M. Ruyssen, résumant le résultat des recherches et des théories des sociologues sur le droit admet, que l'autorité de celui-ci ne peut se comprendre sans l'appui de la conscience collective.

La conscience collective et l'autorité du droit

Ruyssen (Th.). — *De la guerre au droit.* (Paris, Alcan, 1920, p. 165 à 168.

Nous écrivons, au début de ce chapitre, qu'il ne peut être question de droit ni dans le ciel des volontés inclinées par le seul amour, ni dans l'enfer de la brutalité pure. C'est que le droit, dès son origine, se trouve en relation à la fois avec la conscience et avec la force. Le droit résulte, en effet, de la réaction énergique de la conscience collective contre les actes individuels qu'elle ne peut tolérer, parce qu'ils choquent violemment ses croyances ou ses habitudes. D'où vient à la conscience cette armature de croyances théoriques et d'exigences pratiques, nous n'avons pas à le rechercher aujourd'hui ; mais on peut accorder à l'école sociologique qu'elle a clairement mis en lumière, dans toute société humaine, l'existence de ces *credos* et de ces impératifs collectifs et la réalité des réactions qu'ils suscitent contre les perturbateurs. Ces réactions, qu'elles soient simple réprobation ou qu'elles s'efforcent d'entraver l'acte perturbateur, prennent naturellement la forme répressive, et c'est de cette répression que naît le droit. Car le fait même de la répression a pour effet de préciser dans la conscience collective la frontière de ce qu'elle peut ou ne peut pas tolérer dans des circonstances données. Le souvenir de la répression se cristallise dans la conscience, devient tendance active, empiète sur l'avenir et devient prohibition. L'ensemble des prohibitions collectives n'est autre chose que le droit élémentaire. Celui-ci n'émane donc pas de la conscience des sages exerçant leur réflexion sur les variations de la conduite individuelle, mais de l'acte concret par lequel la collectivité organisée réprime ou répare la rupture de l'ordre social. On s'explique, dès lors, que le droit soit essentiellement attaché à l'exercice de la force, mais on s'explique pareillement qu'il ne s'y ramène pas tout entier. *Le principe vital du droit demeure la conscience sociale* ; la force n'est jamais qu'un moyen d'exécution.

Il est vrai que la force, à son tour, semble devenir

source de droit, parce que celui-ci émane de l'Etat législateur dont la toute-puissance, dans les sociétés fortement hiérarchisées, écrase de sa formidable supériorité
toute résistance de l'individu. Qu'on y réfléchisse un
instant, cependant, ce n'est pas en tant que fort que
l'Etat légifère, c'est en tant que sa force rencontre dans
le corps social un minimum de consentement. Ce consentement, sans doute, est rarement accordé en pleine
conscience ou en pleine liberté ; la force de l'Etat est
faite, trop souvent, de la passivité, de la peur, de l'ignorance, de l'inorganisation des masses ; mais ces conditions mêmes sont des facteurs variables dont le législateur doit tenir compte pour s'y accommoder. On ne
gouverne pas des Anglo-Saxons habitués au *self-govern-
ment*, comme des musulmans fatalistes. Si Renan a pu
dire que le meilleur gouvernement serait celui d'un tyran
intelligent, n'est-ce pas impliquer que le tyran connaîtrait
assez intimement la mentalité de son peuple pour lui
donner l'impression que ses vœux et la volonté du législateur coïncident ? La force ne peut créer ou modifier
le droit qu'en prévoyant, pour s'y adapter, les réactions
probables de la conscience sociale.

Or, cette conscience est mobile ; elle l'est de plus en
plus dans nos instables sociétés occidentales, créatrices
tumultueuses d'idées nouvelles, et l'évolution du droit
traduit de façon plus ou moins fidèle ces mouvements de
la conscience collective. Et voici justement à quel propos
on a pu reparler tout récemment de « droit naturel »,
sans revenir à la métaphysique rationaliste du xviii^e
siècle. Il y a quelque trente ans, d'éminents juristes considéraient encore le Code civil napoléonien
comme une œuvre définitive, au moins dans ses fondements généraux. Or, au moment même où l'on célébrait
avec éclat le centenaire de ce monument d'airain incor-
ruptible, on s'apercevait qu'il avait vieilli, qu'il s'effri-
tait de toutes parts. Pourquoi ? Parce que des exigences
nouvelles avaient surgi dans la conscience publique.
et que le droit ne pouvait demeurer longtemps en deçà
de ce mouvement. Tantôt c'est le législateur qui se décide
à régler, en les consacrant, des pratiques peu à peu
admises par les mœurs ; tantôt c'est la jurisprudence

qui, plus pénétrante et plus souple souvent que la législation, accommode aux besoins moraux d'un temps les prescriptions trop générales et trop rigides de la loi. C'est ainsi qu'on voit évoluer dans les sociétés occidentales modernes les notions juridiques qui semblaient les plus stables, celles de responsabilité, de contrat, de propriété, de fonction publique. De toute façon, il apparaît désormais impossible d'isoler le « droit objectif » formulé dans les codes, du « droit subjectif », qui n'est qu'une exigence de la conscience ; car celui-ci ne laisse pas de réagir sur le droit objectif et finit toujours par faire éclater sous sa pression les cadres dans lesquels s'était organisée la vie collective des générations disparues.

V. De la responsabilité collective à la responsabilité individuelle

La liaison ainsi établie entre l'Etat et le droit ne signifie pas pour autant que le droit n'apparaît que là où il y a une force publique organisée au service d'un code. Il a fallu beaucoup de temps pour que s'élaborât la loi et pour que se constituât un pouvoir central capable de la faire respecter. Ce n'est que peu à peu que les clans primitifs ont cédé de leurs attributions judiciaires à la cité. Il importerait d'ailleurs, pour comprendre la formation des premières institutions juridiques, de distinguer entre les modes de répression qui s'appliquent à l'intérieur d'un groupe, et ceux qui sont mis en œuvre lorsqu'un crime met aux prises des membres de groupes différents.

M. Glotz, dans son livre sur la *Solidarité de la famille dans le droit criminel en Grèce*, étudie sur l'exemple grec le fonctionnement de la justice à l'intérieur de la famille, la *vengeance du sang* qui est la première forme de la justice quand un crime met des familles diverses aux prises, *la composition* qui atténue les effets meurtriers de cette vengeance, l'intervention de l'Etat qui la réglemente et la limite.

La justice intra-familiale

Glotz (Gustave). — *La Solidarité de la famille dans le droit criminel en Grèce.* (Paris, Fontemoing, 1904, p. 19 à 20.)

On est tellement habitué de nos jours à considérer la justice comme un attribut de l'Etat, qu'une tribu ou une cité primitive où n'apparaît point encore de juridiction sociale semble dépourvue de toute juridiction. C'est sous cet aspect qu'on se représente souvent la Grèce aux temps légendaires. On y voit bien certaines lésions causer des guerres ou donner lieu à des arbitrages

entre deux γένη ; mais on croit volontiers que dans
les rapports entre membres d'un γένος il n'y a point
d'acte incriminable. Une logique superficielle amène
à cette conclusion, que rien de ce qu'un parent fait contre
un parent n'est susceptible de châtiment. L'attentat
le plus horrible dans la nature, le plus monstrueusement
sacrilège dans les sociétés rudimentaires, c'est le parricide ; le parricide même semble avoir échappé à toute
sanction dans les vieilles coutumes de la Grèce, et, comme
la législation tirée de ces coutumes ne fut jamais abolie
par les Athéniens, on va jusqu'à soutenir que dans Athènes
jamais le parricide ne fut puni.

Si l'on veut dire que les sociétés primitives n'avaient
pas de juridiction criminelle pour prononcer impérativement sur les offenses commises à l'intérieur d'un
γένος, on a bien raison.

Seulement quand les parties appartenaient à des
γένη différents, elles ne trouvaient pas non plus devant
elles de tribunal permanent à compétence fixe, auquel
il fallût recourir obligatoirement. Si l'on veut dire que,
dans ces vieilles sociétés, deux personnes de la même
famille ne pouvaient avoir l'idée de soumettre un litige
à des arbitres pris en dehors de cette famille, pas plus
que deux citoyens de la même ville ne se seraient
adressés aux magistrats d'une autre ville, on a encore
raison. Mais on a grand tort si l'on prétend que, faute
de juridiction sociale, les crimes commis en famille fussent
assurés d'une complète impunité.

Les belles études de Robertson Smith sur les Arabes,
de Kovalewsky sur les Ossètes, et de Steinmetz sur les
peuplades sauvages, ont fait ressortir (ce qu'indiquait
déjà Thonissen à propos des Hindous, des Egyptiens
et des Hébreux) l'importance capitale qu'a dans les
sociétés rudimentaires la justice familiale, à côté de ce
qu'on pourrait appeler le droit interfamilial. Partout
le groupe patriarcal est un groupe à l'intérieur duquel
n'existe pas la vengeance du sang, principe de l'union
contre les étrangers. Selon que l'offenseur et l'offensé
appartiennent à des communautés différentes ou sont
parents entre eux, le même acte n'a plus le même caractère. Dans un cas, il y a préjudice causé par une famille

à une famille, d'où alternative de représailles ou de réparation : nulle atteinte à la solidarité, nul démérite ; pas même, à l'origine, de responsabilité personnelle. Dans l'autre cas, il y a manquement au devoir social et trouble de la paix intérieure, d'où l'idée de culpabilité entraînant celle de punition ; mais, comme la famille, obligée de réagir, a intérêt à se diminuer et à s'affaiblir le moins possible, elle se débarrasse du criminel sans écarter ses proches, et, par un calcul spontané, tend à restreindre la responsabilité. Ainsi coexistent deux systèmes : les groupes règlent leurs comptes entre eux en suivant la loi du talion ; le groupe réprime les fautes individuelles de ses membres en fondant son droit sur la nécessité de la défense sociale et sur l'intimidation.

Les réparations pécuniaires

GLOTZ (Gustave). — *La Solidarité de la famille dans le droit criminel en Grèce*
(Paris, Fontemoing, 1904, p. 107 à 111.)

Quand on examine de près l'institution des réparations pécuniaires, il n'y a point à établir de distinction essentielle entre les deux races qui ont dominé l'Europe et l'Asie. Partout la composition varie selon le rang de la victime et selon le rang du coupable : elle est à la fois la rançon du meurtrier et le prix du sang versé. Elle est la combinaison de deux éléments, dont le dosage n'est pas partout le même, mais qui se retrouvent partout. Si les Magyars, qui ne sont point aryens, demandent aux homicides de se racheter *juxta æstimationem capitum suorum* (selon le tarif de leurs têtes), s'ils exigent du noble un *homagium* supérieur à celui du soldat et du vilain, ils tiennent aussi un large compte de la personnalité du mort et admettent une diminution pour le meurtre d'un esclave ou pour le meurtre d'une femme par son mari. Si les nations germaniques tarifient le crime d'après le *wehrgeld* de l'homme tué, un historien éminent a néanmoins pu soutenir que pour elles « la composition est un rachat, non pas rachat du crime commis, mais rachat de la peine encourue ; non pas rachat de la victime, mais rachat de la vie du coupable ». En réalité, chez tous les peuples qui ont remplacé la vengeance du sang par la composition, ce système nouveau implique une dualité de principe : il faut une compensation à la mort de la victime, il en faut une à la vie du meurtrier.

... A l'origine, tant que l'organisation des γένη, conserve sa force, la compensation due en cas de meurtre, c'est presque toujours la mort du meurtrier. Des représailles, pas de réparation. Les représentants naturels de la victime ne peuvent guère accorder la paix sans qu'il y ait une victime nouvelle. En ces temps où les institutions demandent du sang pour du sang, où les mœurs exigent qu'un homicide soit la réponse à un homicide, la ποινή, loin de désigner la composition, désigne tout juste le contraire. Elle est ce qu'elle restera dans les relations internationales, une vengeance. Fournir une ποινή, c'est mourir. Si, par exception, on parvient à éviter la ποινή, c'est qu'on paie de quoi échapper à la ποινή. Ainsi, la composition apparaît d'abord comme la rançon de l'offenseur. Sans doute on n'oublie pas la cause de la lutte engagée, puisque la ποινή dont l'offenseur se rachète par les ἄποινα est justifiée par l'offense. Mais, comme les familles contractantes sont des groupes politiques dont les relations sont d'ordre international, la composition, qui tient lieu subsidiairement de dommages-intérêts pour le passé, est surtout dans le présent le prix payé pour racheter une vie.

A mesure que les liens du γένος se relâchent, que la communauté s'élargit, par un double effet de cette seule cause, l'offenseur est abandonné des siens, mais, par contre, au lieu d'avoir affaire à des ennemis dont la haine a quelque chose de national, de patriotique, il trouve en face de lui des citoyens. La partie offensée est plus facile à la réconciliation. Elle songe plus souvent qu'il peut y avoir une autre réparation du meurtre commis qu'un second meurtre. La compensation recherchée sous le nom de ποινή n'est plus à l'ordinaire la vengeance, mais la satisfaction pécuniaire.... Jadis la composition avait pour but principal de racheter la tête du meurtrier ; désormais elle a plutôt le caractère d'une indemnité dévolue à la famille de la victime.

L'intervention croissante de l'État

GLOTZ (Gustave). — *La Solidarité de la famille dans le droit criminel en Grèce.*
(Paris, Fontemoing, 1904, p. 244 à 246.)

Un des premiers besoins qui se fassent sentir dans un Etat conscient de sa force, c'est celui d'empêcher les pires effets de la solidarité familiale, de mettre un terme aux représailles exercées contre tout un groupe. La coutume n'avait pas suffi à contenir le ressentiment des offensés dans les limites du talion, et, en combattant le goût du sang par l'amour de la richesse, elle n'avait libéré les personnes qu'aux dépens de leurs biens. Elle avait essayé de réglementer la responsabilité collective ; elle ne l'avait pas supprimée. Aussi, pendant un temps plus ou moins long, selon les pays, la législation sociale eut-elle à protéger dans leur vie et dans leur fortune les parents des accusés et des condamnés.

Elle commença par restreindre la vengeance du sang. Quand on lit aujourd'hui les lois où pour la première fois la puissance publique s'opposait à l'abus des représailles, on est surtout frappé d'en voir autoriser l'usage. Quelques-unes de ces formules font frissonner : *lex horrendi carminis.* On ne songe pas assez, en présence des cruautés permises formellement, à celles qui, ne l'étant plus, étaient par cela même interdites d'une famille à l'autre. On s'attendrit sur le sort toujours réservé au coupable, et l'on ferme les yeux sur le salut enfin assuré aux innocents. Quand le grand législateur des Juifs prononça la parole fameuse : « Sang pour sang, œil pour œil, dent pour dent », il n'excite pas la passion de la vengeance, il la réprime. Il oblige le *goël* à demander aux juges le droit de se venger, et le *Décalogue*, qui admet encore la responsabilité collective et héréditaire, n'en prépare pas moins la grande réforme demandée par les prophètes et réalisée par le *Deutéronome*, la suppression des peines réversibles. Pas plus que Moïse, Mahomet ne pouvait défendre aux parents de la victime de verser le sang du meurtrier ; mais, lui aussi, il les obligeait à se contenter du meurtrier seul. Chez les Aryens, se retrouve constamment, à l'origine de la juridiction sociale, cette restriction de la vendetta légalisée. Une foule de dispositions sont dictées aux peuples slaves, celtes et germaniques par cette même préoccupation. La loi des Saxons et une loi anglaise d'Edmond l'Ancien défendent de toucher aux parents de l'homme libre convaincu d'homicide.

Ce fut plus long, en général, pour l'Etat, d'exonérer la famille de la responsabilité matérielle. N'était-ce pas pousser l'offensé à la vengeance du sang, que de lui enlever toute garantie pour le paiement de la composition ? Les parents de l'offenseur ne se faisaient-ils pas un devoir de lui venir en aide ? D'ailleurs, tant que les familles aimaient à vivre dans l'indivision, était-il si aisé de distinguer la part de chacun ? On observe très bien dans la législation franque comment, de collective, la responsabilité pécuniaire est devenue individuelle. De là la loi salique n'oblige plus les parents à concourir tous ensemble au paiement d'une composition quelconque. Ils ne peuvent être qu'appelés les uns après les autres, dans un ordre déterminé. Pour qu'ils soient appelés, il faut d'abord que le wehrgeld soit à cause d'homicide, ensuite que le meurtrier prouve son insolvabilité doublement, par un serment prêté avec assistance de douze cojureurs et par une renonciation solennelle à tous objets compris dans la haie du domaine familial. Cette responsabilité fragmentée, subsidiaire, exceptionnelle, n'est même pas inévitable. Il est permis à chacun, en rompant publiquement trois baguettes d'aune au-dessus de sa tête, de sortir de sa famille. Encore est-il que la loi salique laisse subsister les charges de la solidarité primitive. C'est la *Decretio Childeberti* qui, en 595, abolit complètement et par principe le concours de la famille à l'acquittement de la composition. Mais maints peuples de l'Europe restèrent très longtemps encore sans faire cette réforme. Dans la première moitié du XIIIᵉ siècle, Waldémar II de Danemark la tenta inutilement. En Russie, elle fut réalisée, vers la fin du même siècle, par les fils de Jaroslaw ; chez les Suédois, en 1335, par Magnus Erickson; chez les Polonais, en 1368, dans le statut de Wislica. En Hollande, il fallut attendre la seconde moitié du XVᵉ siècle, pour que les parents d'un condamné fussent affranchis de l'obligation délictuelle.

**

M. Politis met en lumière la lenteur de l'évolution qui substitue la vindicte publique à la vindicte privée.

De la vindicte privée à la vindicte publique

Politis (N.). — *La Justice internationale*. (Paris, Hachette, 1924, p. 7 à 12.)

Dans toute société humaine, l'organisation de la justice répond à un besoin primordial, c'est à savoir à la satisfaction des intérêts individuels et collectifs. Elle constitue l'indispensable condition du maintien et du progrès de la société. Car, en assurant le triomphe du droit, elle garantit la paix sociale. Sans elle, c'est le retour à l'anarchie et à la barbarie primitives. Aussi est-ce à la manière dont la justice est administrée dans un pays que l'on apprécie ordinairement son degré de civilisation. Là où la justice n'est pas organisée, il n'y a pas à proprement parler d'Etat.

Cela est tellement vrai qu'on a de la peine à s'imaginer un état social dépourvu de tout système de justice.

Cependant les hommes ont vécu longtemps sans avoir de tribunaux. Il leur a fallu une expérience plusieurs fois séculaire pour se convaincre de la nécessité d'en établir. Ils y sont parvenus progressivement, par une lente évolution au cours de laquelle ils ont consenti à renoncer à leurs libertés primitives au profit d'un ordre social qui, en même temps que des lois, leur a donné des juges.

A l'origine des sociétés humaines, il y avait ce que Bacon a appelé la *justice sauvage*. Chacun cherchait à s'assurer, par les moyens en son pouvoir, la réparation des dommages subis. C'était le régime de la justice privée. Le recours à la force constituait l'unique moyen de faire respecter ce que chacun croyait être son droit.

Ce système se transforma et finit par disparaître à mesure qu'au-dessus des individus s'établit une autorité commune assez forte pour se faire obéir.

Il perdit d'abord sa rigueur primitive par la réglementation imposée à l'emploi de la force. Ce fut un grand progrès quand la coutume obligea l'offensé à respecter certaines formes dans l'exercice de son droit de vengeance.

Puis les hommes comprirent que le recours à la violence n'était pas toujours un suffisant moyen de protection, car le débiteur récalcitrant pouvait être plus fort que le créancier qui le voulait attaquer. Leur intérêt les porta à s'entendre soit pour arriver à un arrangement amiable, soit pour faire trancher leur différend par un arbitre librement choisi d'un commun accord.

En rendant les troubles et les désordres moins fréquents, ces habitudes servaient à merveille l'intérêt général. C'est pourquoi la collectivité s'ingénia à tenter la bonne volonté des adversaires en leur offrant des facilités pour un plus large usage des pratiques pacifiques. Elle institua des magistrats chargés de guider les parties désireuses de s'entendre. Elle créa des juges prêts à fonctionner si les litigants, à la recherche d'un arbitre, faisaient appel à eux.

Quand ces habitudes devinrent d'un usage courant, la collectivité fit un nouveau pas dans la voie de l'organisation. Elle rendit les arrangements obligatoires. Elle imposa le recours à des juges publics. La liberté primitive des parties se trouva alors réduite à l'exécution privée des sentences ainsi rendues.

Ce dernier vestige de la justice privée finit lui aussi par disparaître. La société se chargea d'exécuter elle-même les sentences par ses propres agents.

Enfin la collectivité se réserva l'initiative des poursuites en matière pénale, lorsque le délit lésait l'intérêt public plus que l'intérêt privé.

Au terme de cette évolution, la justice cessa d'être une affaire privée pour devenir une fonction sociale et le plus important des services publics.

Il en fut ainsi chez tous les peuples, en Orient, chez les Hindous, les Hébreux, les Perses, les Grecs, comme en Occident, chez les Romains, les Celtes, les Germains, les Francs. A quelques nuances près, les étapes parcourues furent partout les mêmes.

Elles ne se présentent pas toutefois dans la réalité aussi tranchées qu'on vient de l'indiquer. Le progrès réalisé dans chaque période n'a pas immédiatement remplacé les habitudes antérieures. Pendant quelque temps, il a coexisté et s'est combiné, pour ainsi dire, avec elles.

Mais de l'une à l'autre étape, des siècles se sont écoulés. On peut s'en rendre compte par l'examen de l'exemple, le mieux connu, fourni par la législation romaine.

. . . .

L'organisation de la justice apparaît ainsi comme la conséquence de l'établissement d'un ordre social fort et solide ; ses progrès sont calqués sur les siens. Elle ne subsiste que grâce à lui. Un lien d'étroite solidarité les unit, si bien que toute défaillance d'un côté a fatalement sa répercussion sur l'autre. Fonction de l'ordre social, la justice publique disparaît s'il vient à s'effondrer. On en trouve la preuve dans l'histoire du moyen âge.

L'affaiblissement de la monarchie et la dispersion de ses attributs ramènent au xe siècle les individus aux coutumes primitives de la justice privée. Faute de pouvoir s'adresser à une autorité supérieure, ils sont, par la force même des choses, amenés à ne plus compter que sur eux-mêmes. Les guerres privées reprennent de famille à famille. La violence redevient en usage. Elle est seulement réglementée. Mais bientôt du chaos sortent des groupements autonomes. Ils cherchent chacun à imposer son autorité à ses membres, moyennant aide et protection. Des juridictions s'organisent, juridictions seigneuriales, municipales, ecclésiastiques. Leur compétence est au début purement facultative. La partie lésée a, en principe, le choix entre elles et la guerre privée. Elle peut plaider à moins qu'elle n'aime mieux se battre. Mais les guerres privées sont un fléau pour les intéressés et pour la collectivité. Elles provoquent une réaction qui, au xiiie siècle, marque une tendance très nette en faveur de la généralisation des procédures judiciaires. Le recours aux tribunaux s'impose. Et peu à peu, avec l'affermissement du pouvoir royal, la justice redevient un service public.

Arrivée au terme de son évolution, l'organisation de la justice forme, avec les lois et la force publique, l'une des trois bases fondamentales des sociétés politiques modernes. Chacun de ces éléments a une fonction propre. Combinés, ils concourent à une œuvre commune : au maintien de la paix sociale.

Inséparables aujourd'hui, ils n'ont pas toujours coexisté. Historiquement, c'est la loi, sous forme de coutume, qui a d'abord apparu. Puis des tribunaux ont été créés. En dernier lieu, l'autorité publique a été mise au service de la justice.

****

A la transformation dans les organes de la justice correspondent des transformations dans l'idée même que se font les hommes de la responsabilité. M. Fauconnet a montré comment la réaction suscitée par le crime est d'abord « inorientée », le sentiment collectif blessé se déchargeant comme au hasard.

Les premières formes de réaction contre le crime

FAUCONNET (P.). — *La Responsabilité.* (Paris, Alcan, 1920, p. 232 à 235.)

Le crime diffère des autres illégalités par les conséquences qu'il produit. Les règles qu'il viole correspondent aux états forts de la conscience collective, elles sont objet d'un respect intense et tellement spontané, tellement commun à tous les membres de la société, que les codes n'ont pas besoin de les formuler. Leur transgression soulève des émotions violentes dont les effets destructeurs se déroulent : ou bien pour mettre en péril les croyances sociales fondamentales, si le crime paraît l'emporter sur la règle, ou bien pour manifester énergiquement le respect inspiré par la règle et lui rendre toute son autorité, si la règle l'emporte finalement sur le crime. Mais cette victoire de la règle ne saurait consister en une simple rectification des opérations qui ont modifié l'ordre moral. Reprendre au voleur la chose volée pour la rendre à son légitime propriétaire, ce serait nier bien mollement l'acte du voleur. Le caractère sacrosaint de la propriété a été directement mis en cause : et c'est pourquoi le vol est un crime. L'un des sentiments moraux les plus énergiques a été offensé. Sa réaction est proportionnelle à sa vitalité et il faut qu'il en soit ainsi, à moins qu'il ne demeure blessé et n'entre en décomposition. Il est nécessaire et indispensable que les conséquences du crime, entendez ses conséquences émotionnelles, soient détruites, autrement dit que l'émotion soulevée s'apaise en se dépensant. Il faut que la sanction consiste en une manifestation très énergique : la *valeur* de la règle réaffirmée engendre et appelle des actes qui en soient l'expression fidèle. La sanction pénale a bien, elle aussi, pour fonction d'annuler le crime. Mais cette annulation est d'une nature particulière. Il ne s'agit plus seulement de supprimer ce qui est contraire au droit, de rétablir l'ordre ancien. Il faut refaire du neuf, guérir des sentiments que le crime impuni laisserait énervés. C'est la confiance sociale dans l'autorité des règles morales, la foi morale qui réclament un réconfort. Les sociétés n'ont pas trouvé d'autres moyens d'apaiser le trouble né du crime et de restaurer leur respect pour la règle violée que de détruire, imaginairement, la représentation sacrilège que le crime leur a imposée, en se déchaînant contre elle. Ce déchaînement destructeur est le principe de la sanction pénale : elle est réputée exercée, dès que les sociétés croient avoir supprimé le crime, mais pas avant.

C'est donc sur le crime et ses conséquences ainsi définies que la peine doit exercer son action. En ce sens, il est vrai de dire que la peine réagit sur la cause qui la provoque, que c'est la cause qui devient le patient. L'opinion commune qui lie les deux idées de responsabilité et de causalité prend, de ce point de vue, une signification nouvelle. La peine est bien la réflexion de l'effet sur sa cause, seulement la cause de la peine n'est pas l'auteur du crime, mais le crime lui-même.

Mais n'est-ce pas là une formule vide de sens ? Comment le crime, représentation qui appartient au passé, peut-il être détruit ? Il semble que les sociétés soient enfermées dans une impasse et que le mal créé par le crime soit irréparable. Les sociétés ne s'arrêtent pas dans cette impasse. Elles sont acculées à la nécessité de détruire quelque chose qui, logiquement parlant, est indestructible ; elles ne le peuvent, sans doute, qu'au prix d'une sorte de contradiction ; mais une contradiction coûte peu, lorsqu'elle est la condition du maintien de la vie.

Pour se donner ainsi satisfaction, il suffit que la société soit capable de susciter un symbole ou un signe, c'est-à-dire un être dont elle puisse faire, de bonne foi, le substitut du crime passé. La destruction d'un symbole remplacera la destruction du crime qui, en lui-même, ne peut pas être détruit. Ce sont les êtres jugés aptes à servir de substituts d'un crime et à supporter comme tels la peine de ce crime qui deviennent responsables.

La peine se dirige vers le crime. C'est seulement parce qu'elle ne peut l'atteindre en lui-même qu'elle rebondit sur un substitut du crime. Dans ce second moment, elle peut prendre bien des directions différentes. Rien, semble-t-il, ne contraint les sociétés à circonscrire étroitement le cercle où elles choisiront l'être qui servira de substitut au crime et deviendra le point d'application de la peine. Le rapport de symbole à chose symbolisée est tout à fait indéfini. Seule la conscience qui le pose le perçoit et le tient pour valable.

L'orientation des sanctions rétributives doit donc rester largement indéterminée. Tout être quelconque doit pouvoir jouer éventuellement le rôle de patient et les combinaisons d'images d'où naissent sa responsabilité doivent être des plus variées.

A la limite on doit admettre que cette orientation serait absolument fortuite et le choix du patient tout à fait arbitraire. Or l'observation d'un groupe remarquable de faits de vendetta vérifie l'exactitude de cette conséquence extrême de notre hypothèse.

Steinmetz a reconnu l'existence de ce qu'il appelle heureusement « die völlig ungerichtete Rache, la vengeance complètement inorientée ». La vendetta s'exerce, non sur l'auteur du dommage, mais sur « le premier venu ». Ainsi dans le Daghestan, « en cas de mort sans cause connue, les parents du mort, après s'être rassemblés devant la mosquée, déclarent une personne quelconque être le meurtrier, et se vengent sur elle comme sur un criminel véritable ». Steinmetz cite dix-huit autres faits plus ou moins analogues. Mais ce sont là, pour lui, des exceptions et il admet que « la vengeance ordinaire a toujours le coupable... pour objet ». Nous croyons au contraire que cette « inorientation » radicale est un caractère essentiel de la vendetta pure.

* *

Comment la responsabilité s'individualise, se spiritualise, et du même coup s'atténue, c'est ce qu'indique M. Fauconnet dans la dernière partie de sa thèse.

La peine s'individualise et s'atténue

FAUCONNET (P.). — *La Responsabilité*. (Paris, Alcan, 1920, p. 312 à 316.)

Le respect, l'amour et la pitié croissants qu'inspire la personne humaine concourent à limiter et à modifier la responsabilité. Sous ce rapport, le culte individualiste de la personne ne se manifeste pas seulement par l'interdiction partielle des traitements qui aviliraient ou léseraient le patient. Il prend aussi une forme positive : l'intérêt que nous portons à l'individu incline la société qui le juge à pénétrer en lui, à se mettre à sa place. La sympathie, au sens propre du mot, nous ouvre le cœur et la pensée de nos semblables et nous prêtons une attention intelligente aux événements de leur vie intérieure. Dès lors, chaque individu tend à nous apparaître comme un être unique en son genre, « singulier », dont nous nous plaisons à scruter les caractères idiosyncrasiques, que nous aimons pour ce qui lui est rigoureusement personnel, pour ce qui le distingue de tous les autres.

Or un individu singulier ne peut jamais être perçu, ni senti, comme un symbole exact, un substitut parfait du crime défini *in abstracto*. Le crime devient *son* crime et il n'y a pas deux crimes, de même dénomination, qui soient rigoureusement identiques. En outre la sympathie fournit à l'intelligence une explication psychologique du crime : nous comprenons les combinaisons du caractère congénital, des habitudes et des circonstances qui ont déterminé l'impulsion criminelle. Mais rien ne sollicite l'indulgence comme l'explication minutieuse de l'acte coupable; expliquer, c'est dans une large mesure excuser, et toute l'énergie qui se dépense à *comprendre* diminue celle qui se dépenserait à frapper. Tout ce qui rend le coupable digne d'intérêt n'atténue pas seulement sa responsabilité, mais engage aussi la nôtre. Sous des

noms divers, charité, fraternité, solidarité, l'homme
moderne désigne quelque chose qui l'attache aux malheureux et l'oblige à les secourir : le développement de la
bienfaisance privée, puis de l'assistance publique en
témoignent. La solidarité est proprement une forme de
responsabilité. En tant que criminel, l'auteur du crime
est réprouvé. En tant qu'infirme, aliéné, victime de l'hérédité ou de la misère, moralement abandonné dans son
enfance, il aurait eu droit à une protection efficace. S'il
ne l'a pas obtenue, nous jugeons la société comptable
envers lui. Créancière du fait du crime, elle est aussi débi-
trice, et la responsabilité finale est un compromis entre
les deux dettes. Enfin notre sympathie nous fait percevoir ce que pense et souffre le condamné quand il subit
la peine. Nous ne voulons pas qu'il soit frappé comme une
brute privée de droits ; nous exigeons que le châtiment
sauvegarde sa dignité et nous souhaiterions qu'il assurât
son avenir moral. Nous lui reconnaissons en quelque
sorte un droit à être amendé par la peine. Tel est l'esprit
qui a dicté les entreprises illusoires peut-être, mais généreuses, de l'Ecole pénitentiaire et l'institution plus féconde
des *Réformatoires*.

L'action combinée de ces sentiments concernant le
patient détermine un amoindrissement général de la
responsabilité et multiplie les conditions dont dépendent
sa mesure et ses qualités secondaires.

1º Tout d'abord elle devient subjective : l'action
corporelle pure, *a fortiori* l'intervention passive et
indirecte dans le crime, ne suffisent plus à l'engendrer.

2º Les animaux et les choses deviennent irresponsables,
sans réserves, non seulement parce qu'ils ne peuvent pas
vouloir le crime, mais parce qu'ils ne pourraient sentir
le caractère moral de la peine.

3º La même raison, et en outre le respect pour la
dignité de la personne humaine, entraînent la désuétude
des peines infligées aux cadavres et des procès contre
les morts.

4º Le respect, la pitié, l'amour, la solidarité exigent
que les enfants soient soustraits à la peine : une minorité
pénale est fixée au-dessous de laquelle l'enfant est irres-
ponsable, une autre au-dessous de laquelle sa responsa-

bilité est atténuée. Et des institutions procédurales et pénitentiaires s'ébauchent, qui tendent à soustraire l'enfant au procès criminel ordinaire et à substituer pour lui, aux sanctions expiatrices, de pures mesures éducatives et réformatrices.

5° Parallèlement, et dans le même esprit, l'aliénation mentale exclut la responsabilité. Définie dans des termes de plus en plus larges, elle crée un droit à la cure, aux frais de la société, qui renonce totalement à punir. Pour les aliénés criminels incurables, si dangereux soient-ils et si stériles que doivent rester les dépenses faites en leur faveur, on demande des méthodes d'élimination philanthropiques : au lieu de la mort, l'internement hospitalier et non pénal.

6° La détermination progressive, par la neurologie et la psychiatrie, d'anormalités psychiques, d'états pathologiques apparentés à l'aliénation, a d'abord eu pour résultat, au cours du xixe siècle, de multiplier les verdicts de non-culpabilité et l'octroi des circonstances atténuantes par les jurys. La réaction contre les excès de cette indulgence dangereuse aura probablement pour conséquence prochaine l'institution d'un régime semi-pénal, semi-hospitalier. Plus l'anormal se rapprochera de l'aliéné, moins il sera puni. Mais à une répression plus atténuée pourra correspondre un traitement thérapeutique plus énergique.

7° Un individu normal peut réagir exceptionnellement par un crime, sous la pression de circonstances anormales. La sympathie et l'esprit de solidarité nous interdisent de juger sévèrement l'homme qui avait à choisir entre l'héroïsme et le crime, surtout lorsque ce choix lui était imposé par le vice même de nos institutions, notamment des institutions économiques. *L'état de nécessité*, interprété dans un large esprit de bienveillance, s'introduit dans le droit pénal, d'abord comme une circonstance atténuante de la culpabilité appréciée par le juge, puis comme une véritable excuse légale.

8° La sympathie commande au juge de tenir compte non seulement de l'intention, mais des facteurs mêmes de l'intention, c'est-à-dire des motifs et des mobiles. Deux actes volontaires, semblables en apparence, apparaissent comme très différents en valeur, si le juge tient compte et de la violence des passions que la volonté avait à combattre et surtout de leur contenu. Le crime commis sous la poussée de sentiments nobles, ou apparentés aux émotions nobles, engendre une responsabilité atténuée : le juge se sent trop près du coupable pour se montrer sévère. On sait la complaisance du jury pour les « crimes passionnels ».

9° Le juge remonte, dans sa recherche sympathique des causes d'irresponsabilité, au delà même des facteurs immédiats de l'intention. Il cherche, dans les antécédents de l'accusé, tout ce qui a déterminé la formation de son caractère : hérédité, constitution physiologique, éducation, profession, influence du milieu, difficultés de la vie. Et mieux ces antécédents expliquent le crime, font apparaître comme nécessaire l'écart moral de l'accusé et de la moyenne des honnêtes gens, plus la tendance est forte à nier la culpabilité et surtout à la limiter par l'octroi des circonstances atténuantes.

10° La préoccupation de l'avenir moral du condamné porte les sociétés à se départir du formalisme juridique qui attache à chaque type d'infraction une peine déterminée, au moins entre deux limites maxima et minima, par le législateur. Tout en écartant le mot et le principe, la plupart des législations pénales contemporaines font de larges concessions au système des « sentences indéterminées ». Les tribunaux, avec le concours de l'administration pénitentiaire, traitent les condamnés moralement les meilleurs un peu comme des mineurs : le rôle éducatif de la sanction devient prépondérant ; la peine varie, non plus en fonction du crime, mais en rapport avec la réforme morale du coupable. En France, par exemple, la loi de sursis permet d'exonérer de toute peine effective les condamnés primaires, leur responsabilité reconnue n'entraînant que le blâme impliqué dans la condamnation et la menace d'une peine en cas de récidive. Et l'institution de la libération conditionnelle qu'on propose d'assouplir, crée, au bénéfice du condamné qui s'amende, l'équivalent d'un sursis partiel au cours de l'exécution de la peine.

VI. Les tendances actuelles du Droit

Peut-on dès à présent dégager une loi générale de l'évolution du Droit et déterminer ses tendances actuelles ?

Il y a longtemps que Sumner Maine a essayé de répondre à cette question, en esquissant une antithèse devenue fameuse entre le régime du statut et celui du contrat.

Du statut au contrat

SUMNER MAINE. — *L'Ancien Droit.* (trad. franç., Paris, Guillaumin, p. 158 à 162.)

Les lois civiles des Etats se montrent d'abord comme les thémistes d'un patriarche-roi, et nous voyons que ces thémistes ne sont probablement qu'une forme développée des ordres absolus qui, dans une période antérieure, étaient adressés par le chef de chaque famille à ses femmes, à ses enfants, à ses esclaves. Mais même après l'organisation de l'Etat, les lois n'ont qu'une application très limitée : soit qu'elles conservent leur caractère primitif de thémistes, soit qu'elles arrivent à l'état de coutume ou de textes codifiés, elles obligent non les individus, mais les familles. L'ancien droit, si l'on peut employer une comparaison peut-être trompeuse, peut être assimilé au droit international, et ne remplissait rien que les interstices existant entre les grands groupes, qui étaient les unités sociales. Dans une communauté semblable, la législation des assemblées et la juridiction des tribunaux n'atteignent que les chefs de famille : pour tous les autres individus, la règle de conduite est le droit de la maison à laquelle il appartient, dont son père est le législateur. Mais la sphère du droit civil, petite au commencement, tend constamment à s'agrandir. Les agents des changements du droit, fiction, équité, législation, viennent l'un après l'autre frapper sur les institutions primitives ; et à chaque progrès, un plus grand nombre de droits personnels et des propriétés plus impor-

tantes passent de la juridiction du père de famille à celle
des tribunaux publics. Les ordonnances du gouvernement acquièrent graduellement dans les affaires privées
la même force que dans les affaires de l'Etat, et ne peuvent
plus être dominées par les ordres du despote assis près
de chaque foyer. Nous avons dans les annales du droit
romain une histoire presque complète de l'écroulement
d'un système primitif et de la formation de nouvelles
institutions sur des combinaisons nouvelles de matériaux :
institutions dont quelques-unes sont arrivées sans altération jusqu'au monde moderne, tandis que les autres,
détruites ou corrompues par le contact de la barbarie
pendant les siècles d'ignorance, ont dû être reconquises
par l'humanité. Lorsque nous laissons cette jurisprudence
à l'époque de sa dernière reconstruction par Justinien,
on n'y trouve que peu de traces de droit antique autre
que la puissance étendue qui est encore conservée au
père vivant. Dans toutes les autres parties, des principes
de convenance, ou de symétrie, ou de simplification, —
de nouveaux principes en tout cas, — ont remplacé l'autorité des pauvres considérations qui suffisaient à la conscience des anciens temps. Partout une moralité nouvelle
a déplacé les règles de conduite et les motifs d'assentiment qui répondaient aux anciennes coutumes, parce
qu'en réalité ils étaient nés d'elles.

Le mouvement des sociétés progressives a été uniforme sous un rapport. Pendant toute sa durée, il a été
remarquable par la dissolution graduelle de la dépendance
de la famille, qui a été remplacée peu à peu par les obligations individuelles. L'individu est constamment substitué à la famille comme l'unité sociale dont s'occupe le
droit civil. Le progrès a été plus ou moins rapide, et il
existe encore des sociétés dans lesquelles, bien qu'elles
ne soient pas entièrement stationnaires, on ne peut apercevoir la décadence de l'ancienne organisation qu'au
moyen d'études patientes. Mais quelle qu'ait été la
rapidité de la marche du progrès, il n'a jamais subi ni
réaction ni recul, et les retards apparents qu'il a éprouvés
ont été occasionnés par l'absorption d'idées et de coutumes antiques venues d'une source étrangère. Et il
n'est pas difficile de voir quel est le lien qui remplace

peu à peu les formes de réciprocité de droit et de devoirs qui ont leur origine dans la famille : c'est le contrat. Partant, comme d'une station de l'histoire, d'un état social dans lequel tous les rapports des personnes se résument en rapports de famille, nous semblons avoir marché constamment vers un ordre social dans lequel tous ces rapports naissent de la volonté libre des individus. Dans l'Europe occidentale, le progrès fait dans cette direction a été considérable. Ainsi l'état d'esclave a disparu, et a été remplacé par le rapport contractuel de serviteur à maître. L'état de femme en tutelle, si l'on comprend par tutelle une autre que celle du mari, a aussi cessé d'exister ; depuis sa majorité jusqu'à son mariage, tous les rapports de la femme sont des rapports contractuels. De même l'état de fils en puissance n'a plus de place dans le droit des sociétés européennes modernes. Si une obligation civile lie le père et l'enfant devenu majeur, c'est une obligation à laquelle le contrat seul donne force légale. Les exceptions apparentes sont de celles qui confirment la règle. L'enfant mineur, l'orphelin en tutelle, l'aliéné, ont un état réglé par le droit des personnes. Mais pourquoi ? On invoque des motifs différents dans le langage conventionnel des différents régimes, mais en substance on arrive au même point. La grande majorité des jurisconsultes soutiennent que les personnes que nous venons de désigner sont soumises au contrôle extérieur, simplement parce qu'elles ne sont pas capables de juger de leurs propres intérêts ; en d'autres termes, elles manquent de la première condition requise pour pouvoir s'obliger par contrat.

Le mot état peut être employé utilement dans une formule destinée à exprimer la loi du progrès que nous venons d'indiquer et qui, quelle que soit sa valeur, me semble suffisamment constatée. Toutes les formes d'état mentionnées dans le droit des personnes viennent des pouvoirs et privilèges que possédait autrefois la famille, et qui sont quelquefois encore invoqués. Si donc nous employons le mot état, comme les meilleurs écrivains, dans le sens de ces conditions personnelles seulement, et ne l'appliquons pas aux conditions qui sont de près ou de loin le résultat d'une convention, nous pouvons dire que le mouvement des sociétés progressives a jusqu'à présent consisté à passer de l'état au contrat.

***

M. Duguit, étudiant de son côté la transformation du Droit, proteste non seulement contre les méthodes aprioristes, mais contre les conceptions individualistes chères aux théoriciens du droit naturel.

Conception métaphysique et conception réaliste du droit

Duguit (Léon). — *Les Transformations générales du droit privé depuis le Code Napoléon.* (Paris, Alcan, 1912, p. 15 à 20.)

A la notion métaphysique de droit subjectif se rattachait une conception purement individualiste de la société et du droit objectif, c'est-à-dire du droit s'imposant comme règle de conduite aux individus et à la collectivité personnifiée, à l'Etat.

Cet individualisme avait un lointain passé ; il était le produit d'une très longue évolution ; il prenait son origine dans la philosophie stoïcienne ; il avait trouvé sa formule juridique dans le droit romain classique : il était parvenu au xvie et au xviiie siècle à une formule complète et définitive qui peut ainsi se résumer.

L'homme est, par nature libre, indépendant, isolé, titulaire de droits individuels, inaliénables et imprescriptibles, de droits dits naturels, indissolublement attachés à sa qualité d'homme. Les sociétés se sont formées par le rapprochement volontaire et conscient des individus, qui se sont réunis dans le but d'assurer la protection de leurs droits individuels naturels. Sans doute, par l'effet de cette association, des restrictions sont apportées aux droits de chacun, mais seulement dans la mesure où cela est nécessaire pour assurer le libre exercice des droits de tous. La collectivité organisée, l'Etat n'a d'autre but que de protéger et de sanctionner les droits individuels de chacun. La règle de droit, ou le droit objectif, a pour fondement le droit subjectif de l'individu. Elle impose à l'État l'obligation de protéger et de garantir les droits de l'individu ; elle lui interdit de faire aucunes lois, aucuns actes qui y portent atteinte. Elle impose à chacun l'obligation de respecter les droits des autres. La limite de l'activité de chacun a pour fondement et pour mesure la protection des droits de tous. On lit à l'article 4 de la Déclaration des Droits de l'Homme : « La liberté consiste à pouvoir faire tout ce qui ne nuit pas à autrui : ainsi l'exercice des droits naturels de chaque homme n'a de bornes que celles qui assurent aux autres membres de la société la jouissance de ces mêmes droits. Ces bornes ne peuvent être déterminées que par la loi. » A l'article 5 : « La loi n'a le droit de défendre que les actions nuisibles à la société. » Et au titre 1er, § 3 de la Constitution de 1791 : « Le pouvoir législatif ne pourra faire aucunes lois qui portent atteinte et mettent obstacle à l'exercice des droits naturels et civils. »

Cette conception purement individualiste du droit était aussi artificielle que la conception métaphysique de droit subjectif. Comme celle-ci elle était un produit historique ; elle a eu sa valeur de fait à un moment donné ; mais elle ne pouvait subsister.

D'abord elle était intimement liée à la notion de droit subjectif et si, comme je crois l'avoir démontré, celle-ci est une notion d'ordre métaphysique qui ne peut pas être maintenue dans nos sociétés modernes, toutes pénétrées de réalisme et de positivisme, la conception individualiste doit aussi disparaître.

D'autre part, prise en elle-même, la conception individualiste est insoutenable. Cette idée de l'homme naturel, isolé, indépendant, ayant en sa qualité d'homme des droits antérieurs à la société et apportant ces droits dans la société, est une idée tout à fait étrangère à la réalité. L'homme isolé et indépendant est une pure fiction ; il n'a jamais existé. L'homme est un être social ; il ne peut vivre qu'en société, il a toujours vécu en société.

De plus, parler des droits de l'homme naturel, isolé, de l'individu pris en soi, séparé de ses semblables, c'est faire une contradiction *in adjecto*. En effet, tout droit par définition implique un rapport entre deux sujets. Si l'on imagine un homme isolé et absolument séparé de ses semblables, il n'a pas, il ne peut pas avoir de droits. Robinson dans son île n'a pas de droits; il ne peut en avoir que lorsqu'il entre en relations avec d'autres hommes. L'individu ne peut donc avoir de droits que quand il vit en société et parce qu'il vit en société. Parler de droits antérieurs à la société, c'est parler du néant. Et comme d'un autre côté nous avons vu qu'en réalité l'homme social ne peut avoir de droits subjectifs, tout le système juridique fondé sur la notion de droit subjectif et sur la conception individualiste s'écroule, ruiné par la base même.

Mais en même temps s'élabore sur d'autres bases un nouveau système dans toutes les sociétés américaines et européennes, parvenues au même degré de culture et de civilisation, un système dont la formation est plus ou moins avancée suivant les pays ; un système juridique, qui, lentement, sous la pression des faits, vient remplacer l'ancien système ; et cela en dehors de l'intervention du législateur, malgré son silence, et, je pourrais dire, malgré même parfois son intervention en sens contraire.

Il repose sur une conception exclusivement réaliste, qui élimine successivement la conception métaphysique de droit subjectif : c'est la notion de fonction sociale.

L'homme n'a pas de droits; la collectivité n'en a pas davantage. Mais tout individu a dans la société une certaine fonction à remplir, une certaine besogne à exécuter. Et cela est précisément le fondement de la règle de droit qui s'impose à tous, grands et petits, gouvernants et gouvernés.

Cela est aussi proprement une conception d'ordre réaliste et socialiste, qui transforme profondément toutes les conceptions juridiques antérieures.

*
* *

Est-ce donc à dire que la « socialisation du droit » entraîne la méconnaissance du droit des individus ? M. Charmont ne le pense pas. Et les idées qu'il esquisse ici pourraient servir à réviser l'opposition dont on se contente trop souvent entre tendances individualistes et tendances socialistes.

Effets de la socialisation du droit

Charmont (J.). — *Le Droit et l'Esprit démocratique*. (Paris, Masson, 1908, p. 39 à 47.)

Socialiser le droit, c'est le rendre plus compréhensif, plus large qu'il n'était, l'étendre du riche au pauvre, du possédant au salarié, — de l'homme à la femme, — du père à l'enfant, pour tout dire, c'est l'admettre au profit de tous les membres de la société. Et peut-être même un jour viendra où tout être humain ayant sa part de droit, le droit dépassera l'humanité elle-même : les animaux, qui font aussi partie de la société, qui travaillent et qui meurent pour elle, dont la propriété est une dernière forme de l'esclavage, ne seront plus oubliés par la loi et seront protégés contre la dureté et la puissance de ceux qui les possèdent.

Ainsi la socialisation apparaît dans l'avenir comme un progrès continu, dont le dernier terme nous échappe. Dans le passé, elle est la réalisation, la marque visible des travaux accomplis.

Voyez, par exemple, le droit romain. La cité primitive n'est qu'une confédération de familles, et la loi n'est qu'un traité, *un modus vivendi* entre les différentes familles. Elles se rapprochent pour s'assurer une protection mutuelle, elles forment entre elles une alliance pour défendre leur vie, leurs biens, le produit de leur travail ; le droit, c'est le fait de pouvoir invoquer cette alliance. Pour être protégé, il faut être membre d'une famille : celui qui n'a pas de famille n'a pas de droit.

Et c'est pourquoi la plèbe ne peut avoir de capacité juridique qu'à la condition de constituer un groupement nouveau ayant ses assemblées, ses ressources et ses chefs.

C'est là visiblement la première phase ; la cité comprend un certain nombre d'associations naturelles ou artificielles, familles, classes sociales, corporations ouvrières. La loi détermine les droits et les obligations de ces associations, leurs rapports respectifs, la sphère d'action de chacune d'elles. Mais elle ne se préoccupe pas de ce qui peut se passer dans chaque groupe : les rapports que leurs membres peuvent avoir entre eux ne sont pas réglementés. Ainsi l'individu protégé par sa *gens* ou sa corporation risque d'être opprimé par elle. Essayons de nous représenter la vieille famille romaine. Organisée par le droit et distincte de la parenté elle constitue un groupe compact, une société comprenant plusieurs générations d'enfants et d'esclaves soumises à l'autorité absolue du *pater*. On peut dire que cette autorité s'exerce à peu près de la même manière sur les deux catégories de sujets : en d'autres termes, il n'y a pas de différences essentielles entre la puissance paternelle et la puissance dominicale. Ainsi sur les enfants et les esclaves l'autorité du père est perpétuelle. Elle s'exerce également sur les descendants des uns et des autres. Elle confère sur la personne un droit sans limite, droit de vente, de vie et de mort. L'esclave et l'enfant sont pour le père des instruments d'acquisition; ils ne peuvent avoir aucun bien personnel. Il n'y a pour la famille qu'un seul patrimoine et ce patrimoine est administré sans contrôle par le *pater*.

En quoi donc consistera le progrès du droit ? à pénétrer dans l'intérieur de la famille, à assurer à chacun de ses membres une protection particulière, à transporter, selon l'expression de M. Labbé, la capacité juridique du groupe à l'individu. Prenons comme exemple l'enfant. Légalement, sa condition de plus en plus se différencie de celle de l'esclave. Les droits du père sur sa personne sont atténués; on se borne d'abord à réprimer les abus et les actes de cruauté ; on finit par restreindre, limiter le droit lui-même. L'impossibilité pour le fils de famille d'avoir un patrimoine distinct de celui du père disparaît en très grande partie par suite de l'institution et du développement des pécules. Le père enfin n'a plus le droit de disposer sans contrôle des biens de la famille; sa liberté testamentaire est limitée...

Il serait facile de retrouver la même tendance, le même mode d'évolution dans une autre matière, celle des obligations. A l'exemple de presque toutes les législations primitives, l'ancien droit romain solidarise les membres du même groupe. Il est très rare que le citoyen intervienne seul lorsqu'il s'oblige. Le plus souvent, tout le groupe auquel il appartient s'oblige avec lui. Pour contracter, pour agir ou pour se défendre en justice, il est presque toujours nécessaire d'amener avec soi des garants. C'est un service que les membres de la même *gens* se demandent à chaque instant et que les mœurs ne permettent guère de refuser. Ainsi s'expliquent la confusion originaire de la solidarité et du cautionnement, — la transmission forcée des successions aux *heredes sui et necessarii*. A mesure que l'individu se dégage de la collectivité, son sort comme obligé pour autrui tend à s'améliorer. On voit successivement accorder à l'héritier, à la caution, toute une série de bénéfices, qu'on peut utilement comparer, bénéfice d'abstention, droit de renoncer, bénéfice d'inventaire, bénéfice de cession d'actions, de division, de discussion. Dans tous les cas n'a-t-on pas toujours pour but d'affranchir l'individu d'une solidarité forcée ?

Mais n'y a-t-il pas contradiction à voir dans cette libération de l'individu, dans ce développement du droit individuel une forme de la socialisation ? Est-ce que l'opposition ne résulte pas des mots eux-mêmes : individualiser, socialiser ? Nous ne voyons dans cette opposition qu'une dangereuse confusion. Elle nous amène à concevoir l'individu et l'Etat comme deux forces antagonistes, l'une ne pouvant s'exercer et se développer qu'au détriment de l'autre. Sans doute la socialisation implique une intervention de la société réglementant, humanisant les rapports individuels, s'efforçant de faire connaître à chacun sa part de droit. Mais réprimer des abus, rétablir l'égalité, ce n'est pas porter atteinte au droit individuel. Restreindre le droit du mari ou du père c'est sauvegarder le droit de la femme ou de l'enfant. On a pu soutenir, — et c'est la thèse de M. Jaurès, — que le socialisme, l'organisation sociale du travail n'avait rien d'inconciliable avec la liberté. Seulement, sous le régime du libéralisme économique, la liberté n'existe pleine et entière que pour un petit nombre de privilégiés. La possession du capital peut seule donner le loisir, l'indépendance, la faculté de disposer de sa vie, d'aller et venir à sa guise. Mais cette liberté précisément est refusée au plus grand nombre. Elle n'a pas de place dans la vie du travailleur, de l'ouvrier d'usine, qui ne peut refuser son

travail qu'à la condition de supporter la faim. Partant
de là, si l'on rend le travail obligatoire, comme l'est
aujourd'hui le service militaire, on ne fait qu'une péré-
quation. Aucune liberté n'est entière, mais la charge, au
moins théoriquement, est mieux répartie ; la somme totale
des libertés reste la même.

***

Ces transformations mêmes du droit nous le montrent
faisant effort pour donner satisfaction aux exigences crois-
santes de la morale. En ce sens, on peut dire que le droit positif
tient compte des revendications du droit naturel. Mais tandis
qu'à la fin du xviiie siècle on présentait ces revendications
comme valables pour tous les temps et tous les pays, on
comprend mieux après les recherches de la sociologie que le
droit naturel peut avoir, comme dit M. Gény, un « contenu
variable », et que son autorité morale tient à ce qu'il traduit,
comme le montre M. Davy, certains jugements de valeur de
la conscience collective.

Après avoir discuté les conceptions de MM. Hauriou, Duguit,
Gény, M. Davy s'efforce de montrer dans la conclusion de
son livre sur *Le droit, l'idéalisme et l'expérience* que le caractère idéal du droit ne peut s'expliquer que par l'action de
valeurs impératives elles-mêmes affirmées par la conscience
collective.

L'idéal juridique et la conscience collective

Davy (G.). — *Le Droit, l'Idéalisme et l'Expérience.* (Paris, Alcan, 1922, p. 161
à 165).

Il suffit, nous l'avons vu, de croire à la réalité de la
conscience collective pour rendre compte objectivement
de ce que le droit contient d'idéal. Si en effet ces règles
idéales dont on fait d'ordinaire des préceptes de droit
naturel s'imposant *a priori*, apparaissent effectivement
à chaque individu, comme s'imposant à lui-même,
comme lui préexistant et le débordant, c'est qu'effectivement elles lui sont extérieures et supérieures. Mais
pour être telles, il ne s'ensuit pas qu'elles ne puissent

être réellement données dans la conscience collective, laquelle déborde en effet la conscience individuelle et réunit toutes les conditions nécessaires pour lui proposer et lui imposer un idéal. Cette explication de l'idéal juridique ou moral peu importe, car les conditions sont les mêmes — a été assez nettement formulée par Durkheim dans ses derniers écrits, et elle est d'ailleurs assez facile à pousser plus loin encore qu'il ne l'a fait lui-même, pour qu'on cesse enfin d'admettre que toute sociologie tombe sous le reproche courant de ne viser que l'être et non le devoir-être, la description et non la prescription.

Mais l'idéal ainsi expliqué par la conscience collective qui en est présentée comme le foyer d'élaboration, devient lui-même un fait d'observation puisque l'éclosion historique d'idéaux dans la conscience collective d'une époque, par exemple d'une époque d'élaboration révolutionnaire ou religieuse, est un fait que l'on peut observer et rattacher à ses causes, et auquel on peut voir produire des effets dans les consciences individuelles. L'aspiration d'une conscience individuelle vers le mieux resterait subjective et hétérogène à l'observation scientifique, mais les aspirations collectives sont, comme telles, objectives et donnent prise à l'observation et à l'explication. Collectif et objectif, ces deux caractères de l'idéal sont solidaires. Mais alors, le caractère collectif accepté, on voit combien devient naturel ce passage, que nous venons d'étudier à propos de la notion du droit, du réalisme à l'idéalisme. En étudiant les faits en effet, et du pur point de vue réaliste, on relève l'existence de droits. Chacun de ces droits signifie une valeur reconnue et consacrée comme idéale, respectable et effectivement intangible sous peine de sanction. Mais s'il est vrai que ce soit la conscience collective qui discerne, impose et sanctionne ces valeurs, l'observation ne les rencontrera que dans le monde idéal en même temps que donné de ses représentations, et jamais simplement dans le monde des faits, comme de simples qualités intrinsèques et naturelles de certaines situations ou de certaines personnes privilégiées. Par exemple pour définir correctement la personnalité juridique qui pose si complètement la question de la source et de la nature du droit, il faudra, à notre avis, renverser le point de vue ordinaire, au lieu d'attribuer d'emblée la personnalité à l'individu comme tel et de rechercher ensuite s'il n'existe pas des personnalités non individuelles qui soient des personnes au même titre que les individus, on devra admettre ce seul postulat : la personnalité est un attribut exclusivement moral et nullement physique. Aucune raison dès lors pour que cet attribut soit le monopole des individus, puisque les titres à la personnification sont avant tout moraux. Le groupe pourra les posséder et sans aucune fiction tout aussi bien que les individus. Si la personnalité est la consécration d'une valeur, il faut, pour posséder cette valeur et se la voir reconnaître, l'acquérir et la mériter. Cela est vrai exactement de la même façon pour les groupes et les individus. S'il y a des groupes qui n'ont pas réellement une conscience collective, il y a de même des individus qui n'ont pas réellement une conscience individuelle. Pas plus que ces groupes ils ne seront des personnes. Ils n'auront pas assez de valeur pour que la conscience commune, dispensatrice du droit, les révère et les protège. Et c'est seulement au contraire lorsque cette même conscience aura conféré cette qualification juridique et morale qui sera la personnalité, que l'individu ou le groupe ainsi investis acquerront droit et souveraineté.

En foi de quelle valeur enfin cette investiture sera-t-elle accordée ? Il est clair qu'aux yeux de la conscience collective, source des valeurs, ce qui fait la valeur ce ne peut être que le degré de participation de la conscience isolée ou de groupe qu'elle a à juger, à sa propre nature à elle. Sera donc sacrée personne et protégée comme telle par le droit, toute conscience d'individu ou de groupe qui aura su incarner en elle une part de l'idéal social. Voilà l'équivalent social de l' « éminente dignité » des individualistes.

Et voilà enfin en même temps le fondement de cet idéalisme issu de la réalité et de l'histoire que nous avons essayé de définir en matière de droit. A l'idéalisme *a priori* des valeurs innées et inscrites sur les tables du droit naturel, il oppose celui des valeurs acquises et constituées au fur et à mesure de ce long progrès historique qui a nom civilisation. Valeurs acquises qui nous sont précisément d'autant plus chères et sacrées qu'elles sont l'œuvre séculaire de notre espèce et témoignent de son progrès. Droits de la personnalité et de la nationalité, inviolabilité de la justice, respect de la promesse, voilà, si ce ne sont pas de beaux instincts innés, autant de conquêtes pénibles et lentes de l'humanité sur elle-même ; voilà aujourd'hui le **contenu de notre** idéal humain.

VII. Du droit international
à la Société des Nations

Arrivera-t-on à régler juridiquement, non pas seulement les rapports entre individus, mais les rapports entre nations ? Arriveront-elles à constituer une société véritable ? Les transformations de la réalité sociale elle-même, la croissante interdépendance des groupes nationaux, la multiplication des associations d'intérêt international donnent aux sociologues des raisons de l'espérer.

Il y a longtemps qu'on a noté l'élargissement progressif des cercles où la paix réussit à s'installer. C'est sur cette thèse de philosophie de l'histoire que les saint-simoniens ont appuyé leur foi pacifiste, fidèles en cela à l'inspiration de Saint-Simon lui-même qui écrivait dès 1814 la *Réorganisation de la Société européenne*

Les progrès de l'association

La Doctrine de Saint-Simon. (Paris, Rivière, édition Halévy et Bouglé, 1924, p. 206 à 210).

Lorsqu'on se transporte à un point de vue assez élevé pour embrasser à la fois le passé et l'avenir de l'humanité (termes inséparables, car ils se présentent revêtus d'une égale certitude, et l'un ne saurait être jugé sans la conception de l'autre), de ce point de vue on reconnaît que, dans sa durée totale, la société offre deux états généraux distincts : l'un provisoire qui appartient au passé, l'autre définitif qui est réservé à l'avenir ; l'état d'antagonisme et l'état d'association. Dans le premier, les diverses agrégations partielles, coexistantes, se regardent les unes les autres comme se faisant réciproquement obstacle ; elles éprouvent l'une pour l'autre de la défiance, de la haine ; chacune d'elles n'aspire qu'à détruire ses rivales ou à les soumettre à sa domination. Dans l'état d'association, au contraire, la classification de la famille humaine se présente comme une division de travail, et une systématisation d'efforts pour atteindre un but commun. Chaque agrégation particulière voit sa prospérité, son accroissement dans ceux de toutes les autres agrégations.

Nous ne prétendons pas dire, assurément, que la marche de l'humanité soit soumise à l'action de deux lois générales, l'antagonisme et l'association : le développement successif de l'espèce humaine ne reconnaît qu'une seule loi, et cette loi, c'est le *PROGRÈS* non interrompu de l'association. Mais, par cela seul qu'il y a eu progrès, sous ce dernier rapport, il est évident que, pendant la durée de ce progrès, il a dû se présenter des faits *plus* ou *moins* en dehors de l'association. C'est cet état de choses que nous appelons antagonisme ; état de choses qui, n'exprimant à la rigueur qu'une négation, doit néanmoins être étudié à part, si l'on veut apprécier clairement les différences qui séparent le premier et le dernier terme du développement social.

Plus on remonte dans le passé, plus on trouve étroite la sphère de l'association, plus on trouve que l'association elle-même est incomplète dans cette sphère. Le cercle le plus restreint, celui que l'on conçoit comme ayant dû se former le premier est la *famille*. L'histoire nous montre des sociétés qui n'ont point eu d'autre lien : il existe aujourd'hui sur le globe des peuplades chez lesquelles l'association ne paraît pas s'étendre au delà de cette limite : enfin, autour de nous, dans l'Europe même, quelques nations que des circonstances particulières ont isolées, jusqu'à un certain point, du mouvement de la civilisation, laissent apercevoir, dans leurs relations sociales, des traces encore profondes de cet état primitif.

Le premier progrès qui s'opère dans le développement de l'association, est la réunion de plusieurs familles en une cité ; le second celle de plusieurs cités en un corps de nation; le troisième, celle de plusieurs nations en une fédération ayant pour lien une croyance commune.

L'humanité, avons-nous déjà dit, en est restée à ce dernier progrès, réalisé par l'association catholique, et, bien que ce progrès soit immense, si l'on compare l'état social qu'il a créé à tous ceux qui l'ont précédé, on doit reconnaître pourtant que l'association, parvenue au terme dont nous parlons, est bien loin encore de celui qu'elle doit atteindre, puisqu'elle est, si l'on peut s'exprimer ainsi, incomplète en profondeur comme en superficie, n'embrassant qu'une partie des besoins de l'homme, ne régnant que sur une portion de l'humanité ; aussi le principe du catholicisme, épuisé depuis plusieurs siècles, a-t-il perdu toute sa force expansive ; l'association la plus vaste et la plus profonde qui ait existé jusqu'à ce jour, parvenue à sa plus grande extension, est encore assez imparfaite pour que la majeure partie de l'espèce humaine demeure en dehors de sa sphère, même pour que la plupart des peuples qui y étaient entrés en sortent et s'en détachent chaque jour.

En jetant un coup d'œil sur l'histoire, il est facile de vérifier les différentes phases du progrès de l'association. Nous n'assisterons pas, il est vrai, à la réunion de plusieurs familles en une cité; mais nous voyons plus tard des cités se réunir en corps de nation ; le phénomène d'une semblable fusion nous apparaît en Grèce, en Italie, en Espagne, dans les Gaules, dans la Germanie. Bien plus près de nous et d'une manière bien plus distincte, nous voyons des nations s'associer, jusqu'à un certain degré, sous l'autorité d'une même croyance, et former la grande alliance catholique, dissoute par les travaux critiques des trois derniers siècles.

La série d'états sociaux que nous venons d'indiquer, famille, cité, nation, église, offre au regard de l'observateur le tableau d'une lutte perpétuelle. Cette lutte règne successivement avec toute son intensité, d'abord de famille à famille, puis de cité à cité, de nation à nation, de croyance à croyance. Mais ce n'est pas seulement entre les diverses associations dont nous venons de parler qu'elle se témoigne, on la retrouve au sein même de chacune d'elles considérée isolément. Nous avons vu les guerres que se sont faites entre eux les peuples composant l'association catholique, bien que ces peuples eussent manifesté si souvent, et notamment par leurs efforts combinés pour comprimer l'essor de l'islamisme, et arrêter ses conquêtes, quelle était la puissance du lien qui les unissait. L'histoire nous montre des rivalités de même nature entre les cités ou provinces faisant partie d'une même nation, et, dans l'intérieur de la cité, entre les différentes classes d'hommes qui la composent. Ici sans doute la lutte n'a pas le même caractère dans tous les partis qui s'y trouvent engagés : chez l'esclave, chez le plébéien, elle a pour objet l'affranchissement ; chez le maître, chez le patricien, elle a pour objet l'oppression ; d'une part, elle est progressive ; de l'autre, stationnaire ou rétrograde. Enfin la lutte se retrouve, au sein même de la famille, entre les sexes et entre les âges, entre les frères et les sœurs, entre les aînés et les puînés. Les germes de divisions propres à chaque association se perpétuent, après leur fusion dans une association plus grande, mais c'est avec une intensité toujours décroissante, à mesure que le cercle s'étend.

* *

Moins optimiste que les saint-simoniens, Proudhon dans *La Guerre et la Paix* présente la guerre comme une « révélation de l'idéal » et une forme du droit.

Il est à noter toutefois que pour Proudhon lui-même la guerre est désormais quelque chose d'anachronique. Elle doit reculer devant le travail. La prédominance des préoccupations et des méthodes économiques tendrait à rendre la violence désuète.

La guerre recule devant le travail

PROUDHON. — *La Guerre et la Paix*. (Paris, Hetzel-Dentu, 1861, 2 volumes p. 372 à 375.)

Il est évident, pour qui considère avec attention l'ensemble du mouvement guerrier, qu'il y a tendance de l'humanité, non point à une extinction, mais à une transformation de l'antagonisme, ce que l'on est convenu, dès le commencement des sociétés, d'appeler la *Paix*. Cette prévision va devenir une certitude, si, après avoir retracé sommairement ces évolutions de la guerre, nous lui en demandons à elle-même l'interprétation. Ici, ce n'est plus la raison de l'historien, c'est le droit de la guerre lui-même qui va parler.

La guerre a pour but de déterminer à laquelle des deux

puissances en litige appartient la prérogative de la force. Elle est la lutte des forces, non leur destruction ; la lutte des hommes, non leur extermination. Elle doit s'abstenir, en dehors du combat et de l'incorporation politique qui s'ensuit, de toute atteinte aux personnes et aux propriétés. Nous n'avons plus à démontrer ces choses : la critique que nous avons faite des formes de la guerre et de sa cause originelle a répandu sur tous ces points la plus vive lumière ; nos adversaires eux-mêmes se rallient à ces principes.

Il suit de là que l'antagonisme, que nous acceptons comme loi de l'humanité et de la nature, ne consiste pas essentiellement pour l'homme en un pugilat, en une lutte corps à corps. Ce peut être tout aussi bien une lutte d'industrie et de progrès : ce qui, dans l'esprit de la guerre, et pour les fins de haute civilisation qu'elle poursuit, revient, en dernière analyse, au même. « L'empire au plus vaillant », a dit la Guerre. Soit, répondent le Travail, l'Industrie, l'Économie ; de quoi se compose la vaillance d'un homme, d'une nation ? N'est-ce pas de son génie, de sa vertu, de son caractère, de sa science acquise, de son industrie, de son travail, de sa richesse, de sa sobriété, de sa liberté, de son dévouement patriotique ? Le grand capitaine n'a-t-il pas dit qu'à la guerre la force morale est à la force physique comme trois est à un ? Les lois de la guerre, l'honneur chevaleresque ne nous enseignent-ils pas à leur tour que dans nos combats nous devons nous honorer, nous abstenir de toute injure, trahison, spoliation et maraude ? Luttons donc ; nous n'avons que faire pour cela de nous attaquer à la baïonnette et de nous tirer des coups de fusil. De même que par l'effet de la guerre le droit, d'exclusivement personnel qu'il était au commencement, est devenu droit réel, de même la guerre à son tour doit cesser d'être personnelle et devenir exclusivement réelle. Dans ces nouvelles batailles, nous n'en aurons pas moins à faire acte de résolution, de dévouement, de mépris de la mort et des voluptés ; nous ne compterons pas moins de blessés et de meurtris ; et tout ce qui sera lâche, débile, grossier, sans vaillance de cœur ni d'esprit, ne doit pas moins s'attendre à la sujétion, à la mésestime et à la misère. Le salariat, le paupérisme et la mendicité, dernière des hontes, attendent le vaincu.

Ainsi, la transformation de l'antagonisme résulte de sa définition, de son mouvement, de sa loi ; il résulte encore de sa finalité. L'antagonisme, en effet, n'a pas pour but une destruction pure et simple, une consommation improductive, l'extermination pour l'extermination ; il a pour but la production d'un ordre toujours supérieur, d'un perfectionnement sans fin. Sous ce rapport, il faut reconnaître que le travail offre à l'antagonisme un champ d'opérations bien autrement vaste et fécond que la guerre.

Remarquons d'abord que dans cette arène de l'industrie les forces sont en lutte non moins ardente que sur les champs de carnage ; là aussi il y a destruction et absorption mutuelle. Je dirai même que dans le travail comme dans la guerre la matière première du combat, sa principale dépense, est toujours le sang humain. En un sens qui n'a rien de métaphorique, nous vivons de notre propre substance, et, par l'échange de nos produits, de la substance de nos frères. Mais il y a cette différence énorme, que dans les luttes de l'industrie il n'y a de véritablement vaincus que ceux qui n'ont point ou qui ont lâchement combattu : ce qui emporte cette conséquence que le travail rend à ses armées, et souvent au delà, tout ce qu'elles consomment, chose que la guerre ne fait pas, qu'elle ne saurait faire jamais. Dans le travail, la production suit la destruction ; les forces consommées ressuscitent de leur dissolution, toujours plus énergiques. Le but de l'antagonisme, dont on veut se prévaloir, l'exige ainsi. S'il en était autrement, le monde retournerait au chaos : viendrait le jour où par la guerre il n'y aurait plus, comme à l'aurore de la création, que du vide et des atomes : *Terra autem erat inanis et vacua.* (Or la terre était vide et sans vie).

* *
*

En fait les échanges et communications de toutes sortes augmentent chaque jour l'interdépendance des nations modernes. Et la multiplication de leurs rapports ne manque pas de se traduire par un sorte de « communauté juridique » sur laquelle insiste M. Maxime Leroy.

Vers une communauté juridique des nations

Leroy (Maxime). — *L'Ere Wilson. La Société des Nations.* (Paris, Giard et Brière, 1917, p. 88 à 92.)

Pour comprendre le mouvement des peuples vers l'unification, il faut mettre, en regard du pauvre droit xénophobe de 1804, le riche ensemble des lois, des conventions, des traités, des jurisprudences et des coutumes nationales et internationales qui ont réuni les pays à civilisation occidentale en une société qui a poussé jusqu'aux pays infidèles ou hérétiques le droit des Etats de la chrétienté traditionnellement groupés autour du trône de Pierre. Les peuples se sentent liés par des intérêts communs ; la guerre n'a fait que rendre ce sentiment plus fort dans chaque groupe de belligérants. Ils pensent qu'ils sont tenus à des obligations réciproques ; ils promulguent des règles spéciales pour se garantir mutuellement les droits de leurs nationaux expatriés pour les besoins du commerce ou les curiosités de l'esprit, touristes ou commis de comptoir ; les monnaies, les timbres s'unifient aussi bien que les pas de vis ou les rails des chemins de fer ; et, généralisant une antique institution, ils ont enfin renouvelé, sur l'initiative du plus cimmérien des Etats occidentaux, le miracle hellène des amphictyonies dans la capitale du droit international à La Haye. Pris d'une curiosité universelle, ils ne vont plus chercher des leçons de droit ou des raisons de croire dans une seule ville, dans la vieille Rome, institutrice, législatrice et thaumaturge ; désormais sans prestige divin ou surhumain ; Rome n'est plus qu'un décor où va rêver Gœthe et se promener Stendhal ; Rome est à Paris, à Berlin, à Vienne, à Londres ; toutes les grandes capitales deviennent cosmopolites.

Grâce aux facilités de voyager, nous sentons tous, plus ou moins confusément, ces transformations, mais sans en voir toute la richesse juridique et toute la commodité bureaucratique, la portée pratique et la signification culturelle. Nombreux sont les faits qui se présentent ici à l'observation : il ne s'agit pas de quelques services rudimentaires perdus dans le droit interne des peuples, mais d'un ensemble d'administrations officielles qui ont donné naissance « à une véritable société internationale qui se superpose à la société nationale sans la faire disparaître » : un État supérieur, avec son législateur, ses tribunaux, sa police, ses principes et son ordre public propre.

Comment, sous l'influence de quelles circonstances, de quels besoins universels s'est formée, s'est développée cette communauté juridique entre tous les peuples, inconnue des anciens ; quels sont ces services et ces institutions qui la constituent en matière vivante, en fait d'observation ; à quelles idées morales et politiques correspond-elle au milieu des nations que tiraillent encore, comme autrefois, les rivalités économiques, les ambitions guerrières ; enfin quel avenir est réservé à cette nouvelle paix romaine : nombreuses questions dont les réponses montrent l'ancienneté et la permanence des efforts qui, depuis des siècles, tendent les peuples vers la constitution de cette pacifique, laborieuse et intelligente société des nations.

Histoire des facilités de communication, mais aussi fastes de l'esprit humain qui, en mal de principes, s'est continuellement élargi au contact des autres civilisations de moins en moins inaccessibles, même les plus lointaines ; ce n'est pas seulement une satisfaction plus rapide et plus ample de nos besoins matériels multipliés par les offres d'un marché devenu mondial que permettra cette progressive décentralisation des nationalités, mais aussi le perfectionnement de nos outils de connaissance, l'enrichissement enfin de notre savoir lui-même, grâce à un travail de plus en plus aisé, de plus en plus collectif entre savants et praticiens. Et ainsi le droit, recueil des garanties de la liberté des citoyens et de l'activité des marchands, prend, au contact de ces grandes transformations intellectuelles, une grandeur morale et une importance politique qui doivent faire oublier la pauvreté de ses chicanes et la fluctuation de ses incertitudes.

Point d'abstraction dans ces mouvements d'idées : les moyens de communication rapprochent les hommes, les villes se sont surpeuplées ; plus de montagnes ni de fleuves infranchissables ; mort le géant Adamastor qui effrayait sur les océans les navigateurs téméraires ; l'air, le sol, le sous-sol et le fond des mers sont utilisés au transbordement des idées, des denrées et des nouvelles ; chaque ville, avec ses milliers de magasins exotiques, ses commissionnaires en marchandises, est devenue une vaste foire permanente, occasion journalière de négoces fructueux que les besoins individuels, sans cesse excités, ne parviennent pas à limiter. Du XIIIe au XVIe siècle, invention de la lettre de change, promulgation de codes maritimes internationaux, les Rôles d'Oléron, le Consulat de la mer, les Tables de Wisby, le Guidon de la mer. Au XVIe siècle, le Florentin Machiavel, enseigné par les intérêts des marchands de sa cité natale, annonce le principe de l'équilibre des Etats auquel, un siècle plus tard, le traité de Westphalie donnera vie historique et forme diplomatique, après que Sully et Henri IV y eurent un instant rêvé, en considérant les progrès de la Maison d'Autriche. Au milieu du XVIIe siècle, l'Anglais Zouch lance le mot nouveau applicable à la solution des difficultés nées de ces rapports entre gens étrangers les uns aux autres, que Bentham cent ans plus tard traduira par celui de droit international : *jus inter gentes*, formule qui correspond à tout ce trafic de négociants et au droit qu'ils se sont donné. Les Conférences de La Haye n'ont fait que continuer cette vieille évolution vers l'unité et l'amitié.

* *

Un raisonnement par analogie permettrait, selon M. Politis, d'augurer que les Etats eux-mêmes passeront de la « justice facultative » à la « justice obligatoire ».

De la justice facultative à la justice obligatoire

Politis (N.). — *La Justice internationale.* (Paris, Hachette, 1924, p. 15 à 21.)

Pendant très longtemps, les Etats n'ont connu, pour le règlement de leurs litiges, d'autre régime que celui de la force brutale.

Le premier progrès a consisté à en soumettre l'usage à des lois propres à le rendre moins fréquent et moins dommageable. Ce fut le lent travail de la coutume, qui depuis le moyen âge, sous la double influence de la chevalerie et de l'Église, élabora les usages de la guerre. Au xixe siècle, on entreprit la codification de ces règles coutumières. On conclut d'abord des conventions particulières sur des matières limitées. On arrêta ensuite, aux conférences de La Haye de 1899 et de 1907, des règlements plus généraux sur la guerre sur terre et sur la guerre maritime. Les esprits chagrins, portés à dénigrer toute innovation, comme d'ailleurs les enthousiastes, trop impatients pour attendre, n'ont pas épargné leurs sarcasmes à ces Conférences qui, réunies pour fixer la paix, ont surtout réglementé la guerre. Pour les uns, c'était une manière de masquer l'échec des desseins pacifiques. Pour les autres, la preuve que la guerre demeure, quoi qu'on fasse, à la base des relations internationales.

Vaines et stériles critiques. Réglementant la guerre, quoique issues d'un désir de paix, les Conférences de La Haye ont obéi aux leçons de l'histoire qui montre que, pour éliminer la guerre, on doit commencer par lui donner des lois. C'est le premier pas vers la justice, condition préalable et nécessaire de la paix. Malgré les apparences, loin de renoncer à leur idéal pacifique, les Conférences de La Haye sont entrées dans l'indispensable préliminaire de sa réalisation. Elles ont ainsi mérité le titre, qu'on leur a donné en les convoquant, de Conférences de la Paix.

Parallèlement un autre progrès a été réalisé. Pour les mêmes raisons que les hommes, dans leurs rapports privés, les Etats ont parfois préféré à la violence la composition volontaire, soit par arrangement diplomatique, soit par recours à des arbitres.

L'arbitrage international a une histoire très ancienne, qui n'est pas bien connue. Il a progressé ou rétrogradé suivant que les circonstances ont été plus ou moins favorables à son développement. Il a été particulièrement apprécié après les périodes de longues et épuisantes guerres, quand on a eu mieux senti le besoin d'ordre et de légalité. Il a été recherché davantage par les peuples démocratiques, ayant souci de la liberté et du respect du droit, que par les nations autocratiques, habituées à préférer le régime de la force à celui de la loi.

Aussi bien, à partir de la fin du xviiie siècle, avec l'apparition de la grande démocratie américaine et la mise en honneur des principes de liberté propagés par la Révolution française, l'arbitrage international a pris un essor extraordinaire. Ses progrès ont marché de pair avec le triomphe des institutions libérales comme avec l'extension des effets et l'augmentation du coût des guerres.

La guerre est désormais une opération de très grand luxe. Si elle ne peut encore être bannie des habitudes des peuples, elle doit au moins être réservée aux conflits très graves dont quelque raison suprême empêcherait le règlement pacifique.

Dans ces conditions, il est naturel que l'arbitrage ait acquis un crédit croissant. Il est devenu d'un usage fréquent et il a exercé une influence indéniable sur le progrès de la légalité internationale. Il s'est ainsi formé un ensemble de règles coutumières touchant le choix des arbitres, la procédure, la force et la valeur des sentences.

Après avoir été solidement établies par l'usage, ces règles ont été officiellement consacrées par les Etats. Elles l'ont été de même manière que les habitudes de composition volontaire dans les rapports privés. Systématisant la pratique suivie, des conventions internationales ont été conclues offrant des facilités propres à tenter les bonnes volontés. La première Conférence de La Haye a élaboré, à côté de la codification des lois et coutumes de la guerre, un règlement pour la solution pacifique des conflits internationaux. Complété par la deuxième Conférence de La Haye, ce règlement a été adopté par tous les pays civilisés. Il est devenu une loi universelle. Il offre des moyens multiples de pacification aux Etats désireux d'éviter la guerre. Il organise les bons offices et la médiation. Il développe le système des enquêtes internationales. Il arrête un plan détaillé de procédure arbitrale. Il fournit enfin, avec la Cour permanente d'arbitrage, le cadre où les parties, à la recherche de juges, peuvent, si elles le veulent, faire fonctionner un tribunal.

Les facilités que les Etats se donnent ainsi ne se rattachent à aucune organisation collective. Elles représentent la réglementation d'une liberté qui demeure intacte et dont l'usage, s'il s'inspire d'une notion abstraite de justice, ne dépend que du bon vouloir de chacun.

Avec l'établissement de la Cour permanente de justice internationale, un nouveau progrès se dessine.

La nouvelle Cour est, en effet, une véritable juridiction permanente, ce qui offre à la justice internationale des possibilités d'un développement ultérieur.

De plus, émanant de la Société des Nations, fonctionnant en son nom, la Cour se rattache à une organisation dont elle est un des principaux rouages. Le titre de son intervention ne réside pas uniquement dans l'appel des plaideurs, car sa justice se réclame d'une volonté supérieure, de celle de tous les membres de la Société des Nations. A la différence des sentences arbitrales qui, quelle que soit leur valeur juridique, ne sont au fond que l'arrangement recherché par les parties, les décisions de la Cour sont de véritables arrêts de justice exprimant la conscience juridique universelle.

Enfin si, en principe, la nouvelle Cour est simplement offerte et non imposée aux Etats, exceptionnellement sa compétence est obligatoire. Il est des cas où un Etat peut en actionner un autre devant elle par citation directe, c'est-à-dire sans accord préalable avec son adversaire. Ces cas sont, à la vérité, relativement peu nombreux. Mais ce qui importe pour le progrès de la justice internationale, c'est moins l'étendue que le principe de l'obligation.

Pour toutes ces raisons, la Cour permanente de justice internationale constitue une grande innovation grosse de conséquences pour l'avenir.

C'est le premier essai d'une véritable organisation judiciaire dans les rapports internationaux.

C'est aussi la première apparition — encore timide, mais certaine — de la justice publique entre les peuples.

Dans leurs efforts vers la justice, les Etats s'approchent ainsi de l'étape qui, à Rome, a été caractérisée par la procédure formulaire. Ils en sont encore à la période de la composition volontaire organisée : ils conservent, en principe, le choix entre l'appel aux armes et le recours à la justice. Mais déjà, dans certains cas, en vertu du Pacte de la Société des Nations, l'usage de la force n'est plus permis, et en vertu du statut de la nouvelle Cour ou des conventions particulières, le recours à la justice est obligatoire.

Entre cette évolution et celle dont l'histoire de la justice nationale offre le spectacle les analogies sont si frappantes qu'il est permis de penser que la première n'est pas encore parvenue à son terme final.

Sachant combien de siècles il a fallu aux hommes pour arriver à leur actuelle organisation de la justice, on doit faire crédit aux Etats pour atteindre un résultat semblable. Le chemin par eux déjà parcouru autorise l'espoir qu'à la longue ils y aboutiront.

Quand la Société des Nations aura rendu assez de services pour mériter, avec plus de confiance, une plus forte organisation, il ne lui sera peut-être pas impossible d'imposer par degrés aux Etats l'obligation de soumettre à la justice tous leurs différends et d'arriver, plus tard, à se réserver le soin d'assumer elle-même l'exécution des sentences.

L'étude attentive des origines et des développements successifs de la justice internationale montre que ces perspectives d'avenir sont solidement basées sur la réalité des faits.

*
* *

Quelles difficultés spéciales résultent pour la constitution d'un droit international du fait que les Etats se déclarent souverains, M. G. Scelle l'a clairement établi. Mais il estime que cela n'interdit pas le progrès d'une législation d'un genre particulier.

Souveraineté des États et droit international

Scelle (Georges). — *Le Pacte des nations et sa liaison avec le traité de paix.*
(Paris, Tenin, 1919, p. 44 à 48, et 365 à 370.)

L'ensemble des règles de droit que la coexistence d'Etats multiples a amené à poser, constitue la discipline juridique des Etats; on l'appelle le Droit international public ou droit des gens. Les Etats sont les personnes juridiques, sujets de ce droit ; leur coexistence, leurs rapports, la réglementation juridique qui en dérive, tels sont les trois éléments dont s'est formée la Société traditionnelle des Nations.

C'est parce que les sujets ordinaires du Droit international sont des Etats, c'est-à-dire des personnes morales les plus étendues, les plus puissantes, les plus nécessaires qui soient, que la discipline juridique qui conditionne leur activité dans la Société qu'ils forment, présente des caractéristiques tout à fait particulières.

Les Etats, avons-nous vu, sont souverains dans le domaine de leur activité interne, et cette qualité qu'ils revendiquent normalement dans leurs rapports avec les individus et les corps nationaux, ils refusent de l'abandonner dans leurs rapports mutuels. Il est communément admis que les Etats, arrivés à leur plein développement, sont également souverains en droit international public. Il semble, au premier coup d'œil, illogique et difficile à concevoir qu'un Etat reste souverain, et cependant soit soumis, en tant que sujet, à une discipline juridique qui trace des règles à son activité sociale. Ce postulat, cependant, est traditionnel dans le droit international ; ce dernier est entièrement construit sur lui et ses règles fondamentales en découlent. On a voulu par là assurer juridiquement l'indépendance indispensable des Etats et donner à la discipline juridique qui les lie son caractère particulier : elle est acceptée et non imposée.

Il importe d'y insister, car cette notion est capitale. La souveraineté se présentant comme un concept absolu, n'est pas susceptible de plus ou de moins. Elle est ou n'est pas. Si elle est, tous les sujets qui la possèdent la possèdent au même titre et dans sa totalité, et par conséquent sont tous égaux entre eux. Ils sont, par suite, absolument indépendants les uns des autres, et entièrement libres de régler leur rapports les uns avec les autres, selon leur gré, et d'agir à leur guise. Ils n'ont aucun supérieur commun, et aucun d'entre eux, aucun groupe d'entre eux, ne peut s'arroger une autorité quelconque, ni pour imposer une loi, ni pour juger un différend, ni pour obliger un autre Etat au respect du droit. Juridiquement et théoriquement, il n'y a ni petits ni grands Etats, ni forts ni faibles, mais uniquement des Etats égaux et indépendants

Cette conception idéale n'est-elle pas contradictoire à l'existence d'une discipline juridique et l'absence de toute autorité ne réduit-elle pas le droit international à néant ? Non, théoriquement ; la règle de droit peut exister, sans être imposée, il suffit qu'elle soit reconnue ; le rôle de l'autorité peut être remplacé par celui de la volonté des sujets de droit, qui, ayant reconnu la valeur de la règle, s'y soumettent spontanément. Nous avons vu que la sanction du droit est souvent virtuelle, parce qu'elle recèle la force en puissance. Cette force ne peut-elle être celle de la raison ou de l'intérêt bien compris ? Ainsi peut-on concevoir la discipline internationale comme voulue, acceptée par les Etats, laissant subsister leur liberté de vouloir dans son intégralité, puisqu'ils ne sont liés que par leur acceptation. Elle sera non pas autoritaire, mais tacitement ou délibérément contractuelle, reposera sur la réciprocité et la bonne foi.

Ainsi les Etats ne sont régis que par les règles législatives qu'ils ont formulées eux-mêmes ou acceptées ; ne sont liés que par leurs contrats ou leurs traités ; n'ont à subir d'autre juridiction que celle des juges de leur choix, et dans le cas seulement où ils y consentent, et ne sont sous la menace d'aucune autre sanction que celle des réactions de force dont disposent leurs voisins, ou des mouvements de l'opinion publique, s'ils méconnaissent leurs obligations. Cela ne signifie pas : absence de législation, de juridiction, de sanction, — mais législation, juridiction, sanction d'un ordre particulier, à vrai dire d'un ordre imparfait, présentant des lacunes, des incertitudes, et surtout de l'insécurité.

. . . .

En fait dans la Société des Nations aucun sur-Etat, aucun Etat d'Etats n'a été superposé aux entités naturelles qui se sont dégagées au cours des siècles, et dont le Traité de paix a, d'ailleurs, reconstitué plusieurs. Bien mieux, le Pacte a prévu la génération spontanée d'Etats nouveaux et leur a donné les moyens de se développer, sous une tutelle contrôlée, et d'accéder à l'indépendance par des voies pacifiques. Repoussant la chimère d'une fédération universelle, on n'a institué ni pouvoir législatif obligatoire, ni juridiction dotée d'une compétence absolue, ni pouvoir exécutif, proprement dit. La législation internationale continuera d'être laissée à l'initiative des Etats, tout en étant étudiée, améliorée, proposée même, s'il est utile, par l'Assemblée. La juridiction n'est appelée à se développer qu'avec les progrès mêmes de l'esprit juridique ; elle ne s'impose qu'avec le concours de l'opinion, et dans les cas les plus graves, et reste alors une œuvre de tutelle collective, plutôt qu'elle ne devient l'ordre d'un préteur : les solutions ne sont que très exceptionnellement imposées, elles restent d'ordinaire des recommandations, données sous une pression qui pour n'être que morale, peut être pourtant efficace. Quant au Gouvernement de la Société, c'est un Conseil politique dont toute la force morale et matérielle réside en sa sagesse et dans son harmonie.

Ainsi n'y a-t-il ni Etat fédéral, ni même Confédération d'Etats, puisque les organes institués n'ont reçu ni constitutionnellement, ni même conventionnellement, une compétence obligatoire générale. Chaque membre de la Ligue reste, nous y avons insisté à plusieurs reprises, le maître de ses décisions et le juge de ses devoirs contractuels ; il ne subit que la pression même de la solidarité qui l'enserre, mais le Pacte est conçu de façon que cette solidarité s'impose à lui par la force de l'évidence et la conscience du risque qu'il court en la violant. Ainsi respecte-t-il la nature même du droit international, qui est d'être *voulu*, et non pas imposé, *consenti* par la conscience éclairée des peuples et des Gouvernements, et non subi sous la menace de l'autorité. On peut espérer par là voir disparaître peu à peu les exagérations de la notion de Souveraineté, qui conduisent à l'arbitraire, et à laquelle se substituera celle de l'interdépendance, c'est-à-dire de la liberté dans la limite des obligations juridiques.

***

Un jour viendra-t-il où la Société des Nations pourra passer de la phase administrative à la phase constitutionnelle ? M. Maxime Leroy le laisse espérer.

De la phase administrative à la phase constitutionnelle

LEROY (Maxime). — *L'Ere Wilson. La Société des Nations.* (Paris, Giard et
Brière, 1917, p. 116 à 119.)

Fédératifs ou unitaires, républicains ou monarchistes,
tous les Etats ont des institutions qui, dissemblables
au point de vue politique, répondent, variées dans leurs
formes et contraires dans leurs tendances, aux mêmes
besoins essentiels de leur vie, à une même aspiration vers
la centralisation exécutive.

Ces besoins essentiels se résument en un seul : l'ordre.

Un pouvoir législatif central, une puissance exécutive
centrale, une police (tribunaux et armée), voilà les organes,
les trois pouvoirs traditionnels, qui sont chargés d'assurer
la permanence de l'ordre dans tout Etat. Ce sont ces
trois pouvoirs qu'il y aura lieu de développer de la nation
à la Société des Nations, comme du département ou de
la province à l'Etat nous voyons, suivant une progression
dans l'importance, s'exercer ces trois fonctions, aussi
nécessaires dans la province, image réduite de l'Etat, que
dans l'Etat, groupement de provinces ou de départements.

Ces rouages ne formeront pas un Etat fédéral sur le
modèle de la Suisse ou des Etats-Unis : ce genre de constitution suppose, en effet, des similitudes de mœurs ou
d'intérêts que les cinquante Etats de l'univers sont loin
de présenter ; d'autre part, on devra observer que ce
genre d'union suppose une délicate et complète unité
morale qui n'est réalisée qu'en gros, à l'heure actuelle.

On ne devra pas davantage penser que les Etats associés constitueront un Etat fédératif sur le modèle de
l'Autriche-Hongrie, monarchie dualiste : quoique les
Etats ainsi groupés aient une plus grande indépendance
que dans l'Etat fédéral, leur lien (la question de la monarchie mise à part) apparaîtra sans doute plus étroit que
celui qu'il est possible d'espérer, à cette heure, des peuples.
C'est à une constitution de ce genre que tendra vraisemblablement par ses premières démarches l'union
internationale ; mais il ne peut être question d'atteindre
dès maintenant sa perfection relative qui, au reste, ne

se présente pas à l'observation sans soulever la critique qu'inspire le régime austro-hongrois lui-même.

La Société des Nations affectera, à ses débuts, si elle doit se réaliser, moins la forme d'un État proprement dit, d'un État supranational, a-t-on dit parfois, que celle d'une union sans *imperium*, administrative plus que politique, économique plus que constitutionnelle.

Au point de vue politique, elle sera pendant longtemps, probablement, un perfectionnement du vieux système des alliances : il sera généralisé en vue de la paix alors qu'autrefois il était morcelé en vue de la guerre. Ce système de rapprochement n'a pas d'autre organisation, actuellement, que les négociations diplomatiques ; en somme, il est tout à la fois compliqué et simpliste. L'union nouvelle sera dotée de véritables services communs, de fonctionnaires centralisés, qui lui permettront d'avoir une vie quotidienne, administrative et économique, sur un plan d'activité similaire à celui des États. Les services internationaux existants cesseront sans doute d'être dispersés : ils devront être réunis ; cette concentration administrative, voilà quelle sera la première œuvre des nouveaux rouages communs ; du moins peut-on espérer raisonnablement que ce sera sa première œuvre, une certaine modestie convenant aux pronostics dans un tel ordre d'innovations.

On veut penser, sans davantage excéder les limites des faits, que cette tâche imposera à la Société des Nations sa forme, qui sera administrative, ses caractères qui n'auront rien de ceux d'une Puissance publique autonome, enfin sa place dans chacune des nations associées.

Le premier grand progrès sera réalisé le jour où les services communs auront un droit direct d'initiative et de coercition, sans avoir à solliciter l'agrément ou l'exequatur de chacun des États : ce jour-là, et ce jour seulement, il existera une sorte d'*imperium* commun ; et de sa phase simplement administrative, la Société des Nations aura passé dans sa phase constitutionnelle.

*
* *

Dans la conclusion d'un livre sur « l'œuvre de la Société des

Nations », M. Léon Bourgeois résume les raisons de confiance que ses partisans peuvent trouver dans la nature des forces qui triomphent à travers l'histoire.

L'Évolution morale de l'humanité prépare la Société des Nations

Bourgeois (Léon). — *L'Œuvre de la Société des Nations.* (Paris, Payot, 1923, p. 442 à 446.)

La Société des Nations, annoncée dès 1899 et 1907 par les Conférences de La Haye, devenait, par le pacte du 29 juin 1919, une vivante réalité.

Mais nous apporte-t-elle enfin une organisation durable de la paix ? Ou bien allons-nous retrouver, au moment même où nous croyons toucher au but, les obstacles auxquels se sont heurtées, depuis des siècles, les longues théories de ces pèlerins de toutes races, de toutes croyances, de toutes civilisations, s'efforçant toujours en vain de s'élever vers l'idéal de la paix ?

Pour répondre à cette question qui porte en elle toute l'angoisse de l'humanité, il nous faut remonter non pas seulement à l'histoire des peuples, mais à celle de l'homme lui-même, de l'individu chez qui les passions ne sont pas différentes de celles des collectivités et dont on est certain de retrouver tous les penchants, bons ou mauvais, comme dans un miroir agrandi, lorsqu'on cherche à comprendre les causes des révolutions de l'humanité.

Les passions humaines, comme les forces de la nature, sont éternelles. Il ne s'agit point de les nier, il faut les mesurer et les comprendre. Comme les forces de la nature elles peuvent être soumises à la volonté réfléchie de l'homme, elles peuvent être mises au service de la raison. Nous retrouverons leur action dans les luttes des Etats comme dans celles des individus et nous comprendrons enfin que les moyens par lesquels celles-ci peuvent être vaincues sont seuls susceptibles de vaincre celles-là.

Affirmer qu'il est possible d'établir la paix entre les hommes des différentes nations, c'est simplement affirmer que l'homme, quelles que soient sa tendance ethnique, sa race, ses croyances religieuses ou philosophiques, est capable de raison. Deux forces, dans l'individu, concourent au développement de sa conscience et à la formation de sa moralité : sa sensibilité et sa raison.

La sensibilité est double. Elle n'est, d'abord, qu'une explosion de l'instinct vital, du besoin de tous les êtres de se développer aux dépens du milieu, au détriment d'autres êtres dont la mort paraît nécessaire à leur propre vie. Mais il existe également une autre forme de l'instinct, qui le rend sensible à la souffrance d'autrui ; c'est celle qui crée entre la mère et l'enfant, puis entre le père et le fils, plus tard entre les hommes de la même tribu, du même clan, un lien d'ordre moral ; c'est l'instinct de sympathie qui permet de combattre et de limiter l'instinct brutal et égoïste.

Un grand philosophe français, critiquant la doctrine d'après laquelle « on ne pouvait souhaiter autre chose à une race, que de parvenir au plein développement de son énergie et de sa faculté de puissance » disait qu'il n'y avait là qu'une vue incomplète de ce qu'est l'homme.

C'est prendre l'homme isolément et voir en lui un bel animal, puissant et redoutable. Or, l'homme pris tout entier est l'homme en société et qui se développe : la race supérieure est celle qui est apte à la société et au développement commun.

A ce titre la bonté, le besoin de sociabilité et, à un degré plus élevé, le sentiment de l'honneur, sont des dons spontanés, précieux entre tous et aussi naturels que les autres instincts. Or, ces sentiments existent dans la collectivité d'une nation comme dans chacun des individus qui la composent. Les faire prédominer sur les poussées de l'égoïsme individuel, c'est la tâche même de la civilisation : il ne faut pas que la puissance de l'individu barre la route dans l'Etat au reste de la Nation. Il ne faut pas qu'une Nation barre, dans l'Humanité, la route à l'ensemble de l'Humanité.

Mais l'homme n'a pas en lui que la sensibilité égoïste ou altruiste ; c'est la raison qui est le propre de l'homme. C'est elle qui, chez l'enfant, d'abord incertaine et fragile, puis croissant en puissance, l'amène à concilier dans une harmonie consciente et durable, et non plus par impulsions violentes et contradictoires, les deux tendances de sa sensibilité. C'est elle qui, depuis le commencement de l'histoire, amène peu à peu les hommes, au cours des civilisations successives, à reconnaître qu'il y a un état préférable à celui de la lutte brutale pour la vie, un état moins périlleux, seul conforme aux révélations de sa conscience et qui est, sous des formes toujours plus complexes et plus solides, le véritable état de société.

L'ascension de l'animal à l'homme s'est prolongée par l'ascension de l'humanité, de la barbarie à l'ordre, de la violence à la paix : et c'est de même la raison qui amène enfin l'homme à formuler, sous le nom de droit, des limites que chaque homme doit s'abstenir de franchir, s'il veut demeurer digne de rester dans l'état de société.

Ce sont les religions qui, tout d'abord, ont formulé le droit. Il en est résulté que ce droit n'était reconnu qu'au profit de ceux qui pratiquaient le même culte et semblaient des égaux protégés par les mêmes dieux. Pour les sectateurs de tous les autres cultes, il n'y avait ni droit ni pitié. C'est la période des divinités implacables, de Baal et de Moloch ; c'est encore celle de Jéhovah ordonnant à son peuple l'extermination des vaincus.

La philosophie grecque élève, pour la première fois, au-dessus du monde le flambeau de la raison. Elle aboutit au stoïcisme où tous les hommes sont égaux et « sont les membres d'un seul corps », où la volonté humaine, réglée par le droit, est proposée à l'homme comme le moteur suprême de son activité.

Cette doctrine de la volonté humaine se traduit dans le droit romain de l'époque impériale par cette admirable théorie des obligations qui fait dépendre dans le droit privé la validité des contrats du libre consentement des contractants.

Mais que de chemin à parcourir encore entre ces affirmations du droit privé et la reconnaissance du même droit comme règle suprême de la politique des nations !

Le christianisme vient, à son tour, donner au sentiment de pitié qui s'était spontanément développé chez les hommes, une forme et une puissance inconnues jusqu'à lui.

Ce que prêche la doctrine du Christ, c'est l'amour des hommes tous considérés comme frères ; c'est la condamnation de la violence ; « celui qui se servira de l'épée périra par l'épée » ; c'est la communion chrétienne supérieure à toutes les nationalités et ouvrant aux Gentils, c'est-à-dire aux Nations de toute la terre, l'espérance d'une vie meilleure où la justice, enfin, régnera.

Le moyen âge, tout entier, est l'histoire du développement de cette doctrine et l'effort de la papauté marque, pendant plusieurs siècles, la volonté de faire descendre sur la terre, sinon la justice elle-même qui semble encore au delà des forces humaines et qu'on remet au « jugement de Dieu », du moins une paix relative et temporaire, « la trêve de Dieu » qui donne aux malheureux humains une halte dans la souffrance, un court instant de sécurité.

Mais une nouvelle période de combats allait, à son tour, bouleverser l'Europe, avec les guerres de Religion, les plus cruelles peut-être, puisqu'elles obligent la conscience elle-même à répudier la pitié et semblent élever l'une contre l'autre les deux forces qui s'étaient jusqu'alors partagé le monde : le sentiment et la raison. Et c'est seulement au xviiie siècle qu'il appartiendra, en fin de compte, de les réconcilier.

La déclaration des Droits de l'homme affirmait enfin, pour l'humanité tout entière, les principes de justice sans lesquels il serait toujours impossible de fonder une véritable paix.

Que de souffrances, que de sang il a fallu, pourtant, pendant encore plus d'un siècle, pour qu'on puisse enfin espérer l'application des principes de morale vraiment humaine proclamés par la Révolution française ! Il a fallu, comme dit Taine, « multiplier les idées, établir la délibération préalable dans l'intelligence consciente, grouper les pensées humaines, par un travail conscient encore, autour de préceptes acceptés : bref, refaire sous la dictée de l'expérience l'intérieur de la tête humaine ».

La plus grande révolution de l'histoire n'est-elle pas celle qui a permis à la raison de considérer vraiment l'humanité tout entière comme sujet du droit et de reconnaître le titre d'homme à tous les humains ?

Tous les hommes égaux en droits et en devoirs, solidaires du sort de l'humanité, quel rêve !

L'idée du droit, maîtresse du monde, va-t-elle enfin donner raison à la raison ?

Sommes-nous arrivés à un développement de la moralité et de la civilisation universelles qui nous permette de considérer comme viable une Société des Nations ? Si elle est possible, quels sont les caractères et les limites mêmes qu'elle doit présenter pour correspondre à l'état actuel du monde ?

Certes, un progrès immense s'est déjà réalisé dans l'organisation politique, sociale, morale du plus grand nombre des Etats.

L'extension de l'instruction publique dans presque toutes les parties du globe, agit puissamment sur les esprits — la prédominance des institutions démocratiques s'affirme dans tous les Etats civilisés ; — la régression des préjugés de caste, qui s'opposent au passage d'une classe à l'autre et en retardent la disparition ; — l'échec, même en Russie, des systèmes d'organisations communistes qui prétendent imposer à la liberté et à l'initiative de l'individu des barrières infranchissables ; — enfin, l'ensemble des institutions sociales d'assistance, de prévoyance et de solidarité qui mettent le devoir en regard du droit de chacun, et, d'une manière générale, la conception d'une justice de plus en plus humaine où la responsabilité des fautes de l'individu ne sera plus séparée des responsabilités de la Société elle-même : tous ces faits préparent, dans chacune des Nations, la révolution intellectuelle dont nous avons parlé et amènent les peuples à concevoir et à comprendre la supériorité, bientôt même la nécessité, d'institutions internationales où les mêmes principes seront reconnus et appliqués.

*
* *

Que cette organisation nouvelle de l'humanité puisse et doive se réaliser sans contredire la « loi des patries », Jaurès y insiste dans *l'Armée nouvelle.*

L'organisation internationale ne supprime pas les patries

JAURÈS (Jean). — *L'Armée nouvelle.* (Paris, Rouff, 1911, p. 558 à 562.)

A mesure que les hommes progressent et s'éclairent, la nécessité apparaît d'arracher chaque patrie aux classes et aux castes, pour en faire vraiment par la souveraineté du travail la chose de tous. La nécessité apparaît aussi d'abolir dans l'ordre international l'état de nature, de soumettre les nations dans leurs rapports réciproques à des règles de droit sanctionnées par le consentement actif de tous les peuples civilisés. Mais cette transformation nationale et internationale des patries n'est possible que si chacun des hommes qui portent en eux l'idée nouvelle agit dans sa patrie et sur sa patrie. Par l'espérance, par l'action commune et concentrée, tous les prolétaires, tous les hommes de justice sociale et de paix internationale appartiennent d'avance à la même patrie humaine, à la patrie universelle de travail affranchi et des nations réconciliées. Mais ce haut idéal, ils ne le projettent pas dans le vide. Ils ne peuvent le réaliser que dans la nation autonome, selon les méthodes d'action et de combat que suggère ou qu'impose l'histoire de chaque pays, avec les éléments fournis par chacune des substances nationales. Quand on dit que la révolution sociale et internationale supprime les patries, que veut-on dire ? Prétend-on que la transformation d'une société doit s'accomplir du dehors et par une violence extérieure ? Ce serait la négation de toute la pensée socialiste qui affirme qu'une société nouvelle ne peut surgir que si les éléments en ont été déjà préparés dans la société présente. Dès lors, l'action révolutionnaire, internationale, universelle portera nécessairement la marque de toutes les réalités nationales. Elle aura à combattre dans chaque pays des difficultés particulières, elle aura en chaque pays, pour combattre ces difficultés, des ressources particulières, les forces propres de l'histoire nationale, du génie national. L'heure est passée où les utopistes considéraient le communisme comme une plante artificielle qu'on pouvait faire fleurir à volonté, sous un climat choisi par un chef de secte. Il n'y a plus d'Icaries. Le socialisme ne se sépare plus de la vie, il ne se sépare plus de la nation. Il ne déserte pas la patrie ; il se sert de la patrie elle-même pour la transformer et pour l'agrandir. L'internationalisme abstrait et anarchisant qui ferait fi des conditions de lutte, d'action, d'évolution de chaque groupement historique ne serait qu'une Icarie plus factice encore que l'autre et plus démodée.

Il n'y a que trois manières d'échapper à la patrie, à la loi des patries. Ou bien il faut dissoudre chaque groupement historique en groupements minuscules, sans lien entre eux, sans ressouvenir et sans idée d'unité. Ce serait une réaction inepte et impossible, à laquelle, d'ailleurs, aucun révolutionnaire n'a songé ; car, ceux-là même qui veulent remplacer l'Etat centralisé par une fédération ou des communes ou des groupes professionnels, transforment la patrie ; ils ne la suppriment pas ; et Proudhon était Français furieusement. Il l'était au point de vouloir empêcher la formation des nationalités voisines. Ou bien il faut réaliser l'unité humaine par la subordination de toutes les patries à une seule. Ce serait un césarisme monstrueux, un impérialisme effroyable et oppresseur dont le rêve même ne peut pas effleurer l'esprit moderne. Ce n'est donc que par la libre fédération de nations autonomes répudiant les entreprises de la force et se soumettant à des règles générales de droit, que peut être réalisée l'unité humaine. Mais alors ce n'est pas la suppression des patries, c'en est l'ennoblissement. Elles sont élevées à l'humanité sans rien perdre de leur indépendance, de leur originalité, de la liberté de leur génie.

Qu'on ne dise point que les patries, ayant été créées, façonnées par la force, n'ont aucun titre à être des organes de l'humanité nouvelle fondée sur le droit et façonnée par l'idée, qu'elles ne peuvent être les éléments d'un ordre supérieur, les pierres vivantes de la cité nouvelle instituée par l'esprit, par la volonté consciente des hommes. Même si elles n'avaient été jusqu'ici que des organismes de force, même si on oubliait la part de volonté, de pensée, de raison, de droit, de libre et sublime dévouement, qui est déjà comme incorporée dans la patrie, c'est dans les grands groupements historiques que doit s'élaborer le progrès humain. L'esprit, même s'il est premier dans le monde, a accepté de se produire dans la nature, selon la nature. Sa force, sa victoire, ce n'est pas de répudier la nature, c'est de l'élever à soi, de la transformer par degrés. L'individu humain lui aussi est le produit d'une terrible évolution de nature. Il est l'héritier de bien des instincts d'animalité. Va-t-il donc renoncer à lui-même ? Va-t-il maudire en lui la nature et la refouler ? Où sera

son point d'appui pour s'élancer plus haut ? et quel sera
le prix de sa victoire s'il n'offre en quelque sorte au gouvernement de la raison qu'une âme morte et une sensibilité éteinte ? Cet ascétisme abstrait est impossible,
même au chrétien. Les rêves mystiques les plus purs et
les plus nobles empruntent quelque chose de leur flamme
à la chaleur subtile du sang, à la force épurée mais sub-
sistante de désirs légués par les siècles. L'homme qui
s'est élevé à la vie morale et à la maîtrise de soi refoule
les colères aveugles qui se traduiraient en violence injuste,
mais il n'éteint pas dans son cœur et dans ses veines
l'ardeur de la vie, le principe des généreuses colères qui
communiquent une force organique profonde aux révoltes
de l'esprit de justice et de la conscience outragée. L'homme
qui se gouverne par la raison sait sacrifier, s'il le faut, sa
vie au devoir, et subordonner à l'idée même l'instinct
de conservation, le plus universel et le plus fort de tous
les instincts, et qui semble traduire dans la sensibilité des
êtres organisés une loi de nature plus profonde encore et
plus générale. Mais même quand il immole librement sa
vie, il ne cesse pas de l'aimer. Il n'a pas ce dégoût de
vivre, ce *tædium vitæ*, qui est comme le châtiment des
époques où il y a divorce de la sensibilité et de la raison,
où les uns s'épuisent à des voluptés sans noblesse et sans
joie, où les autres se réfugient dans le fanatisme moral des
stoïciens, dans le devoir abstrait et sec, sevré des sèves
de la nature et des sucs de la terre. Dans la hiérarchie
de la vie, comme Aristote et Auguste Comte l'ont montré
magnifiquement, le supérieur suppose l'inférieur. Il s'y
appuie, mais il ne le supprime pas. Il le transforme. Il se
l'approprie. Dans l'individu humain la sensibilité n'abolit
pas les fonctions végétatives, mais elle les règle en quelque
façon, selon les indications du besoin obscurément ressenti
et les avertissements du plaisir et de la douleur. La raison
n'abolit pas la sensibilité, mais elle l'ennoblit, elle la règle
en appliquant à de hautes fins de science et de justice
les forces du désir et de la passion, qui enveloppent
elles-mêmes les forces inconscientes. Ainsi, toute la
nature, de bas en haut, est associée à la montée de l'esprit ; les puissances obscures s'élèvent dans la lumière
et se transfigurent sans se dissiper. De même les nations

s'élèveront dans l'humanité sans se dissoudre. La grande force collective, la grande passion collective des peuples organisés, au lieu de se déchaîner en violences d'orgueil et de convoitise, sera soumise à la loi supérieure de l'ordre humain, réglée et pénétrée jusqu'en son fond par l'idée du travail, de la justice et de la paix. Mais elle ne perdra pas sa vertu.

****

Durkheim de son côté démontre qu'en dépit d'une apparente antinomie le souci de l'idéal humain n'exclut nullement l'attachement à la patrie ; mais il nous invite à faire de la patrie la servante de la démocratie et du droit.

Nation et humanité

Durkheim (E.). — *L'Education morale.* (Paris, Alcan, 1925, p. 85 à 89.)

La question de savoir si l'humanité doit être ou non subordonnée à l'Etat, et le cosmopolitisme au nationalisme, est une de celles qui soulèvent aujourd'hui le plus de controverses. Et il n'en est pas, en effet de plus grave, puisque, selon que la primauté sera accordée à l'un ou à l'autre groupe, le pôle de l'activité morale sera très différent, et l'éducation morale entendue de manière presque opposée.

Ce qui fait la gravité du débat, c'est la force des arguments échangés de part et d'autre. D'un côté, on fait valoir que, de plus en plus, les fins morales les plus abstraites et les plus impersonnelles, celles qui sont les plus détachées de toute condition de temps et de lieu, comme de toute condition de race, sont aussi celles qui tendent à s'élever au premier rang. Par-dessus les petites tribus d'autrefois, se sont fondées les nations; puis les nations elles-mêmes se sont mêlées, sont entrées dans des organismes sociaux plus vastes. Par suite, les fins morales des sociétés ont été de plus en plus en se généralisant. Elles se détachent toujours davantage des particularités ethniques ou géographiques, précisément parce que chaque société devenue plus volumineuse, comprend une plus grande diversité de conditions telluriques et climatériques et que toutes ces influences différentes s'annulent mutuellement. L'idéal national des Grecs, ou des Romains primitifs, était encore étroitement spécial à ces petites sociétés qu'étaient les cités de Grèce et d'Italie ; il était, en un sens, municipal. Celui des groupements féodaux, au moyen âge, avait déjà une plus grande généralité, qui est allée en croissant et en se renforçant, à mesure que les sociétés européennes se sont étendues et concentrées. Il n'y a pas de raison pour assigner à un mouvement aussi progressif et ininterrompu des limites qu'il ne puisse dépasser. Or, les fins humaines sont encore plus hautes que les fins nationales les plus élevées. N'est-ce donc pas à elles que doit revenir la suprématie ?

Mais, d'un autre côté, l'humanité a, sur la patrie, cette infériorité qu'il est impossible d'y voir une société constituée. Ce n'est pas un organisme social ayant sa conscience propre, son individualité, son organisation. Ce n'est qu'un terme abstrait par lequel nous désignons l'ensemble des Etats, des nations, des tribus, dont la réunion forme le genre humain. L'Etat est actuellement le groupe humain organisé le plus élevé qui existe, et s'il est permis de croire qu'il se formera dans l'avenir des Etats plus vastes encore que ceux d'aujourd'hui, rien n'autorise à supposer que jamais un Etat se constituera qui comprenne en lui l'humanité tout entière. En tout cas, un tel idéal est tellement lointain, qu'il n'y a pas lieu d'en tenir compte aujourd'hui. Or, il est impossible de subordonner et de sacrifier un groupe qui existe, qui est dès à présent une réalité vivante, à un groupe qui n'est pas encore, et qui très probablement ne sera jamais qu'un être de raison. D'après ce que nous avons dit, la conduite n'est morale que quand elle a pour fin une société ayant sa physionomie propre et sa personnalité. Comment l'humanité pourrait-elle avoir ce caractère et remplir ce rôle, puisqu'elle n'est pas un groupe constitué ?

Il semble donc que nous soyons en présence d'une véritable antinomie. D'une part, nous ne pouvons pas nous empêcher de concevoir des fins morales plus hautes que les fins nationales ; d'autre part, il ne semble pas possible que ces fins plus hautes puissent prendre corps dans un groupe humain qui leur soit parfaitement adéquat,

Le seul moyen de résoudre cette difficulté, qui tourmente notre conscience publique, c'est de demander la réalisation de cet idéal humain aux groupes les plus élevés que nous connaissions, à ceux qui sont les plus proches de l'humanité, sans pourtant se confondre avec elle, c'est-à-dire aux Etats particuliers. Pour que toute contradiction disparaisse, pour que toutes les exigences de notre conscience morale soient satisfaites, il suffit que l'Etat se donne comme principal objectif, non de s'étendre matériellement au détriment de ses voisins, non d'être plus fort qu'eux, plus riche qu'eux, mais de réaliser dans son sein les intérêts généraux de l'humanité, c'est-à-dire d'y faire régner plus de justice, une plus haute moralité, de s'organiser de manière qu'il y ait toujours un rapport plus exact entre les mérites des citoyens et leur condition, et que les souffrances des individus soient adoucies ou prévenues. De ce point de vue, toute rivalité disparaît entre les différents Etats ; et par suite aussi toute antinomie entre cosmopolitisme et patriotisme. En définitive, tout dépend de la façon dont le patriotisme est conçu, car il peut prendre deux formes très différentes. Tantôt, il est centrifuge, si l'on peut ainsi parler, il oriente l'activité nationale vers le dehors, stimule les Etats à empiéter les uns sur les autres, à s'exclure mutuellement ; alors il les met en conflit et il met du même coup en conflit les sentiments nationaux et les sentiments de l'humanité. Ou bien, au contraire, il se tourne tout entier vers le dedans, s'attache à améliorer la vie intérieure de la société ; et alors, il fait communier dans une même fin tous les Etats parvenus au même degré de développement moral. Le premier est agressif, militaire ; le deuxième est scientifique, artistique, industriel, en un mot, essentiellement pacifique.

Dans ces conditions, il n'y a plus à demander si l'idéal national doit être sacrifié à l'idéal humain puisque les deux se confondent. Et, cependant, cette fusion n'implique nullement que la personnalité des Etats particuliers soit destinée à disparaître. Car chacun peut avoir sa manière personnelle de concevoir cet idéal, conformément à son tempérament propre, à son humeur, à son passé historique. Les savants, d'une même société et même du monde entier, ont tous un même objectif qui est d'étendre l'intelligence humaine ; et, cependant, chaque savant ne laisse pas d'avoir une individualité intellectuelle et morale. Chacun d'eux voit le même monde ou mieux encore la même portion du monde de son point de vue propre ; mais tous ces points de vue divers, loin de s'exclure, se corrigent et se complètent mutuellement. De même chaque Etat particulier est, ou tout au moins peut être, un point de vue spécial sur l'humanité ; et ces manières diverses de concevoir le même objet, loin d'être antagonistes les unes des autres, s'appellent, au contraire en raison de leurs différences, car elles ne sont que des aperçus différents sur une même réalité dont la complexité infinie ne peut être exprimée que par une infinité d'approximations successives ou simultanées. Ainsi, de ce que, par-dessus les sociétés particulières plane un même idéal qui sert de pôle commun à leur activité morale, il ne s'ensuit nullement que leurs diverses individualités doivent s'évanouir et se perdre les uns dans les autres. Mais cet idéal est trop riche en éléments variés, pour que chaque personnalité collective puisse l'exprimer et le réaliser dans son intégralité. Il faut donc qu'il y ait entre elles une sorte de division du travail, qui est et restera leur raison d'être. Sans doute, les personnalités sociales aujourd'hui existantes mourront ; elles seront remplacées par d'autres probablement plus vastes. Mais, si vastes qu'elles puissent être, il y aura toujours, selon toute vraisemblance, une pluralité d'Etats, dont le concours sera nécessaire pour réaliser l'humanité.

Sociologie économique

I. Les mobiles économiques

La production, l'échange, la consommation des richesses, c'est l'objet propre de l'économie politique. Quand il se livre à ces opérations, à quels mobiles ou à quelles consignes obéit l'homme ?

Selon les économistes classiques la réponse serait simple. Un seul mobile suffirait à tout expliquer et à tout justifier. L'homme rechercherait en tout et pour tout le maximum de bénéfices avec le minimum de frais.

Simplification excessive qui ne tient pas un compte suffisant du nombre et de la diversité des besoins humains, non plus que de l'influence de la société.

Stuart Mill a montré comment l'économie politique proprement dite est amenée à user du postulat de l'*homoœconomicus*. Il a laissé entrevoir du même coup combien d'autres forces il faut réintégrer si l'on veut rejoindre les réalités historiques.

Les postulats de l'économie politique classique

Stuart Mill. — *La Logique des sciences morales.* (Trad. Belot, Paris, Delagrave, p. 123 à 125.)

L'économie politique ne s'occupe que des phénomènes de la vie sociale qui résultent de la poursuite de la richesse. Elle fait entièrement abstraction de tout penchant humain, de tout mobile, sauf de ceux qu'on peut regarder comme les perpétuels antagonistes du désir de richesse, par exemple l'aversion pour le travail et la poursuite des jouissances immédiates et coûteuses. Ces passions, elle les fait, jusqu'à un certain point, entrer en ligne de compte dans ses calculs, parce que, au lieu de contrarier d'une manière tout accidentelle la recherche de la richesse, comme le font nos autres désirs, elles l'accompagnent toujours pour la gêner ou l'empêcher, et que, par conséquent, on ne peut les perdre de vue dans l'étude des faits économiques. L'économie politique considère l'humanité comme exclusivement occupée à acquérir et à consommer la richesse, et vise à montrer quelle serait la marche de l'activité des hommes vivant à l'état social, si ce motif, réserve faite de la résistance constante que lui opposent les deux tendances contraires dont je viens de parler, dominait absolument toute leur conduite. On y voit les hommes, sous l'influence de ce mobile, accumuler la richesse et se servir de cette richesse pour en produire une nouvelle ; sanctionner par un contrat mutuel l'institution de la propriété ; établir des lois qui empêchent les individus de porter atteinte à la propriété d'autrui par la violence ou la fraude ; adopter différentes combinaisons pour accroître la productivité de leur travail ; organiser la répartition à l'amiable des produits, sous l'influence de la concurrence, concurrence soumise elle-même à certaines lois qui sont le principe régulateur ultime de la distribution ; on les voit enfin user de certains expédients (monnaie, crédit, etc.), pour faciliter la distribution. Ces opérations, pour la plupart, sont en réalité le résultat de mobiles multiples ; cependant l'économie politique les considère toutes comme découlant du seul désir de richesse. La science économique entreprend ainsi de rechercher les lois qui régissent chacune de ces opérations, en se plaçant dans l'hypothèse où l'homme serait un être déterminé, par une nécessité de sa nature, à préférer en toute occasion une plus grande richesse à une moindre, sous l'unique restriction qui résulte des deux tendances antagonistes mentionnées plus haut. Ce n'est pas que jamais un économiste ait poussé l'absurdité jusqu'à supposer l'humanité réelle ainsi constituée, mais c'est que telle est la méthode qui s'impose à la science. Quand un effet dépend du concours de plusieurs causes, il faut étudier ces causes une à une et chercher séparément leurs lois, si nous voulons, par les causes, acquérir le pouvoir soit de prédire, soit de gouverner les effets ; car la loi de l'effet est la résultante des lois de toutes les causes

qui le déterminent. Il a fallu connaître la loi de la force
centripète et celle de la force tangentielle, avant de
pouvoir expliquer les mouvements de la terre et des pla-
nètes et en prédire un grand nombre. Il en est de même
s'il s'agit de la conduite de l'homme en société. Pour apprécier comment il agira sous l'influence des désirs et des
aversions si variées qui concourent à déterminer sa conduite, il nous faut savoir comment il agirait sous l'influence de chacun d'eux en particulier. Il n'y a peut-être
pas dans la vie d'un homme une seule action qui ne soit
sous l'influence directe ou indirecte de quelque mobile
autre que le pur désir de richesse. Quant aux parties de
la conduite humaine dont la richesse n'est pas le but, et
même le principal but, l'économie politique ne prétend
point que ses conclusions y soient applicables. Mais il
y a aussi, dans les affaires humaines, différents ordres
d'activité dont la fin essentielle et avouée est l'acquisition de la richesse. Ce sont ces activités dont s'occupe
l'économie politique. Son procédé indispensable consiste
à traiter cette fin essentielle et avouée comme si c'était
la fin unique ; car, de toutes les hypothèses également
simples, c'est celle qui se rapproche le plus de la vérité.
L'économiste se demande quelles seraient les actions que
ce désir susciterait si, dans ces différents ordres d'activité, il exerçait son empire sans partage. Ce procédé permet d'obtenir de la marche réelle des affaires humaines
dans ces limites une connaissance plus approchée que ne
le ferait aucun autre. Il faut alors rectifier l'approxima-
tion ainsi obtenue en faisant leur juste part, dans l'effet
total, à toutes les impulsions d'un autre genre qu'on peut
y voir intervenir, en chaque cas particulier.

*
* *

De ce passage même il résulte que dans la réalité des mobiles
très différents viennent s'ajouter, pour le compléter ou le
limiter, au souci de l'intérêt personnel. Au surplus, la manière dont celui-ci même est conçu ne varie-t-elle pas selon
les temps et les pays, selon la structure et les tendances des
sociétés ?
    C'est cette dernière action qui intéresse spécialement la
sociologie. C'est pourquoi, renvoyant aux manuels d'économie

politique pour tout ce qui concerne la technique de la vie
économique — la monnaie et le crédit, par exemple — nous
allons ici mettre en relief l'influence qu'exercent, sur les modes
de la production, de l'échange ou de la consommation, les
formes sociales et les représentations collectives.

Rappelons d'abord la diversité des forces psychologiques
— elles-mêmes plus ou moins directement soumises à l'action
des sociétés — qui agissent sur l'activité économique.

Causes psychologiques de l'activité économique

WAGNER (A.). — *Les Fondements de l'Economie politique.* (Paris, Giard, 1894.)
Résumé par BOUGLÉ (C.). *Les Sciences sociales en Allemagne.* (Alcan,
Paris, 3ᵉ éd., 1912, p. 74 à 79.)

Que faut-il entendre, d'abord, par nature économique ?
L'homme est un animal « besoigneux », comme tous les
autres. Mais ses besoins ont sur ceux des animaux le privilège ou du moins le monopole de la multiplication et de
la complication indéfinies. Extérieurs ou intérieurs, c'est-à-
dire cherchant leur satisfaction dans les choses physiques
ou dans les choses psychologiques, ils s'amplifient par
toutes les transformations de la nature physique ou psychologique, par les changements de la technique aussi
bien que par ceux de la morale. Mais cet accroissement
n'est pas soumis à une loi naturelle ; il est possible, non
nécessaire. La première erreur de psychologie économique
consiste à assimiler ces besoins à des forces naturelles ;
ce sont des forces psychologiques, soumises comme telles
à l'influence des volontés aussi bien qu'à celle des circonstances, variées en un mot et variables à l'infini.

Si nous cherchons à définir les formes essentielles de
cette variété de phénomènes, nous pouvons les distinguer
en besoins d'existence, que nous appellerons du premier
ou second degré, selon qu'ils sont absolument ou relativement nécessaires à l'homme, et en besoins de culture, soit
matérielle, soit immatérielle. On peut les distinguer
encore en besoins individuels, résultant de la nature
psycho-physique particulière des hommes, et besoins
sociaux, résultant de leur nature sociale.

A ces besoins correspondent les désirs de les satisfaire
(*Befriedigungstriebe*). Le désir correspondant aux besoins
d'existence du premier degré n'est autre que l'instinct

de conservation, les autres rentrent dans la catégorie
de l'intérêt personnel. Donnés à l'homme, pour ainsi dire,
avec l'existence même, et en ce sens légitimes, ces désirs
sont des faits naturels. Mais il faut se garder de dire :
des forces naturelles. Ils n'agissent sur l'âme, en tant
que psychologiques, qu'en donnant, pour ainsi dire, leurs
motifs. Le plus souvent, c'est par l'intermédiaire de tout
un système de motifs où les éléments les plus étrangers
à l'intérêt personnel peuvent entrer qu'ils déterminent
nos actions.

Du besoin et du désir de le satisfaire naît l'effort,
le travail. Au point de vue de la nature économique, le
travail n'est qu'un moyen, une nécessité, à laquelle
l'homme sacrifie le moins possible. Il mesurera son effort
à la satisfaction qu'il en attend. Il cherchera le maximum
de plaisir par le minimum de peine (*Lustmoment. Last-
moment*). Nous disons alors que son action est réglée
par le principe économique. Ces besoins, ces désirs, ces
efforts se déterminant réciproquement, se mesurant
les uns les autres par ce principe, constituent ce que nous
appellerons la *nature économique*.

Mais jusqu'à quel point cette nature, que nous cons-
truisons par l'abstraction, recouvre-t-elle la réalité ?
L'erreur de l'économie politique orthodoxe était de croire,
d'une part que cette nature était le tout de l'homme, d'autre part qu'elle était la même absolument pour tous les
hommes. C'était méconnaître les formes différentes qu'elle
peut prendre chez les individus considérés soit comme
êtres individuels, soit comme êtres sociaux, membres d'une
race, d'un peuple, d'un Etat, d'une classe. La nature
économique n'est qu'une des composantes de la nature
humaine, unie aux autres forces, religieuses ou morales,
ou nationales, par des rapports que l'histoire même varie.
Et, malgré la différence de ses composantes, l'activité
de l'homme restant une, il en résulte qu'on ne peut déduire
exactement de la nature économique les actes qui lui
appartiennent, car l'acte auquel elle donne l'impulsion
peut changer de direction sous la poussée du système des
autres forces. De la seule nature économique, on ne pouvait donc déduire l'histoire économique, *a fortiori*,
l'histoire générale de la civilisation.

Quel que soit le prix de ces objections, il ne faut pas cependant, d'un autre côté, que la diversité de l'histoire nous fasse négliger l'universalité de la nature économique. A cet égard l'erreur de la jeune école historique ne serait pas moindre que celle de l'ancienne école abstraite. Traitant l'idée de l'égoïsme de dogme superficiel, elle oublie qu'à travers toutes les évolutions et les révolutions l'homme reste homme. Les traits de sa nature économique sont fondés en sa nature corporelle et spirituelle, et l'observation, tant interne qu'externe, nous apprend que, du moins dans les périodes historiques qui nous sont accessibles, ces traits n'ont pas beaucoup plus changé que ceux de la nature extérieure. Entre ces deux opinions extrêmes il nous faut donc trouver un milieu à la fois abstrait et réel ; la psychologie devra le fixer en déterminant les rapports réciproques des causes qui déterminent la nature économique : puisque celle-ci agit, non par une impulsion mécanique, mais par des motifs, le premier objet des *Fondements* sera la classification de ces motifs.

Wagner en distingue cinq groupes, cinq *leitmotive*, dont quatre égoïstes. Ce sont : la recherche de l'avantage économique personnel et la crainte de la « gêne » ; la recherche des récompenses et la crainte des punitions ; la recherche de l'honneur et la crainte du déshonneur ; la recherche de l'activité et la crainte de la passivité. Le cinquième motif enfin est la recherche de satisfaction de conscience et la crainte du blâme intérieur.

Ces motifs se mêlent perpétuellement dans l'histoire : les proportions de ce mélange varient entre certaines limites qu'il importe de fixer, si l'on veut, en se fondant sur ces motifs, expliquer le passé, ou préparer l'avenir. D'une façon générale, le premier motif reste toujours dominant. Mais il est certain que, partout où l'individu ne fait qu'un, pour ainsi dire, avec son groupe, l'individu ne cherche son avantage qu'en cherchant celui des autres, de sa famille ou de sa tribu, ou de sa confrérie. L'égoïsme se fond ici dans l'altruisme : on a d'ailleurs tort, dit Wagner, de vouloir les opposer radicalement ; entre les deux souvent se trahit bien plutôt une sorte de continuité. A d'autres moments au contraire, à mesure que les liens des groupes se relâchent, que leurs barrières s'abaissent devant le commerce, qui crée un monde de transactions cosmopolites, alors, avec ce qu'on appelle quelquefois l' « américanisme » ou le « judaïsme », l'égoïsme n'apparaît que trop clairement comme le motif dirigeant de l'activité économique ; le développement de la liberté, d'une façon générale, le place en évidence. C'est le régime de l'autorité, au contraire, qui met surtout en valeur le second motif. Que cette autorité soit un Dieu, un Etat, une ville ou un patron de fabrique, elle gouverne la nature économique par l'espoir des récompenses ou la crainte des punitions matérielles qu'elle peut distribuer. Présent dans l'organisation économique de la plupart des groupes étroits et fermés, ce motif est encore celui sur lequel repose presque tout le système de nos impôts : et peut-être, si l'on devait en croire Richter, par exemple, et reconnaître que l'égalité ne peut augmenter que par la diminution de la liberté, serait-il appelé, dans l'avenir socialiste, à jouer un rôle plus important encore. Le troisième motif, dans beaucoup de cas, s'ajoute au second, dans d'autres s'y substitue. Prenant les formes les plus diverses, apparaissant chez le parvenu et chez le prolétaire, chez le grand brasseur d'affaires et chez le petit employé, il peut, suivant les cas, tantôt développer, tantôt restreindre le désir de posséder, susciter tantôt le luxe insolent, tantôt la bienfaisance, tantôt l'honnêteté. Puissant dans une corporation, ce motif l'est aussi dans une société individualiste, où il apparaîtra par exemple sous la forme du désir des titres et des décorations ; l'utopie de Bellamy nous faisait croire qu'une société socialiste devrait le développer plus encore : postulat peut-être difficile à accorder avec celui de l'égalité, car il semble que l'inégalité soit toute la vie du motif en question. Le motif de l'amour de l'activité n'est pas aussi rare qu'il le semble peut-être au premier abord. Manifeste dans l'ordre de la production dite désintéressée, scientifique ou artistique, il est sensible encore dans l'ordre de la production matérielle, partout où un semblant d'art ou de jeu peut intéresser la personnalité. Malheureusement le développement de la technique et la division du travail, réduisant l'homme à une activité mécanique, lui enlèvent toute la joie de l'effort : il ne trouve plus, suivant l'expression populaire, de goût au travail. Plus facile, le travail est moins intéressant. L'idéal utopique de Fourier semble s'éloigner de plus en plus ; et ce ne sera pas, peut-être, le moindre problème des sociétés de l'avenir que de rendre à ce motif sa force et sa valeur économiques. Le plus rare des motifs est naturellement le motif moral proprement dit. D'abord il est quelquefois extrêmement difficile de le discerner au milieu des autres, et quand il se montre, par exemple, sous la forme religieuse, de distinguer ce qui est purement moral de ce qui n'est qu'un égoïsme patient, comptant avec l'éternité. En fait, on a essayé souvent d'expliquer son existence par les transformations et les combinaisons des quatre motifs précédents. Cependant, quelle que soit son origine, certains actes relèvent de lui et l'on peut, par l'éducation, par la religion, et même indirectement par les lois qui supprimeraient les tentations, augmenter le nombre de ces actes. Mais il est impossible, pourtant, malgré tous les avantages économiques que présenterait le développement d'un tel motif, de résoudre par la seule morale les questions sociales, et de fonder, comme le voudrait par exemple un Tolstoï, une société sur « le principe caritatif ». Le motif moral ne peut être la règle générale de l'activité économique.

L'importance relative de ces cinq motifs est donc bien différente. On peut dire que, en allant du motif égoïste au motif moral, leurs valeurs économiques forment comme une série de grandeurs décroissantes. Il n'en est pas moins vrai qu'aucune d'entre elles ne se laisse traiter comme une quantité absolument négligeable. Il importe donc d'avoir toujours sous les yeux cette table des motifs : c'est en faisant varier leurs coefficients, pour ainsi dire, en fonction des variations de l'histoire elle-même, que le système de l'économie politique pourra résoudre, par des solutions moyennes, les questions pratiques et théoriques que le présent nous pose.

*
* *

L'influence de ces diverses forces varie elle-même selon les milieux sociaux, et d'abord selon la structure juridique de ceux-ci. Il s'ensuit qu'il est vain de vouloir expliquer même le mouvement des prix par une loi de type mécanique comme la loi de l'offre et de la demande considérée dans l'abstrait.

M. Simiand montre que les études économiques, si elles veulent être positives, doivent tenir compte d'abord des différents états sociaux à l'intérieur desquels s'accomplit l'échange.

Phénomènes économiques et état social

Simiand (Fr.). — *La Méthode positive en science économique.* (Paris, Alcan, 1912, p. 91 à 95.)

Venons à la théorie de l'échange *in abstracto* et à la loi de l'offre et de la demande qui en est l'essence. D'abord, ainsi que nous l'avons déjà remarqué, et ainsi du reste qu'il est accordé par certains des théoriciens qui l'emploient, le jeu de l'offre et de la demande ne fixe pas un prix *ab integro* : au mieux il ne fait que ramener ou que tendre à ramener le prix de marché d'un produit au niveau du prix réel ou de la valeur de ce produit dans le milieu donné : quel que soit le nom qu'on préfère, ce prix réel ou cette valeur exprime une estimation non pas individuelle, mais sociale préexistante ; et, tant qu'on n'a pas rendu compte de cette estimation même, on n'a pas expliqué le phénomène à expliquer. Mais pour en rendre compte on voit qu'il n'est pas possible de prétendre se placer en dehors de tout état social. Ce n'est pas tout. La théorie de l'échange ou du marché contient en elle-même des implications sociales. Elle est si peu indépendante de tout état social qu'au contraire elle suppose un état social tellement avancé et spécial que, même dans nos sociétés contemporaines, où l'évolution économique a produit les milieux les plus développés et les plus spécialisés en ce sens, il ne s'est pas encore trouvé être complètement réalisé. Non seulement cette théorie suppose : une appropriation préalable, une propriété susceptible d'aliénation, susceptible d'aliénation à la volonté du propriétaire, l'institution du contrat par accord des volontés, et spécialement du contrat d'échange et de vente (et des faits que nous avons eu l'occasion de citer et d'autres qu'on pourrait présenter en nombre montrent dans combien de sociétés, et pour combien de parts de la vie économique, ces diverses conditions font défaut, en totalité ou en partie, et par conséquent combien la théorie qui les implique est précaire et relative). Mais encore, et ceci a été, je crois, moins remarqué, cette théorie implique, pour arriver à établir quelque chose, une certaine condition économique des échangistes ou au moins de l'un d'entre eux, très particulière et très dépendante d'un certain état social : n'implique-t-elle pas en effet, nécessairement, que deux échangistes en présence *aboutissent à conclure* (sinon elle ne mènerait à rien) ? Mais cela est une hypothèse toute gratuite et illégitime, si l'on ne suppose pas que l'un au moins des échangistes est tenu, pour une raison ou pour une autre, d'aboutir, et cette situation ne peut provenir pour lui que d'une certaine condition économique, dépendante d'un état social déterminé, et plus exactement encore d'un certain état de la répartition. Je donne seulement ici un exemple schématique simple : A... veut vendre un cheval à 400, B... en veut acheter un à 350, le prix, nous dit-on, se fixera entre 350 et 400. Si A... n'est pas obligé, pour une raison quelconque, de vendre son cheval et peut attendre, si B... n'est pas obligé d'en acheter un, le prix pourra ne pas se fixer du tout, et aucun échange n'être conclu. Et si la théorie signifie seulement que, *si* l'échange se conclut, le prix se fixera entre 350 et 400, elle n'a plus de portée ; car elle a besoin, pour expliquer quelque chose dans les phénomènes économiques, de supposer *que* l'échange se fera et non pas qu'il ne se fera pas. Enfin, cette théorie suppose l'existence d'un marché libre, au sens précis et complet où l'ont défini les théoriciens les plus rigoureux de l'école mathématique : or est-il besoin de montrer qu'un tel marché absolument libre n'a vraisemblablement pas encore existé, en aucune société, pour aucun produit ou objet de commerce, que les marchés qui s'en rapprochent le plus, dans les sociétés économiquement les plus avancées, comportent encore des éléments qui ne les rendent pas absolument libres en ce sens, et que justement les marchés les plus courants et les plus directement mêlés à la vie économique journalière, à la satisfaction propre et directe des besoins (par exemple, entre tous, les marchés de main-d'œuvre), en sont fort éloignés, même dans ces sociétés avancées ?

Une doctrine construite sur cette double base a donc

une valeur purement hypothétique : *supposé* que les phénomènes économiques soient les phénomènes d'un marché libre où les transactions sont réglées par l'offre et la demande et l'action des hommes uniquement dirigée par la loi psychologique énoncée de la satisfaction décroissante des besoins, telle et telle chose doivent se passer.

**

M. Durkheim, dans une discussion à la *Société d'économie politique*, avait essayé de montrer en quel sens l'économie politique, comme les autres sciences sociales, porte à sa manière sur des états de l'opinion.

Les valeurs économiques sont choses d'opinion

DURKHEIM (E.). — *Journal des économistes.* (Paris, Alcan, t. XVIII, avril 1908, p. 113 à 115.)

Ce qui fait la difficulté de la question posée, dit M. Durkheim, c'est que les faits dont traite l'économie politique et ceux qui font l'objet des autres sciences sociales semblent, au premier abord, de nature très différente. La morale et le droit, qui sont la matière des sciences sociales déterminées, sont essentiellement des choses d'opinion. Sans s'occuper de savoir s'il existe un droit et une morale valables pour tous les hommes, question de métaphysique qui n'a pas sa place ici, il est bien certain que, à chaque moment de l'histoire, les seuls préceptes moraux et juridiques qu'aient réellement pratiqués les hommes, sont ceux que la conscience publique, c'est-à-dire l'opinion, reconnaissait comme tels. Le droit et la morale n'existent que dans les idées des hommes : ce sont des idéaux. On en peut dire autant des croyances religieuses et des pratiques qui en sont solidaires, des phénomènes esthétiques qui, par certains côtés, sont sociaux et peuvent et commencent effectivement à être étudiés d'un point de vue sociologique. Ainsi toutes les sciences qui correspondent à ces divers ordres de faits — science comparée des mœurs, du droit, des religions, des arts — traitent d'idées. Au contraire, les richesses, objet de l'économie politique, sont des choses, en apparence essentiellement objectives, indépendantes, semble-t-il, de l'opinion. Et alors quel rapport peut-il y avoir entre deux sortes de faits aussi hétérogènes ? Le seul concevable, c'est que les réalités extérieures, objectives, presque physiques, qu'étudie l'économiste, soient considérées comme la base et le support de toutes les autres. De là la théorie du matérialisme économique qui fait de la vie économique la substructure de toute la vie sociale. La science économique exercerait au milieu des autres disciplines sociologiques une véritable hégémonie.

L'orateur croit pourtant que les faits économiques peuvent être considérés sous un autre aspect ; eux aussi sont, dans une mesure qu'il ne cherche pas à déterminer, affaire d'opinion. La valeur des choses, en effet, dépend non pas seulement de leurs propriétés objectives, mais aussi de l'opinion qu'on s'en fait. Et sans doute cette opinion est, en partie, déterminée par ces propriétés objectives ; mais elle est aussi soumise à bien d'autres influences. Que l'opinion religieuse proscrive telle boisson, le vin, par exemple, telle viande (le porc), et voilà le vin et le porc qui perdent, pour totalité ou partie, leur valeur d'échange. De même, ce sont des mouvements de l'opinion, du goût, qui donnent de la valeur à telle étoffe, à telle pierre précieuse plutôt qu'à telle autre, à tel mobilier, à tel style, etc. Sous un autre rapport, l'influence se fait sentir. Le taux des salaires dépend d'un étalon fondamental qui correspond au minimum de ressources nécessaires pour permettre à un homme de vivre. Mais cet étalon est, à chaque époque, fixé par l'opinion. Ce qui passait hier pour un minimum suffisant, ne satisfait plus aux exigences de la conscience morale d'aujourd'hui, simplement parce que nous sommes plus sensibles que par le passé à certains sentiments d'humanité. Il y a même des formes de production qui tendent à se généraliser, non pas seulement à cause de leur productivité objective, mais en raison de certaines vertus morales que leur attribue l'opinion : telle, la coopération.

De ce point de vue, les rapports de la science économique et des autres sciences sociales se présentent à nous sous un jour différent. Les unes et les autres traitent de phénomènes qui, considérés au moins par certains côtés, sont homogènes, puisque tous ils sont, à quelques égards, choses d'opinion. Alors on conçoit que l'opinion morale, religieuse, esthétique puisse avoir une influence sur l'opinion économique, au moins autant que celle-ci sur celles-là ; et c'est ce qui ressort des exemples mêmes déjà cités précédemment. L'économie politique perd ainsi la prépondérance qu'elle s'attribuait pour devenir une science sociale à côté des autres, en étroit rapport de solidarité avec elles, sans qu'elle puisse pourtant prétendre à les régenter.

Cependant, sous un autre rapport, l'économie politique n'est pas sans reprendre une sorte de primauté. Les opinions humaines s'élaborent au sein de groupes sociaux et dépendent en partie de ce que sont ces groupes. Nous savons que l'opinion diffère dans les populations agglomérées et dans les populations dispersées, à la ville et à la campagne, dans les grandes et les petites villes, etc. Les idées changent suivant que la société est dense ou non, nombreuse ou non, suivant que les voies de communication et de transport sont, ou non, nombreuses et rapides. Or il paraît certain que les facteurs économiques affectent profondément la manière dont la population est distribuée, sa densité, la forme des groupements humains et, par là, ils exercent une influence souvent profonde sur les divers états de l'opinion. C'est surtout de cette manière indirecte, conclut l'orateur, que les faits économiques agissent sur les idées morales.

II. Types sociaux
et phases de l'évolution économique

On a quelquefois essayé de classer les types sociaux d'après les caractères généraux de la vie économique. M. Steinmetz propose la classification suivante :

Types sociaux économiques

Steinmetz. — *Année sociologique.* (Paris, Alcan, 1898-1899, t. III. p. 139 à 142.)

La première classe est celle des petits collecteurs (*Sammler*) qui collectent les dons de la nature sans autres instruments que les outils les plus simples et qui emploient directement les produits de cette récolte à pourvoir à leurs besoins ; la chasse, la pêche, toute industrie leur manque. Il n'y a plus que des traces de ce type. Une sous-classe ou une variété sera formée par les sociétés plus hautes, qui demandent encore la base de leur alimentation à la pure collection, mais chez qui le reste de la vie économique montre un plus haut développement grâce à leurs rapports avec des sociétés d'un autre type, ou grâce à la richesse extraordinaire de la matière à laquelle s'applique leur activité : ce sont les collecteurs supérieurs. De telles formes bâtardes se trouvent dans quelques îles de l'Océanie où les palmiers sont exploités, mais sans être cultivés.

La seconde classe est celle des chasseurs, qui ne vivent en principe que de la chasse. La première espèce de cette classe est formée par ces peuplades qui ne peuvent s'entretenir entièrement par la chasse, mais usent encore, et largement, de la collection simple : par exemple les Australiens, les Fuégiens, etc. La seconde espèce est celle des purs chasseurs ; la troisième comprend les peuples qui sont tantôt chasseurs tantôt pêcheurs ; la quatrième, les peuplades qui ont encore d'autres occupations à côté de la chasse, celle-ci restant leur soutien principal.

La troisième classe est formée par les pêcheurs qui s'entretiennent au moyen de la pêche à peu près exclusivement. Les espèces sont formées, comme dans le cas précédent, par les différentes manières dont la méthode principale se combine avec d'autres. Seule, une étude approfondie pourra les faire connaître toutes ; mes recherches préliminaires m'ont indiqué les suivantes dont le nombre pourra être augmenté. La première espèce est celle des pêcheurs qui sont en même temps un peu collecteurs ou chasseurs ; la seconde est celle des pêcheurs purs sans mélange ; la troisième est formée par les peuplades qui soutiennent en outre leur vie par d'autres procédés, par exemple comme passeurs, marins, pirates, etc.

La quatrième classe est celle des agriculteurs nomades ou chasseurs-agriculteurs. Dans la première espèce, nous mettrons tous ceux qui présentent ce genre à l'état de pureté : errants ne donnant aucun soin à leur culture, ils sont sans bêtes domestiques et sans autre occupation. La seconde espèce nous les présentera à une phase plus élevée. Il est encore impossible de dire ce qui a, pour eux, le plus d'utilité, de l'agriculture, de la chasse ou de la pêche, mais les soins qu'ils donnent aux plantations sont plus grands ; ils sont demi-sédentaires ; ils ont quelques bêtes domestiques. Une troisième espèce pourrait être formée par les chasseurs-agriculteurs qui ont en outre quelque autre occupation.

La cinquième classe contient de vrais agriculteurs inférieurs, qui sont sédentaires, pour qui la chasse est devenue chose tout à fait secondaire, quoique encore de réelle utilité. Dans la première espèce, ils sont à l'état de pureté aussi complète que possible ; dans la seconde, ils combinent l'agriculture avec d'autres occupations primaires, destinées à leur procurer les matières premières à condition toutefois que ces occupations aient du moins quelque importance pour leur vie. Par exemple, ils sont pasteurs, éleveurs de bestiaux. Mais il faut que cet élément n'influence pas trop leur genre d'existence, ne forme pas leur principal moyen d'entretien, surtout ne les rende pas nomades. Car, dans ces cas, ils seraient rangés dans la classe des pasteurs nomades. Peut-être l'occasion se présentera-t-elle de distinguer encore d'autres espèces.

La sixième classe est formée par les agriculteurs supérieurs chez qui l'industrie et le commerce ne représentent pas encore des professions spéciales, sauf de très rares exceptions, comme celles des forgerons, des musiciens, etc. La chasse et, en général, la pêche sont passées au troisième rang. Les soins donnés aux plantations sont beaucoup plus grands, et soutenus par des moyens artificiels de quelque importance : ils font usage d'irrigations, d'engrais, d'instruments perfectionnés. On pourrait les subdiviser en espèces selon les distinctions de M. Hahn : par exemple, l'agriculture supérieure qui n'emploie que la pioche, l'agriculture intensive des jardins, etc. D'autres espèces seraient formées par l'union de l'agriculture avec l'élevage de bestiaux, la piraterie, la pêche maritime, le commerce, ou par des combinaisons diverses de ces occupations.

La septième classe de mon tableau représente les pasteurs nomades, c'est-à-dire les peuples errant avec leurs troupeaux qui se procurent leur nourriture principale de l'une ou de l'autre manière. Dans la première espèce, ils pratiquent encore plus ou moins la chasse et la pêche ; dans la seconde ils sont à l'état de pureté ; la troisième est formée par les pasteurs qui inclinent déjà vers l'agriculture. Des sous-espèces pourraient exprimer le degré de cette agriculture, qui indiquent en même temps le degré de leur attachement au sol, la mesure dans laquelle ils sont devenus sédentaires. J'imagine qu'on devra diviser les pasteurs aussi selon le genre de bêtes qu'ils élèvent. Ce n'est pas la même chose qu'ils fassent paître des chevaux, des rennes, des vaches ou des chameaux.

La huitième classe se distingue par la complexité des conditions. La division du travail s'est accrue, l'industrie est beaucoup plus différenciée et occupe un rang plus élevé ; par suite le commerce a une importance plus grande, qu'il soit extérieur ou intérieur. Mais la concentration des ouvriers dans l'atelier est encore très restreinte ; une très grande partie de l'industrie s'accomplit dans le ménage, comme accessoire de l'agriculture. Cette classe comprend les peuples européens jusqu'au dernier tiers du moyen âge, les Chinois, etc. Les espèces sont formées selon que l'une ou l'autre occupation secondaire a le plus d'importance, par exemple comme la pêche en Hollande et en Norvège, l'industrie des bois en Allemagne, etc.

La neuvième classe est la période de la manufacture : concentration des forces humaines en vue d'une même production, avec division du travail entre elles et emploi encore rudimentaire des forces naturelles. Les espèces ont les mêmes bases que dans la classe précédente ; en outre elles sont formées par la prépondérance ou non du commerce, etc. Probablement l'étude comparative en établira d'autres encore.

Enfin, la dixième classe, la dernière qui jusqu'ici se soit révélée, est caractérisée par l'industrie : division du travail poussée aussi loin que possible, emploi régulier des forces naturelles (vapeur, électricité, explosifs, etc.), devenu la base de toute la production, toute la vie économique fondée sur le commerce international, tels en sont les traits distinctifs. On distinguera des espèces selon que ce type est plus ou moins élaboré, selon qu'il est encore mêlé d'une façon appréciable à des types moins élevés.

* *
*

1. Phases de l'évolution économique

De ce que les formes de l'activité économique supposent pour se développer certaines structures sociales, il résulte que ces formes ne peuvent se développer n'importe où ni n'importe quand. Est-il possible de démontrer qu'elles se succèdent selon un ordre déterminé, et de distinguer ainsi des phases universelles dans l'évolution économique ?

M. Karl Bücher le croit, qui propose de distinguer trois périodes. La période moderne, caractérisée par les relations internationales, constitue un quatrième stade qui serait celui de *l'Économie mondiale.*

Stades de l'évolution économique

BÜCHER (Karl). — *Études d'histoire et d'économie politique.* (Trad. franç., Paris, Alcan, 3ᵉ éd., 1914, p. 49 et 105 à 107.)

L'ensemble de l'évolution économique (tout au moins des peuples de l'Europe centrale et occidentale) là où on peut la suivre avec une précision suffisante, se divise selon moi en trois stades :

1º *Stade de l'économie domestique fermée* (la production personnelle existe seule, l'économie ne connaît pas l'échange, les biens sont consommés là où ils ont été produits ;

2º *Stade de l'économie urbaine* (production pour des clients ou période de l'échange direct), les biens passent immédiatement du producteur au consommateur ;

3º *Stade de l'économie nationale* (production de marchandises, période de circulation des biens), les biens passent généralement par une série d'économies avant d'entrer dans la consommation.

Dans le cours de l'histoire, on voit l'humanité se proposer des fins économiques toujours plus élevées et trouver le moyen d'y parvenir par une répartition des tâches productrices telle qu'elle réclame l'intervention d'un nombre de personnes toujours plus considérable, pour finalement embrasser toute la nation et provoquer une intervention de tous pour tous. Si dans l'économie domestique cette *coopération* est basée sur la parenté par le sang et dans l'économie urbaine sur les liens du voisinage, elle s'appuie sur la nationalité dans l'économie nationale. L'humanité qui, au début, était répartie en familles en arrive à former des sociétés où il semble que les liens sociaux se resserrent toujours davantage. Au fur et à mesure que l'humanité avance dans cette voie, au fur et à mesure la satisfaction des besoins de l'individu s'opère d'une façon plus féconde et plus variée, mais aussi moins indépendante et plus compliquée. Pour chaque individu son existence et son travail sont de plus en plus impliqués dans l'existence et le travail de ses semblables.

Au stade de l'économie domestique, chaque *bien* est consommé dans l'économie qui l'a créé ; au stade de l'économie urbaine, il passe immédiatement de l'économie qui le crée à celle qui le consomme ; au stade de l'économie nationale, il parcourt pour être créé, aussi bien qu'après l'avoir été, des économies différentes : il circule. Dans le cours de toute évolution s'accroît la distance qui sépare la production de la consommation. Au premier stade, tous les produits sont valeurs d'emploi ; au deuxième, il en est quelques-uns qui sont valeurs d'échange ; au troisième ils sont pour la plupart des marchandises.

Au stade de l'économie domestique, il y a *coïncidence
entre la communauté de production et celle de consommation* ; au stade de l'économie urbaine, cette coïncidence
subsiste pour autant que l'apprenti ou le domestique du
paysan font partie du ménage de celui qui leur donne
du travail ; au stade de l'économie nationale, les communautés de production sont distinctes des communautés de consommation. Celles-là sont des entreprises et en
règle générale plusieurs ménages séparés vivent de leur
revenu.

Là où le *travail* étranger est nécessaire, il se trouve à
l'égard du producteur, au premier stade, dans un rapport
durable de contrainte (esclave, serfs), au second stade
dans un rapport de service, au troisième, dans un rapport
de contrat. Le consommateur, dans l'économie domestique
fermée, est lui-même ouvrier, ou l'ouvrier est sa propriété ;
dans l'économie urbaine, il achète directement à l'ouvrier la prestation de travail : (travail loué, *Lohnwerk*) ou
le produit du travail (métier, *Handwerk*) ; dans l'économie
nationale, il n'est plus du tout en rapport avec le travailleur ; il achète les marchandises à un entrepreneur ou
à un marchand qui, eux, paient un salaire à l'ouvrier.

Au stade de l'économie domestique, la division du travail se fait entre les membres de la maison ; au stade de
l'économie urbaine, elle consiste ou bien dans la formation et la division des professions urbaines, ou dans la
répartition de la production entre ville et campagne ;
au stade de l'économie nationale prédominent une répartition de la production et une division du travail fort
avancées dans chaque entreprise ainsi que le déplace-
ment du travail d'entreprise à entreprise.

Il n'existe pas au premier degré d'industrie qui fasse
l'objet d'une profession indépendante ; la transformation
tout entière des matières premières s'opère par le travail
de la maison ; dans l'économie urbaine, nous trouvons des
artisans qui exercent un métier mais pas d'entrepreneur : l'industrie consiste dans le travail loué ou le
métier ; celui qui veut exercer une industrie doit la connaître. Dans l'économie nationale prédominent l'industrie de fabrique et l'industrie à domicile qui supposent
un entrepreneur constitué en marchand et un capital

considérable. Il n'est pas indispensable que l'entrepreneur dirige le côté technique de la production.

De la même façon se modifient les modes d'exercice du commerce. A l'économie domestique fermée correspond le commerce ambulant ; à l'économie urbaine, le commerce de marché ; à l'économie nationale, le commerce sédentaire. Si, aux deux premiers stades de développement le commerce sert simplement à combler les lacunes d'une production pour le reste autonome, il est dans l'économie nationale un intermédiaire obligé entre la production et la consommation. Il se sépare du transport et ce dernier acquiert une importance propre et une organisation autonome.

2. Les formes primitives de l'échange

Il va de soi que ces distinctions sont schématiques : elles indiquent ce qui est nécessaire pour que telle forme d'industrie ou de commerce s'épanouisse ; elles n'impliquent pas que les germes en soient absents dans les périodes antérieures.

L'idée essentielle à retenir est que nombre de phénomènes économiques que nous regardons comme universels ; primitifs, naturels, sont le résultat d'une longue élaboration : ils sont des produits historiques.

Les observations des ethnographes ont attiré l'attention sur divers usages, — depuis le commerce muet jusqu'au *potlatch* (sorte de don-défi qui escompte une compensation) — qui précèdent l'échange proprement dit.

M. Ch. Gide explique à quel point celui-ci a dû paraître difficile aux primitifs.

Les conditions de l'échange

GIDE (Ch.). — *Premières notions d'économie politique.* (Paris, Albin Michel. s. d., p. 36 à 46.)

L'échange économique ne commence réellement que quand il s'agit d'un objet approprié. La première « richesse », donnons-lui son vrai nom, n'apparaît pour la première fois — ne fût-ce que le miel de la ruche ou les noisettes entassées par l'écureuil — que lorsqu'elle se détache de la personne et forme un bien appropriable pour autrui. Et aussitôt, ces biens deviennent un objet d'envie pour tous ceux, hommes ou bêtes, qui n'en ont point.

Mais comment ces êtres qui désirent s'approprier ce bien y parviendront-ils ? Ils le voleront. Le vol est le premier acte économique et la preuve, c'est que l'échange est inconnu des animaux tandis que le vol est pratiqué par eux. Je ne parle pas seulement du vol fait à leurs maîtres par les animaux domestiques, mais du vol qu'ils se font entre eux, entre camarades, dans toutes les espèces animales, et qui est extrêmement fréquent. Les pauvres richesses des animaux, l'os caché par le chien dans sa niche, le miel accumulé dans la ruche, tout cela fait l'objet de la convoitise des autres animaux et, pour se l'approprier, ils ne connaissent qu'un moyen qui est le plus simple.

Je n'ai pas besoin de vous dire qu'il en est de même dans l'espèce humaine, que c'est bien ainsi que cela a débuté, que pour les hommes le vol a précédé de longtemps l'échange et qu'il y a eu dans les sociétés humaines des pillards et des pirates longtemps avant qu'il y eût des marchands. Et même quand ceux-ci ont apparu sur la scène économique, il était parfois assez difficile de les distinguer de leurs prédécesseurs. Le vol, c'est déjà une forme de l'appropriation (ou de l'expropriation si vous voulez), qui est innée, instinctive chez les animaux, comme je viens de le dire, tandis que l'échange, au contraire n'est nullement un acte instinctif !

C'est un acte raisonné qui n'est pas à la portée d'une intelligence primitive. Voici pourquoi : c'est que l'échange suppose préalablement une dépossession volontaire. Il faut que celui qui veut échanger se dessaisisse de sa propriété pour la céder à autrui. Or, ce dessaisissement est un sacrifice qui répugne à la nature. Il n'y a qu'à voir si un petit enfant se dessaisit volontairement de ce qu'on lui a donné ! On a beau lui dire : donne-le-moi, je te donnerai autre chose, il ne veut rien entendre, et si même, il finit par le lâcher, immédiatement il demande à le reprendre.

Et comme on comprend cette répugnance au dessaisissement, si l'on se reporte aux origines et si l'on pense de quel travail, de quel labeur, l'objet possédé était le produit pour l'homme primitif. C'est la chair de sa chair !

Si on lui demande de s'en dessaisir, son premier mouvement est de s'y refuser.

Sans doute on dit à l'homme primitif : vous ne vous privez que pour avoir mieux. Mais ce mieux qu'on lui propose en échange, c'est l'inconnu. Il connaît ce qu'il possède et dont il va se dessaisir, et il ignore encore ce qu'il va acquérir. Il est donc obligé de se livrer à une pesée intérieure, de mettre d'un côté, dans un des plateaux de la balance, le sacrifice qu'il va faire, et d'autre part, dans l'autre plateau, la jouissance qu'il attend. Cruelle alternative ! Choix angoissant ! Aussi angoissant que celui du naufragé qui s'est accroché à une épave, à qui on dit de la lâcher pour saisir l'amarre et qui souvent préfère aller au fond de l'eau plutôt que de s'en dessaisir.

On peut même dire que l'échange — sous la forme brute que nous venons de décrire, le troc — n'a dû prendre naissance que dans des conditions tout à fait spéciales et exceptionnelles : par exemple, lorsque l'objet offert en échange a éveillé dans l'âme de celui qui ne le possédait pas un besoin tout à fait nouveau, irrésistible dans sa nouveauté ; comme quand, à un sauvage qui n'avait jamais eu qu'un arc et des flèches, on a offert un fusil ou parfois aussi bien quelque objet puéril, une boîte à musique, une bouteille d'alcool. Ces merveilles détermineront le noir africain à céder n'importe quoi pour les obtenir.

Une autre condition qui peut rendre l'échange possible, c'est que l'objet que l'on demande au possesseur de céder se trouve pour lui superflu, ce qui sera le cas s'il le possède en double ou en triple exemplaire. Je disais des enfants qu'ils n'aiment pas échanger ni céder, mais quand il s'agit du collégien, dont la jeune âme a déjà été mûrie par le contact de ses camarades et dans laquelle l'intérêt et la cupidité sont déjà venus se loger, il apprend à échanger des timbres-poste. Le commerce des timbres-poste est un exemple type, parce qu'un timbre-poste en double n'a aucune valeur, sinon précisément de servir d'instrument d'échange. Un sauvage, dans sa sphère, fera de même. S'il a quelque chose en double, il pourra dans ces conditions consentir.

Voici un autre cas dans lequel l'échange se trouve facilité, même pour l'homme primitif — surtout pour celui-ci — c'est lorsque l'utilité de l'objet possédé n'est pas immédiate, mais n'est réalisable qu'à un temps plus ou moins éloigné. Alors l'imprévoyance de l'homme primitif fait qu'il la considère comme superflue pour le moment. Il arrive fréquemment que les indigènes d'Algérie, du Maroc ou de l'Orient cèdent pour presque rien le blé qu'ils devaient garder pour la semence. Du moment que ce n'était que pour l'année prochaine, ils pensaient que l'objet n'avait pas grande utilité pour eux. On raconte même que chez certaines tribus sauvages des bords de l'Amazone, l'imprévoyance est telle que si on veut acheter leur hamac, celui dans lequel ils dormiront, on peut facilement l'obtenir en le leur demandant de bon matin, parce que le soir est pour eux aussi éloigné que l'est pour nous l'an 2000, mais si on attend qu'ils aient sommeil, ils s'y refuseront !

Enfin notons encore une autre condition qui est de nature à faciliter l'échange. C'est quand celui qui possède l'objet obéit à un certain mobile de libéralité, d'altruisme. Or, c'est là un sentiment qui n'est pas le privilège des civilisés, tant s'en faut. Il y a eu de tout temps dans toute âme humaine un Caïn et un Abel qui habitent ensemble, et Abel n'est pas toujours tué par Caïn, quoiqu'il sommeille généralement. Et c'est ce qui explique cette constatation paradoxale que, dans l'évolution économique le don paraît avoir précédé l'échange, autrement dit l'homme s'est décidé à céder à titre gratuit l'objet possédé plus facilement qu'à le céder à titre onéreux.

Je disais tout à l'heure du vol qu'il avait précédé l'échange, disons-en autant du don et voici qui réhabilite la nature humaine. Peut-être est-ce vrai, même des animaux. Je ne sais si on ne pourrait pas leur rendre cet hommage qu'ils connaissent le don, tout au moins dans leurs rapports de famille ; il suffit de voir la générosité d'une poule pour ses poussins, lorsqu'elle a trouvé quelque graine !

Le don va être une voie nouvelle pour conduire à l'échange. Il y mènera tout droit si nous supposons que le don devienne réciproque, car en quoi un don réciproque se distingue-t-il de l'échange ? En rien, sinon par l'intention. Or le don réciproque est très fréquent dans la civilisation primitive, il est même le règle ; vous n'avez qu'à lire les récits de tous les explorateurs en Afrique. Que font-ils ? Quand ils arrivent dans la tribu, le chef, obéissant aux règles de politesse et d'hospitalité de tous les peuples sauvages, leur envoie, selon sa richesse, un bœuf ou des poules. Mais il attend un don réciproque ! Et de même que dans les visites protocolaires quand le souverain étranger a fait sa visite, cinq minutes après le président la lui rend, le protocole du roitelet nègre comporte la même réciprocité. C'est pourquoi tout explorateur ne manque pas d'avoir dans ses bagages toute espèce d'articles destinés à servir — dirai-je de paiement ou de cadeau ? cela se ressemble.

En droit romain, l'échange est défini ainsi : *do ut des*, don pour don. C'est comme un témoignage rendu à l'évolution que nous venons de retracer.

C'est d'ailleurs la même parole que prononce inconsciemment l'écolier lorsqu'il dit à son camarade : « Donnemoi ce que tu as, je te donnerai ce que j'ai. »

Et n'est-ce pas un sentiment réconfortant de penser que l'échange est né aussi du don et non pas seulement du vol comme nous disions tantôt ! Il est vrai que si l'échange vient du don réciproque, il finit parfois par dégénérer en vol réciproque, mais ceci est une autre affaire...

Le moment où l'échange proprement dit s'est affirmé est un moment solennel dans l'histoire de la civilisation.

***

Il est remarquable, que l'institution de l'échange, où l'économie politique d'Adam Smith voyait le produit naturel d'une sorte de tendance innée de la nature humaine, n'est pas si primitive qu'on pourrait le croire.

La principale difficulté qui s'oppose à l'établissement des relations économiques suivies, c'est que les hommes de groupes différents se considèrent comme ennemis.

Comment on va de la trève à la paix du marché, et quelles conséquences en résultent pour l'organisation du droit, c'est ce que montre M. Huvelin.

La paix du commerce

HUVELIN (P.). — *Essai historique sur le droit des marchés et des foires.* (Paris, Rousseau, 1897, p. 338 à 346.)

Quand, sous l'influence des besoins créés par l'expansion de la race humaine, il devient nécessaire de nouer des relations de peuplade à peuplade, d'ennemi à ennemi, ce ne peut être qu'à la faveur d'une trêve. Les hostilités sont suspendues pour un temps ; elles reprennent aussitôt que la négociation est terminée. Le premier commerce suppose donc une trêve, au moins tacite. Trêve bien fragile et bien incertaine encore ! Les membres des diverses communautés n'accomplissent leurs échanges qu'en tremblant, toujours prêts à reprendre les armes, et toujours sur leurs gardes. Vendeurs et acheteurs restent ennemis. Les coutumes de peuplades sauvages de tous les temps et de tous les pays ont consacré l'usage du *commerce muet*. Le vendeur met sa marchandise à une place donnée, puis se retire ; l'acheteur apparaît alors, met auprès de cet objet le prix qu'il en veut offrir, et se retire en attendant de connaître le succès de son offre. Si celle-ci est repoussée, il revient et ajoute quelque chose de plus, ou bien il retire ce qu'il a apporté. Cette forme bizarre du commerce dont l'existence nous est déjà signalée dans l'antiquité, est encore en usage sur les bords du Niger, à Fernando Po, etc. Elle existait dans les caravanes marocaines allant trafiquer au Soudan ; on la rencontre même au XVIe siècle chez les Lapons.

Un pas en avant dans la voie d'un système commercial plus commode est fait quand les deux parties se trouvent en présence l'une de l'autre, mais à une distance suffisante pour éviter toute violence. Ce système est celui qu'emploient les Malais dans leurs relations avec les indigènes de la pointe sud de Timor.

Ce commerce de défiance suppose, nous l'avons dit, une trêve tacite. Cette trêve, paix d'un moment trop souvent violée, est le germe des premières relations internationales. Le droit des gens est né des besoins du commerce. La paix se conclut à l'aide de cérémonies symboliques, où se retrouvent, à l'état embryonnaire, les principales institutions du droit des gens. Pour se témoigner de loin leurs intentions non hostiles, les sauvages ont des gestes consacrés, des rites dont les équivalents se retrouvent partout : c'est le calumet de paix passant de bouche en bouche ; c'est la branche de feuillage élevée à bout de bras ; c'est l'accueil fait à l'étranger au foyer de la famille, le sel offert, le pain rompu en commun. Les négociations qui précèdent une paix entre deux peuplades sont entourées du même symbolisme. L'usage des signes de paix a laissé des traces jusque dans notre époque. Les peuplades sauvages, même dans l'Australie et les îles du sud, connaissent le symbolisme de la branche de feuillage ; bien plus, celle-ci se retrouve, comme enseigne, dans les cabarets et les auberges, aussi bien en Sibérie qu'en France ; elle témoigne de la paix assurée aux hôtes étrangers.

. . . .

La paix consentie en faveur du commerce n'est d'ailleurs qu'une trêve. Lorsque les échanges sont terminés, la paix est rompue. C'est ainsi que, dans l'Arabie ancienne, avant Mahomet, lorsque des hommes de tribus étrangères se rencontraient ils se voilaient la face ; ils ne s'abordaient le visage à découvert qu'au marché ; le marché fini, ils se cachaient de nouveau le visage. De même les Indiens du Brésil, avant de commercer, aujourd'hui encore, déposent leurs armes en tas et ne les reprennent que lorsque le trafic est terminé et que certaines formules en ont marqué la fin. Dans les marchés des Battaks de Sumatra, dans l'intérieur du pays de Tappanuly, toutes hostilités sont suspendues. Ceux qui ont des mousquets les déchargent, en arrivant, sur un monticule. A leur départ ils recherchent, déterrent et emportent la balle. Lorsque les Vikings de la Baltique abordaient dans un port pour y faire le commerce, c'était à la faveur d'une trêve, et le bouclier rouge qui d'ordinaire protégeait les flancs de leurs navires était élevé, en signe de paix, en haut du mât. Mais, dès que les transactions étaient terminées, le bouclier était redescendu, les hostilités reprenaient, la trêve était dénoncée.

Peu à peu, la paix du commerce s'affermit et s'organise. Pour qu'elle coure moins de risques d'être troublée, on choisit pour tenir les marchés un territoire qui, étant sur les limites des diverses peuplades, n'appartient à aucune. Les indigènes qui y viennent trafiquer ressemblent ainsi à des voisins qui, n'osant s'aventurer sur la propriété l'un de l'autre, entrent en relations par-dessus la haie mitoyenne. La limite est un sol neutre, et, pour mieux assurer sa neutralité, en la garantissant par ce moyen si puissant dans les races primitives, la superstition, on la met sous la protection des dieux. Les limites et les marchés sont sacrés ; la paix du marché se confond alors avec la paix de Dieu.

3. L'évolution de la propriété

Un autre exemple de la « relativité » de phénomènes économiques est fourni par une institution de la plus haute importance pour l'organisation des échanges et la production même : nous voulons parler de la propriété.

Le droit absolu d'user et d'abuser, caractéristique de la propriété privée selon notre droit classique, est loin d'avoir été reconnu de tous temps. La propriété individuelle a longtemps subi, elle subit encore, sous des formes variées, diverses sortes de limitations ou de restrictions. Faut-il dire que partout c'est la propriété collective qui a commencé ? On en a beaucoup discuté. Ce qui est sûr en tout cas, c'est que le droit de propriété, l'une des bases de la vie économique, varie en fonction des représentations collectives elles-mêmes.

Les saint-simoniens nous avaient dès longtemps préparés à l'idée que la propriété est, comme dira Lassalle après eux et sous leur influence, une « catégorie historique ».

La propriété, catégorie historique

La doctrine de Saint-Simon. (Édition Halévy et Bouglé, Paris, Rivière, 1924, p. 246 à 248.)

Nous avons vu que la propriété était considérée généralement comme un fait invariable ; et cependant, en étudiant l'histoire, on reconnaît que la législation n'a cessé d'intervenir soit pour déterminer la *nature des objets* qui pouvaient être appropriés, soit pour en régler l'*usage* et la *transmission.*

Dans l'origine, le droit de propriété embrasse et les choses et les hommes ; ceux-ci en composent même la partie la plus importante, la plus précieuse : l'esclave appartient à son maître au même titre que le bétail et les objets matériels. Il n'existe d'abord aucune restriction à l'exercice du droit de propriété sur sa personne. Plus tard, le législateur fixe des limites au privilège d'user et d'abuser que *l'homme propriétaire* avait sur l'esclave, c'est-à-dire sur *l'homme propriété.* Ces limites se resserrent de plus en plus. Le maître perd chaque jour quelque portion morale, intellectuelle ou matérielle de l'esclave, jusqu'à ce qu'enfin le moraliste et le législateur s'accordent pour poser en principe que l'homme *ne peut plus être la propriété* de son semblable. Cette intervention de leur autorité, dans le droit de propriété, correspond à la plus complète transformation qu'ait subie l'association humaine.

Le législateur est également intervenu pour régler de quelle manière la propriété pouvait être transmise, et, par exemple, dans la série de civilisation à laquelle nous appartenons directement, on peut observer, dans l'espace de quinze siècles environ, trois états de la propriété quant au mode de sa transmission, qui tous trois ont été sanctionnés par la législation et les mœurs. D'abord, le propriétaire a eu la faculté de disposer comme il l'entendait, après lui, des biens dont il était en possession ; il pouvait en déshériter sa famille ou en faire, entre ses membres, une répartition *arbitraire.* On lui a dit : « C'est la loi désormais qui désignera votre héritier ; vos biens ne pourront être transmis qu'à des enfants mâles, et, parmi eux à l'aîné seul. » Plus tard, le législateur a changé de nouveau le règlement de l'hérédité, en partageant *également* entre tous les enfants la fortune de leur père.

Ces révolutions, opérées dans le droit de propriété par la législation, n'auraient pu l'être d'une manière efficace, si celle-ci eût manqué de sanction morale. C'est ce qui n'est jamais arrivé : la conscience s'est toujours trouvée, du moins pendant un long espace de temps, en harmonie avec les volontés du législateur ; elle a toujours reconnu à chaque époque dans l'expression de ses volontés, celles de *Dieu* lui-même, ou, pour parler le langage critique, celles de la *Nature*.

Par suite des révolutions que nous venons de rappeler et dont un des résultats généraux a été la division de plus en plus grande des richesses, le droit de propriété considéré en lui-même et d'une manière abstraite, ainsi qu'on a coutume de le faire, c'est-à-dire comme étant indépendant de toute capacité de travail, se trouve aujourd'hui parvenu à sa dernière transformation : et même dans cet état on le voit perdre encore chaque jour de l'importance qui lui reste. Cette importance se fonde sur le privilège de lever une prime sur le travail d'autrui : or, cette prime, représentée aujourd'hui par l'intérêt et le fermage, va sans cesse en décroissant. Les conditions d'après lesquelles se règlent les rapports du propriétaire et du capitaliste avec les travailleurs sont de plus en plus avantageuses à ces derniers : en d'autres termes, le privilège de vivre dans l'oisiveté est devenu difficile à acquérir et à conserver.

Ce court exposé prouve suffisamment que le *droit de propriété*, considéré généralement comme étant à l'abri de toute révolution morale ou légale, n'a cessé de subir l'intervention du moraliste et du législateur, soit quant à la nature des objets possédés, soit quant à leur usage et à leur transmission : nous voyons que ce dernier terme des modifications sous ce dernier rapport a été l'attribution d'une plus grande partie de la propriété à un plus grand nombre de travailleurs, d'où il est résulté que l'importance sociale des propriétaires oisifs s'est affaiblie en raison de celle qu'acquéraient chaque jour les travailleurs. Aujourd'hui un dernier changement est devenu nécessaire ; c'est au moraliste à le préparer ; plus tard ce sera au législateur à le prescrire.

La loi de progression que nous avons observée tend à établir un ordre de choses dans lequel l'Etat, et non plus la famille, héritera des richesses accumulées, en tant qu'elles forment ce que les économistes appellent *le fonds de production.*

III. La division du travail

L'un des plus beaux exemples de l'enrichissement que la sociologie peut apporter à l'étude d'une notion étudiée déjà par l'économie politique classique est celui de la division du travail.

La division du travail est, de l'aveu commun, l'un des faits sociaux les plus gros de conséquences tant pour la vie économique que pour la vie sociale. On pourra apprécier dans la succession des études auxquelles ce phénomène a donné lieu la diversité des points de vue de l'économie politique classique, de l'économie historique, et de la sociologie.

Voici d'abord un fragment de la description fameuse d'Adam Smith

Effets de la division du travail sur la production

Smith (Adam). — *Recherches sur la nature et les causes de la richesse des nations* (trad. franç., Paris, Guillaumin, 1843, p. 6 à 14.)

Les plus grandes améliorations dans la puissance productive du travail, et la plus grande partie de l'habileté, de l'adresse et de l'intelligence avec laquelle il est dirigé ou appliqué, sont dues, à ce qu'il semble, à la *division du travail*.

On se fera plus aisément une idée des effets de la *division du travail* sur l'industrie générale de la société, si l'on observe comment ces effets opèrent dans quelques manufactures particulières. On suppose communément que cette *division* est portée le plus loin possible dans quelques-unes des manufactures où se fabriquent des objets de peu de valeur. Ce n'est pas peut-être que réellement elle y soit portée plus loin que dans des fabriques plus importantes ; mais c'est que, dans les premières, qui sont destinées à de petits objets demandés par un petit nombre de personnes, la totalité des ouvriers qui y sont employés est nécessairement peu nombreuse, et que ceux qui sont occupés à chaque différent branche de l'ouvrage peuvent souvent être réunis dans un atelier, et placés à la fois sous les yeux de l'observateur. Au contraire, dans ces grandes manufactures destinées à fournir les objets de consommation de la masse du peuple, chaque branche de l'ouvrage emploie un si grand nombre d'ouvriers, qu'il est impossible de les réunir tous dans le même atelier. On ne peut guère voir à la fois que les ouvriers employés à une seule branche de l'ouvrage. Ainsi quoique, dans ces manufactures, l'ouvrage soit peut-être en réalité divisé en un plus grand nombre de parties que dans celles de la première espèce, cependant la division y est moins sensible, et, par cette raison, elle y a été bien moins observée.

Prenons un exemple dans une manufacture de la plus petite importance, mais où la division du travail s'est fait souvent remarquer : une manufacture d'épingles. Un homme qui ne serait pas façonné à ce genre d'ouvrage, dont la division du travail a fait un métier particulier, ni accoutumé à se servir des instruments qui y sont en usage, dont l'invention est probablement due encore à la division du travail, cet ouvrier, quelque adroit qu'il fût, pourrait peut-être à peine faire une épingle dans toute sa journée, et certainement il n'en ferait pas une vingtaine. Mais de la manière dont cette industrie est maintenant conduite, non seulement l'ouvrage entier forme un métier particulier, mais même cet ouvrage est divisé en un grand nombre de branches, dont la plupart constituent autant de métiers particuliers. Un ouvrier tire le fil à la bobille, un autre le dresse, un troisième coupe la dressée, un quatrième empointe, un cinquième est employé à émoudre le bout qui doit recevoir la tête. Cette tête est elle-même l'objet de deux ou trois opérations séparées ; la frapper est une besogne particulière ; blanchir les épingles en est une autre ; c'est même un métier distinct et séparé que de piquer les papiers, et d'y bouter les épingles ; enfin l'important travail de faire une épingle est divisé en dix-huit opérations distinctes ou environ, lesquelles, dans certaines fabriques, sont remplies par autant de mains différentes, quoique dans d'autres le même ouvrier en remplisse deux ou trois. J'ai vu une petite manufacture de ce genre qui n'employait que dix ouvriers, et où par conséquent quelques-uns d'eux étaient chargés de deux ou trois opérations. Mais, quoique la fabrique fût fort pauvre et, par cette raison, mal outillée, cependant quand ils se mettaient en train, ils venaient à bout de faire entre eux environ douze livres d'épingles par jour : or, chaque livre contient au delà de quatre mille épingles de taille moyenne. Ainsi ces dix ouvriers pouvaient faire entre eux plus de quarante-huit milliers d'épingles dans une journée ; donc chaque ouvrier faisant une dixième partie de ce produit peut être considéré comme faisant dans sa journée quatre mille huit cents épingles. Mais s'ils avaient tous travaillé à part et indépendamment les uns des autres, et s'ils n'avaient pas été façonnés à cette besogne particulière, chacun d'eux assurément n'eût pas fait vingt épingles, peut-être pas une seule dans sa journée, c'est-à-dire pas, à coup sûr, la deux cent quarantième partie, et pas peut-être la quatre mille huit centième partie de ce qu'ils sont maintenant en état de faire, en conséquence d'une division et d'une combinaison convenables de leurs différentes opérations.

Dans tout autre art et manufacture, les effets de la division du travail sont les mêmes que ceux que nous venons d'observer dans la fabrique d'une épingle, quoiqu'en un grand nombre le travail ne puisse pas être aussi subdivisé ni réduit à des opérations d'une aussi grande simplicité. Toutefois, dans chaque art, la division du travail, aussi loin qu'elle peut y être portée, donne lieu à un accroissement proportionnel dans la puissance productive du travail. C'est cet avantage qui paraît avoir donné naissance à la séparation des divers emplois et métiers. Aussi cette séparation est en général poussée plus dans les pays qui jouissent du plus haut degré de perfectionnement : ce qui, dans une société encore un peu grossière, est l'ouvrage d'un seul homme, devient, dans une société plus avancée, la besogne de plusieurs. Dans toute société avancée, un fermier en général n'est que fermier, un fabricant n'est que fabricant. Le travail nécessaire pour produire complètement un objet manufacturé est aussi presque toujours divisé entre un grand nombre de mains. Que de métiers différents sont employés dans chaque branche des ouvrages manufacturés, de toile ou de laine, depuis l'ouvrier qui travaille à faire croître le lin et la laine, jusqu'à celui qui est employé à blanchir et à lisser la toile ou à teindre et à lustrer le drap ! Il est vrai que la nature de l'agriculture ne comporte pas une aussi grande subdivision de travail que les manufactures, ni une séparation aussi complète des travaux.

. . . .

Cette grande augmentation dans la quantité d'ouvrages qu'un même nombre de bras est en état de fournir, en conséquence de la division du travail, est due à trois circonstances différentes : premièrement, à un accroissement d'habileté dans chaque ouvrier individuellement ; deuxièmement, à l'épargne du temps, qui se perd ordinairement quand on passe d'une espèce d'ouvrage à une autre ; et troisièmement enfin, à l'invention d'un grand nombre de machines qui facilitent et abrègent le travail, et qui permettent à un homme de remplir la tâche de plusieurs.

**

Adam Smith ne mêle-t-il pas dans sa description des choses qui mériteraient d'être distinguées ? M. Karl Bücher l'a pensé, qui propose d'étudier à part la décomposition des opérations, le sectionnement de la production, la subdivision des professions. Le passage qui suit résume cette analyse.

Différents modes de la division du travail

Bücher (Karl). — *Etudes d'histoire et d'économie politique.* (Alcan), résumé par Bouglé (C.). *Qu'est-ce que la sociologie ?* (Paris, Alcan, 3e éd., 1914, p. 107 à 111.)

Si l'on cherche, pour bien comprendre la nature de la division du travail, ce à quoi elle s'oppose symétriquement, on rencontre, conduit par le langage même, le concept d'union du travail. Mais le langage est-il ici un bon guide ? Ces deux idées sont-elles vraiment antithétiques ? Ou bien celle-ci ne fait-elle qu'envelopper celle-là ? En un sens, — tous nos auteurs le reconnaîtraient avec Rodbertus, — toute division du travail est encore union du travail. L'expression de division du travail est mal faite si elle nous fait penser à la séparation et à l'isolement des individus : l'essentiel du phénomène, c'est la connexion qu'il établit entre leurs efforts. Mais si l'on entend par l'union de travail l'accomplissement de différentes sortes d'activité par une même personne, le cumul de fonctions qui est le propre de la femme dans la maison, de l'ouvrier bon à tout faire, du mineur qui est en même temps agriculteur, alors il faut reconnaître que l'union du travail est bien le contraire de la division du travail. Au lieu d'être inférieure, la quantité d'énergie productive dont dispose l'homme est ici supérieure à telle besogne particulière ; il assume donc plusieurs besognes afin d'occuper tout son temps et d'employer toutes ses forces. Or la division du travail ne commence, à proprement parler, que là où les activités se distribuent entre plusieurs mains.

Mais dirons-nous qu'il suffit, pour qu'apparaisse la division du travail, qu'il y ait aide mutuelle et addition des efforts ? Des hommes s'assemblent pour pousser une poutre, pour faucher un champ. Leurs efforts s'ajoutent, mais on ne peut pas dire qu'ils soient ajustés, précisément parce qu'ils ne sont pas différents. Ils collaborent, mais leur coopération est simple : c'est une communauté de travail. Il faut à la division du travail une coopération complexe où les tâches des différents coopérateurs soient différentes. Il importe pour que nous la reconnaissions, non seulement que le service économique qui incombait jusqu'alors à une seule personne soit reporté sur plusieurs, mais encore que chacune de celles-ci accomplisse une partie différente de l'ouvrage qui jusqu'alors constituait un tout.

Mais il ne faut pas que ce trait commun, par où toutes les formes de la division du travail se distinguent, nous fasse oublier les caractères propres à chacune d'elles. Présenter sur le même plan, à la suite d'Adam Smith, comme des exemples de travaux divisés, les opérations qui produisent l'épingle dans la manufacture, celles qui façonnent le clou dans l'atelier du forgeron, celles qui procurent enfin son habillement au journalier, n'est-ce pas confondre des choses très différentes ?

Dans le dernier cas, en effet, nombre de producteurs

indépendants — le berger, le cardeur, le fileur, le tisserand, le fouleur, le teinturier, le tailleur — ont collaboré
à l'achèvement du produit. Avant d'arriver à sa forme
définitive, il a changé plusieurs fois de propriétaire, il a
traversé plusieurs « économies » autonomes. La production nous apparaît donc ici comme sectionnée, répartie
en tranches différentes. Au contraire, dans le cas de l'épingle c'est à l'intérieur d'une même section, d'un même
organisme économique que tout se passe. Des opérations
qui naguère étaient toutes exécutées par un même ouvrier
sont distribuées maintenant entre dix-huit ouvriers.
Le produit change de mains, mais il ne change pas de propriétaires, il ne sort pas d'une même entreprise. Nous
n'assistons plus à un sectionnement de la production,
mais à l'intérieur d'une même section, à une analyse,
à une décomposition du travail.

Le cas du forgeron cloutier est différent encore. Le
forgeron cloutier ne façonne pas seulement une partie du
clou; comme l'ouvrier de manufacture une partie de
l'épingle, et son travail n'est pas plus analysé que celui
du forgeron. Mais il ne s'applique qu'à une espèce d'objets. Cet objet ne passe entre les mains ni de plusieurs
producteurs ni de plusieurs propriétaires. La fabrication
d'un seul produit par une seule main, à l'intérieur d'une
même économie, telle est la caractéristique de ce phénomène, distinct aussi bien de la décomposition du travail
que du sectionnement de la production. Il n'a plus pour
résultat de diviser les travaux en tranches successives,
mais en branches divergentes; les sections qu'il trace
dans le processus de la production sont longitudinales et
non plus transversales. C'est la spécialisation proprement
dite qui nous apparaît.

Mais dans la spécialisation même il faut distinguer
des variétés : car elle peut se produire de façons bien différentes. Tantôt on voit tel genre de travail se détacher
du groupe économique à l'intérieur duquel et dans l'intérêt duquel il s'exécutait. Désormais il sert de centre à une
économie autonome, il « nourrit son homme » ; une profession est formée. Ainsi la plupart des métiers naissent
en se séparant du ménage. Mais il y en a aussi bon nombre
qui, au lieu de sortir directement des premières unités

économiques, se sont formés ultérieurement, et c'est précisément le cas du forgeron cloutier — par une spécialisation nouvelle des métiers déjà spécialisés. Il faut donc distinguer de la formation proprement dite la subdivision des professions.

Ajoutons que dans certains cas des professions naissent que rien ne faisait prévoir, auxquelles rien d'analogue ne correspondait dans les régimes économiques antérieurs. Elles ne résultent pas d'un morcellement ; c'est l'apparition d'espèces de biens jadis inconnus qui les suscite. Tel est le cas par exemple pour la photographie, la fabrication des glaces ou des vélocipèdes. Il y a là, à vrai dire, non pas division, mais création véritable.

Ainsi, — formation, subdivision, création des professions, décomposition des opérations, sectionnement de la production, — il faut, si l'on veut que les confusions soient évitées, avoir présents à l'esprit ces différents modes de la division du travail, et lorsqu'on nous dira que la division du travail s'est développée à telle ou telle phase de l'évolution économique, il faudra préciser suivant lequel de ces modes cette division s'est opérée.

***

Lorsque Durkheim s'occupe à son tour de la division du travail, il ne se contente pas, comme Adam Smith, d'en rechercher les causes dans un penchant à l'échange de la nature humaine, il en cherche les raisons dans les formes sociales, dans les variations de leur volume ou de leur densité.

La densité sociale et la lutte pour la vie, causes de la division du travail

DURKHEIM (E.). — *De la division du travail social.* (Paris, Alcan, 4ᵉ éd., 1922, p. 248 à 250.)

Si le travail se divise davantage à mesure que les sociétés deviennent plus volumineuses et plus denses, ce n'est pas parce que les circonstances extérieures y sont plus variées, c'est que la lutte pour la vie y est plus ardente.

Darwin a très justement observé que la concurrence

entre deux organismes est d'autant plus vive qu'ils sont plus analogues. Ayant les mêmes besoins et poursuivant les mêmes objets, ils se trouvent partout en rivalité. Tant qu'ils ont plus de ressources qu'il ne leur en faut, ils peuvent encore vivre côte à côte ; mais si leur nombre vient à s'accroître dans de telles proportions que tous les appétits ne puissent plus être suffisamment satisfaits, la guerre éclate, et elle est d'autant plus violente que cette insuffisance est plus marquée, c'est-à-dire que le nombre des concurrents est plus élevé. Il en est tout autrement si les individus qui coexistent sont d'espèces ou de variétés différentes. Comme ils ne se nourrissent pas de la même manière et ne mènent pas le même genre de vie, ils ne se gênent pas mutuellement ; ce qui fait prospérer les uns est sans valeur pour les autres. Les occasions de conflits diminuent donc avec les occasions de rencontre, et cela d'autant plus que ces espèces ou variétés sont plus distantes les unes des autres. « Ainsi, dit Darwin, dans une région peu étendue, ouverte à l'immigration et où, par conséquent, la lutte d'individu à individu doit être très vive, on remarque toujours une très grande diversité dans les espèces qui l'habitent. J'ai trouvé qu'une surface gazonnée de trois pieds sur quatre, qui avait été exposée pendant de longues années aux mêmes conditions de vie, nourrissait vingt espèces de plantes appartenant à dix-huit genres et à huit ordres, ce qui montre combien ces plantes différaient les unes des autres. » Tout le monde, d'ailleurs, a remarqué que, dans un même champ, à côté des céréales, il peut pousser un très grand nombre de mauvaises herbes. Les animaux, eux aussi, se tirent d'autant plus facilement de la lutte qu'ils diffèrent davantage. On trouve sur un chêne jusqu'à deux cents espèces d'insectes qui n'ont les unes avec les autres que des relations de bon voisinage. Les uns se nourrissent des fruits de l'arbre, les autres des feuilles, d'autres de l'écorce et des racines. « Il serait, dit Hæckel, absolument impossible qu'un pareil nombre d'individus vécût sur cet arbre, si tous appartenaient à la même espèce, si tous, par exemple, vivaient aux dépens de l'écorce ou seulement des feuilles. » De même encore, à l'intérieur de l'organisme, ce qui adoucit la concurrence entre les différents tissus c'est qu'ils se nourrissent de substances différentes.

Les hommes subissent la même loi. Dans une même ville, les professions différentes peuvent coexister sans être obligées de se nuire réciproquement, car elles poursuivent des objets différents. Le soldat recherche la gloire militaire, le prêtre l'autorité morale, l'homme d'État le pouvoir, l'industriel la richesse, le savant la renommée scientifique ; chacun d'eux peut donc atteindre son but sans empêcher les autres d'atteindre le leur. Il en est encore ainsi même quand les fonctions sont moins éloignées les unes des autres. Le médecin oculiste ne fait pas concurrence à celui qui soigne les maladies mentales, ni le cordonnier au chapelier, ni le maçon à l'ébéniste, ni le physicien au chimiste, etc... Comme ils rendent des services différents ils peuvent les rendre parallèlement.

Cependant, plus les fonctions se rapprochent, plus il y a entre elles de points de contact, plus, par conséquent, elles sont exposées à se combattre. Comme, dans ce cas, elles satisfont par des moyens différents des besoins semblables, il est inévitable qu'elles cherchent plus ou moins à empiéter les unes sur les autres. Jamais le magistrat ne concourt avec l'industriel ; mais le brasseur et le vigneron, le drapier et le fabricant de soieries, le poète et le musicien s'efforcent souvent de se supplanter mutuellement. Quant à ceux qui s'acquittent exactement de la même fonction, ils ne peuvent prospérer qu'au détriment les uns des autres. Si donc on se représente ces différentes fonctions sous la forme d'un faisceau ramifié, issu d'une souche commune, la lutte est à son minimum entre les points extrêmes, tandis qu'elle augmente régulièrement à mesure qu'on se rapproche du centre. Il en est ainsi, non pas seulement à l'intérieur de chaque ville, mais dans toute l'étendue de la société. Les professions similaires situées sur les différents points du territoire se font une concurrence d'autant plus vive qu'elles sont plus semblables, pourvu que la difficulté des communications et des transports ne restreigne pas le cercle de leur action.

Cela posé, il est aisé de comprendre que toute condensation de la masse sociale, surtout si elle est accompagnée d'un accroissement de la population, détermine nécessairement des progrès de la division du travail.

***

S'agit-il des conséquences, Durkheim au lieu de s'en tenir aux effets économiques, insiste sur les effets moraux, et fait reposer sur la division du travail une cohésion d'un genre spécial qu'il appelle *la solidarité organique*, comportant le progrès des individus vers la liberté et l'égalité, et qu'il oppose à la *solidarité mécanique*.

La solidarité organique

DURKHEIM (E.). — *De la division du travail social.* (Paris, Alcan, 4ᵉ éd., 1922, p. 99 à 101.)

La première (la solidarité mécanique) ne peut être forte que dans la mesure où les idées et les tendances communes à tous les membres de la société dépassent en nombre et en intensité celles qui appartiennent personnellement à chacun d'eux. Elle est d'autant plus énergique que cet excédent est plus considérable. Or, ce qui fait notre personnalité, c'est ce que chacun de nous a de propre et de caractéristique, ce qui le distingue des autres. Cette solidarité ne peut donc s'accroître qu'en raison inverse de la personnalité. Il y a dans chacune de nos consciences, avons-nous dit, deux consciences : l'une, qui nous est commune avec notre groupe tout entier, qui, par conséquent, n'est pas nous-même, mais la société vivant et agissant en nous; l'autre qui ne représente au contraire que nous dans ce que nous avons de personnel et de distinct, dans ce qui fait de nous un individu. La solidarité qui dérive des ressemblances est à son *maximum* quand la conscience collective recouvre exactement notre conscience totale et coïncide de tous points avec elle, mais, à ce moment, notre individualité est nulle. Elle ne peut naître que si la communauté prend moins de place en nous. Il y a là deux forces contraires, l'une centripète, l'autre centrifuge, qui ne peuvent pas croître en même temps. Nous ne pouvons pas nous développer à la fois dans deux sens aussi opposés. Si nous avons un vif penchant à penser et à agir par nous-même, nous ne pouvons pas être fortement enclin à penser et à agir comme les autres. Si l'idéal est de se faire une physionomie propre et personnelle, il ne saurait être de ressembler à tout le monde. De plus, au moment où cette solidarité exerce son action, notre personnalité s'évanouit, peut-on dire, par définition ; car nous ne sommes plus nous-même, mais l'être collectif.

Les molécules sociales qui ne seraient cohérentes que de cette seule manière ne pourraient donc se mouvoir avec ensemble que dans la mesure où elles n'ont pas de mouvements propres, comme font les molécules des corps inorganiques. C'est pourquoi nous proposons d'appeler mécanique cette espèce de solidarité. Ce mot ne signifie pas qu'elle soit produite par des moyens mécaniques et artificiellement. Nous ne la nommons ainsi que par analogie avec la cohésion qui unit entre eux les éléments des corps bruts, par opposition à celle qui fait l'unité des corps vivants. Ce qui achève de justifier cette dénomination, c'est que le lien qui unit ainsi l'individu à la société est tout à fait analogue à celui qui rattache la chose à la personne. La conscience individuelle, considérée sous cet aspect, est une simple dépendance du type collectif et en suit tous les mouvements, comme l'objet possédé suit ceux que lui imprime son propriétaire. Dans les sociétés où cette solidarité est très développée, l'individu ne s'appartient pas, nous le verrons plus loin ; c'est littéralement une chose dont dispose la société. Aussi, dans ces mêmes types sociaux, les droits personnels ne sont-ils pas encore distingués des droits réels.

Il en est tout autrement de la solidarité que produit la division du travail. Tandis que la précédente implique que les individus se ressemblent, celle-ci suppose qu'ils diffèrent les uns des autres. La première n'est possible que dans la mesure où la personnalité individuelle est absorbée dans la personnalité collective ; la seconde n'est possible que si chacun a une sphère d'action qui lui est propre, par conséquent une personnalité. Il faut donc que la conscience collective laisse découverte une partie de la conscience individuelle, pour que s'y établissent ces fonctions spéciales qu'elle ne peut pas réglementer ; et plus cette région est étendue, plus est forte la cohésion qui résulte de cette solidarité. En effet, d'une part, chacun dépend d'autant plus étroitement de la société que le travail est plus divisé, et, d'autre part, l'activité de chacun est d'autant plus personnelle qu'elle est plus spécialisée. Sans doute, si circonscrite qu'elle soit, elle n'est jamais complètement originale ; même dans l'exercice de notre profession, nous nous conformons à des usages, à des pratiques qui nous sont communes avec toute notre corporation. Mais, même dans ce cas, le joug que nous subissons est autrement moins lourd que quand la société tout entière pèse sur nous, et il laisse bien plus de place au libre jeu de notre initiative. Ici donc, l'individualité du tout s'accroît en même temps que celle des parties ; la société devient plus capable de se mouvoir avec ensemble, en même temps que chacun de ses éléments a plus de mouvements propres. Cette solidarité ressemble à celle que l'on observe chez les animaux supérieurs. Chaque organe, en effet, y a sa physionomie spéciale, son autonomie, et pourtant l'unité de l'organisme est d'autant plus grande que cette individuation des parties est plus marquée. En raison de cette analogie, nous proposons d'appeler organique la solidarité qui est due à la division du travail.

IV. Les fonctions économiques des groupes

Il y a des associations qui se constituent en vue de fins exclusivement économiques, et dont toute la structure est commandée par ces préoccupations. Les groupements de ce genre foisonnent dans nos sociétés occidentales. Et sans doute, dès une très haute antiquité ont pu se constituer des groupements, des associations de marchands par exemple, à but lucratif.

Mais ce qui est plus fréquent dans l'histoire des sociétés, c'est que des groupements qui ont d'autres objets qu'un objet exclusivement économique — la famille, la nation par exemple — servent pourtant à l'organisation de la production, de l'échange, de la consommation de richesses : ils exercent entre autres des fonctions économiques, et la façon dont ils les exercent est étroitement liée à leur structure ; il y a entre l'une et l'autre des actions et réactions intéressantes à noter.

1. La vie économique et la famille

M. Guiraud, dans le texte suivant, nous offre un tableau des fonctions économiques que remplissait la famille antique.

Fonctions économiques de la famille antique

GUIRAUD (P.). — *La Main-d'œuvre industrielle dans l'ancienne Grèce.* (Paris. Alcan, 1905, p. 62 à 64.)

Le travail domestique eut toujours en Grèce une extension considérable. Longtemps après la dissolution des familles patriarcales, c'est-à-dire de ces petites sociétés qui primitivement pourvoyaient elles-mêmes à tous leurs besoins, on continua de faire à l'intérieur du ménage une foule de besognes qui chez nous par exemple en sont généralement séparées, et quoiqu'on recourût de plus en plus aux marchands et aux ouvriers du dehors, l'activité du personnel de la maison ne cessa jamais de s'étendre à des objets très divers.

Il y avait partout des meuniers et des boulangers,
et pourtant il n'était pas rare qu'on fabriquât à domicile sa farine et son pain. Plusieurs textes nous montrent
des esclaves de l'un et l'autre sexe tournant la meule
exclusivement pour leur maître. Une peinture de vase
nous représente une femme occupée à écraser le grain
dans un mortier. Cet Ischomachos qui, aux yeux de Xéno-
phon, est le type du parfait Athénien, possède tout l'outillage de sa boulangerie, et sa femme veille à ce que ce
travail s'exécute bien. Phocion mangeait le pain que la
sienne avait pétri. Théophraste signale un individu qui
broie avec sa servante le blé destiné à le nourrir, et
Aristophane, pour indiquer que les Athéniennes n'ont pas
dérogé à leurs habitudes traditionnelles, dit « qu'elles
font des gâteaux comme jadis ».

L'industrie de l'habillement tenait aussi une grande
place dans la maison. La plupart des opérations qui s'y
rattachent, depuis le lavage de la laine en suint jusqu'à
la couture, avaient lieu sous la direction de la maîtresse
du logis, et avec sa participation. La jeune fille y était
initiée de bonne heure par sa mère, et plus tard, après son
mariage, c'était là sa principale tâche, sauf à Sparte, où
l'on estimait qu'une vie sédentaire empêchait les femmes de
produire des enfants vigoureux. Ce n'étaient pas seulement les pauvres qui se livraient par économie à ces travaux. Les riches y employaient également leurs esclaves,
si bien qu'à chaque ménage se trouvait annexé un atelier
de fileuses, de tisseuses et de couturières, d'où sortaient
les vêtements de la famille et des serviteurs.

La persistance de cet usage s'explique en partie par la
simplicité du costume hellénique. L'art de la confection
était alors rudimentaire, et il n'était pas nécessaire d'être
bien adroit pour tailler un chiton ou un himation d'homme
ou de femme. Chacun s'habillait, pour ainsi dire, à sa
fantaisie, non pas en s'emprisonnant dans une robe, une
tunique ou un manteau, étroitement ajustés, mais plutôt
en drapant l'étoffe autour de son corps, et en lui donnant
la forme qu'il lui plaisait, à l'aide de quelques agrafes
et de quelques points de couture. A l'origine, les tissus
étaient décorés de riches broderies en couleur, selon la
mode orientale. Les Grecs les demandaient volontiers à

l'étranger ; mais souvent aussi ils les faisaient fabriquer chez eux par des esclaves achetés en Syrie, en Lydie, en Perse, ou par leurs esclaves ordinaires, quand elles avaient acquis une habileté suffisante. Au Ve et au IVe siècle les goûts changèrent. Par réaction contre les mœurs asiatiques, par imitation des coutumes doriennes, peut-être enfin par suite du progrès des idées démocratiques, on en vint à préférer les étoffes unies, soit blanches, soit teintes, et dès lors il fut très facile de les tisser chez soi. Après Alexandre, la mode ancienne reprit une certaine faveur ; on s'engoua de nouveau des vêtements bigarrés et luxueusement ornés ; mais les Grecs étaient désormais en état de lutter contre la concurrence de l'Orient, d'abord parce que leurs ouvriers étaient beaucoup plus experts qu'autrefois dans la broderie, et en outre parce qu'il leur était bien plus aisé d'acquérir des esclaves exotiques.

Si vaste que fût le domaine de l'industrie domestique, elle était loin de tout absorber. Dès l'époque homérique, il existait des individus qui travaillaient librement pour qui les payait, et le nombre s'en accrut ultérieurement de façon constante. Il est impossible de suivre cette évolution à travers les âges ; mais le fait lui-même est patent. A côté des artisans affectés uniquement au service d'un opulent personnage, il y en avait beaucoup plus dont les bras étaient au service de tout le monde. On vit même des besognes d'ordre purement domestique, comme la cuisine, envahies peu à peu par des gens de métier, qui allaient de maison en maison préparer tout au moins les repas d'apparat.

*
* *

M. Paul Lapie recense les attributions économiques que la famille a perdues, en indiquant comment ces transformations retentissent sur la situation de la femme.

La famille a cessé d'être une coopérative de production

LAPIE (Paul). — *La Femme dans la famille.* (Paris, O. Doin, 1908, p. 51 à 54.)

Si la maison n'est plus une Église ou un État au petit pied, n'est-elle pas maintenant encore un atelier et un ouvroir ? Un atelier où se fabriquent des articles d'exportation, un ouvroir où s'exécutent les travaux d'intérieur ? Cette double tâche ne retient-elle pas la femme au foyer, et ne l'y maintient-elle pas à un rang subalterne ? Il est certain que plus la famille ressemble à une équipe d'ouvriers, plus sa cohésion est forte et sa hiérarchie dessinée. Cette étroite collaboration ne commence guère qu'avec la « civilisation ». Chez les peuples non civilisés, l'homme et la femme mettent en commun les produits de leur travail, mais travaillent séparément : la poursuite et la domestication des animaux entraînent l'homme d'un côté, tandis que la femme est entraînée ou retenue de l'autre pour la cueillette des fruits ou la domestication des plantes.

Mais vient un moment où l'homme, éleveur, et la femme, agriculteur, unissent leurs efforts ; l'homme consent à donner son bœuf ou son chameau pour traîner la charrue, la femme se résigne à soigner les bêtes. L'agriculture fait des progrès, mais la femme perd son indépendance. La solidarité des deux époux devient plus étroite, mais l'autorité du mari, chef de culture, n'est plus discutable ; la propriété immobilière passe de la femme à l'homme, et les traces de gynécocratie qu'on apercevait chez les agriculteurs primitifs disparaissent chez les agriculteurs plus civilisés. L'avènement de la petite industrie, loin de modifier cette situation, n'a fait qu'accroître la cohésion de l'atelier familial. Les travaux des champs, même chez les agriculteurs civilisés, séparent souvent les deux époux ; seul l'homme sème et laboure ; ce n'est guère que pour la récolte que lui est indispensable la collaboration de sa femme.

Au contraire, la famille du tisserand travaille tout le jour sous sa direction. La femme dévide des écheveaux ou file sa quenouille, tandis que le mari, dans la même chambre, pousse la navette dans le métier. Sans doute les petits métiers demeurent longtemps le monopole des femmes ; mais quand l'homme s'avise de s'y livrer il prend le gouvernement de l'atelier domestique ; la famille devient alors, comme chez les agriculteurs civilisés, une coopérative de production dont les membres sont intimement unis sous l'autorité d'un chef.

Que cette situation change dans notre société, tout le monde s'en aperçoit. Depuis l'apparition de la grande industrie, l'unité économique ce n'est plus la famille, c'est l'usine. Pour servir les puissantes machines de l'industrie moderne il faut réunir plus d'ouvriers qu'une famille même féconde n'en peut fournir. Pour se plier aux exigences d'une division croissante du travail, il faut répartir les travailleurs suivant leurs aptitudes individuelles, et non plus suivant leurs relations familiales.

Chaque matin, les membres de chaque famille doivent donc se disperser pour gagner leurs ateliers respectifs. Même s'ils travaillent du même métier et dans la même usine, ils sont employés à des besognes distinctes dans des pièces séparées. La famille demeure une coopérative de consommation, mais elle a cessé d'être une coopérative de production. Le centre de la vie active n'est plus au foyer : la femme, comme son mari, est attirée au dehors. Elle va se soumettre à une hiérarchie dans laquelle son époux ne figure pas. Il n'est plus pour elle le « patron », ni le « maître », ni même le « contremaître ». La grande industrie dissout la famille et émancipe la femme, tout comme la grande religion ou le grand État.

2. La nation au point de vue économique

L'économie politique classique, dont on a dit qu'elle était cosmopolite autant qu'individualiste, professait qu'on ne pouvait rien comprendre aux problèmes de la production et de la circulation des richesses si l'on ne faisait abstraction des frontières.

La *nationalökonomie*, préparant ici directement les voies à la sociologie, a eu le mérite de rappeler l'existence d'intérêts collectifs nationaux, et l'influence que les organes constitutifs de la nation ne peuvent manquer d'exercer sur la vie économique.

On peut considérer F. List comme l'un des principaux précurseurs de cette école. Pour justifier le protectionnisme dont il voulait faire profiter l'Allemagne, il est amené à critiquer le cosmopolitisme de l'économie traditionnelle.

L'économie cosmopolite et l'économie nationale

List (Frédéric). — *Système national d'économie politique.* (Trad. Richelot, Paris, Capelle, 1857, p. 223 à 226.)

Quesnay, qui conçut l'idée de la liberté universelle du commerce, étendit le premier ses recherches au genre humain tout entier, sans tenir compte de l'idée de nation. Son ouvrage a pour titre : *Physiocratie, ou du gouvernement le plus avantageux au genre humain* ; il veut qu'on se représente les marchands de tous les pays comme formant une seule république commerçante. Evidemment Quesnay traite de l'économie cosmopolite, c'est-à-dire de la science qui enseigne comment le genre humain peut arriver à la possession du bien-être ; tandis que l'économie politique se borne à enseigner comment une nation, dans des circonstances données, parvient, au moyen de l'agriculture, de l'industrie manufacturière et du commerce, à la prospérité, à la civilisation et à la puissance.

Adam Smith donna la même étendue à sa doctrine, en s'attachant à établir l'idée cosmopolite de la liberté absolue du commerce malgré les fautes grossières commises par les physiocrates contre la nature des choses et contre la logique. Pas plus que Quesnay, Adam Smith ne se proposa de traiter de l'objet de l'économie politique, c'est-à-dire de la politique que chaque pays doit suivre pour accomplir des progrès dans son état économique. Il intitula son ouvrage : *De la nature et des causes de la richesse des nations,* c'est-à-dire de toutes les nations dont se compose le genre humain. Il consacra aux divers systèmes d'économie politique une partie de son travail, mais uniquement afin d'en montrer le néant et de prouver que l'économie politique ou nationale devait faire place à l'économie humanitaire. Si parfois il parle de la guerre, ce n'est jamais qu'en passant. L'idée de la paix perpétuelle sert de base à tous ses arguments...

J.-B. Say demande explicitement qu'on admette l'existence d'une république universelle pour concevoir l'idée de la liberté du commerce. Cet écrivain, qui au fond n'a fait que construire un édifice scientifique avec les matériaux fournis par Adam Smith, dit en propres termes dans son *Economie politique pratique* : « Nous pouvons confondre dans les mêmes considérations la famille et le chef qui pourvoit à ses besoins. Les principes, les observations qui les concernent composent l'économie privée ; l'économie publique embrasse les observations et les principes qui ont rapport aux intérêts d'une nation considérée en particulier et comme pouvant être opposés aux intérêts d'une autre nation. Enfin l'économie politique regarde les intérêts de quelque nation que ce soit ou de la société en général. »

On doit remarquer ici : premièrement que Say reconnaît sous le nom d'économie publique l'existence d'une économie nationale ou politique, dont il ne s'est point occupé dans ses ouvrages ; en second lieu qu'il donne le nom d'économie politique à un enseignement évidemment cosmopolite par sa nature, et que, dans cet enseignement, il ne traite que de l'économie qui a exclusivement en vue les intérêts collectifs du genre humain, sans avoir égard aux intérêts séparés de chaque nation.

Cette confusion de mots aurait disparu, si, après avoir développé ce qu'il appelle l'économie politique, et ce qui n'est autre chose que l'économie cosmopolite ou l'économie du monde, l'économie du genre humain, Say nous eût initiés aussi aux principes de la doctrine qu'il appelle économie publique, mais qui n'est autre chose que l'économie de nations données, ou l'économie politique. Dans la définition et dans l'exposé de cette science, il aurait pu difficilement s'empêcher de partir de l'idée de nation et de montrer quels changements essentiels l'économie du genre humain doit éprouver par ce seul fait que le genre humain est partagé en nationalités distinctes, formant un faisceau de forces et d'intérêts, et placées dans leur liberté naturelle vis-à-vis d'autres sociétés semblables. Mais, en donnant à son économie humanitaire le nom d'économie politique, il s'est dispensé d'un tel exposé, par une confusion d'idées, et a masqué une série d'erreurs théoriques des plus graves.

Pour rester fidèle à la logique et à la nature des choses, il faut opposer à l'économie privée l'économie sociale, et distinguer dans celle-ci l'économie politique ou nationale, qui, prenant l'idée de nationalité pour point de départ, enseigne comment une nation donnée, dans la situation actuelle du monde et eu égard aux circonstances qui lui sont particulières, peut conserver et améliorer son état économique, et l'économie cosmopolite ou humanitaire, qui part de l'hypothèse que toutes les nations du globe ne forment qu'une société unique vivant dans une paix perpétuelle.

*
* *

Dans le deuxième texte que nous lui empruntons, List montre comment le niveau de la civilisation, et spécialement le degré de la puissance politique, agissent sur la vie économique.

Puissance politique et richesse matérielle

List (Frédéric). — *Système national d'économie politique.* (P. 247 à 249.)

Le christianisme, la monogamie, l'abolition de l'esclavage et du servage, l'hérédité du trône, les inventions de l'imprimerie, de la presse, de la poste, de la monnaie, des poids et des mesures, du calendrier et des montres, la police de sûreté, l'affranchissement de la propriété territoriale et les moyens de transport, sont de riches sources de la force productive. Pour s'en convaincre, on n'a qu'à comparer l'état de l'Europe avec celui de l'Asie. Pour se faire une juste idée de l'influence que la liberté de penser et la liberté de conscience exercent sur les forces productives d'une nation, on n'a qu'à lire l'une après l'autre l'histoire d'Angleterre et l'histoire d'Espagne. La publicité des débats judiciaires, le jury, le vote des lois par un parlement, le gouvernement soumis à un contrôle public, l'administration des communes et des corporations par elles-mêmes, la liberté de la presse, les associations dans un but d'utilité générale communiquent, dans les Etats constitutionnels, aux citoyens au pouvoir, un degré d'énergie et de force qui s'acquerrait difficilement par d'autres moyens. On ne saurait guère imaginer de loi ou d'institution publique qui n'exerce plus ou moins d'influence sur l'accroissement ou sur la diminution de la puissance productive.

Si l'on présente le travail corporel comme la cause

unique de la richesse, comment expliquera-t-on ce fait, que les nations modernes sont incomparablement plus riches, plus populeuses, plus puissantes et plus prospères que les nations de l'antiquité? Chez les anciens, il y avait, par rapport à la population totale, infiniment plus de bras occupés ; le travail était beaucoup plus rude, chacun possédait plus de terre, et cependant les masses étaient beaucoup plus mal nourries, beaucoup plus mal vêtues que chez les modernes. Ce fait, nous l'expliquons par tous les progrès que le cours des siècles écoulés a vus s'accomplir dans les sciences et dans les arts, dans la famille et dans l'Etat, dans la culture de l'esprit et dans la capacité productive. L'état actuel des peuples est le résultat de l'accumulation des découvertes, des inventions, des améliorations, des perfectionnements, des efforts de toutes les générations qui nous ont précédés ; c'est là ce qui constitue le capital intellectuel de l'humanité vivante, et chaque nation n'est productive que dans la mesure où elle a su s'assimiler cette conquête des générations antérieures et l'accroître par ses acquisitions particulières ; qu'autant que les ressources naturelles, l'étendue et la situation géographique de son territoire, le nombre de ses habitants et sa puissance politique lui permettent de cultiver chez elle, supérieurement et harmonieusement, toutes les branches de travail et d'étendre son action morale, intellectuelle, industrielle, commerciale et politique sur d'autres nations moins avancées et sur le monde en général.

L'école voudrait nous faire croire que la politique et la puissance de l'Etat n'ont rien de commun avec l'économie politique. En tant qu'elle restreint ses recherches aux valeurs et à l'échange, elle peut avoir raison ; il est possible de définir la valeur et le capital, le profit, le salaire et la rente territoriale, de les décomposer dans leurs éléments, et de raisonner sur les causes qui les font hausser et baisser, sans tenir compte de la situation politique. Mais c'est là évidemment un élément de l'économie privée aussi bien que de l'économie des nations. Il suffit de lire l'histoire de Venise, celle de la ligue hanséatique, celle du Portugal, de la Hollande et de l'Angleterre, pour comprendre à quel point la richesse matérielle et la puissance politique réagissent l'une sur l'autre. Partout où cette réciprocité d'action se manifeste, l'école tombe dans les contradictions les plus étranges.

*
* *

De l'existence d'intérêts collectifs nationaux, et de l'influence que gouvernement et administration publique peuvent exercer sur la vie économique, faut-il conclure que l'Etat doit intervenir en permanence pour réglementer la production et la distribution des richesses ? Question très controversée encore et qui suscite aujourd'hui les plus vives discussions.

Le fait qu'on ne peut nier, c'est que les attributions d'ordre économique de la plupart des Etats vont croissant dans les temps modernes, que la plupart se croient obligés d'intervenir non seulement pour protéger l'industrie nationale, mais pour limiter les fâcheuses répercussions exercées sur certaines classes par le régime de la libre concurrence.

3. Groupements économiques intermédiaires entre l'individu et l'Etat

La théorie individualiste qui est à la base de l'économie politique classique imagine des individus isolés en face de l'Etat. En fait, il est rare que les individus restent séparés, chacun défendant son intérêt à ses risques et périls. Le plus souvent, pour pallier les inconvénients de la concurrence, ils s'associent : des groupements intermédiaires se constituent ainsi qui exercent une influence puissante sur la vie économique. Les plus connus sont les corporations, les syndicats, les coopératives.

La corporation remplit des fonctions économiques importantes sans être pourtant à l'origine un groupement exclusivement économique.

M. Durkheim, insistant sur le rôle non seulement économique mais moral que jouent dans toutes les sociétés les organisations professionnelles, indique du même coup les progrès qu'elles doivent accomplir chez nous.

L'association professionnelle répond à une nécessité morale essentielle

Durkheim (E.). — *De la division du travail social.* (Préface de la 2e édition. (Paris, Alcan, 4e éd., 1922, p. viii à xi.)

La corporation a contre elle son passé historique. Elle passe, en effet, pour être étroitement solidaire de notre ancien régime politique, et, par conséquent, pour ne pouvoir lui survivre. Il semble que réclamer pour l'industrie et le commerce une organisation corporative, ce soit entreprendre de remonter le cours de l'histoire; or, de telles régressions sont justement regardées ou comme impossibles ou comme anormales.

L'argument porterait si l'on proposait de ressusciter artificiellement la vieille corporation telle qu'elle existait au moyen âge. Mais ce n'est pas ainsi que la question se pose. Il ne s'agit pas de savoir si l'institution médiévale peut convenir identiquement à nos sociétés contemporaines, mais si les besoins auxquels elle répondait ne sont pas de tous les temps, quoiqu'elle doive, pour y satisfaire, se transformer suivant les milieux.

Or, ce qui ne permet pas de voir dans les corporations une organisation temporaire, bonne seulement pour une époque et une civilisation déterminée, c'est, à la fois, leur haute antiquité et la manière dont elles se sont développées dans l'histoire. Si elles dataient uniquement du moyen âge, on pourrait croire, en effet, que, nées avec un système politique, elles devaient nécessairement disparaître avec lui. Mais, en réalité, elles ont une bien plus ancienne origine. En général, elles apparaissent dès qu'il y a des métiers, c'est-à-dire dès que l'industrie cesse d'être purement agricole. Si elles semblent être restées inconnues de la Grèce, au moins jusqu'à l'époque de la conquête romaine, c'est que les métiers, y étant méprisés, étaient exercés presque exclusivement par des étrangers et se trouvaient par cela même en dehors de l'organisa-tion légale de la cité. Mais à Rome, elles datent au moins des premiers temps de la République ; une tradition en attribuait même la création au roi Numa. Il est vrai que pendant longtemps, elles durent mener une existence assez humble, car les historiens et les monuments n'en parlent que rarement ; aussi ne savons-nous que fort mal comment elles étaient organisées. Mais, dès l'époque de Cicéron, leur nombre était devenu considérable, et elles commençaient à jouer un rôle. A ce moment, dit Waltzing, « toutes les classes de travailleurs semblent possédées du désir de multiplier les associations professionnelles ». Le mouvement ascensionnel continua ensuite, jusqu'à atteindre, sous l'Empire, « une extension qui n'a peut-être pas été dépassée depuis, si l'on tient compte des différences économiques ». Toutes les catégories d'ouvriers, qui étaient fort nombreuses, finirent, semble-t-il, par se constituer en collèges, et il en fut de même des gens qui vivaient du commerce. En même temps, le caractère de ces groupements se modifia ; ils finirent par devenir de véritables rouages de l'administration. Ils remplissaient des fonctions officielles ; chaque profession était regardée comme un service public dont la corporation correspondante avait la charge et la responsabilité envers l'Etat.

Ce fut la ruine de l'institution. Car cette dépendance vis-à-vis de l'Etat ne tarda pas à dégénérer en une servitude intolérable que les empereurs ne purent maintenir que par la contrainte. Toutes sortes de procédés furent employés pour empêcher les travailleurs de se dérober aux lourdes obligations qui résultaient pour eux de leur profession même ; on alla jusqu'à recourir au recrutement et à l'enrôlement forcés. Un tel système ne pouvait évidemment durer qu'autant que le pouvoir politique était assez fort pour l'imposer. C'est pourquoi il ne survécut pas à la dissolution de l'Empire. D'ailleurs, les guerres civiles et les invasions avaient détruit le commerce et l'industrie. Ces artisans profitèrent de ces circonstances pour fuir les villes et se disperser dans les campagnes. Ainsi les premiers siècles de notre ère virent se produire un phénomène qui devait se répéter identiquement à la fin du XVIIIe ; la vie corporative s'éteignit presque complètement. C'est à peine s'il en subsista quelques traces, en Gaule et en Germanie, dans les villes d'origine romaine. Si donc un théoricien avait, à ce moment, pris conscience de la situation, il eût vraisemblablement conclu, comme le firent plus tard les économistes, que les corporations n'avaient pas, ou, du moins, n'avaient plus raison d'être, qu'elles avaient disparu sans retour, et il aurait sans doute traité de rétrograde et d'irréalisable toute tentative pour les reconstituer. Mais les événements eussent tôt fait de démentir une telle prophétie.

En effet, après une éclipse d'un temps, les corporations recommencèrent une nouvelle existence dans toutes les sociétés européennes. Elles durent renaître vers le xie et le xiie siècle. Dès ce moment, dit M. Levasseur, « les artisans commencent à sentir le besoin de s'unir et forment leurs premières associations ». En tout cas, au xiiie siècle, elles sont de nouveau florissantes, et elles se développent jusqu'au jour où commence pour elles une nouvelle décadence. Une institution aussi persistante ne saurait dépendre d'une particularité contingente et accidentelle ; encore bien moins est-il possible d'admettre qu'elle ait été le produit de je ne sais quelle aberration collective. Si depuis les origines de la cité jusqu'à l'apogée de l'Empire, depuis l'aube des sociétés chrétiennes jusqu'aux temps modernes, elles ont été nécessaires, c'est qu'elles répondent à des besoins durables et profonds. Surtout le fait même qu'après avoir disparu une première fois, elles se sont reconstituées d'elles-mêmes et sous une forme nouvelle, ôte toute valeur à l'argument qui présente leur disparition violente à la fin du siècle dernier comme une preuve qu'elles ne sont plus en harmonie avec les nouvelles conditions de l'existence collective. Au reste, le besoin que ressentent aujourd'hui toutes les grandes sociétés civilisées de les rappeler à la vie est le symptôme le plus sûr que cette suppression radicale n'était qu'un remède et que la réforme de Turgot en nécessitait une autre qui ne saurait être indéfiniment ajournée.

A quelles conditions l'ancienne corporation peut être remplacée

Durkheim (E.). — *De la division du travail social.* (Préface de la 2e édition.) (Paris, Alcan, 4e éd., 1922, p. xxv à xxix.)

Le tableau qui vient d'être esquissé permet d'entrevoir comment la corporation est tombée provisoirement en discrédit depuis environ deux siècles, et, par suite, ce qu'elle doit devenir pour pouvoir reprendre son rang parmi nos institutions publiques. On vient de voir, en effet, que, sous la forme qu'elle avait au moyen âge, elle était étroitement liée à l'organisation de la commune. Cette solidarité fut sans inconvénients tant que les métiers eux-mêmes eurent un caractère communal. Tant que, en principe, artisans et marchands eurent plus ou moins exclusivement pour clients les seuls habitants de la ville ou des environs immédiats, c'est-à-dire tant que le marché fut principalement local, le corps de métiers, avec son organisation municipale, suffit à tous les besoins. Mais il n'en fut plus de même une fois que la grande industrie fut née; comme elle n'a rien de spécialement urbain, elle ne pouvait se plier à un système qui n'avait pas été fait pour elle. D'abord, elle n'a pas nécessairement son siège dans une ville; elle peut même s'établir en dehors de toute agglomération, rurale ou urbaine, préexistante; elle recherche seulement le point du territoire où elle peut le mieux s'alimenter et d'où elle peut rayonner le plus facilement possible. Ensuite, son champ d'action ne se limite à aucune région déterminée, sa clientèle se recrute partout. Une institution, aussi entièrement engagée dans la commune que l'était la vieille corporation, ne pouvait donc servir à encadrer et à régler une forme d'activité collective qui était aussi complètement étrangère à la vie communale.

Et, en effet, dès que la grande industrie apparut, elle se trouva tout naturellement en dehors du régime corporatif, et c'est ce qui fit, d'ailleurs, que les corps de métiers s'efforcèrent par tous les moyens d'en empêcher les progrès. Cependant, elle ne fut pas pour cela affranchie de toute réglementation : pendant les premiers temps, l'Etat joua directement pour elle un rôle analogue à celui que les corporations jouaient pour le petit commerce et pour les métiers urbains. En même temps que le pouvoir royal accordait aux manufactures certains privilèges, en retour, il les soumettait à son contrôle, et c'est ce qu'indique le titre même de manufactures royales qui leur était accordé. Mais on sait combien l'Etat est impropre à cette fonction; cette tutelle directe ne pouvait donc manquer de devenir compressive. Elle fut même à peu près impossible à partir du moment où la grande industrie eut atteint un certain degré de développement et de diversité ; c'est pourquoi les économistes classiques en réclamèrent, et à bon droit, la suppression. Mais si la corporation, telle qu'elle existait alors, ne pouvait s'adapter à cette forme nouvelle de l'industrie, et si l'Etat ne pouvait remplacer l'ancienne discipline corporative, il ne s'ensuivait pas que toute discipline se trouvât désormais inutile ; il restait seulement que l'ancienne corporation devait se transformer, pour continuer à remplir son rôle dans les nouvelles conditions de la vie économique. Malheureusement, elle n'eut pas assez de souplesse pour se réformer à temps ; c'est pourquoi elle fut brisée. Parce qu'elle ne sut pas s'assimiler la vie nouvelle qui se dégageait, la vie se retira d'elle, et elle devint ainsi ce qu'elle était à la veille de la Révolution, une sorte de substance morte, de corps étranger qui ne se maintenait plus dans l'organisme social que par une force d'inertie. Il n'est donc pas surprenant qu'un moment soit venu où elle en ait été violemment expulsée. Mais la détruire n'était pas un moyen de donner satisfaction aux besoins qu'elle n'avait pas su satisfaire. Et c'est ainsi que la question reste encore devant nous, rendue seulement plus aiguë par un siècle de tâtonnements et d'expériences infructueuses.

L'œuvre du sociologue n'est pas celle de l'homme d'Etat. Nous n'avons donc pas à exposer en détail ce que devrait être cette réforme. Il nous suffira d'en indiquer les principes généraux tels qu'ils paraissent ressortir des faits qui précèdent.

Ce que démontre avant tout l'expérience du passé, c'est que les cadres du groupe professionnel doivent toujours être en rapport avec les cadres de la vie économique. C'est pour avoir manqué à cette condition que le régime corporatif a disparu. Puisque donc le marché, de municipal qu'il était, est devenu national et international, la corporation doit prendre la même extension. Au lieu d'être limitée aux seuls artisans d'une ville, elle doit s'agrandir de manière à comprendre tous les membres de la profession, dispersés sur toute l'étendue du territoire : car, en quelque région qu'ils se trouvent, qu'ils habitent la ville ou la campagne, ils sont tous solidaires les uns des autres et participent à une vie commune. Puisque cette vie commune est, à certains égards, indépendante de toute détermination territoriale, il faut qu'un organe approprié se crée, qui l'exprime et qui en régularise le fonctionnement. En raison de ses dimensions, un tel organe serait nécessairement en contact et en rapports directs avec l'organe central de la vie collective, car les événements assez importants pour intéresser toute une catégorie d'entreprises industrielles dans un pays ont nécessairement des répercussions très générales dont l'Etat ne peut pas ne pas avoir le sentiment ; ce qui l'amène à intervenir. Aussi n'est-ce pas sans fondement que le pouvoir royal tendit instinctivement à ne pas laisser en dehors de son action la grande industrie dès qu'elle apparut. Il était impossible qu'il se désintéressât d'une forme d'activité qui, par sa nature même, est toujours susceptible d'affecter l'ensemble de la société. Mais cette action régulatrice, si elle est nécessaire, ne doit pas dégénérer en une étroite subordination, comme il arriva au xviie et au xviiie siècle. Les deux organes en rapport doivent rester distincts et autonomes : chacun d'eux a ses fonctions dont il peut seul s'acquitter. Si c'est aux assemblées gouvernementales qu'il appartient de poser les principes généraux de la législation industrielle, elles sont incapables de les diversifier suivant les différentes sortes d'industrie. C'est cette diversification qui constitue la tâche propre de la corporation. Cette organisation unitaire pour l'ensemble d'un même pays n'exclut d'ailleurs aucunement la formation d'organes secondaires, comprenant les travailleurs similaires d'une même région ou d'une même localité, et dont le rôle serait de spécialiser encore davantage la réglementation professionnelle suivant les nécessités locales ou régionales. La vie économique pourrait ainsi se régler et se déterminer sans rien perdre de sa diversité.

*
* *

Roscher relève comment se mélangent, dans la vie de la corporation, les attributions économiques, politiques et religieuses.

Diversité des attributions de la corporation

ROSCHER (W.). — *Economie industrielle.* (Trad. Hallier, Paris, Giard, 1921, tome I, p. 354 à 356.)

Le caractère des plus anciennes corporations est manifestement économique. Les artisans se groupaient en communautés, avec la pensée de défendre ainsi leurs intérêts professionnels. Tel paraît être le but principal poursuivi par eux. Toutefois, leurs associations se présentent encore sous d'autres aspects et répondent aussi à des aspirations différentes. Elles s'occupent de politique, fournissent le service militaire, se rassemblent pour le culte divin et développent leurs relations sociales. Toutes ces fonctions, qui frappent davantage les regards aux temps de la prospérité des corporations, et dont l'accomplissement est considéré, lui aussi, comme leur fin principale, n'apparaissent jusqu'en 1300 que d'une façon isolée et comme une simple ébauche, en quelque sorte, de leur grandeur future. Le fait que, d'après le plus ancien droit municipal de Strasbourg, les compagnons artisans habitent en commun, témoigne de l'existence d'intérêts de métiers qui ressortent clairement aussi, d'ailleurs, d'autres droits municipaux et documents corporatifs. Les pelletiers de Bâle attestent, en 1226, vouloir s'appliquer à leur industrie pour l'honneur et le profit de leur ville. Les boulangers de Berlin affirment en 1272 avoir fondé leur « guilde » parce que l'homme ne peut sans pain se maintenir en santé. A Ratisbonne, l'ordonnance sur la fabrication du drap, en 1259, institue un tribunal composé de douze juges, « afin d'obtenir dans les villes du drap de bonne qualité ». A Soest en Westphalie, l'ordonnance sur les tisserands de laine, de 1261, se place à un point de vue identique. Enfin, on insiste, dès le début, sur l'obligation corporative, c'est-à-dire sur la disposition qui contraint tous ceux exerçant le même métier de s'affilier à la corporation. Sur les sept plus anciens statuts corporatifs, il y en a six qui mentionnent expressément ce principe. Le « rôle » des cordonniers de Würzbourg de 1128 est le seul qui laisse ce point en dehors de son texte.

Il est manifeste que les artisans ont tout d'abord pensé
à assurer les bases de leur existence. Ce n'est qu'après y
avoir pourvu que se manifestèrent des besoins différents
et plus vastes, surtout dans la mesure où certaines communautés particulières cessèrent de s'inquiéter d'intérêts
spirituels et ecclésiastiques. La constitution même des
corporations n'était alors que fort peu développée. Comme
l'obligation corporative était une nécessité résultant des
circonstances, on ne plaçait aucun obstacle sur le chemin
du nouveau-venu.

Pour exercer un métier, il faut entrer dans la corporation, parce qu'il n'y a qu'elle alors qui dirige effectivement celui-ci, le protège et en prend la responsabilité.
Il n'est le plus souvent exigé, pour être reçu, que des
choses intéressant la puissance et l'honneur de l'association corporative, c'est-à-dire une bonne réputation,
l'intelligence de son art et un certain avoir permettant
d'acheter le droit de jouir du patrimoine commun. A
Francfort-sur-le-Mein, on était au xive siècle si libéral
à cet égard, que le nouveau maître pouvait obtenir jusqu'à deux ans de délai pour se constituer un pécule et
fournir sa cotisation pour la bannière à l'église et le drap
mortuaire. A Brême, le statut des savetiers de 1388 ne
permet l'entrée à quiconque ne possède huit marks et ne
paie un mark dont moitié au Conseil de ville, moitié à la
corporation. Il n'est qu'exceptionnellement question
de fermer celle-ci, comme par exemple à Lübeck, où jusqu'en 1370, les orfèvres n'étaient autorisés qu'au nombre
de 24 et plus tard de 22. On tendait si peu, par principe,
à cette fermeture, qu'il fallait que les artisans se fussent
soulevés contre le Conseil de ville pour que celui-ci,
dans le but de punir les corporations, limitât le chiffre
de leurs membres. Ordinairement, elles aimaient à posséder un grand nombre de compagnons, parce que leur force
politique s'en trouvait accrue. Les démarcations entre
métiers étaient fort peu fixes, de sorte qu'au besoin,
plusieurs corporations pouvaient se fondre en une seule.
Tout ceci devait nécessairement grandir à la fois leur
puissance politique et atténuer leur exclusivisme économique.

⁎

Il arriva que les corporations paralysèrent sur plus d'un point la vie économique ; elles se donnèrent pour objet de défendre des privilèges dommageables à l'ensemble. La Révolution, chez nous, les supprima. Elle libéra les individus. Mais elle ne réussit pas à les maintenir isolés. Les contre-coups fâcheux du développement de la grande industrie amenèrent les industriels à se concerter, patrons pour défendre leurs prix, ouvriers pour défendre leurs salaires. Le syndicalisme paraît être une tendance irrésistible du monde moderne.

Dans l'introduction d'un livre intitulé « Corporations, Trade-Unions et Syndicats » M. Georges Renard décrit les grandes phases du mouvement des associations professionnelles. Il montre comment ce mouvement aboutit aujourd'hui à la forme syndicale.

De la corporation au syndicat

RENARD (G.). — *Corporations, Trade-Unions, Syndicats.* (Paris, Doin, 1909, p. 1 à 4.)

L'idée de se grouper entre gens exerçant la même profession est si naturelle qu'elle dut apparaître au début des civilisations, dès que le travail fut assez diversifié et la population assez dense pour se diviser en métiers spécialisés. Le fait est que chez les peuples les plus anciens dont l'histoire nous ait transmis le souvenir, nous trouvons des vestiges de groupements professionnels. L'antique Egypte nous offre des exemples de grèves qui impliquent une entente tout au moins provisoire entre des hommes occupés à des besognes semblables ; aux Indes, le régime des castes immobilise et perpétue certaines fonctions dans une série de familles dont les membres sont liés de naissance par une communauté de rites, de traditions et de travaux ; chez les Hébreux, au temps de Salomon, chez les Grecs dès celui de Solon, à Rome, sous le règne quasi fabuleux de Numa, les vieux textes permettent d'entrevoir des collèges d'artisans. Mais notre intention n'est point d'étudier dans ces époques reculées la façon dont les différentes catégories de travailleurs s'unissaient pour accomplir les besognes et défendre les intérêts propres à chacune d'elles. Cette recherche, si captivante qu'elle puisse être, reste une affaire d'érudition et ne peut aboutir pour l'instant à des résultats suffisamment certains et précis. L'état de la science nous force à laisser dans la pénombre ces lointains mystérieux et à enfermer dans un cercle plus restreint, plus accessible et mieux éclairé le champ de nos investigations.

Or, si nous regardons la contrée qui nous intéresse le plus, l'Europe, à partir des invasions barbares et du grand bouleversement d'où elle sort morcelée, dévastée, dépeuplée, son évolution présente deux moments où le principe d'association a joué dans le monde du travail un rôle considérable.

C'est d'abord, du xie au xive siècle, une brise d'espérance et de renouveau, un souffle chaud de solidarité qui passe sur la société malade ; il fait surgir du sol confréries, fraternités, amitiés, corporations, guildes, hanses, communes jurées, les formes les plus variées de ligues et d'unions qui soient capables de multiplier les énergies humaines et de féconder leur activité. La vie économique, comme la vie politique, en est transfigurée. Le système corporatif, pour ne parler que de lui, s'adapte intimement au petit commerce, à la petite industrie, au régime d'économie urbaine qui est celui d'alors ; il se développe dans l'enceinte des villes, en vase clos pour ainsi dire, intégralement là où les cités sont souveraines, de manière incomplète là où elles sont gênées par un autre pouvoir ; il se disloque et dépérit, à mesure que se créent le grand commerce, la grande industrie, les grands Etats.

L'isolement, l'individualisme étroit, le « chacun pour soi », l'émiettement et l'antagonisme des forces égoïstes redeviennent alors la règle parmi ceux qui travaillent à satisfaire les besoins matériels de l'humanité. Mais, pendant que la corporation disparaît, une nouvelle et puissante vague de solidarité se forme, se gonfle et se répand sur toute la surface des pays civilisés. Le xixe siècle voit à son tour l'esprit d'association devenir l'âme des institutions les plus diverses ; on s'associe pour faire valoir ses capitaux, pour construire des chemins de fer et des usines, pour percer des isthmes et exploiter des mines, pour fabriquer, pour vendre, pour acheter, pour voyager, pour s'amuser, que sais-je encore ? Comment les hommes de même métier résisteraient-ils au courant qui emporte tout leur entourage ? Eux aussi cherchent à s'entr'aider, à s'unir afin d'être plus forts dans la lutte pour l'existence. Seulement il s'opère comme un démembrement de ce qui composait autrefois la corporation. D'abord, dans l'immense étendue de l'économie sociale et internationale, sous le régime capitaliste du grand commerce et de la grande industrie, ouvriers et patrons sont séparés par un abîme ; ils forment des groupes distincts, solidaires en même temps qu'opposés. Puis les fonctions trop multiples remplies jadis par un organisme qui essayait d'absorber l'homme tout entier se sont dissociées, fractionnées ; les syndicats ou *trade-unions* ne visent à le remplacer qu'en partie et ils tendent à se restreindre à la sphère des intérêts purement professionnels.

*

En quel sens le syndicat peut développer la vie intellectuelle et morale de l'ouvrier, c'est ce qu'indique un observateur de « La Coutume ouvrière », M. Maxime Leroy.

Le groupement syndical a un caractère moral

LEROY (Maxime). — *La Coutume ouvrière*. (Paris, Giard et Brière, 1913, p. 55 à 57.)

L'ouvrier se syndique : par le syndicat, il n'est plus un pauvre homme isolé, n'ayant de valeur que dans la mesure où il est dépendant d'un autre homme, celui qui le paie et qui le dirige. Groupé avec ses camarades, ses égaux, il apprend à voir, à discuter sa profession et sa dépendance. Sorti de son isolement et prenant conscience de sa dépendance, grâce à la solidarité il devient un homme qui sent progressivement naître en lui le sens nouveau de la liberté, en réaction contre le milieu dont il a pris connaissance. « La liberté de chacun, a écrit Pouget, s'accroît au contact de la liberté d'autrui. » Il pense : il est désormais armé de ce sentiment de la dignité dont Proudhon a fait le moteur de sa vie morale.

Le Syndicat est comme une cité. L'homme qui en fait

partie pense avec elle ; et plus elle est grande, plus elle pense largement et profondément. Il élargit l'esprit de chacun de ses membres, et lui-même s'élargit à la limite des intérêts généraux qu'il groupe ; et cet intérêt de tout un métier fusionnant vingt spécialités anime chacun des actes, chacune des paroles du syndiqué. Ce n'est plus le maître de l'usine qui décide ni qui pense, ni qui parle : le syndiqué pense et agit en associé.

Appartenant à un groupe agrandi au delà du métier local, par la Bourse du Travail et la Fédération nationale, le syndiqué étend son esprit jusqu'à la notion de la solidarité interprofessionnelle et interrégionale : il voit au delà de sa ville et de son atelier pour devenir l'élément intelligent de tout le phénomène industriel auquel il était seulement subordonné comme spécialiste et comme employé. Membre d'un syndicat adhérent à la C. G. T. englobant tous les « travailleurs conscients », le syndiqué devient l'homme d'un groupe autonome, d'une classe, il dit : d'une nation.

Ainsi voit-on s'élargir les intérêts de plus en plus complexes de chaque ouvrier et avec cette complexité croître son intelligence de la production industrielle : le « spécialiste » perdu dans une cité s'élève au rang de camarade solidaire de tous les ouvriers des divers métiers de telle ville, de camarade solidaire de tous les ouvriers de son métier, enfin de tous les autres métiers sur toute la surface du territoire. Arrivé à ce haut degré de la solidarité, il n'envisage plus son seul et modeste contrat de travail, mais le contrat de travail de tous les autres ouvriers ; d'individuel, son intérêt devient collectif. Il discute, par sa Fédération et la C. G. T., les intérêts de toute une profession, de toutes les professions. Sa vie ainsi accrue, il sort de son corporatisme local, de son égoïsme familial : il réclame l'aide matérielle et intellectuelle de tous ses compagnons ; il entend celle qui lui est demandée : c'est le confédéré. Monté à ce point, il voit mieux et sa dépendance économique et sa puissance de producteur : c'est alors que, tout naturellement, il discute et son salaire et sa destinée et sa situation, et vient mêler à ses demandes de salaire ses revendications sociales : le syndiqué devient syndicaliste.

C'est par le syndicat que l'ouvrier prend conscience de lui-même ; c'est là qu'il réfléchit sur sa condition, qu'il cherche à l'améliorer, qu'il apprend à résoudre par la réflexion et l'action le problème de son infériorité, de son ignorance et de son obéissance. Le syndicat est donc une éducation ; les théoriciens disent qu'il est une école de volonté. Ils disent aussi qu'il est une école de solidarité. Le groupement syndical a ainsi un caractère intellectuel et moral qui assure à ses membres une supériorité certaine. A réfléchir et à agir, voilà à quoi il incite. Grâce à lui les travailleurs se rendront « capables de l'affranchissement auquel ils ont droit » et « s'habitueront à ne puiser qu'en eux l'obligation du devoir ».

Sous les yeux de l'observateur désintéressé se déroule cette expérience sociale du plus haut intérêt : il voit naître une petite communauté qui à sa philosophie et à sa pratique attache la destinée d'une nouvelle et plus complexe civilisation. Prophétie et idéologie sans doute ; mais quels hommes agissent et pensent au delà de leur action quotidienne sans l'aide de symboles ?

****

Un autre mode de groupement qui peut exercer une influence profonde non seulement sur la vie économique mais sur la vie sociale tout entière, en diminuant le péage que prélève l'intermédiaire sur le consommateur, c'est la coopérative. M. Gide a souvent montré en quel sens la coopération est une école de solidarité.

L'idéalisme dans la coopération

Gide (Ch.). — *Les Sociétés coopératives.* (Paris, Tenin, 4e éd., 1924, p. 11 à 13.)

La fonction que nous venons d'indiquer comme caractéristique de la coopérative de consommation — satisfaire plus économiquement à tous les besoins de la vie — suffit à l'ambition de la plupart des sociétés existant à ce jour dans le monde. Et à elle seule, elle serait très suffisante pour faire de la coopération un facteur de première importance dans l'évolution économique et pour lui recruter un nombre de plus en plus grand d'adhérents, non seulement parmi les ouvriers dont les salaires sont juste suffisants pour vivre, mais aussi dans la classe moyenne, fonctionnaires, employés ou petits rentiers : ceux-ci, en effet, plus encore que les ouvriers, se sentent étranglés par l'accroissement du coût de la vie, en même temps qu'ils voient décroître leurs revenus par suite de l'accroissement des impôts et de la dépréciation de leurs rentes.

Mais si la foule des coopérateurs demande seulement à la coopération un moyen de mieux vivre, il en est un petit nombre, dans tous les pays où le mouvement coopératif a pris quelque extension, qui en attend quelque chose de plus : réaliser plus de justice dans les rapports économiques par l'établissement du juste prix, c'est-à-dire d'un prix débarrassé de toutes les majorations parasitaires qui le surchargent de plus en plus dans l'organisation capitaliste actuelle. En cela la coopérative répond à un appel qui depuis les prophètes d'Israël, les canonistes du moyen âge et les socialistes d'hier et d'aujourd'hui, a traversé les âges. *Réaliser le juste prix*, si l'on veut une définition en deux mots de la coopération, la voilà ; elle suffit.

Ce n'est pas pour rien que les tisserands de Rochdale ont voulu s'appeler les « Equitables » Pionniers. Ils ne se contentaient pas de demander à la coopération un accroissement de confort pour les classes peu aisées, « la poule au pot » promise par le roi Henri IV ; ils s'accordaient à y voir un instrument de transformation économique non seulement dans la sphère de l'échange, mais aussi dans celle de la production et de la répartition des richesses : de la *production*, car une organisation coopérative des richesses qui aurait pour fondement une organisation compétitive de la production constituerait un édifice bien instable et peut-être inhabitable ; de la *répartition*, car dire que les consommateurs garderont pour eux tout le produit de l'entreprise, c'est dire que le capital n'aura plus de profits à toucher ; c'est donc inaugurer un nouveau système de répartition.

Il ne s'agit donc de rien moins que d'un régime économique nouveau destiné à succéder au régime capitaliste : on peut donc bien y voir une « révolution ».

On attend enfin de l'association coopérative un progrès moral. En effet la réalisation du juste prix suppose d'abord l'abolition du mensonge et de la fraude qui sous forme de réclame, falsification et incitation à la dépense, empoisonne le commerce, mais aussi l'élimination de toute majoration abusive du prix, soit aux dépens des consommateurs, soit aux dépens des ouvriers. Et par conséquent la coopération, par sa réalisation intégrale, impliquerait la fin du règne du profit en tant que seul moteur de l'activité économique, pour lui substituer la seule préoccupation des besoins à satisfaire.

Ainsi la coopération, entre tous les mouvements de réforme sociale, présente un caractère, une physionomie spéciale, celle d'être en même temps très idéaliste et très pratique. Elle est à la fois Marthe et Marie, Don Quichotte et Sancho. Elle poursuit l'Oiseau bleu, mais au lieu de le chercher dans des îles chimériques, elle l'enferme dans une boutique. Elle se propose bien de réformer le monde, mais elle commence pour cela par balayer devant sa porte et faire de son mieux le ménage. Elle marche à l'étoile, mais regarde où elle pose le pied.

La coopération, école de solidarité

Gide (Ch.). — *La Coopération*. (Paris, Tenin, 1910, p. 172 à 175.)

Si l'école de la solidarité ne veut ni de l'individualisme ni du communisme, où cherchera-t-elle donc une solution pratique ? Où donc, sinon dans l'association coopérative sous ses formes infiniment diverses, mais toutes formes d'association qui réalisent pleinement l'idéal d'une solidarité consciente et librement acceptée et qui l'expriment naïvement par l'emblème populaire de deux mains jointes et par sa devise : « Chacun pour tous, tous pour chacun », ce qui est précisément la traduction populaire de l'idée de solidarité. Et si l'on demande en quoi cette forme d'association réalise mieux le principe de solidarité que toute autre forme de société, il sera facile de démontrer qu'effectivement elle le serre de beaucoup plus près. Donnons-en quelques preuves.

D'abord, le but essentiel de l'association coopérative — association de consommation, de production ou de crédit — c'est la suppression des intermédiaires et la mise en contact immédiat des producteurs et des consommateurs,

de ceux qui ont de l'argent à placer et de ceux qui en ont
à emprunter, etc., c'est-à-dire le rapprochement de ceux
qui ont besoin les uns des autres en supprimant ou en
réduisant au minimum les organes de transmission. Or,
il est clair que la solidarité est d'autant plus active entre
les parties que celles-ci sont plus rapprochées. Actuellement les producteurs font du bon vin et le vendent à vil
prix ; les consommateurs boivent du mauvais vin et le
paient cher. Actuellement les capitalistes qui ont de
l'argent à placer ont beaucoup de peine à en trouver un
intérêt passable ; mais les gens qui ont de l'argent à emprunter n'en trouvent qu'à des conditions fort onéreuses.
Les membres de la société qui ont besoin les uns des autres
se trouvent donc séparés les uns des autres par des sortes
de cloisons étanches qui empêchent ou gênent singulièrement la circulation entre eux et leur enlèvent jusqu'à
la conscience même de la solidarité de leurs intérêts pour
ne laisser entre eux que le sentiment d'un antagonisme
d'intérêts.

L'association coopérative ne borne pas d'ailleurs son
ambition à mettre en relations directes les parties dont les
intérêts sont aujourd'hui en conflit : producteurs et consommateurs, créanciers et débiteurs, patrons et ouvriers,
propriétaires et locataires. Elle tend à supprimer jusqu'à
l'occasion même du conflit en confondant en une seule
personne les deux antagonistes. Dans la société de consommation, le consommateur devient son propre marchand
et son propre producteur. C'est ainsi que les consommateurs, dans la boulangerie coopérative, font eux-mêmes
leur pain et, dans la boucherie coopérative, abattent
eux-mêmes le bétail qu'ils mangent. Et dans la puissante
Wholesale anglaise, ils fabriquent eux-mêmes leurs savons,
leurs biscuits, leurs chaussures, leurs draps, etc..., et
cherchent même aujourd'hui, par la création de fermes
coopératives, à produire leur blé, leur lait, leur beurre,
leurs fruits, leurs légumes, etc. Dans la société de production, l'antagonisme entre capitaliste et travailleur se
transforme en un régime dans lequel le travailleur sera
son propre capitaliste. Dans l'association de crédit,
l'emprunteur devient son propre prêteur de deniers.
Dans l'association de construction, le locataire devient son

propre propriétaire. Et ainsi tous réalisent, sans le savoir, la théorie d'Hegel : la thèse, l'antithèse, et la synthèse qui les réconcilie. Comment, dans ces conditions, ces intérêts antagonistes ne deviendraient-ils pas forcément solidaires ? C'est bien ici le cas de dire que, par cette pénétration mutuelle, ils ne font qu'un même corps.

Ce n'est pas tout. L'association coopérative aboutit à ce résultat original de permettre aux faibles de bénéficier de l'énergie des forts, ce qui est bien contraire aux théories évolutionnistes d'Herbert Spencer, mais on ne peut plus conforme à la loi de la solidarité. Tous ceux qui ont l'expérience des associations coopératives, sous une forme quelconque, savent qu'elles ne peuvent prospérer qu'autant qu'il s'y trouve une ou quelques individualités énergiques qui font réussir l'entreprise. Or, sous le régime individualiste, ces individualités bien trempées seraient probablement arrivées à se tirer d'affaire par elles-mêmes ; elles auraient fait fortune et auraient recueilli seules les fruits de leurs succès. Mais sous le régime coopératif, elles sont obligées de traîner à la remorque, pour ainsi dire, une masse plus ou moins inerte d'individus qui auraient été incapables de s'élever par leurs propres forces.

Qu'on songe que les associations coopératives (du moins si elles demeurent fidèles à leur principe) restent toujours ouvertes à ceux qui voudront y entrer, aux mêmes conditions que les membres fondateurs — principe combien différent de celui qui régit nos entreprises et associations capitalistes ! —, en sorte que les vétérans qui ont été à la peine et ont passé par toutes les épreuves du début verront des nouveau-venus, ceux-là même peut-être qui les ont raillés et qui leur ont jeté la pierre, recueillir les mêmes dividendes qu'eux-mêmes et ainsi, comme dans la parabole de l'Evangile, les ouvriers de la onzième heure seront payés au même prix que les ouvriers de la première heure ! Ce n'est pas là un résultat très conforme à l'idée individualiste que nous nous faisons de la justice. Eh bien ! ce qui prouve la valeur de l'éducation coopérative, c'est que les fondateurs et les chefs de ces associations ne songent pas à se plaindre de ce rôle que nous qualifierons volontiers de dupe : ils s'y prêtent de bonne grâce, ils s'en montrent fiers et joyeux.

V. Le matérialisme historique

Les remarques que **nous venons de faire sur les modifica-**tions que forces sociales et représentations collectives imposent aux mobiles et aux méthodes économiques nous permettraient déjà par elles-mêmes de limiter la théorie qui veut tout expliquer par le primat de l'intérêt économique, et qu'on appelle le matérialisme historique.

A vrai dire, le matérialisme historique contient trois thèses de sociologie générale :

1º Primat de l'intérêt ;

2º Prépondérance de la technique : ce seraient les transformations de l'outillage qui commanderaient les transformations de la société ;

3º Prépondérance des classes elles-mêmes considérées comme des produits de l'organisation économique.

Dans la préface à la *Critique de l'Economie politique*, **Marx** explique comment il est arrivé à passer du « point de vue de la conscience » au « point de vue de l'être », du point de vue des idées au point de vue des intérêts.

Le primat des intérêts matériels

Marx (K.) — *Critique de l'Economie politique.* (Trad. Rémy, Paris, Schleicher, 1899, p. 255 à 257.)

Pour résoudre les doutes qui m'assaillaient, j'entrepris un premier travail, la revision critique de la philosophie du droit de Hegel, travail dont l'introduction parut dans les *Deutsch-französische Jahrbücher* édités à Paris en 1844. Ma recherche m'amena à penser que les rapports juridiques et les formes politiques ne peuvent être compris par eux-mêmes, ni ne peuvent s'expliquer non plus par le soi-disant développement général de l'esprit humain. Ces rapports et ces formes prennent leurs racines dans les conditions de la vie matérielle, dont l'ensemble constitue ce que Hegel appelle, avec les Anglais et les Français du XVIIIᵉ siècle, la « société civile » (*bürgerliche Gesells-*

chaft). C'est dans l'économie politique qu'il faut chercher l'anatomie de la société civile. Dans la production sociale de leur vie, les hommes contractent certains rapports indépendants de leur volonté, nécessaires, déterminés. Ces rapports de production correspondent à un certain degré de développement de leurs forces productives matérielles. L'ensemble de ces rapports de production forme la structure économique de la société, la base réelle sur laquelle s'élève une superstructure juridique et politique, et à laquelle répondent des formes sociales et déterminées de conscience. Le mode de production de la vie matérielle détermine, d'une façon générale, le procès social, politique et intellectuel de la vie. Ce n'est pas la conscience de l'homme qui détermine son existence, mais son existence sociale qui détermine sa conscience. A un certain degré de leur développement, les forces productives matérielles de la société se trouvent en contradiction avec les rapports de production qui existent alors, ou, en termes juridiques, avec les rapports de propriété au sein desquels ces forces productives s'étaient mues jusqu'alors. Ces rapports, qui constituaient autrefois les formes de développement des forces productives, deviennent des obstacles pour celles-ci. Alors naît une époque de révolution sociale. Le changement de la base économique ruine plus ou moins rapidement toute l'énorme superstructure. Quand on étudie ces bouleversements, il faut toujours distinguer entre le trouble matériel qui agite les conditions économiques de production et que l'on peut constater avec une exactitude scientifique, et la révolution qui renverse les formes juridiques, politiques, religieuses, artistiques ou philosophiques, bref les formes idéologiques qui servent aux hommes à prendre conscience du conflit et à l'expliquer. S'il est impossible de juger un individu sur l'idée qu'il a de lui-même, on ne peut juger une semblable époque de révolution sur la conscience qu'elle a d'elle-même. Mais il faut s'appliquer à expliquer ce conflit par les contradictions de la vie matérielle, par le combat entre les forces productives de la société et les rapports de production. Un état social ne meurt jamais avant que ne soient développées en lui toutes les forces productives de la société et les rapports de production. Un état social ne meurt jamais avant que ne soient développées en lui toutes les forces productives qu'il pouvait renfermer ; de nouveaux rapports de production, supérieurs aux anciens, ne prennent pas leur place avant que leurs raisons d'être matérielles ne se soient développées au sein de la vieille société. L'humanité ne se pose jamais que les énigmes qu'elle peut résoudre ; car, à mieux considérer les choses on s'apercevra que l'énigme n'est proposée que quand les conditions matérielles de sa solution existent déjà ou tout au moins se trouvent en cours de formation. En thèse générale, on peut considérer les modes de production asiatique, antique, féodal et bourgeois, comme les époques progressives de la formation économique de la société. Les rapports de production bourgeois constituent la dernière forme antagonique du procès de production de la société. Cet antagonisme ne signifie pas un antagonisme individuel. C'est un antagonisme qui découle des conditions de la vie sociale des individus. Mais les forces productives qui se développent au sein de la société bourgeoise créent en même temps les conditions matérielles indispensables pour résoudre cet antagonisme. Avec cet état social se clôt la préhistoire de la société humaine.

.*.

Marx et Engels, dans *le Manifeste communiste*, signalent le rapport entre l'évolution des classes sociales et les transformations des modes de production.

La lutte des classes

Marx (K.) et Engels (F.). — *Le Manifeste communiste*. (Trad. Ch. Andler Paris, E. Cornély, 1906, n°s 2 à 5 et 10 à 14.)

Toute l'histoire de la société humaine jusqu'à ce jour est l'histoire de luttes de classes.

Homme libre et esclave, patricien et plébéien, baron et serf, maître artisan et compagnon, en un mot oppresseurs et opprimés, dressés les uns contre les autres dans un conflit incessant, ont mené une lutte sans répit, une lutte tantôt masquée, tantôt ouverte, une lutte qui chaque fois s'est achevée soit par un bouleversement révolutionnaire de la société tout entière, soit par la destruction des deux classes en conflit.

Aux époques de l'histoire qui ont précédé la nôtre, nous voyons à peu près partout la société offrir toute une organisation complexe de classes distinctes, et nous trouvons une hiérarchie de rangs sociaux multiples. C'est, dans l'ancienne Rome, les patriciens, les chevaliers, la plèbe, les esclaves ; au moyen âge, les seigneurs, les vassaux, les maîtres artisans, les compagnons, les serfs, et presque chacune de ces classes comporte à son tour une hiérarchie particulière.

La société moderne, la société bourgeoise, née de l'écroulement de la société féodale, n'a pas aboli les antagonismes de classes. Elle n'a fait que substituer des classes nouvelles, de nouvelles possibilités d'oppression, de nouvelles formes de la lutte, à celles d'autrefois.

Notre âge, l'âge de la bourgeoisie, a néanmoins un caractère particulier ; il a simplifié les antagonismes de classes. De plus en plus, la société tout entière se partage en deux grands camps ennemis, en deux grandes classes directement opposées : la bourgeoisie et le prolétariat.

Les serfs du moyen âge engendrèrent les bourgeois des premières communes ; de cette bourgeoisie des communes se développèrent les premiers germes de la bourgeoisie moderne.

La découverte de l'Amérique, la circumnavigation de l'Afrique fournirent un sol nouveau à la bourgeoisie qui levait. Le marché des Indes orientales et de la Chine, la colonisation de l'Amérique, les échanges commerciaux avec les colonies, la multiplication des moyens d'échange et, en général, des marchandises donnèrent au commerce, à la navigation, à l'industrie, un essor jusqu'alors inconnu et, du même coup, hâtèrent la croissance de l'élément révolutionnaire présent au cœur de la société féodale qui s'écroulait.

Dorénavant, le mode féodal ou corporatif de l'exploitation industrielle ne suffisait plus à des besoins qui allaient grandissants à mesure que s'ouvraient de nouveaux marchés. La manufacture vint prendre sa place.

Les maîtres de métier furent refoulés par la classe moyenne industrielle, et à la division du travail entre les diverses corporations se substitua la division du travail dans l'atelier même.

Mais les marchés ne cessèrent point de grandir, les besoins ne cessèrent point de s'accroître. Ce fut au tour de la manufacture d'être insuffisante. Et la vapeur et le machinisme vinrent révolutionner la production industrielle. La manufacture céda la place à la grande industrie moderne ; la petite bourgeoisie industrielle céda la place aux millionnaires de l'industrie, aux chefs de véritables armées industrielles, aux bourgeois modernes.

La découverte de l'Amérique avait rendu possible le marché du monde : la grande industrie le réalisa. Le marché du monde fut pour le commerce, pour la navigation, pour les voies de communication par terre, le motif d'un développement immense, développement qui, à son tour, réagit sur la croissance de l'industrie et chaque élargissement nouveau de l'industrie, du commerce, de la navigation, des voies ferrées, marquait un nouveau pas en avant de la bourgeoisie, qui multipliait d'autant plus ses capitaux, et refoulait plus loin, à l'arrière-plan, l'ensemble des autres classes sociales, résidu et legs du moyen âge.

Ainsi la bourgeoisie moderne apparaît comme le produit d'un long développement, de toute une série de révolutions dans le mode de production et les moyens de communication.

A chacun des degrés successifs de son ascension, la bourgeoisie réalisa un progrès politique d'ampleur égale. Classe écrasée sous la toute-puissance des seigneurs féodaux, association armée de pouvoirs et autonome dans les communes ; ici, république urbaine indépendante ; là, tiers état taillable et corvéable de la monarchie ; puis, une fois venu l'âge des manufactures, contrepoids faisant équilibre à la noblesse, aussi bien dans la monarchie aristocratique que dans la monarchie absolue, pierre d'assise et base essentielle des grandes monarchies quelles qu'elles fussent, — l'institution de la grande industrie et du marché universel lui livra enfin, par droit de conquête, la souveraineté politique totale dans l'Etat représentatif moderne. La puissance gouvernementale moderne n'est autre chose qu'une délégation qui gère les intérêt communs de la classe bourgeoise tout entière.

La bourgeoisie a fait la ville maîtresse souveraine de la campagne. Elle a créé des villes énormes, elle a multiplié le peuple des villes infiniment plus que la population des campagnes, et elle a ainsi arraché une part importante de la population à la stupidité de la vie rurale. De même qu'elle a soumis la campagne à la ville, elle a mis les pays barbares ou à demi barbares dans la dépendance des pays civilisés, les peuples de paysans dans la dépendance des peuples de bourgeois, l'Orient dans la dépendance de l'Occident.

La bourgeoisie met fin de plus en plus à l'émiettement des moyens de production, de la propriété, de la population. Elle a aggloméré la population, centralisé les moyens de production, concentré la propriété en un petit nombre de mains. Le corollaire fatal, ce fut la centralisation politique. Des provinces indépendantes, à peine fédérées entre elles, ayant chacune leurs intérêts, leur législation, leur gouvernement, leurs douanes, furent serrées et pétries en une seule nation, ayant gouvernement unique, législation unique, un seul intérêt collectif de classe, une frontière douanière commune.

Il y a cent ans à peine que la bourgeoisie est la classe souveraine, et déjà elle a créé des forces productives dont le nombre prodigieux et la colossale puissance dépassent tout ce qu'ont su faire toutes les générations antérieures réunies. Les forces naturelles subjuguées, les machines, la chimie appliquée à l'industrie et à la culture, la navigation à vapeur, les chemins de fer, les télégraphes électriques, des continents entiers ouverts, les fleuves rendus navigables, des populations entières jaillies du sol, quel âge eût osé pressentir jadis que des forces productives aussi immenses dormaient au sein du travail social ?

Ainsi nous avons vu naître de la société féodale les moyens de production et de consommation qui rendirent possible la formation de la bourgeoisie. Nous avons vu ces modes de production et ces moyens de communication à un certain point de leur développement et de leur croissance, devenir incompatibles avec les conditions

de production et d'échange de la société féodale, avec
l'organisation féodale de l'agriculture et de la manufacture, en un mot avec le système féodal de la propriété.
Tout ce système entrave la production au lieu de l'aider.
Ce furent autant de chaînes. Il fallut que ces chaînes
fussent brisées : elles furent brisées.

Et sur les débris de ce régime s'installa le régime de la
libre concurrence avec la constitution sociale et politique
qui en dérive logiquement, avec la toute-puissance économique et politique de la classe bourgeoise.

*
* *

Avant Marx, un des auteurs qui avaient le plus clairement
signalé les rapports entre la distribution de la richesse et la
distribution du pouvoir est Barnave.

Distribution de la richesse et distribution du pouvoir

BARNAVE (A.). — *Œuvres de Barnave*. (Paris, Challamel, 1843, tome I, p. 11
à 15.)

Tant que les peuplades ont vécu par la chasse ou par
les troupeaux, errantes sur la terre, faisant sans cesse
des émigrations, disputant le territoire à d'autres peuplades, joignant souvent la ressource du brigandage à
leurs occupations habituelles et faisant la guerre par nécessité ou par oisiveté, elles ont presque toujours eu besoin
d'un général, ou d'un chef ; mais, en se pliant à la culture
des terres, elles se fixent ; leur existence, dans les commencements, encore chancelante et agitée, devient toujours plus pacifique et tranquille, et le pouvoir monarchique déchoit parce qu'il cesse d'être utile, et parce que
l'aristocratie, qui s'élève alors, lui dispute et lui enlève
bientôt la prééminence.

Dans cet état de choses, il se formera difficilement de
grands empires ; si les événements politiques les établissent ils ne pourront guère subsister que sous une forme
fédérative ; comme il n'existe point de commerce, les parties ne sont point unies entre elles par leurs besoins et
leurs communications réciproques, et, comme il n'existe
presqu'aucun moyen de lever des tributs dans un pays
où il n'y a aucune accumulation de capitaux, la puissance

du centre ne peut entretenir une force assez considérable pour maintenir l'unité et l'obéissance ; la force reste dans les parties de territoire où les richesses se recueillent et se consomment, et, si ces portions sont unies entre elles, ce ne peut être que pour leur sûreté réciproque et par un pacte fédératif.

Le règne de l'aristocratie dure autant que le peuple agricole continue à ignorer ou à négliger les arts, et que la propriété des terres continue d'être la seule richesse.

Comme la marche naturelle des sociétés est de croître sans cesse en population et en industrie jusqu'à ce qu'elles soient parvenues au dernier degré de la civilisation, l'établissement des manufactures et du commerce doit naturellement succéder à la culture ; cependant deux causes puissantes peuvent considérablement presser ou retarder les progrès de cette dernière époque : la situation géographique, qui appelle les hommes au commerce ou les isole, multiplie entre eux les communications ou les leur refuse, leur ouvre ou leur ferme la mer ; et les institutions politiques, qui leur font estimer ou mépriser le commerce, et qui portent leur activité ou vers les arts de la guerre qui consomment la population et arrêtent les richesses, ou vers les arts de la paix qui multiplient rapidement les hommes et les biens.

A la longue, les institutions politiques adoptent, si l'on peut s'exprimer ainsi, le génie de la localité ; quelquefois cependant, elles peuvent le contrarier longtemps. Comme, avant l'époque où le commerce existe, l'aristocratie est, par la nature des choses, en possession du pouvoir, c'est elle alors qui fait les lois, qui crée les préjugés et qui dirige les habitudes du peuple ; elle a soin, sans doute, de les combiner de manière à conserver toujours la puissance, et, si elle a autant d'habileté que de zèle à en calculer les moyens, elle pourra balancer longtemps, par l'énergie des institutions, l'influence des causes naturelles. Ainsi, l'inaliénabilité des biens ecclésiastiques, le droit d'aînesse, les substitutions et tant d'autres lois créées par l'aristocratie féodale au temps de son plus grand pouvoir, ont retardé sa chute de plusieurs siècles ; ainsi, les institutions romaines eurent assez d'énergie pour conserver, pendant six cents ans, le mépris des arts et du commerce dans une des régions du monde les plus heureusement situées pour les cultiver.

Quoi qu'il en soit, dès que les arts et le commerce parviennent à pénétrer dans le peuple et créent un nouveau moyen de richesse au secours de la classe laborieuse, il se prépare une révolution dans les lois politiques ; une nouvelle distribution de la richesse produit une nouvelle distribution du pouvoir. De même que la possession des terres a élevé l'aristocratie, la propriété industrielle élève le pouvoir du peuple ; il acquiert sa liberté, il se multiplie, il commence à influer sur les affaires.

De là, une deuxième espèce de démocratie : la première avait l'indépendance, celle-ci a la force ; la première résultait du néant des pouvoirs pour les opprimer, celle-ci d'un pouvoir qui lui est propre ; la première est celle des peuples barbares ; celle-ci des peuples policés.

Dans de petits états, la force de ce nouveau pouvoir populaire sera telle, qu'il y deviendra quelquefois maître du gouvernement, et une nouvelle aristocratie, une sorte d'aristocratie bourgeoise et marchande, pourra s'élever par ce nouveau genre de richesse.

Dans les grands états, toutes les parties se lient par une communication réciproque ; il se forme une classe nombreuse de citoyens qui, avec les grandes richesses de l'industrie, a le plus puissant intérêt au maintien de l'ordre intérieur, et qui, par le moyen de l'impôt, donne à la puissance publique la force nécessaire pour faire exécuter les lois générales. Une somme considérable d'impôts qui sans cesse se porte des extrémités au centre et du centre aux extrémités, une armée réglée, une grande capitale, une multitude d'établissements publics deviennent autant de liens qui donnent à une grande nation cette unité, cette cohésion intime qui la font subsister.

*
* *

Les actions escomptées par cette philosophie de l'histoire sont-elles de nature purement économiques ? Pour qu'elles s'exercent ne faut-il pas que certaines situations juridiques soient données qui ne dépendent pas directement de la production ? C'est sur quoi M. Andler, discutant M. Labriola, a attiré l'attention.

Les classes sociales et la répartition des tâches

ANDLER (Ch.). — *Revue de métaphysique et de morale* (1897). (Paris, Colin,
p. 652 à 654.)

Non seulement le marxisme n'explique pas l'infra-
structure sociale, mais la relation de cette assise à ce qu'elle
supporte, il omet de la définir. Il est aisé de dire qu' « un
peuple produit suivant un certain mode et, conformément à sa façon de produire, répartit ses produits »,
ou que la distribution des tâches entraîne des modes
consécutifs de subordination. Et Marx aussi avait dit :
« Les hommes en changeant la manière de gagner leur vie,
changent tous leurs rapports sociaux. » Mais qui ne serait
déconcerté par l'énormité de ces affirmations ? Ne sont-ce
pas choses très différentes de nature, impossibles même à
rapprocher, que le mode de production et le mode de
répartition ? Comment conclure du premier au second ?
Ne peut-on pas concevoir qu'avec un même procédé
technique les individus produisent pour eux (comme
dans la petite agriculture d'aujourd'hui) ou qu'ils travaillent en tout ou en partie pour d'autres individus qui
les dépouillent (comme dans l'esclavage et le servage),
ou enfin que tout leur produit appartienne à une collectivité (comme dans l'agriculture des couvents au moyen
âge) ? En fait, le même soc, avec lequel labouraient déjà
les esclaves romains et les moines carolingiens, sert encore
au paysan d'aujourd'hui. Mais, inversement, que de fois
n'est-ce pas la répartition existante qui a fait naître la
manière de produire ? « Les conditions historiques du
capital, a-t-il dit lui-même, ne sont pas données avec la circulation de la marchandise et de l'argent. Il ne naît
que là où le propriétaire des moyens de production et de
subsistance trouve l'ouvrier libre sur le marché en qualité
de vendeur de sa force de travail. » La condition historique de la manière capitaliste de produire, de l'aveu de
Marx, n'est donc pas donnée avec la technologie, mais avec
la situation juridique des personnes.

Or cette division juridique en classes, ce n'est pas la
division du travail qui la cause. Il y a eu des classes en
des temps où le travail presque homogène était la règle.

L'agriculteur romain, à l'époque où il labourait encore lui-même, avait déjà des esclaves. Nous savons au contraire que l'esclavage et le servage ont donné de l'extension à l'agriculture. Le procédé technique, loin de fonder le régime juridique, a grandi par lui. Et il n'y a aucune technologie qui explique que le moyen âge ait opprimé les travailleurs en les faisant serfs, tandis que l'antiquité préférait les opprimer en les faisant esclaves.

La différence des classes semble donc un fait politique, et cela dès l'origine. L'exploitation de l'homme par l'homme, et ses formes mitigées dans les diverses manières dont usent les hommes pour commander les uns aux autres, ne requièrent pas d'autre explication que la force ; et contre Marx, c'est bien Dühring qui avait raison, l'adversaire lucide, et pour cela même vilipendé par Frédéric Engels. Que cette explication par la force n'exclue pas celle par l'intérêt matériel, cela va de soi. Car les classes dirigeantes ont dû exiger des classes subordonnées les besognes conformes à un goût général de bien-être et de fainéantise. Mais c'est alors la division en classes qui a réparti les tâches, comme ensuite elle a réparti les revenus. L'industrie moderne a pu créer des besognes dégradantes, parce qu'elle disposait d'un prolétariat contraint de les accepter toutes.

*
* *

Jaurès, entreprenant une discussion plus générale du matérialisme historique, s'est efforcé de montrer que celui-ci n'excluait pas l'action d'une vie idéale fondée dans la nature humaine elle-même.

Les sociologues proprement dits ajouteraient sans doute que cette vie idéale exprime, non pas seulement des facultés universelles de la nature humaine, mais des représentations collectives elles-mêmes liées à la structure des sociétés.

La part de l'idéal dans l'évolution

Jaurès (J.). — *Pages choisies*. (Paris, Rieder, 1922, p. 371 à 373.)

Après avoir démontré que l'histoire même suppose l'existence dans le cerveau de certaines facultés caractéristiques de l'humanité, Jaurès ajoute :

Il ne suffit pas de dire qu'une forme de la production

succède à une autre forme de la production ; il ne suffit pas de dire que l'esclavage a succédé à l'anthropophagie, que le servage a succédé à l'esclavage, que le salariat a succédé au servage et que le régime collectiviste ou communiste succédera au salariat. Non, il faut encore se prononcer. Y a-t-il évolution ou progrès ? Et s'il y a progrès, quelle est l'idée décisive et dernière à laquelle on mesure les diverses formes du développement humain ? Et encore, si l'on veut écarter, comme trop métaphysique, cette idée du progrès, pourquoi le mouvement de l'histoire a-t-il été ainsi réglé de forme en forme, d'étape économique en étape économique, de l'anthropophagie à l'esclavage, de l'esclavage au servage, du servage au salariat, du salariat au régime socialiste et non pas d'une autre façon. Pourquoi ? en vertu de quel ressort, je ne dis pas en vertu de quel décret providentiel, puisque je reste dans la conception matérielle et positive de l'histoire, mais pourquoi, de forme en forme, le développement humain a-t-il suivi telle direction et non pas telle autre ?

Pour moi, la raison en est simple, si l'on veut admettre l'action de l'homme comme homme, l'action de ces forces humaines initiales dont j'ai parlé.

C'est que, précisément parce que les rapports économiques de production s'adressent à des hommes, il n'y a pas une seule forme de production qui ne renferme une contradiction essentielle, tant que la pleine liberté et la pleine solidarité des hommes n'aura pas été réalisée.

C'est Spinoza qui a démontré admirablement la contradiction intime de tout régime tyrannique, de toute exploitation politique de l'homme par l'homme, non pas en se plaçant au point de vue du droit abstrait, mais en montrant qu'on se trouvait là en présence d'une contradiction de fait. Ou bien la tyrannie fera à ceux qu'elle opprime tant de mal qu'ils cesseront de redouter les suites que pourrait avoir sur eux une insurrection, et alors les opprimés se soulèveront contre l'oppresseur, ou bien celui-ci, pour prévenir les soulèvements, ménagera dans une certaine mesure les besoins, les instincts de ses sujets, et il les préparera ainsi à la liberté. Ainsi, de toute façon, la tyrannie doit disparaître en raison du jeu des forces, parce que ces forces sont des hommes.

Il en sera de même tant que l'exploitation de l'homme par l'homme n'aura pas pris fin. C'est Hegel encore qui a dit avec une précision souveraine : « La contradiction essentielle de toute tyrannie politique ou économique, c'est qu'elle est obligée de traiter, comme des instruments inertes, des hommes qui, quels qu'ils soient, ne pensent jamais descendre à l'inertie des machines matérielles. » Et remarquez que cette contradiction est tout à la fois une contradiction logique et une contradiction de fait...

Dès lors, on comprend, puisque tout le mouvement de l'histoire résulte de la contradiction essentielle entre l'homme et l'usage qui est fait de l'homme, que ce mouvement tende, comme à sa limite, à un ordre économique où il sera fait de l'homme un usage conforme à l'homme. C'est l'humanité qui, à travers des formes économiques qui répugnent de moins en moins à son idée, se réalise elle-même. Et il y a dans l'histoire humaine non seulement une évolution nécessaire mais une direction intelligible et un sens idéal. Donc, tout le long des siècles, l'homme n'a pu aspirer à la justice qu'en aspirant à un ordre social moins contradictoire à l'homme que l'ordre présent, et préparé à cet ordre présent, et ainsi l'évolution de ses idées morales est bien réglée par l'évolution des formes économiques, mais en même temps, à travers tous ces arrangements successifs, l'humanité se cherche et s'affirme elle-même, et quelle que soit la diversité des milieux, des temps, des revendications économiques, c'est un même souffle de plainte et d'espérance qui sort de la bouche de l'esclave, du serf et du prolétaire ; c'est le souffle immortel d'humanité qui est l'âme même de ce qu'on appelle le droit. Il ne faut donc pas opposer la conception matérialiste à la conception idéaliste de l'histoire. Elles se confondent en un développement unique et indissoluble, parce que si on ne peut abstraire l'homme des rapports économiques, on ne peut abstraire les rapports économiques de l'homme, et l'histoire, en même temps qu'elle est un phénomène qui se déroule selon une loi mécanique, est une aspiration qui se réalise selon une loi idéale.

Sociologie idéologique

I. La religion et les sociétés

Nous proposons d'appeler sociologie idéologique la branche de la sociologie qui étudierait le monde des idées se développant dans les sociétés, sous forme de croyances religieuses, de connaissances scientifiques, d'œuvres artistiques. Elles aussi sont des faits qu'il est loisible d'étudier objectivement et comparativement, dans leurs rapports avec les institutions des groupes humains, leurs besoins, leurs capacités. Le matérialisme historique, à vrai dire, tendrait à réduire l'importance de ces faits, à ne les considérer que comme des « superstructures » de l'organisation économique. Mais la plupart des sociologues contemporains — ceux du moins qui se rattachent de près ou de loin à l'école de Durkheim — accepteraient malaisément cette réduction simpliste. Ils tiennent l'étude des « représentations collectives » comme centrale pour la sociologie.

Leur tendance sur ce terrain heurtera sans doute, plus fortement qu'ailleurs, la tendance « individualiste ». Car n'est-ce pas en matière de science, d'art ou même de religion que paraît grand le rôle des inventeurs ? Toute culture, quelque forme qu'elle prenne, suppose un effort de synthèse intellectuelle qui ne paraît pouvoir s'accomplir que dans et par les consciences personnelles.

Mais sans qu'il soit besoin de nier la part que prennent les personnalités à l'élaboration des représentations religieuses, scientifiques ou esthétiques, un large champ de recherches reste à la sociologie. Etudiant ces représentations dans leur rôle comme dans leur formation elle aura l'occasion de relever non seulement ce que les sociétés leur doivent, mais ce qu'elles doivent aux sociétés.

Essayons de donner quelques spécimens des conclusions vers lesquelles on pourrait être conduit par des recherches de ce genre.

Intervenant dans les études d'histoire des religions, la sociologie devait être naturellement amenée à insister, non seulement sur les fonctions socialisantes, mais sur les origines sociales des croyances religieuses. Selon Durkheim on ne pourrait même donner de celles-ci une définition générale, qu'en faisant abstraction de leurs contenus particuliers, pour insister sur leur forme et en tenant compte de la force impérative avec laquelle elles s'imposent : cette force impérative décèlerait elle-même que, naissant de la vie en commun, elles traduisent l'énergie spirituelle spécifique qui se dégage du rapprochement des consciences.

Définition de la religion

Durkheim (E.). — *Année sociologique* (t. II). (Paris, Alcan, 1897-1898, p. 18 à 21.)

Les représentations d'ordre religieux s'opposent aux autres comme les opinions obligatoires aux libres opinions. A cette différence entre les représentations en correspond une autre entre leurs objets. Des mythes, des dogmes sont des états mentaux *sui generis* que nous reconnaissons aisément, sans qu'il soit même nécessaire d'en donner une définition scientifique, et qui ne sauraient être confondus avec les produits de nos conceptions privées. Ils n'ont pas les mêmes caractères, n'ayant pas la même origine. Les uns sont des traditions que l'individu trouve toutes faites et auxquelles il conforme respectueusement sa pensée : les autres sont notre œuvre et, pour cette raison, n'enchaînent pas notre liberté. Des choses qui parviennent à notre esprit par des voies si différentes ne peuvent nous apparaître sous le même aspect. Toute tradition inspire un respect très particulier et ce respect se communique nécessairement à son objet, quel qu'il soit, réel ou idéal. C'est pourquoi nous sentons dans ces êtres dont les mythes et les dogmes nous enseignent l'existence ou nous décrivent la nature, quelque chose d'auguste qui les met à part. La manière spéciale dont nous apprenons à les connaître les sépare de ceux que nous connaissons par les procédés ordinaires de la représentation empirique. Voilà d'où vient cette division des choses en sacrées et en profanes qui est à la base de toute organisation religieuse. On a dit, il est vrai, que le trait distinctif du sacré se trouvait dans l'intensité exceptionnelle des énergies qu'il est censé révéler. Mais ce qui prouve l'insuffisance de cette caractéristique, c'est qu'il est des forces naturelles, extraordinairement intenses, auxquelles nous ne reconnaissons pas un caractère religieux, et qu'inversement il est des objets religieux dont les vertus actives sont assez faibles ; une amulette, un rite d'importance secondaire sont choses religieuses sans rien avoir de terrible. Le sacré se distingue donc du profane par une différence, non simplement de grandeur, mais de qualité. Ce n'est pas seulement une force temporelle dont l'abord est redoutable à cause des effets qu'elle peut produire ; c'est autre chose. La ligne de démarcation qui sépare ces deux mondes vient de ce qu'ils ne sont pas de même nature, et cette dualité n'est que l'expression objective de celle qui existe dans nos représentations.

Cette fois, nous sommes en présence d'un groupe de phénomènes suffisamment déterminé. Aucune confusion n'est possible avec le droit et la morale ; des croyances obligatoires sont tout autre chose que des pratiques obligatoires. Sans doute, les unes et les autres sont impératives par définition. Mais les premières nous obligent à certaines manières de penser, les secondes à certaines manières de se conduire. Les unes nous astreignent à certaines représentations, les autres à certaines actions. Il y a donc entre elles toute la différence qu'il y a entre penser et agir, entre les fonctions représentatives et les fonctions motrices ou pratiques. D'un autre côté, si la science est, elle aussi, faite de représentations, et de représentations collectives, les représentations qui la constituent se distinguent des précédentes en ce qu'elles ne sont pas expressément obligatoires. Il est sensé d'y croire ; mais on n'y est pas moralement ni juridiquement tenu. Même il en est bien peu qui puissent être mises complètement au-dessus du doute. Il est vrai qu'entre la science et la foi religieuse il existe des intermédiaires ; ce sont les croyances communes de toute sorte, relatives à des objets laïques en apparence, tels que le drapeau, la patrie, telle forme d'organisation politique, tel héros ou tel événement historique, etc. Elles sont obligatoires en quelque sens, par cela seul qu'elles sont communes ; car la communauté ne tolère pas sans résistance qu'on les nie ouvertement. Il semble donc qu'elles rentrent dans la définition précédente. Mais c'est qu'en effet elles sont, dans une certaine mesure, indiscernables des croyances proprement religieuses. La patrie, la Révolution française, Jeanne d'Arc, etc., sont pour nous des choses sacrées auxquelles nous ne permettons pas qu'on touche. L'opinion publique ne tolère pas volontiers qu'on conteste la supériorité morale de la démocratie, la réalité du progrès, l'idée d'égalité, de même que le chrétien ne laisse pas mettre en discussion ses dogmes fondamentaux. Du moins, si entre ces deux sortes de croyances collectives il y a des différences, elles ne peuvent être aperçues que par rapport à un troisième ordre de faits dont il va maintenant être question.

Les croyances ne sont pas, en effet, les seuls phénomènes qu'on doive appeler religieux ; il y a, en outre, les pratiques. Le culte est un élément de toute religion, non moins essentiel que la foi. Si nous n'avons pu en faire le premier élément de notre définition, c'est que, considéré en lui-même et dans ses caractères intrinsèques, il est indistinct de la morale et du droit. Les pratiques religieuses sont des manières d'agir définies et obligatoires, comme les pratiques morales et juridiques ; elles ne s'en différencient que par leur objet. Or, au début de notre recherche, tout moyen nous manquait pour pouvoir dire ce que cet objet a de spécifique. C'est cette question que nous venons de résoudre. Nous savons maintenant ce que sont les choses religieuses. Ce qui les distingue d'entre toutes les autres, c'est la manière dont elles sont représentées dans les esprits : nous ne sommes pas libres d'y croire ou de n'y pas croire ; les états mentaux qui nous les donnent s'imposent à nous obligatoirement. La physionomie des pratiques correspondantes se trouve par cela même déterminée. Ce qui empêche de les confondre avec les autres pratiques obligatoires, c'est que les êtres, sur lesquels elles agissent ou sont censées agir, ne sont connus de nous qu'à travers des représentations collectives très particulières qu'on appelle des mythes et des dogmes et dont nous avons dit plus haut la caractéristique. Il en est autrement de l'éthique. Dans la mesure où elle n'a pas de caractère religieux, elle n'a à sa base ni mythologie ni cosmogonie d'aucune sorte. Ici, le système de règles qui prédéterminent la conduite n'est pas lié à un système de règles qui prédéterminent la pensée. Puisque donc les pratiques religieuses sont à ce point solidaires des croyances religieuses, elles n'en peuvent être séparées par la science et doivent ressortir à une même étude. Les unes et les autres ne sont que deux aspects différents d'une même réalité. Les pratiques traduisent les croyances en mouvements et les croyances ne sont souvent qu'une interprétation des pratiques. C'est pourquoi, les réunissant dans une même définition, nous dirons : on appelle phénomènes religieux les croyances obligatoires ainsi que les pratiques relatives aux objets donnés dans ces croyances.

L'idée de religion est inséparable de l'idée d'Église

DURKHEIM (E.). — *Les Formes élémentaires de la vie religieuse*. (Paris, Alcan, 1912, p. 60 à 65.)

Les croyances proprement religieuses sont toujours communes à une collectivité déterminée qui fait profession d'y adhérer et de pratiquer les rites qui en sont solidaires. Elles ne sont pas seulement admises, à titre individuel, par tous les membres de cette collectivité ; mais elles sont la chose du groupe et elles en font l'unité. Les individus qui la composent se sentent liés les uns aux autres, par cela seul qu'ils ont une foi commune. Une société dont les membres sont unis parce qu'ils se représentent de la même manière le monde sacré et ses rapports avec le monde profane, et parce qu'ils traduisent cette représentation commune dans des pratiques identiques, c'est ce qu'on appelle une Eglise. Or, nous ne rencontrons pas, dans l'histoire, de religion sans Eglise. Tantôt l'Eglise est étroitement nationale, tantôt elle s'étend par delà les frontières ; tantôt elle comprend un peuple tout entier (Rome, Athènes, le peuple hébreu), tantôt elle n'en comprend qu'une fraction (les sociétés chrétiennes depuis l'avènement du protestantisme) ; tantôt elle est dirigée par un corps de prêtres, tantôt elle est à peu près complètement dénuée de tout organe directeur attitré. Mais partout où nous observons une vie religieuse, elle a pour substrat un groupe défini. Même les cultes dits privés, comme le culte domestique ou le culte corporatif, satisfont à cette condition ; car ils sont toujours célébrés par une collectivité, la famille ou la corporation. Et d'ailleurs, de même que ces religions particulières ne sont, le plus souvent, que des formes spéciales d'une religion plus générale qui embrasse la totalité de la vie, ces Eglises restreintes ne sont, en réalité, que des chapelles dans une Eglise plus vaste et qui, en raison même de cette étendue, mérite davantage d'être appelée de ce nom...

Nous arrivons donc à la définition suivante : une religion est un système solidaire de croyances et de pratiques relatives à des choses sacrées, c'est-à-dire séparées, interdites, croyances et pratiques qui unissent en une même communauté morale, appelée Eglise, tous ceux qui y adhèrent. Le second élément qui prend ainsi place dans notre définition n'est pas moins essentiel que le premier ; car, en montrant que l'idée de religion est inséparable de l'idée d'Eglise, il fait pressentir que la religion doit être une chose éminemment collective.

La puissance morale de la religion exprime une réalité sociale

DURKHEIM (E.). — *Les Formes élémentaires de la vie religieuse.* (Paris, Alcan, 1912, p. 320 à 323.)

On a souvent attribué les premières conceptions religieuses à un sentiment de faiblesse et de dépendance, de crainte et d'angoisse qui aurait saisi l'homme quand il entra en rapports avec le monde. Victime d'une sorte de cauchemar dont il aurait été lui-même l'artisan, il se serait cru entouré de puissances hostiles et redoutables que les rites auraient eu pour objet d'apaiser. Nous venons de montrer que les premières religions ont une toute autre origine. La fameuse formule : *Primus in orbe deos fecit timor* (c'est la peur d'abord qui créa les dieux dans le monde), n'est nullement justifiée par les faits. Le primitif n'a pas vu dans ses dieux des étrangers, des ennemis, des êtres foncièrement et nécessairement malfaisants dont il était obligé de se concilier à tout prix les faveurs ; tout au contraire, ce sont plutôt pour lui des amis, des parents, des protecteurs naturels. Ne sont-ce pas là les noms qu'il donne aux êtres de l'espèce totémique ? La puissance à laquelle s'adresse le culte, il ne se la représente pas planant très haut au-dessus de lui et l'écrasant de sa supériorité ; elle est, au contraire, tout près de lui et elle lui confère des pouvoirs utiles qu'il ne tient pas de sa nature. Jamais, peut-être, la divinité n'a été plus proche de l'homme qu'à ce moment de l'histoire puisqu'elle est présente dans les choses qui peuplent son milieu immédiat et qu'elle lui est, en partie, immanente à lui-même. Ce qui est à la racine du totémisme, ce sont, en définitive, des sentiments de joyeuse confiance plus que de terreur et de compression. Si l'on fait abstraction des rites funéraires — côté sombre de toute religion — le culte totémique se célèbre au milieu de chants, de danses, de représentations dramatiques. Les expiations cruelles y sont, nous le verrons, relativement rares ; même les mutilations obligatoires et douloureuses de l'initiation n'ont pas ces caractères. Les dieux jaloux et terribles n'apparaissent que plus tard dans l'évolution religieuse. C'est que les sociétés primitives ne sont pas des sortes de Leviathan qui accablent l'homme de l'énormité de leur pouvoir et le soumettent à une dure discipline ; il se donne à elles spontanément et sans résistance. Comme l'âme sociale n'est faite alors que d'un petit nombre d'idées et de sentiments, elle s'incarne aisément tout entière dans chaque conscience individuelle. L'individu la porte toute en soi ; elle fait partie de lui-même et, par suite, quand il cède aux impulsions qu'elle lui imprime, il ne croit pas céder à une contrainte, mais aller là où l'appelle sa nature.

Or cette manière d'entendre la genèse de la pensée religieuse échappe aux objections que soulèvent les théories classiques les plus accréditées.

Nous avons vu comment naturistes et animistes prétendaient construire la notion d'êtres sacrés avec les sensations provoquées en nous par divers phénomènes d'ordre physique ou biologique, et nous avons montré ce que cette entreprise avait d'impossible et même de contradictoire. Rien ne vient de rien. Les impressions qu'éveille en nous le monde physique ne sauraient, par définition, rien contenir qui dépasse ce monde. Avec du sensible, on ne peut faire que du sensible ; avec de l'étendu on ne peut faire de l'inétendu. Aussi pour pouvoir expliquer comment la notion du sacré a pu se former dans ces conditions, la plupart de ces théoriciens étaient-ils obligés d'admettre que l'homme a superposé à la réalité, telle qu'elle est donnée à l'observation, un monde irréel, construit tout entier soit avec les images fantasmatiques qui agitent son esprit pendant le rêve, soit avec les aberrations, souvent monstrueuses, que l'imagination mythologique aurait enfantées sous l'influence prestigieuse, mais trompeuse du langage. Mais alors il devenait incompréhensible que l'humanité se fût, pendant des siècles, obstinée dans des erreurs dont l'expérience eût dû très vite lui donner le sentiment.

De notre point de vue, ces difficultés disparaissent. La religion cesse d'être je ne sais quelle inexplicable hallucination pour prendre pied dans la réalité. Nous pouvons dire, en effet, que le fidèle ne s'abuse pas quand il croit à l'existence d'une puissance morale dont il dépend et dont il tient le meilleur de lui-même : cette puissance existe, c'est la société. Quand l'Australien est transporté au-dessus de lui-même, quand il sent affluer en lui une vie dont l'intensité le surprend, il n'est pas dupe d'une illusion ; cette exaltation est réelle et elle est réellement le produit de forces extérieures et supérieures à l'individu. Sans doute, il se trompe quand il croit que ce rehaussement de vitalité est l'œuvre d'un pouvoir à forme d'animal ou de plante. Mais l'erreur porte uniquement sur la lettre du symbole au moyen duquel cet être est représenté aux esprits, sur l'aspect extérieur dont l'a revêtu l'imagination, non sur le fait même de son existence. Derrière ces figures et ces métaphores, ou plus grossières ou plus raffinées, il y a une réalité concrète et vivante. La religion prend ainsi un sens et une raison que le rationalisme le plus intransigeant ne peut pas méconnaître. Son objet principal n'est pas de donner à l'homme une représentation de l'univers physique ; car si c'était là sa tâche essentielle, on ne comprendrait pas comment elle a pu se maintenir, puisque, sous ce rapport, elle n'est guère qu'un tissu d'erreurs. Mais elle est, avant tout, un système de notions au moyen desquelles les individus se représentent la société dont ils sont membres, et les rapports, obscurs mais intimes, qu'ils soutiennent avec elle. Tel est son rôle primordial ; et, pour être métaphorique et symbolique, cette représentation n'est pourtant pas infidèle. Elle traduit, au contraire, tout ce qu'il y a d'essentiel dans les relations qu'il s'agit d'exprimer : car il est vrai d'une vérité éternelle qu'il existe en dehors de nous quelque chose de plus grand que nous, et avec quoi nous communiquons.

C'est pourquoi on peut être assuré par avance que les pratiques du culte, quelles qu'elles puissent être, sont autre chose que des mouvements sans portée et des gestes sans efficacité. Par cela seul qu'elles ont pour fonction apparente de resserrer les liens qui attachent le fidèle à son dieu, du même coup elles resserrent réellement les liens qui unissent l'individu à la société dont il est membre, puisque le dieu n'est que l'expression figurée de la société.

* *

De ces remarques de Durkheim il suivrait que les forces qui se dégagent du rapprochement des consciences expliqueraient le caractère impératif, non seulement des représentations religieuses proprement dites, mais des « jugements de valeur » en général. La société serait ainsi la véritable créatrice des diverses formes de l'idéal : vie spirituelle et vie sociale seraient étroitement liées.

La société créatrice d'idéal

DURKHEIM (E.). — *Jugements de valeur et jugements de réalité.* (*Revue de métaphysique et de morale,* juillet 1911, Paris, A. Colin, p. 447.)

Quand les consciences individuelles, au lieu de rester séparées les unes des autres, entrent étroitement en rapports, agissent activement les unes sur les autres, il se dégage de leur synthèse une vie psychique d'un genre nouveau. Elle se distingue d'abord de celle que mène l'individu solitaire par sa particulière intensité. Les sentiments qui naissent et se développent au sein des groupes ont une énergie à laquelle n'atteignent pas les sentiments purement individuels. L'homme qui les éprouve a l'impression qu'il est dominé par des forces qu'il ne reconnaît pas comme siennes, qui le mènent, dont il n'est pas le maître, et tout le milieu dans lequel il est plongé lui semble sillonné par des forces du même genre. Il se sent comme transporté dans un monde différent de celui où s'écoule son existence privée. La vie n'y est pas seulement plus intense ; elle est qualitativement différente. Entraîné par la collectivité, l'individu se désintéresse de lui-même, s'oublie, se donne tout entier aux fins communes. Le pôle de sa conduite est déplacé et reporté hors de lui. En même temps, les forces qui sont ainsi soulevées, précisément parce qu'elles sont pléthoriques, ne se laissent pas facilement canaliser, compasser, ajuster à des fins étroitement déterminées ; elles éprouvent le besoin de se répandre pour se répandre, par jeu, sans but, sous forme, ici, de violences stupidement destructrices, là, de folies héroïques. C'est une activité de luxe, en un sens, parce que c'est une activité très riche. Pour toutes ces raisons, elle s'oppose à la vie que nous traînons quotidiennement, comme le supérieur s'oppose à l'inférieur, l'idéal à la réalité.

C'est en effet dans des moments d'effervescence de ce genre que se sont de tout temps constitués les grands idéaux sur lesquels reposent les civilisations. Les périodes créatrices ou novatrices sont précisément celles où, sous l'influence de circonstances diverses, les hommes sont amenés à se rapprocher plus intimement, où les réunions, les assemblées sont plus fréquentes, les relations plus suivies, les échanges d'idées plus actifs : c'est la grande crise chrétienne, c'est le mouvement d'enthousiasme collectif qui, aux XIIe et XIIIe siècles, entraîne vers Paris la population studieuse de l'Europe et donne naissance à la Scolastique, c'est la Réforme et la Renaissance, c'est l'époque révolutionnaire, ce sont les grandes agitations socialistes du XIXe siècle. A ces moments, il est vrai, cette vie plus haute est vécue avec une telle intensité et d'une manière tellement exclusive qu'elle tient presque toute la place dans les consciences, qu'elle en chasse plus ou moins complètement les préoccupations égoïstes et vulgaires. L'idéal tend alors à ne faire qu'un avec le réel ; c'est pourquoi les hommes ont l'impression que les temps sont tout proches où il deviendra la réalité elle-même et où le royaume de Dieu se réalisera sur cette terre. Mais l'illusion n'est jamais durable parce que cette exaltation elle-même ne peut pas durer : elle est trop épuisante. Une fois le moment critique passé, la trame sociale se relâche, le commerce intellectuel et sentimental se ralentit, les individus retombent à leur niveau ordinaire. Alors tout ce qui a été dit, fait, pensé, senti pendant la période de tourmente féconde ne survit plus que sous forme de souvenir, prestigieux, sans doute, tout comme la réalité qu'il rappelle, mais avec laquelle il a cessé de se confondre. Ce n'est plus qu'une idée, un ensemble d'idées. Cette fois, l'opposition est tranchée. Il y a d'un côté ce qui est donné dans les sensations et les perceptions et, de l'autre, ce qui est pensé sous forme d'idéaux. Certes, ces idéaux s'étioleraient vite s'ils n'étaient périodiquement revivifiés. C'est à quoi servent les fêtes, les cérémonies publiques ou religieuses, ou laïques, les prédications de toute sorte, celles de l'Eglise ou celles de l'école, les représentations dramatiques, les manifestations artistiques, en un mot tout ce qui peut rapprocher les hommes et les faire communier dans une même vie intellectuelle et morale. Ce sont comme des renaissances partielles et affaiblies de l'effervescence des époques créatrices. Mais tous ces moyens n'ont eux-mêmes qu'une action temporaire. Pendant un temps, l'idéal reprend la fraîcheur et la vie de l'actualité ; il se rapproche à nouveau du réel, mais il ne tarde pas à s'en différencier de nouveau.

Si donc l'homme conçoit des idéaux, si même il ne peut se passer d'en concevoir et de s'y attacher, c'est qu'il est un être social. C'est la société qui le pousse ou l'oblige à se hausser ainsi au-dessus de lui-même et c'est elle aussi qui lui en fournit les moyens. Par cela seul qu'elle prend conscience de soi, elle enlève l'individu à lui-même et elle l'entraîne dans un cercle de vie supérieure. Elle ne peut pas se constituer sans créer de l'idéal. Ces idéaux, ce sont simplement les idées dans lesquelles vient se peindre et se résumer la vie sociale telle qu'elle est au point culminant de son développement. On diminue la société quand on ne voit en elle qu'un corps organisé en vue de certaines fonctions vitales. Dans ce corps vit une âme, c'est l'ensemble des idéaux collectifs.

*
* *

Dans les sociétés primitives, en raison même de la pression plus forte que la conscience collective exerce alors sur les consciences individuelles, toute la vie spirituelle serait dominée par une mentalité mystique, que M. Lévy-Bruhl, propose d'appeler aussi prélogique, pour bien nous faire mesurer à quel point les manières de penser des primitifs diffèrent des nôtres.

La mentalité prélogique

Lévy-Bruhl (L.). — *Les Fonctions mentales dans les sociétés inférieures* (Paris, Alcan, 3ᵉ éd., 1918, p. 77 à 79.)

Je dirai que, dans les représentations collectives de la mentalité primitive, les objets, les êtres, les phénomènes peuvent être, d'une façon incompréhensible pour nous, à la fois eux-mêmes et autre chose qu'eux-mêmes. D'une façon non moins incompréhensible, ils émettent et ils reçoivent des forces, des vertus, des qualités, des actions mystiques, qui se font sentir hors d'eux, sans cesser d'être où elles sont.

En d'autres termes, pour cette mentalité, l'opposition entre l'un et le plusieurs, le même et l'autre, etc., n'impose pas la nécessité d'affirmer l'un des termes si l'on nie l'autre, ou réciproquement. Elle n'a qu'un intérêt secondaire. Parfois, elle est aperçue ; souvent aussi, elle ne l'est pas. Souvent elle s'efface devant une communauté mystique d'essence entre des êtres qui cependant, pour notre pensée, ne sauraient être confondus sans absurdité.

Par exemple, « les Trumai (tribu du nord du Brésil), disent qu'ils sont des animaux aquatiques. Les Bororó (tribu voisine) se vantent d'être des araras (perroquets) rouges ». Cela ne signifie pas seulement qu'après leur

mort ils deviennent des araras, ni non plus que les araras
sont des Bororó métamorphosés, et doivent être traités
comme tels. Il s'agit de bien autre chose. « Les Bororó,
dit M. von den Steinen, qui ne voulait pas le croire, mais
qui a dû se rendre à leurs affirmations formelles, les Bororó
donnent froidement à entendre qu'ils sont actuellement
des araras, exactement comme si une chenille disait qu'elle
est un papillon. » Ce n'est pas un nom qu'ils se donnent,
ce n'est pas une parenté qu'ils proclament. Ce qu'ils
veulent faire entendre, c'est une identité essentielle.
Qu'ils soient tout à la fois les êtres humains qu'ils sont,
et des oiseaux au plumage rouge, M. von den Steinen
le juge inconcevable. Mais, pour une mentalité régie
par la loi de participation, il n'y a point là de difficulté.
Toutes les sociétés de forme totémique comportent des
représentations collectives du même genre, impliquant
une semblable identité entre les individus d'un groupe
totémique et leur totem.

Au point de vue dynamique, de même, la production
des êtres et des phénomènes, l'apparition de tel ou tel
événement, résultent d'une action mystique qui se communique, sous des conditions mystiques elles-mêmes, d'un
objet ou d'un être à un autre. Elles dépendent d'une participation qui est représentée sous des formes très variées :
contact, transfert, sympathie, action à distance, etc.
Dans un grand nombre de sociétés de type inférieur, l'abondance du gibier, du poisson ou des fruits, la régularité des
saisons et celle des pluies, sont liées à l'accomplissement
de certaines cérémonies par des personnes déterminées,
ou à la présence, à la santé d'une personne sacrée, qui possède une vertu mystique spéciale. Ou bien encore, l'enfant
nouveau-né subit le contre-coup de tout ce que fait son
père, de ce qu'il mange, etc. L'Indien, à la chasse ou à la
guerre, est heureux ou malheureux, selon que sa femme,
restée dans son campement, s'abstient ou non de tels ou
tels aliments ou de tels ou tels actes. Les relations de ce
genre sont innombrables dans les représentations collectives. Ce que nous appelons rapports naturels de causalité entre les événements passe inaperçu, ou n'a qu'une
importance minime. Ce sont les participations mystiques
qui occupent la première place et souvent toute la place.

C'est pourquoi la mentalité des primitifs peut être dite prélogique à aussi juste titre que mystique. Ce sont là deux aspects d'une même propriété fondamentale, plutôt que deux caractères distincts. Cette mentalité, si l'on considère plus spécialement le contenu des représentations, sera dite mystique, — et prélogique, si l'on en regarde plutôt les liaisons. Prélogique ne doit pas non plus faire entendre que cette mentalité constitue une sorte de stade antérieur, dans le temps, à l'apparition de la pensée logique. A-t-il jamais existé des groupes d'êtres humains ou préhumains, dont les représentations collectives n'aient pas encore obéi aux lois logiques ? Nous l'ignorons : en tout cas, c'est fort peu vraisemblable. Du moins, la mentalité des sociétés de type inférieur, que j'appelle prélogique, faute d'un nom meilleur, ne présente pas du tout ce caractère. Elle n'est pas antilogique ; elle n'est pas non plus alogique. En l'appelant prélogique, je veux seulement dire qu'elle ne s'astreint pas avant tout, comme notre pensée, à s'abstenir de la contradiction (ce qui la rendrait régulièrement absurde pour nous), mais elle ne songe pas non plus à l'éviter. Elle y est le plus souvent indifférente. De là vient qu'elle est si difficile à suivre.

* *

Dans ses premières formes, la religion apparaît étroitement liée au groupe. Cela est très sensible dans les clans australiens où Durkheim a pris la plupart de ses exemples. Le totem est le clan divinisé. La cité antique aussi incarne dans ses dieux son idéal collectif : religion et patriotisme s'appuient alors l'un sur l'autre.

Cité et religion

Fustel de Coulanges. — *La Cité antique.* (Paris, Hachette, 1893, 14e éd., p. 166 à 173.)

Il ne faut pas perdre de vue que, dans les anciens âges, ce qui faisait le lien de toute société, c'était un culte. De même qu'un autel domestique tenait groupés autour de lui les membres d'une famille, de même la cité était la réunion de ceux qui avaient les mêmes dieux protecteurs et qui accomplissaient l'acte religieux au même autel.

Cet autel de la cité était renfermé dans l'enceinte d'un bâtiment que les Grecs appelaient prytanée et que les Romains appelaient temple de Vesta...

De même que le culte du foyer domestique était secret et que la famille seule avait droit d'y prendre part, de même le culte du foyer public était caché aux étrangers. Nul, s'il n'était citoyen, ne pouvait assister aux sacrifices. Le seul regard de l'étranger souillait l'acte religieux.

Chaque cité avait des dieux qui n'appartenaient qu'à elle. Ces dieux étaient ordinairement de même nature que ceux de la religion primitive des familles. Comme eux, on les appelait Lares, Pénates, Génies, Démons, Héros ; sous tous ces noms, c'étaient des âmes humaines divinisées par la mort. Car nous avons vu que, dans la race indo-européenne, l'homme avait eu d'abord le culte de la force invisible et immortelle qu'il sentait en lui. Ces génies ou ces héros étaient la plupart du temps les ancêtres du peuple. Les corps étaient enterrés, soit dans la ville même, soit sur son territoire, et comme, d'après les croyances que nous avons montrées plus haut, l'âme ne quittait pas le corps, il en résultait que ces corps divins étaient attachés au sol où leurs ossements étaient enterrés. Du fond de leurs tombeaux, ils veillaient sur la cité ; ils protégeaient le pays, et ils en étaient en quelque sorte les chefs et les maîtres. Cette expression de chefs du pays, appliquée aux morts, se trouve dans un oracle adressé par la Pythie à Solon : « Honore d'un culte les chefs du pays, les morts qui habitent sous terre. » Ces opinions venaient de la très grande puissance que les antiques générations avaient attribuée à l'âme humaine après la mort...

Les morts, quels qu'ils fussent, étaient les gardiens du pays, à la condition qu'on leur offrît un culte. « Les Mégariens demandaient un jour à l'oracle de Delphes comment leur ville serait heureuse ; le dieu répondit qu'elle le serait, s'ils avaient soin de délibérer toujours avec le plus grand nombre ; ils comprirent que par ces mots le dieu désignait les morts, qui sont en effet plus nombreux que les vivants : en conséquence, ils construisirent leur salle de conseil à l'endroit même où était la sépulture de leurs héros. » C'était un grand bonheur pour une cité de posséder des morts quelque peu marquants. Mantinée parlait avec orgueil des ossements d'Arcas, Thèbes de ceux de Géryon, Messène de ceux d'Aristomène. Pour se procurer ces reliques précieuses, on usait quelquefois de ruse. Hérodote raconte par quelle supercherie les Spartiates dérobèrent les ossements d'Oreste. Il est vrai que ces ossements, auxquels était attachée l'âme du héros, donnèrent immédiatement une victoire aux Spartiates. Dès qu'Athènes eut acquis de la puissance, le premier usage qu'elle en fit fut de s'emparer des ossements de Thésée, qui avait été enterré dans l'île de Scyros, et de leur élever un temple dans la ville, pour augmenter le nombre de ses dieux protecteurs.

Outre ces héros et ces génies, les hommes avaient des dieux d'une autre espèce, comme Jupiter, Junon, Minerve, vers lesquels le spectacle de la nature avait porté leur pensée. Mais nous avons vu que ces créations de l'intelligence humaine avaient eu longtemps le caractère de divinités domestiques ou locales. On ne conçut pas d'abord ces dieux comme veillant sur le genre humain tout entier ; on crut que chacun d'eux appartenait en propre à une famille ou à une cité.

Ainsi, il était d'usage que chaque cité, sans compter ses héros, eût encore un Jupiter, une Minerve ou quelque autre divinité qu'elle avait associée à ses premiers pénates et à son foyer. Il y avait en Grèce et en Italie une foule de divinités poliades. Chaque ville avait ses dieux qui l'habitaient...

Il faut bien reconnaître que les anciens, si nous exceptons quelques rares intelligences d'élite, ne se sont jamais représenté Dieu comme un être unique qui exerce son action sur l'univers. Chacun de leurs innombrables dieux avait son petit domaine : à l'un une famille, à l'autre une tribu, à celui-là une cité ; c'était là le monde qui suffisait à la providence de chacun d'eux. Quant au Dieu du genre humain, quelques philosophes ont pu le deviner, les mystères d'Eleusis ont pu le faire entrevoir aux plus intelligents de leurs initiés, mais le vulgaire n'y a jamais cru. Pendant longtemps, l'homme n'a compris l'être divin que comme une force qui le protégeait personnellement, et chaque homme ou chaque groupe d'hommes a voulu avoir ses dieux...

Chaque cité avait son corps de prêtres qui ne dépendait d'aucune autorité étrangère. Entre les prêtres de deux cités il n'y avait nul lien, nulle communication, nul échange d'enseignement, ni de rites. Si l'on passait d'une ville à une autre, on trouvait d'autres dieux, d'autres dogmes, d'autres cérémonies. Les anciens avaient des livres liturgiques, mais ceux d'une ville ne ressemblaient pas à ceux d'une autre. Chaque cité avait son recueil de prières et de pratiques qu'elle tenait fort secret ; elle eût cru compromettre sa religion et sa destinée si elle l'eût laissé voir aux étrangers. Ainsi, la religion était toute locale, toute civile, à prendre ce mot dans le sens ancien, c'est-à-dire spéciale à chaque cité.

En général, l'homme ne connaissait que les dieux de sa ville, n'honorait et ne respectait qu'eux. Chacun pouvait dire ce que, dans une tragédie d'Eschyle, un étranger dit aux Argiennes : « Je ne crains pas les dieux de votre pays, et je ne leur dois rien. »

*
* *

Il va de soi que l'une des transformations les plus grosses de conséquences pour l'humanité se produit lorsque les religions des cités cèdent le pas aux religions prosélytiques, qui prêchent pour tous les hommes une doctrine de salut personnel : l'individuel gagne ici du terrain en même temps que l'universel

Des religions de cité aux religions universalistes

Loisy (Alfred). — *La Religion*. (Paris, Nourry, 1917, p. 115 à 118.)

Les religions dont il vient d'être parlé n'étaient que de grandes religions nationales, synthèses de cultes apparentés, sous l'hégémonie d'un dieu plus fort. Ce n'étaient pas des religions cosmopolites, plus ou moins universelles de tendance, où des nationalités diverses auraient été rassemblées dans une même foi. Pour que de telles religions puissent naître il faut que se produise un choc ou une rencontre des humanités nationales, en suite de quoi s'établissent des relations ou des échanges, soit que les nationalités subsistent sous la domination d'un peuple conquérant, sans être absorbées par lui, soit qu'elles demeurent en rapports constants sans former un empire. L'histoire ne connaît aucun cas de religion dont l'expansion n'ait été en quelque façon limitée par le cadre d'un empire ou bien d'une race ; et il n'est pas non plus de religion qui ait vécu sans s'adapter aux conditions politico-religieuses des pays où elle s'est introduite. Le christianisme s'est moulé dans l'empire romain en se pénétrant de son esprit. Le bouddhisme qui n'a pas subsisté en son pays d'origine n'a pu durer ailleurs qu'en s'associant à des cultes nationaux, c'est-à-dire en ne réalisant que très imparfaitement le type d'une religion internationale. De religion vraiment universelle, l'histoire n'en a point connu encore, une conscience commune de l'humanité, avec un idéal religieux commun, ne s'étant point formée jusqu'à ce jour, et aucune des religions existantes ne pouvant prétendre à réaliser cette conscience et cet idéal, qui visiblement les dépassent, comme aussi bien ils dépassent toute prévision. Mais les conjonctures de l'histoire ont provoqué la formation de religions qui étaient plus que la conscience mystique d'un peuple donné, étant soit la conscience mystique d'une humanité plus large, d'ailleurs encore limitée et plus ou moins homogène, soit un essai de réforme en rapport avec cette conscience. Pour distinguer ces religions des cultes nationaux on pourrait les qualifier économies de salut, parce que leur objet direct et principal n'est point d'assurer la fortune d'un peuple par le service de ses divinités protectrices, mais de procurer aux individus, après l'existence présente, une heureuse immortalité. Le bouddhisme appartient à cette catégorie de religions en tant qu'il veut être pour ses adeptes une méthode de libération finale ; seulement, tandis que les économies ordinaires de salut proposent aux hommes une assurance contre la mort en leur promettant la vie éternelle, le bouddhisme leur offre plutôt une assurance contre la vie en leur promettant le non-être comme récompense de leur effort.

De telles religions ont pu naître parce que, dans les sociétés parvenues à un certain degré de culture, l'individu cesse d'être aussi étroitement emboîté dans son groupe social ; que sa personnalité même se développe

et s'affirme pourvue d'un droit propre, — conçu comme
subordonné, ou coordonné, ou supérieur au droit de la
société sur l'individu, — avec les conséquences morales
qui résultent d'une telle propriété. L'individu représente
de plus en plus une valeur distincte ; il a aussi de plus en
plus conscience d'une responsabilité ; l'idée d'un destin
spécial, qui ne se confond pas simplement avec la perpé-
tuité du groupe dont il fait partie, s'offre d'elle-même
à son esprit et lui agrée. Déjà dans les religions des demi-
civilisés et dans les religions nationales les grands individus gardent une importance considérable au delà de
la tombe ; ils ne sont pas comme les morts vulgaires, ils
participent à l'immortalité des dieux. Ce privilège n'a
pas tardé à s'étendre quand le prix de l'homme a augmenté,
quand celui de la vie humaine, dans les limites et conditions à elle assignées par la nature, a paru contestable.
Les initiations mystiques, dont souvent a été censé
dépendre le privilège d'immortalité, ont été mises à la
portée d'un grand nombre, et finalement, par le mélange
des nationalités, cette association a été offerte à tout
homme de bonne volonté. Ainsi se produisirent des religions qu'on peut dire plus intimes, et des disciplines de
salut personnel.

* *
*

M. Loisy montre d'ailleurs par l'exemple du christianisme
que même les religions universalistes gardent l'empreinte du
milieu social où elles se sont formées.

Le christianisme subit l'empreinte de l'Empire romain

Loisy (Alfred). — *La Religion.* (Paris, Nourry, 1917, p. 138 à 140.)

De même que l'empire avait fait l'unité dans le chaos
des peuples, le christianisme fit l'unité — une unité
relative, comme l'unité nationale et politique — dans le
chaos des religions. Il est incontestable que sa croyance,
patiemment élaborée, s'est trouvée plus satisfaisante
pour la moyenne des esprits même cultivés, eu égard
précisément au caractère et au degré de cette culture
générale, que les vagues théologies des religions païennes ;

que son culte, plus simple dans ses formes mais plus nettement expressif, débarrassé du grossier attirail des sacrifices sanglants, bientôt tempéré dans son mysticisme, convenait à une civilisation plus avancée que celle des empires orientaux ; que sa morale enfin, la morale juive idéalisée dans l'Évangile, répondait aux meilleures aspirations du monde qui l'adopta. Mais, à vrai dire, si le christianisme conquit le monde romain, le monde romain, en se laissant gagner au christianisme, fit aussi bien celui-ci à sa mesure et à son image. Les racines du christianisme plongent dans le passé du peuple juif et des autres peuples méditerranéens : le christianisme comme tel est un produit de l'empire romain. Il correspond dans l'histoire de cette humanité à une grande crise ou un grand travail d'harmonisation relative, et il en porte les marques. Son dogme est un compromis du monothéisme et du messianisme juifs avec la philosophie, la théosophie et la mystique païennes ; son culte est un compromis entre la sobre tenue des réunions synagogales pour l'instruction et la prière, et les formes extérieures des cultes mystiques du paganisme ; sa morale, qui a été d'abord celle de petits groupes fervents un peu à l'écart de la vie commune, s'est accommodée tant bien que mal aux conditions d'une grande société, même aux abus qui ont été jusqu'à présent comme la rançon des civilisations, et elle s'est bientôt dédoublée en une morale commune, morale de préceptes, ramenée aux devoirs essentiels de la religion et de la vie sociale, assez mal observée d'ailleurs, à laquelle se coordonne un système de pénitence appelé à se développer indéfiniment, et une morale supérieure, morale de conseils, — elle-même transposition de l'impraticable idéalisme de l'Évangile en un ascétisme réglementé, — qui concerne une élite placée comme en dehors et au-dessus de la vie normale, compensant en quelque façon par un apparent excès de bien le défaut qui se remarque dans le vulgaire. C'est cette religion qui a subi le choc des barbares.

Elle l'a subi victorieusement parce qu'elle s'est assimilé ces peuples, inférieurs en culture, les incorporant dans ses cadres et leur imprimant pour ainsi dire la forme spirituelle de l'empire qu'elle personnifiait.

* *

Benjamin Constant avait déjà essayé de montrer quelles transformations impose aux idées religieuses chaque révolution qui s'opère dans la situation de l'espèce humaine.

Effets des transformations morales et sociales sur la religion

Benjamin CONSTANT. — *De la religion considérée dans sa source.* (Paris, Pichon et Didier, 1831, t. IV, p. 345 à 351.)

Nous avons établi, comme la vérité principale à démontrer dans notre ouvrage, que chaque révolution qui s'opère dans la situation de l'espèce humaine en produit une dans les idées religieuses, et nous avons déjà vu le polythéisme substitué au fétichisme, par le passage de l'état sauvage à l'état barbare. Le polythéisme subit d'autres modifications importantes, par le passage de l'état barbare à un état plus civilisé ; et les notions d'une justice distributive, d'une rémunération équitable et infaillible, deviennent des dogmes précis et positifs, au lieu de n'être que l'expression de vœux impuissants, d'espérances confuses.

Cette révolution s'opère d'une manière évidente chez les peuples que ne retardent ou n'enchaînent aucune circonstance accidentelle, aucune calamité physique, aucune tyrannie religieuse ou politique.

Forts de la jeunesse de toutes leurs impressions, excités par la nouveauté de ce qu'ils éprouvent, les hommes n'ont encore à se défendre ni de la lassitude intérieure, ni du mécanisme extérieur, résultats tristes et inévitables d'une longue civilisation. Aucune arrière-pensée ne les affaiblit, aucun scepticisme ne les trouble ; ils sont exposés à beaucoup de maux, mais l'expérience n'est pas là pour les avertir qu'il y a des maux sans remèdes. Ils ne voient que des obstacles à vaincre dans ce qui nous paraît une nécessité à subir. Là où nous nous résignons, ils luttent ; et leur activité s'accroît des difficultés qui découragent la nôtre.

Dans le passage de la vie purement belliqueuse à la vie civile, de l'état uniquement guerrier à l'état agricul-

teur, les peuples éprouvent des besoins d'une espèce tout
à fait nouvelle ; celui du travail, qui a remplacé l'emploi
de la force, en substituant l'échange à la conquête ; celui
de la propriété, sans laquelle le travail ne serait qu'une
suite d'efforts illusoires ; celui de la sécurité, sans laquelle
la propriété serait précaire.

Pour satisfaire ces besoins inconnus jusqu'alors, des
institutions fixes sont indispensables. Elles ne tardent
pas à prendre la place que la nécessité leur assigne ;
une force publique se forme qui tend à préserver l'association des attentats de ses membres, et les membres de
l'association de leurs violences réciproques. La force irré-
gulière des individus conserve quelque temps ses funestes
privilèges, mais ils lui sont chaque jour plus contestés.
L'injustice qui, précédemment, ne rencontrait d'obstacles que dans ceux qu'elle blessait d'une manière immédiate, en rencontre maintenant dans la coalition de tous
ceux qui ne profitent pas de ses succès. Il n'y avait jadis
que les offensés qui réclamassent. Le plus grand nombre
fonde ses calculs sur l'observance des lois, c'est-à-dire
sur la justice et sur la morale. La morale et la justice
deviennent le centre de la majorité des intérêts, le point
autour duquel se réunit la majorité des forces.

Cette révolution dans les idées et dans les institutions en produirait une dans les notions religieuses, lors
même que l'intérêt seul les modifierait. Cet intérêt veut
toujours employer à son usage l'autorité des dieux.
Tant que l'état social, à peine constitué, n'influait
sur les individus que d'une manière partielle et interrom-
pue, l'intérêt occupait ses dieux principalement de la
protection individuelle. Maintenant il s'agit d'une protection plus générale ; l'autorité des dieux s'y consacre.

Ces puissances invisibles, que nous avons déjà remar-
quées précédemment, se modelant sur les humains, et
de fétiches épars composant un peuple céleste, suivent
de nouveau l'exemple des hommes. Lorsque ceux-ci
n'avaient pour occupations que des guerres perpétuelles,
pour délassements que des plaisirs grossiers, pour moyens
de salut ou de succès que leur vigueur ou leur adresse,
pour chefs que les plus hardis et les plus violents, les
objets de leur culte se livraient au haut des cieux à un

genre de vie tout semblable. Ils protégeaient sans distinction les projets innocents et les desseins coupables, les désirs effrénés et les entreprises légitimes. Les sacrifices et les présents avaient droit de les intéresser à toutes les causes, et la vertu, comme le crime, était obligée de les acheter. Mais aussitôt que les hommes ont des lois, des juges, des tribunaux, une morale publique, les dieux président à l'exécution de ces lois, surveillent la conduite de ces juges, composent eux-mêmes un tribunal suprême, et prêtent à la morale une assistance surnaturelle. Toutes leurs relations avec les hommes sont modifiées conformément à cette tendance. Les moyens de se concilier leur bienveillance ne sont plus ce qu'ils étaient auparavant ; les hommages, les vœux, les offrandes perdent de leur efficacité. Nécessaires encore pour que les dieux ne s'irritent pas de la négligence des mortels, ils ne suffisent plus pour assurer à l'injustice les secours célestes. Fidèles aux usages de la première époque du polythéisme, les peuples qui entrent sur le territoire de leurs ennemis cherchent à gagner en leur faveur les divinités tutélaires de ce territoire, mais ils croient n'y pouvoir mieux parvenir qu'en prenant ces divinités à témoin de l'équité de leur cause. L'homme n'ose plus demander aux dieux leur assistance pour les crimes qu'il veut commettre ; il essaie tout au plus d'obtenir d'eux son pardon pour les crimes qu'il a commis. Ils ne sont plus bassement envieux de toute prospérité humaine, mais ennemis sévères de la prospérité des méchants. Leurs foudres ne se dirigent plus contre les heureux, mais contre les coupables ; ils ne persécutent plus, ils punissent. Lorsqu'il arrive aux puissants de la terre quelque grande calamité, ce n'est plus à la jalousie des dieux qu'on l'attribue, c'est à leur justice.

II. De la religion a la science

Parce qu'on retrouve à l'origine de la plupart des institutions comme de la plupart des représentations collectives les croyances religieuses, cela ne signifie pas que ces croyances commandent, dans toutes les sociétés, toutes les formes de la vie spirituelle. Progressivement, sur plus d'un point, l'intelligence humaine s'émancipe et des valeurs autres que les valeurs religieuses passent au premier plan. Le principal instrument de ce changement est la science qui, en coordonnant les vérités positives conquises par l'esprit critique, crée pour les esprits des centres de ralliement différents de ceux qu'offraient les traditions consacrées. Il va de soi que ce progrès demande le libre usage de la pensée personnelle. Mais il faut noter d'abord que le terrain lui a été préparé par certaines pratiques liées à des conceptions magico-religieuses, ensuite que les cadres dont se sert cette pensée même sont d'origine sociale.

Comment la religion prépare la science

REINACH (Salomon). — *Orpheus.* (Paris, A. Picard, 11e éd., 1922, p. 31 à 34.)

Si la race blanche était restée emprisonnée dans un réseau de tabous, d'interdictions portant sur la nourriture, les jours ouvrables, la liberté d'aller et de venir, le mariage, l'éducation des enfants, nous ne jouirions pas aujourd'hui de la civilisation qu'elle nous a donnée. Heureusement, chez les peuples énergiques et bien doués, il s'est produit une sélection dans le domaine des tabous : ceux dont l'expérience a montré l'utilité sociale ont subsisté, tantôt sous la forme de règles d'étiquette, tantôt sous celle de préceptes moraux et de lois civiles ; les autres ont disparu ou ne survivent qu'à l'état de basses superstitions. Cette œuvre d'émancipation progressive a été secondée par les législateurs religieux, par les prêtres, qui, en codifiant les tabous, en ont empêché la multiplication abusive et en ont supprimé beaucoup, du fait même qu'ils ne les sanctionnaient pas tous. Là encore, et sur une question d'importance capitale, le rationalisme du xviiie siècle a fait fausse route ; alors qu'il considérait les premiers prêtres comme des oppresseurs et des fourbes, nous devons reconnaître en eux les artisans d'une émancipation relative, qui s'est poursuivie plus tard *malgré le sacerdoce* et a ouvert la voie d'une émancipation plus complète. Mais le rôle bienfaisant du sacerdoce, dans la répression des superstitions gênantes, des *tabous* puérils, n'est pas seulement un des grands faits du passé. Aujourd'hui même, on sait que les prêtres catholiques ont souvent le devoir, en confession, de rassurer leurs fidèles contre des scrupules vains, héritage de tabous préhistoriques, dont l'ignorance est toujours prompte à s'embarrasser.

L'histoire de l'humanité est celle d'une laïcisation progressive, qui est loin encore d'être accomplie. A l'origine, toute l'atmosphère où elle se meut est comme saturée d'animisme ; partout voltigent des esprits dangereux, sinon malfaisants par principe, qui pèsent sur l'activité de l'homme et la paralysent. La sélection des *tabous* fut un premier progrès, mais ce ne fut pas le seul. L'humanité n'est pas restée passive en présence des mille forces spirituelles dont elle se croyait environnée. Pour réagir contre elles, pour les dompter et les asservir à ses fins, elle a trouvé un auxiliaire dans une fausse science qui est la mère de toutes les vraies sciences, la magie. J'ai proposé de définir la magie *la stratégie de l'animisme*, et je crois que cette définition vaut mieux que celle de Voltaire : *le secret de faire ce que ne peut faire la nature*, car le primitif n'a aucune idée de ce que peut faire la nature, et la magie aspire précisément à la contraindre. Grâce à la magie, l'homme prend l'offensive contre les choses, ou plutôt il devient comme le chef d'orchestre dans le grand concert des esprits qui bourdonnent à ses oreilles. Pour faire tomber de la pluie, il verse de l'eau ; il donne l'exemple, il commande et croit se faire obéir. Evidemment, dans l'exemple cité, le magicien perd son temps et sa peine ; mais rappelez-vous le mot profond de Bacon : « *Natura non vincitur nisi parendo* » — « On ne peut vaincre la nature qu'en lui obéissant ». Cette idée d'une solidarité des phé-

nomènes, d'une action réciproque de la volonté de l'homme
sur les volontés des esprits ambiants est déjà, malgré les
illusions où elle s'égare, un principe scientifique.

Une fois la magie devenue une profession, une institution nécessaire au corps social, il a bien fallu que le
magicien s'ingéniât à réaliser des effets heureux qui fis-
sent reconnaître et respecter sa puissance ; le charlatan
se fit astrologue, médecin, métallurgiste, et, comme l'astrologue et l'alchimiste du moyen âge, accrut le capital
humain de découvertes utiles qui devaient finir par le
rendre inutile lui-même. Je pourrais montrer que toutes
les grandes inventions de l'humanité primitive, y compris
celle du feu, ont dû être faites sous les auspices de la religion et par l'infatigable ministère de la magie. Assurément, la magie n'a pas produit partout les mêmes résultats ; il y fallait un terrain propice ; mais si elle ne subsiste plus aujourd'hui dans les pays civilisés qu'à l'état
de survivance, exactement comme le totémisme, c'est
à elle et au totémisme que le monde moderne doit les
éléments de la civilisation dont il jouit.

Ainsi, et cela me semble un résultat essentiel de notre
enquête, l'origine des religions se confond avec les origines mêmes de la pensée et de l'activité intellectuelle
des hommes ; leur décadence ou leur limitation est l'histoire des progrès qu'elles ont seules rendus possibles.

Les religions ne sont pas, comme le croyait Voltaire,
et, plus près de nous, des hommes comme Carl Vogt et
Mortillet, des chancres greffés par l'avidité et la fraude
sur l'organisme social, mais la vie des sociétés elles-mêmes
à leur début. Avec le temps, la religion a donné naissance
à des branches spéciales des connaissances humaines,
aux sciences exactes, à la morale, au droit, qui se sont
naturellement développés à ses dépens.

Sous nos yeux encore, les tabous tendent à se codifier
en lois raisonnables ; l'animisme perd le terrain que
gagnent la physique, la chimie, l'astronomie et se réfugie,
aux confins de la science, dans le spiritisme. Enfin la
magie, dont le rôle est si grand dans certains rites, abdique
son caractère, et ces rites tendent à devenir des symboles,
comme la communion dans les églises chrétiennes
réformées.

**
**

Le rapprochement des deux **passages** suivants de Durkheim fera comprendre qu'on peut tout dériver, ou presque tout, de la religion sans tout y réduire.

Origines religieuses de la civilisation

DURKHEIM (E.). — *Année sociologique.* (Paris, Alcan, 1897-98, t. II, p. IV et V.)

La religion contient en elle, dès le principe, mais à l'état confus, tous les éléments qui, en se dissociant, en se déterminant, en se combinant de mille manières avec eux-mêmes, ont donné naissance aux diverses manifestations de la vie collective. C'est des mythes et des légendes que sont sorties la science et la poésie ; c'est de l'ornementique religieuse et des cérémonies du culte que sont venus les arts plastiques ; le droit et la morale sont nés des pratiques rituelles. On ne peut comprendre notre représentation du monde, nos conceptions philosophiques sur l'âme, sur l'immortalité, sur la vie, si l'on ne connaît les croyances religieuses qui en ont été la forme première. La parenté a commencé par être un lien essentiellement religieux ; la peine, le contrat, le don, l'hommage sont des transformations du sacrifice expiatoire, contractuel, communiel, honoraire, etc. Tout au plus peut-on se demander si l'organisation économique fait exception et dérive d'une autre source ; quoique nous ne le pensions pas, nous accordons que la question doit être réservée. Il n'en reste pas moins qu'une multitude de problèmes changent complètement d'aspect du jour où l'on a reconnu leurs rapports avec la sociologie religieuse.

———

L'importance que nous attribuons à la sociologie religieuse n'implique aucunement que la religion doive, dans les sociétés actuelles, jouer le même rôle qu'autrefois. En un sens, la conclusion contraire serait plus fondée. Précisément parce que la religion est un fait primitif, elle doit de plus en plus céder la place aux formes sociales nouvelles qu'elle a engendrées. Pour comprendre ces formes nouvelles, il faut les rattacher à leurs origines religieuses, mais sans les confondre avec les faits religieux proprement dits. De même chez l'individu, de ce que la sensation est le fait primitif d'où les fonctions intellectuelles supérieures sont sorties par voie de combinaisons, il ne suit pas que l'esprit d'un adulte cultivé, aujourd'hui surtout, ne soit fait que de sensations. Au contraire, l'importance de leur rôle diminue à mesure que l'intelligence se développe.

*
* *

MM. Mauss et Hubert précisent en quel sens le magicien est l'ancêtre, non seulement du technicien, mais du savant.

•

Les origines magiques des techniques et des sciences

MAUSS (M.) et HUBERT (H.). — *Année sociologique.* (Paris, Alcan, 1902-1903, t. VII, p. 144 à 146.)

La magie, étant la technique la plus enfantine, est peut-être la technique ancienne. En effet, l'histoire des techniques nous apprend qu'il y a, entre elles et la magie, un lien généalogique. C'est même en vertu de son caractère mystique qu'elle a collaboré à leur formation. Elle leur a fourni un abri, sous lequel elles ont pu se développer, quand elle a donné son autorité certaine et prêté son efficacité réelle aux essais pratiques, mais timides, des magiciens techniciens, essais que l'insuccès eût étouffés sans elle. Certaines techniques d'objet complexe et d'action incertaine, de méthodes délicates, comme la pharmacie, la médecine, la chirurgie, la métallurgie, l'émaillerie (ces deux dernières sont les héritières de l'alchimie) n'auraient pas pu vivre, si la magie ne leur avait donné son appui, et, pour les faire durer, ne les avait, en somme, à peu près absorbées. Nous sommes en droit de dire que la médecine, la pharmacie, l'alchimie, l'astrologie se sont développées dans la magie autour d'un noyau de découvertes purement techniques plus anciennes, aussi réduit que possible. Nous nous hasardons à supposer que d'autres techniques plus anciennes, plus simples peut-être, plus tôt dégagées de la magie, se sont également confondues avec elle au début de l'humanité. M. Howitt nous apprend, à propos des Woivorung, que le clan local qui fournit les bardes magiciens est aussi propriétaire de la carrière de silex où les tribus à la ronde viennent s'approvisionner d'instruments. Ce fait peut être fortuit ; il nous semble cependant projeter quelque jour sur la façon dont se sont produites l'invention et la fabrication des premiers instruments. Pour nous, les techniques sont comme des germes qui ont fructifié sur le terrain de la magie ; mais elles ont dépossédé celle-ci. Elles se sont progressivement dépouillées de tout ce qu'elles lui avaient emprunté de mystique ; les procédés qui en subsistent ont, de plus en plus, changé de valeur ; on leur attribuait autrefois une vertu mystique, ils n'ont plus qu'une action mécanique ; c'est ainsi que l'on voit de nos jours le massage médical sortir des passes du rebouteux.

La magie se relie aux sciences, de la même façon qu'aux techniques. Elle n'est pas seulement un art pratique, elle est aussi un trésor d'idées. Elle attache une importance extrême à la connaissance et celle-ci est un de ses principaux ressorts ; en effet, nous avons vu, à maintes reprises, que, pour elle, savoir c'est pouvoir. Mais, tandis que la religion, par ses éléments intellectuels, tend vers la métaphysique, la magie que nous avons dépeinte plus éprise du concret, s'attache à connaître la nature. Elle constitue, très vite, une sorte d'index des plantes, des métaux, des phénomènes, des êtres en général, un premier répertoire des sciences astronomiques, physiques et naturelles. De fait, certaines branches de la magie, comme l'astrologie et l'alchimie, étaient, en Grèce, des physiques appliquées ; c'était donc à bon droit que les magiciens recevaient le nom de φύσικοι (physiciens) et que le mot de φυσικός était synonyme de magique.

Les magiciens ont même tenté parfois de systématiser leurs connaissances et d'en trouver les principes. Quand pareille théorie s'élabore au sein des écoles des magiciens, c'est par des procédés tout rationnels et individuels.

Au cours de ce travail doctrinal, il arrive que les magiciens se préoccupent de rejeter le plus possible de leur mystique et qu'ainsi la magie prenne l'aspect d'une science véritable. C'est ce qui s'est produit dans les derniers temps de la magie grecque. « Je veux te représenter l'esprit des anciens, dit l'alchimiste Olympiodore, te dire comment, étant philosophes, ils ont le langage des philosophes et ont appliqué la philosophie à l'art par le moyen de la science. »

Il est certain qu'une partie des sciences ont été élaborées, surtout dans les sociétés primitives, par les magiciens. Les magiciens alchimistes, les magiciens astrologues, les magiciens médecins ont été, en Grèce, comme dans l'Inde et ailleurs, les fondateurs et les ouvriers de l'astronomie, de la physique, de la chimie, de l'histoire naturelle. On peut supposer, comme nous le faisions plus haut pour les techniques, que d'autres sciences, plus simples, ont eu les mêmes rapports généalogiques avec la magie. Les mathématiques ont certainement beaucoup dû aux recherches sur les carrés magiques ou sur les propriétés magiques des nombres et des figures. Ce trésor d'idées, amassé par la magie, a été longtemps le capital que les sciences ont exploité. La magie a nourri la science et les magiciens ont fourni les savants. Dans les sociétés primitives, seuls, les sorciers ont eu le loisir de faire des observations sur la nature et d'y réfléchir ou d'y rêver. Ils le firent par fonction. On peut croire que c'est aussi dans les écoles de magiciens que s'est constituée une tradition scientifique et une méthode d'éducation intellectuelle. Elles furent les premières académies. Dans les basses couches de la civilisation, les magiciens sont les savants et les savants sont des magiciens. Savants et magiciens, tels sont les bardes à métamorphoses des tribus australiennes, comme ceux de la littérature celtique : Amairgen, Taliessin, Talhwiarn, Gaion, prophètes, astrologues, astronomes, physiciens, mais qui semblent avoir puisé la connaissance de la nature et de ses lois dans le chaudron de la sorcière Ceridwen.

Si éloignés que nous pensions être de la magie, nous en sommes encore mal dégagés. Par exemple, les idées de chance et de malchance, de quintessence, qui nous sont encore familières, sont bien proches de l'idée de la magie elle-même. Ni les techniques, ni les sciences, ni même les principes directeurs de notre raison ne sont encore lavés de leur tache originelle. Il n'est pas téméraire de penser que, pour une bonne part, tout ce que les notions de force, de cause, de fin, de substance ont encore de non positif, de mystique et de poétique, tient aux vieilles habitudes d'esprit dont est née la magie et dont l'esprit humain est lent à se défaire.

Ainsi, nous pensons trouver à l'origine de la magie la forme première de représentations collectives qui sont devenues depuis les fondements de l'entendement individuel.

*
* *

M. Durkheim va plus loin. Les concepts eux-mêmes dont se sert la raison seraient d'origine sociale ; leur formation aurait été préparée par ces consignes religieuses qui introduisent une première forme d'ordre dans les esprits.

Origine sociale des concepts

Durkheim (E.). — *Les Formes élémentaires de la vie religieuse.* (Paris, Alcan, 1912, p. 618 à 620 et 622 à 624.)

La pensée logique n'est possible qu'à partir du moment où, au-dessus des représentations fugitives qu'il doit à l'expérience sensible, l'homme est arrivé à concevoir tout un monde d'idéaux stables, lieu commun des intelligences. Penser logiquement, en effet, c'est toujours, en quelque mesure, penser d'une manière impersonnelle ; c'est aussi penser *sub specie æternitatis* [au point de vue de l'éternité]. Impersonnalité, stabilité, telles sont les deux caractéristiques de la vérité. Or la vie logique suppose évidemment que l'homme sait, tout au moins confusément, qu'il y a une vérité, distincte des apparences sensibles. Mais comment a-t-il pu parvenir à cette conception ? On raisonne le plus souvent comme si elle avait dû se présenter spontanément à lui dès qu'il ouvrit les yeux sur le monde. Cependant, il n'y a rien dans l'expérience immédiate qui puisse la suggérer ; tout même la contredit. Aussi l'enfant et l'animal n'en ont-ils même pas le soupçon. L'histoire montre, d'ailleurs, qu'elle a mis des siècles à se dégager et à se constituer. Dans notre monde occidental, c'est avec les grands penseurs de la Grèce qu'elle a pris, pour la première fois, une claire conscience d'elle-même et des conséquences qu'elle implique; et, quand la découverte se fit, ce fut un émerveillement, que Platon a traduit en un langage magnifique. Mais si c'est seulement à cette époque que l'idée s'est exprimée en formules philosophiques, elle préexistait nécessairement à l'état de sentiment obscur. Ce sentiment, les philosophes ont cherché à l'élucider; ils ne l'ont pas créé. Pour qu'ils pussent le réfléchir et l'analyser, il fallait qu'il leur fût donné et il s'agit de savoir d'où il venait, c'est-à-dire dans quelle expérience il était fondé. C'est dans l'expérience collective. C'est sous la forme de la pensée collective que la pensée impersonnelle s'est, pour la première fois, révélée à l'humanité; et on ne voit pas par quelle autre voie aurait pu se faire cette révélation. Par cela seul que la société existe, il existe aussi, en dehors des sensations et des images individuelles, tout un système de représentations qui jouissent de propriétés merveilleuses. Par elles, les hommes se comprennent, les intelligences se pénètrent les unes les autres. Elles ont en elles une sorte de force, d'ascendant moral en vertu duquel elles s'imposent aux esprits particuliers. Dès lors l'individu se rend compte, au moins obscurément, qu'au-dessus de ses représentations privées il existe un monde de notions-types d'après lesquelles il est tenu de régler ses idées; il entrevoit tout un règne intellectuel auquel il participe, mais qui le dépasse. C'est une première intuition du règne de la vérité. Sans doute à partir du moment où il eut conscience de cette plus haute intellectualité, il s'appliqua à en scruter la nature; il chercha d'où ces représentations éminentes tenaient leurs prérogatives et, dans la mesure où il crut en avoir découvert les causes, il entreprit de mettre lui-même ces causes en œuvre pour en tirer, par ses propres forces, les effets qu'elles impliquent, c'est-à-dire qu'il accorda à lui-même le droit de faire des concepts. Ainsi, la faculté de concevoir s'individualisa. Mais pour en comprendre les origines et la

fonction, il faut la rapporter aux conditions sociales dont
elle dépend.

. . . .

Le concept s'oppose aux représentations sensibles
de tout ordre — sensations, perceptions ou images
— par les propriétés suivantes.

Les représentations sensibles sont dans un flux perpétuel ; elles se poussent les unes les autres comme les
flots d'un fleuve et, même pendant le temps qu'elles
durent, elles ne restent pas semblables à elles-mêmes.
Chacune d'elles est fonction de l'instant précis où elle a
lieu. Nous ne sommes jamais assurés de retrouver une perception telle que nous l'avons éprouvée une première
fois ; car si la chose perçue n'a pas changé, c'est nous
qui ne sommes plus le même homme. Le concept, au contraire, est comme en dehors du temps et du devenir
il est soustrait à toute cette agitation ; on dirait qu'il
est situé dans une région différente de l'esprit, plus sereine
et plus calme. Il ne se meut pas de lui-même, par une
évolution interne et spontanée ; au contraire, il résiste
au changement. C'est une manière de penser qui, à chaque
moment du temps, est fixée et cristallisée. Dans la mesure où il est ce qu'il doit être, il est immuable. S'il
change, ce n'est pas qu'il soit dans sa nature de changer ;
c'est que nous avons découvert en lui quelque imperfection ; c'est qu'il a besoin d'être rectifié. Le système de
concepts avec lequel nous pensons dans la vie courante
est celui qu'exprime le vocabulaire de notre langue
maternelle ; car chaque mot traduit un concept. Or la
langue est fixée ; elle ne change que très lentement et,
par conséquent, il en est de même de l'organisation con-
ceptuelle qu'elle exprime. Le savant se trouve dans la
même situation vis-à-vis de la terminologie spéciale
qu'emploie la science à laquelle il se consacre, et, par conséquent, vis-à-vis du système spécial de concepts auquel
cette terminologie correspond. Sans doute, il peut inno-
ver, mais ses innovations sont toujours des sortes de violences faites à des manières de penser instituées.

En même temps qu'il est relativement immuable,
le concept est, sinon universel, du moins universalisable.

Un concept n'est pas mon concept ; il m'est commun avec d'autres hommes ou, en tout cas, il peut leur être communiqué. Il m'est impossible de faire passer une sensation de ma conscience dans la conscience d'autrui ; elle tient étroitement à mon organisme et à ma personnalité et elle n'en peut être détachée. Tout ce que je puis faire est d'inviter autrui à se mettre en face du même objet que moi et à s'ouvrir à son action. Au contraire, la conversation, le commerce intellectuel entre les hommes consiste dans un échange de concepts. Le concept est une représentation essentiellement impersonnelle : c'est par lui que les intelligences humaines communient.

La nature du concept, ainsi définie, dit ses origines. S'il est commun à tous, c'est qu'il est l'œuvre de la communauté. Puisqu'il ne porte l'empreinte d'aucune intelligence particulière, c'est qu'il est élaboré par une intelligence unique où toutes les autres se rencontrent et viennent, en quelque sorte, s'alimenter. S'il a plus de stabilité que les sensations ou que les images, c'est que les représentations collectives sont plus stables que les représentations individuelles ; car, tandis que l'individu est sensible, même à de faibles changements qui se produisent dans son milieu interne ou externe, seuls, des événements d'une suffisante gravité peuvent réussir à affecter l'assiette mentale de la société. Toutes les fois que nous sommes en présence d'un type de pensée ou d'action, qui s'impose uniformément aux volontés et aux intelligences particulières, cette pression exercée sur l'individu décèle l'intervention de la collectivité. D'ailleurs, nous disions précédemment que les concepts avec lesquels nous pensons couramment sont ceux qui sont consignés dans le vocabulaire. Or il n'est pas douteux que le langage et, par conséquent, le système de concepts qu'il traduit, est le produit d'une élaboration collective. Ce qu'il exprime, c'est la manière dont la société dans son ensemble se représente les objets de l'expérience. Les notions qui correspondent aux divers éléments de la langue sont bien des représentations collectives.

*
* *

Il est remarquable qu'un logicien comme M. Goblot insiste

de son côté sur le caractère social des conceptions rationnelles.
Il souligne ce qu'il appelle le « caractère sociologique de la
logique ». Mais il s'efforce de distinguer entre représentations
collectives spéciales à un groupe et notions universellement
communicables.

Caractère sociologique de la logique

GOBLOT (E.). — *Traité de logique.* (Paris, Colin, 1918, p. 31 à 36.)

L'idée de vérité ne se conçoit et ne s'explique que par
la vie sociale; sans elle la pensée ne dépasserait jamais
les fins de l'individu. Elle serait bonne ou mauvaise ;
elle ne serait ni vraie ni fausse...

La nécessité de se comprendre et de s'accorder conduit
à rechercher d'abord la communicabilité, ensuite l'universalité de la pensée. La pensée des primitifs, des enfants,
de beaucoup de personnes peu cultivées est confondue
avec la sensibilité ; la représentation y est toute pénétrée,
imprégnée, enveloppée d'émotion. Elle est pourtant
communicable, par l'effet de la sympathie ; mais elle
n'est pas universellement communicable. Le langage
articulé, succédant au langage émotionnel, est un instrument de dissociation de la pensée et du sentiment. Il
suggère encore des sentiments et des passions, car il ne
cesse jamais d'être émotionnel, et c'est par où il peut être
éloquent ou poétique, mais il n'exprime que des idées
par la signification conventionnelle des mots, et à mesure
qu'il progresse, la distinction se fait plus nette entre ce
qu'il exprime et ce qu'il suggère. Par la liaison des mots
et des phrases, il exprime la liaison des idées, la détermination du jugement par le jugement : la nécessité logique
et l'intelligibilité ne sont pas autre chose.

Il est vrai que l'intelligence se laisse difficilement isoler,
et par une abstraction si pénible que, même chez les
peuples qui ont derrière eux des siècles de civilisation,
seule une élite d'esprits cultivés y parvient, et seulement
pour une partie restreinte de ses jugements. Mais le caractère sociologique de la logique n'en est que plus visible.
La linguistique, l'histoire, la psycho-sociologie comparée,
surtout l'histoire de la science et de la philosophie nous

font assister à la genèse et à l'évolution de ce qu'il faut appeler, au sens le plus général du mot, le rationalisme. Quand les peuples n'ont que des relations peu étendues, il leur suffit de réaliser l'accord des intelligences dans le cercle étroit qu'ils ne franchissent pas. Ils ont alors des « représentations collectives », des croyances communes, dont les plus importantes sont le droit, la morale et la religion. Imposées à l'individu par le groupe, elles sont des habitudes, des traditions, des suggestions ; le sentiment y a une part considérable, et nul ne songe à leur donner un fondement rationnel et une valeur logique tant qu'elles demeurent communes. Mais quand les peuples se mêlent, quand leurs relations s'étendent, les croyances différentes se heurtent, les hommes ne réussissent ni à s'accorder, ni même à se comprendre. Alors ils cherchent à expliquer leur pensée et à convaincre leurs adversaires. L'esprit critique apparaît. On cherche ce que doit être la pensée pour qu'elle puisse passer d'un esprit dans un autre ; on tente de démêler le vrai du faux, c'est-à-dire de séparer l'intelligence du sentiment ; les premiers succès un peu importants de ces tentatives sont l'origine de la philosophie et des sciences.

L'homme étant essentiellement un être social, ses fonctions de relation, physiologiques et surtout psychologiques, ne peuvent se concevoir que sociologiquement. La plupart de ses croyances, et la manière même dont elles se forment et s'imposent à lui sont inexplicables si on le considère individuellement ; même en ce qu'elles ont de plus personnel, elles sont les actes d'un être qui agit dans un milieu. On peut objecter, avec Höffding, que « cette influence sociale sur la vie de la pensée est bien plus facile à montrer à un degré inférieur de l'évolution humaine qu'elle ne l'est plus tard. A mesure que croît la culture, la pensée individuelle se libère de plus en plus ». Il n'en faut pas conclure que les formes supérieures de l'activité mentale perdent tout caractère social. Par réaction contre les excès de l'individualisme, les sociologues se sont attachés à montrer l'importance des représentations collectives, l'absorption de l'individu dans le milieu social et son étroite dépendance. Ils ont contribué ainsi à fortifier cette idée fausse que ce qui est individuel n'est pas sociologique. L'indépendance individuelle, l'indépendance de la pensée individuelle notamment, est un fait social, un produit de la civilisation. Les relations sociales qui permettent l'individualité ne sont pas amoindries et relâchées, elles sont plus complexes, plus variées et plus souples. L'articulation de l'épaule humaine, qui permet des mouvements si divers et si étendus, est-elle moins une articulation que celle du genou, qui ne permet de mouvements que dans un plan ? Le fait social n'est pas toujours l'asservissement de l'individu au milieu : la liberté même est un fait social.

Un homme peut, relativement à ses idées, être étroitement engagé dans un groupe : classe ou caste, profession, confession religieuse, coterie de petite ville, temps et lieu. La culture, la science surtout l'affranchissent de ce groupe ; par elle, il en desserre les liens, il s'en évade, soit qu'il reste soumis en apparence, soit qu'il rompe ouvertement : il a conquis son indépendance individuelle. C'est qu'en réalité il s'est affilié à des groupes plus vastes ou autrement organisés. Un jeune homme élevé dans une famille bourgeoise de petite ville dont il subit les préjugés a trouvé une bibliothèque et lu des livres que personne ne lit dans son milieu ; il est entré dans un milieu social différent : aux représentations collectives qui sont les préjugés de son entourage, il a substitué des représentations collectives qui sont celles des savants ou des philosophes.

Le champ dans lequel se meut la pensée d'un savant contemporain est fait de socialité extrêmement riche ; l'étroitesse du champ dans lequel se mouvait un esprit du moyen âge est due à la simplicité rudimentaire des relations sociales.

*
* *

Quoi qu'il en soit, pour que la science progresse, il faut que l'esprit de libre recherche ait cause gagnée. On fait souvent honneur à la civilisation grecque d'avoir appris aux hommes à penser par eux-mêmes. C'est le « miracle grec ». Certaines circonstances sociales ne favorisaient-elles pas ici l'effort des penseurs ?

Le miracle grec

GOMPERZ (Th.). — *Les Penseurs de la Grèce*. (Trad. Aug. Reymond. Paris, Payot 1908, t. I, p. 14 et 15.)

La côte occidentale de l'Asie Mineure a été le berceau de la culture grecque, et particulièrement le centre de cette côte et les îles adjacentes. Sur ce point, la nature a répandu ses dons à pleines mains, et ceux qui en furent favorisés se rattachaient à la race ionienne, la mieux douée à tous égards des races helléniques. L'origine des Ioniens reste obscure. Il est certain qu'ils se mélangèrent à des populations de la Grèce centrale, à moins qu'ils ne constituassent un simple mélange de ces populations. Pour une bonne part, assurément, c'est à leur diversité de provenance qu'ils devaient la variété de leurs aptitudes. Mais c'est seulement dans leur nouvelle patrie, en Asie, que leur caractère propre reçut son empreinte définitive. Hardis navigateurs comme ils l'étaient, et en relations incessantes avec les peuples de l'intérieur du continent, ils ont subi au plus haut degré l'influence féconde qu'exerce le contact avec des nations étrangères plus avancées. En mêlant leur sang à celui d'autres races vigoureuses, telles que les Cariens et les Phéniciens, ils ont sans aucun doute puissamment accru et développé les heureuses qualités de leur génie propre. De tous les Grecs, aucun n'était moins exposé qu'eux à s'engourdir dans l'isolement de la vie de province. Mais, il est vrai, ils étaient privés aussi de la protection qu'assure à ses habitants un pays pauvre, entouré de montagnes. Le voisinage de peuples très civilisés et politiquement unis était pour eux un aiguillon de vie intellectuelle, mais c'était en même temps un grave danger pour leur autonomie nationale. Après les invasions dévastatrices des sauvages cimmériens, vint la conquête du pays par les Lydiens et les Perses, qui força une partie du peuple à s'expatrier, et soumit l'autre au joug étranger ; dès lors, celle-ci devait éprouver les effets énervants de la mollesse orientale, et, lentement, mais sûrement, perdre sa vigueur et sa virilité. Le résultat de ces influences contraires, favorables ou défavorables, a été un essor intellectuel merveilleusement rapide, mais relativement court. Heureusement, du fruit, qui tomba trop tôt, se détachèrent des semences ; elles furent portées au loin par les émigrants qui fuyaient la servitude, et déposées dans le sol fécond de l'Attique, où elles devaient pousser de fortes racines. Le produit de ce développement qui ne dura que peu de siècles a été extraordinaire : achèvement de l'épopée, éclosion des genres poétiques mentionnés plus haut et qui héritèrent du premier début de la recherche scientifique et de la réflexion philosophique. Aux anciennes questions que se posaient les hommes : Qu'est-ce que l'humanité ? Qu'est-ce que Dieu ? Qu'est-ce que le monde ? d'autres réponses furent faites, qui supplantèrent peu à peu ou transformèrent celles qu'y avait données jusque là la croyance religieuse.

．　．　．　．　．　．　．　．　．　．　．　．　．　．　．　．　．　．　．

L'essor fécond de la spéculation était subordonné à l'acquisition préalable de connaissances spéciales. Sur ce point, les Hellènes eurent la chance de recueillir un héritage. Lorsque le Chaldéen observait le cours des astres sur le ciel clair et transparent de la Mésopotamie, et arrachait aux éclipses des grands corps célestes la loi expérimentale de leur retour ; lorsque l'Egyptien mesurait son sol à la fois dévasté et fertilisé par le débordement du Nil, pour fixer la part d'impôt afférente à chaque domaine, et, dans ce but, créait un art qui impliquait les débuts de la géométrie, l'un et l'autre, sans s'en rendre compte et sans le vouloir, préparaient le développement futur de la science hellénique. En cela encore, on peut reconnaître une des faveurs — et la plus grande peut-être — que la destinée accordait au peuple grec. Les premiers pas dans la voie de la recherche scientifique — pour autant que nous permettent de l'affirmer nos connaissances historiques — ne se sont jamais faits que dans les pays où une classe organisée de prêtres ou de savants réunissait à d'indispensables loisirs la non moins indispensable stabilité de la tradition. Mais, là même, les premiers pas ont fréquemment été les derniers, parce que les doctrines scientifiques ainsi acquises s'y sont trop souvent cristallisées en dogmes immuables, en s'amalgamant avec des croyances religieuses. Les lisières dont l'enfant ne peut se passer deviennent une chaîne qui enchaîne et paralyse les mouvements de l'homme fait. Par une faveur spéciale du sort qui devait assurer son libre progrès intellectuel, le peuple grec a eu des prédécesseurs qui possédaient des corporations de prêtres, mais lui-même en a toujours manqué. Ainsi le futur promoteur du développement scientifique de l'humanité était en même temps au bénéfice des avantages et à l'abri des inconvénients qui résultent de l'existence d'une classe sacerdotale. Appuyé sur les travaux préliminaires des Egyptiens et des Babyloniens, le génie hellénique a pu prendre son essor, libre de toute contrainte, et s'élancer d'un seul vol jusqu'aux plus hauts sommets. Créateur de la science proprement dite, de la science généralisatrice, il s'est trouvé entre les deux peuples qui l'y ont conduit en lui préparant et en lui fournissant les matériaux nécessaires dans une situation qui rappelle celle de Gœthe entre Lavater et Basedow : « Prophete rechts, Prophete links, das Weltkind in der Mitten. » (Prophète à droite, prophète à gauche, l'enfant du monde au milieu.)

Le développement des connaissances physiques, l'accroissement, dans ces siècles reculés, de l'empire que les Grecs exerçaient sur la nature, produisirent une double série de conséquences. Dans le domaine religieux, la conception qui faisait de l'univers le théâtre tumultueux de volontés capricieuses et sans nombre, se croisant et se contrecarrant sans cesse, se vit de plus en plus sapée ; l'intelligence toujours grandissante que l'on acquit de l'action des lois dans le cours des choses amena la subordination des nombreux dieux particuliers à la volonté souveraine d'un chef suprême. Le polythéisme tendit de plus en plus au monothéisme, évolution dont les phases successives nous occuperont plus loin. Mais la connaissance plus exacte, l'observation approfondie des phénomènes naturels poussa en même temps à des spéculations sur la constitution des agents matériels ; le monde des dieux, des esprits et des démons ne fut plus seul à fasciner les yeux des chercheurs. La cosmogonie commença à se dégager de la théogonie. Le problème de la matière passa au premier plan des préoccupations.

* *

Quelque progrès qu'elle doive d'ailleurs à l'initiative des grands esprits, la science devient de plus en plus œuvre collective, et œuvre internationale. C'est ce qu'indiquait déjà Herschel.

Sur le caractère collectif de la science moderne

HERSCHEL (Jean). — *Discours sur la philosophie naturelle.* (Trad. Bulosse, Paris, Paulin, 1834, t. III, 6ᵉ éd., p. 33 à 36.)

Les lents progrès qu'ont faits les sciences physiques jusqu'à la fin du XVIᵉ siècle et le rapide développement qu'elles ont pris depuis cette époque, forment le contraste le plus étrange. Nous ne trouvons dans la première période que de légères améliorations faites à longs intervalles, qu'une complète indifférence qui livre les découvertes déjà faites à une sorte d'oubli, ou tout au moins les fait considérer plutôt comme des curiosités littéraires que comme des choses qui ont un intérêt, une valeur intrinsèques. Quelques individus apparaissaient de siècle en siècle, qui appréciaient leur importance, éprouvaient ce besoin de connaissances qui supplée à tout dans les esprits d'un ordre élevé. Mais, faute de direction dans les études, faute de bien saisir le but qu'on voulait atteindre, d'apprécier les avantages que pouvaient donner des recherches liées, systématiques, et surtout par l'apathie de la société pour tout ce qui ne se rapportait pas immédiatement aux objets de la vie, ces tentatives accidentelles échouèrent et ne purent imprimer à la science une impulsion ferme, régulière. Elle se concentrait d'ailleurs dans une région trop peu accessible à l'intelligence ordinaire. Un tremblement de terre, une comète, un météore igné fixaient alors comme aujourd'hui l'attention générale et provoquaient partout les conjectures les plus étranges sur les causes qui produisaient ces sortes de phénomènes ; mais on ne supposait pas que les sciences pussent s'exercer sur des sujets communs, qu'elles s'occupassent d'arts mécaniques, qu'elles descendissent jusque dans les mines, les laboratoires. Il est difficile de penser néanmoins que toutes les indications de la nature soient passées inaperçues, ou qu'une foule de bonnes observations, de raisonnements exacts n'aient pas péri avant la découverte de l'imprimerie, qui fournit à chacun le moyen de publier ses idées. Le moment vint enfin où l'étincelle électrique ne jaillit, ne brilla plus d'un éclat stérile. Chaque inspiration heureuse, chaque fait important fut soigneusement conservé, et bientôt il en résulta un faisceau de lumière inattendu. Le mouvement imprimé aux esprits se communiqua d'un bout de l'Europe à l'autre. La commotion fut si vive, les résultats qu'elle produisit si étendus, qu'elle dépassa toutes les espérances que les hommes les plus ardents en avaient conçues. Les découvertes les plus étonnantes se succédèrent l'une à l'autre, et l'on ne peut citer une seule branche de science qui n'ait participé à ce vaste mouvement. Il n'en est pas une qui ne se soit étendue, ne se soit perfectionnée.

Une des causes principales d'un si heureux état de choses est cet immense développement de richesses et de civilisation qui crée le loisir, développe le goût des recherches intellectuelles, goût dont la marche progressive a déjà embrassé l'Europe presque entière, et que les établissements qui s'étendent ou se multiplient répandront bientôt sur toute la surface du globe. Ce qui a principalement contribué à éclairer les diverses branches d'histoire naturelle, c'est plus de facilités, plus de moyens d'observations. C'est à cette considération que nous devons rapporter la prodigieuse extension que les sciences naturelles ont prise dans ces derniers temps ; c'est à elle que nous rapporterons ces immenses acquisitions qu'ont faites et que font encore chaque jour les diverses branches de botanique et de zoologie. On sent, du reste, que les informations que peuvent recueillir les voyageurs les plus actifs et les plus éclairés, sont toujours bien inférieures à celles que rassemblent ceux qui vivent, observent sur place. Les premiers peuvent faire des collections, réunir à la hâte quelques données, noter la distribution des formations géologiques dans les lieux où ils se trouvent, assister même au développement de quelque phénomène local ; mais celui qui réside peut seul entreprendre une série d'observations régulières, telle que l'exige la détermination scientifique des climats, des marées, des variations magnétiques, et une foule de choses de cette espèce. Seul il peut entrer dans tous les détails de la structure géologique, rapporter chaque couche, par une étude soignée, attentive des débris qu'elle renferme, à la véritable époque à laquelle elle appartient. Seul il peut noter les habitudes des animaux indigènes, les limites de la végétation, acquérir une connaissance exacte des richesses minérales du pays, et d'une multitude d'autres détails indispensables pour avoir une idée complète du globe considéré dans son ensemble, ce qui constitue la base de ce qu'on doit entendre sous la dénomination de géographie physique.

On ne doit pas non plus négliger les circonstances qui se présentent d'observer, de rappeler ces phénomènes extraordinaires qui ne reviennent qu'à de longs intervalles ; l'instruction qu'ils produisent est d'autant plus importante qu'ils sont plus rares. A mesure que s'accroît le nombre de ceux qui cultivent les sciences, que s'agrandit l'espace où ils sont répandus, les communications deviennent plus nécessaires et plus essentielles. Il est important que plusieurs individus ne s'épuisent pas sur le même sujet, ne se livrent pas aux mêmes recherches ; car, outre la perte de leur temps, ces travaux simultanés amènent encore des jalousies, des querelles qui sont toujours dommageables. Les méthodes d'observation allant d'ailleurs s'améliorant, se perfectionnant, il importe à la science qu'elles se propagent, se répandent avec le plus de rapidité possible. On s'anime par l'idée d'un intérêt commun, on s'exalte par le sentiment d'une assistance mutuelle, on redouble d'efforts, d'activité, et cette noble émulation révèle, signale les méprises pendant qu'il en est temps encore.

Peut-être après l'établissement des institutions qui ont pour but les progrès des sciences en général, ou, ce qui est mieux encore dans l'état des choses, l'avancement de quelques branches spéciales, rien n'a-t-il plus contribué au développement des connaissances humaines que la publication des journaux scientifiques. Il n'est pas en Europe une nation qui n'en compte plusieurs, et la rapide, générale circulation de ces écrits met les observateurs

de tous les pays en communication intime de procédés
et de méthodes. Chacun sait le sujet qu'a traité son confrère, et les extraits qu'il renferme de temps à autre des
plus importantes recherches que chaque jour voit consi-
gner dans les volumineuses collections académiques, donnent un aperçu de ce qui a été fait et de ce qui reste à
faire ; ces sortes de programmes qui paraissent de temps
en temps ont une véritable influence sur les progrès futurs
de chaque branche, influence tout à fait indépendante de
l'instruction qu'ils renferment. Quant aux traités élémentaires, il est superflu d'insister sur leur utilité, sur les
avantages qu'ils ne peuvent manquer de produire dans
l'avenir. Ce n'est qu'en groupant, en simplifiant, en analysant de la manière la plus convenable et la plus claire
les connaissances acquises par ceux qui nous ont devan-
cés, que ceux qui nous suivront pourront jouir de celles
que nous leur aurons léguées.

III. Les origines et les fonctions sociales de l'art

Le monde de l'art a été souvent présenté comme le royaume de la liberté individuelle. Nul doute cependant qu'on ne puisse assigner à l'art des origines et des fonctions sociales. C'est ce que reconnaît G. Séailles, analysant et discutant des thèses soutenues par Guyau dans *l'Art au point de vue sociologique*.

L'art a des origines et des fonctions sociales

Séailles (G.). — *L'Origine et la destinée de l'art.* (Paris, Alcan, 1925, p. 21 à 24.)

Chez l'homme, l'art commence avec la parure. Nous trouvons, dans les cavernes de la préhistoire, des colliers, des bracelets, des anneaux de pierre et d'os. Les sauvages nous montrent encore l'humanité à ses débuts. La première œuvre d'art de l'homme est son propre corps : il le peint, il le sculpte. La peinture commence par les tatouages, le dessin par les arabesques de lignes compliquées qui couvrent la face, parfois le corps tout entier. La sculpture, ce sont les déformations du crâne, les mutilations bizarres, les coiffures échafaudées, tous les efforts pour modifier la forme naturelle du corps humain. Les ornements achèvent cette métamorphose. On en accroche partout où l'on peut : on en charge la poitrine, le cou, les bras, les jambes. Ce n'est pas assez; on perce la cloison du nez, on élargit au-dessous de la lèvre inférieure une seconde bouche, on ouvre les joues, on perfore les dents, pour que la parure, comme incrustée au corps, ne s'en distingue plus. Le sentiment qui crée cet art de la parure n'est pas l'amour, mais l'orgueil. « Dans les races très inférieures, les femmes n'ont pas d'ornements : la raison en est très simple : les hommes gardent pour eux tous ceux qu'ils peuvent se procurer. » (J. Lubbock, *Origines de la civilisation*, p. 51.) Certes, c'est là une origine bien simple pour l'art, dont nous tirons une si grande vanité, et cependant déjà dans cette expression souvent ridicule d'un orgueil brutal nous retrouvons les caractères que nous présentent nos chefs-d'œuvre les plus admirés. Le sauvage est mécontent de son propre corps ; il le transforme, il lui substitue dans la mesure du possible une apparence qui réponde à l'idée qu'il a et qu'il prétend qu'on ait de lui-même. Il veut être beau, faire mieux que la nature. Il veut faire entrer dans la réalité un sentiment dont elle ne lui donne pas l'expression. Ses tatouages, aussi bien que les fresques de Michel-Ange, sortent de l'instinct du mieux, du besoin de l'idéal, de la nécessité pour l'homme, esprit et corps, de regarder ses sentiments, d'en jouir avec ses sens, pour cela de les réfléchir dans une apparence qui, créée par eux, les reproduise. L'art naît spontanément de la nature humaine. Le sentiment tient à l'image et l'image au mouvement : voilà le principe de l'art, c'est la force du sentiment qui le crée. La première beauté, c'est la première passion : pour être beau, le sauvage se déchire, se mutile, endure sans se plaindre de cruelles souffrances. L'art n'a de limites que celles du sentiment. L'homme primitif est un enfant ; son univers, étroit comme son égoïsme, ne dépasse pas son propre corps : la parure suffit à l'expression de cette vanité puérile. C'est toujours lui-même que l'homme aime et cherche dans l'art. Mais peu à peu il prend conscience des liens mystérieux qui l'unissent à ses semblables, à tout ce qui est. L'illusion de l'individualité solitaire tombe. Le moi s'agrandit, l'art tient toujours à lui, mais le moi tient à tout, à la famille, à la cité, aux dieux, à l'humanité. Il multiplie ses rapports, il étend ses sympathies. Le cœur, comme l'esprit s'universalise. C'est ainsi que l'art se détache de l'individu sans jamais se détacher de l'homme.

Les armes, les instruments font partie du corps ; les orner, c'est encore se parer soi-même. De même, on décore les vases, les ustensiles de ménage : toujours on fait vivre ses sentiments dans les choses. Ulysse abat un vieux figuier, et des planches qu'il a taillées lui-même, il édifie son lit nuptial. Le besoin satisfait, le sentiment s'exprime. Dès qu'on habite une hutte, on lui donne une forme régulière, symétrique, conforme aux lois de la vision et de l'esprit. L'autorité du chef est visible dans sa hutte plus haute, décorée de *tabous* plus nombreux... L'homme joue avec tous ses sentiments : la guerre, la chasse, l'amour, toutes les émotions se représentent dans les danses des sauvages. Ici, comme dans la parure, c'est le corps qui, par ses mouvements crée l'apparence, expression du sentiment. Les dieux de la Grèce sont les lois et la force de la cité : ils habitent les temples harmonieux des acropoles. Leurs statues et leurs demeures sont finies, calmes, mesurées, comme le sentiment qui les crée. Dieu devient infini, la religion universelle, le temple grandit, la cathédrale n'est plus la demeure du dieu, du premier des citoyens, elle ne se mêle plus à la cité qu'elle domine, elle sort géante des maisons basses, elle anéantit tout autour d'elle, elle semble s'ouvrir à l'humanité tout entière, et par ses tours, par ses flèches, vouloir monter jusqu'au ciel.

*
* *

M. G. Lanson, étudiant les conditions du succès des œuvres littéraires, note en quel sens elles sont des phénomènes sociaux.

Toute œuvre littéraire est un phénomène social

LANSON (G.). — *Revue de métaph. et de morale.* (Paris, Colin, 1904, p. 626 à 629.)

Il est impossible de méconnaître que toute œuvre littéraire est un phénomène social. C'est un acte individuel, mais un acte social de l'individu. Le caractère essentiel, fondamental de l'œuvre littéraire, c'est d'être la communication d'un individu et d'un public. Cette affirmation d'un sociologue : « L'art suppose un public », et cet aphorisme de Tolstoï : « L'art est un langage », sont deux propositions identiques. Dans un livre, il y a toujours deux hommes : l'auteur — et cela chacun le sait — mais aussi le lecteur, un lecteur qui, sauf des cas exceptionnels, n'est pas un individu, mais un être collectif, un public ; et cela on s'en avise moins aisément. Je ne veux pas dire seulement que l'œuvre littéraire est un intermédiaire entre l'écrivain et le public ; elle porte la pensée de l'écrivain au public ; mais, et voilà ce qu'il importe de considérer, elle contient déjà le public. L'image que l'esprit donne de lui dans un livre est déterminée, entre toutes les images possibles de la complexité changeante d'un être individuel, par la représentation que cet esprit se fait du public auquel il se destine ; elle est justement celle que cette représentation appelle à se réaliser.

Le public commande l'œuvre qui lui sera présentée : il la commande sans s'en douter. Je n'entends pas cela au sens vulgaire du désir du succès. Je ne nie pas le désintéressement de l'artiste épris d'idéal et qui renonce à plaire. Le public dont je parle n'est pas forcément le public d'aujourd'hui, celui qui veut qu'on lui serve la mode du jour, celui qui donne la célébrité et les gros sous ; ce peut être un public idéal, un public imaginé sur le modèle du passé ou sur le rêve de l'avenir. *Mihi canto et Musis* [je chante pour moi et pour les muses], disait le chanteur méconnu : il ajoutait les muses, parce qu'il lui fallait un public. Tous les artistes et les critiques qui affirment le devoir de sacrifier le succès immédiat à la perfection artistique n'ont garde d'en placer la volupté ou la grandeur à écrire pour soi, pour se satisfaire seul : ils se composent tous un petit public de morts ou de vivants, dont ils disent se contenter et engagent l'écrivain à se contenter. Pour Horace, c'est Auguste et Mécène, Varius, Virgile et Pollion ; pour Boileau, c'est Condé, Vivonne et La Rochefoucauld ; Racine se propose Homère, Virgile et Sophocle comme ses « véritables spectateurs » ; Sainte-Beuve se compose un Parnasse de grands écrivains de tous les temps et de tous les pays, et veut qu'on ne fasse rien sans se demander · Que disent-ils de nous ? Et si Schumann écrit : « Quand tu joues, ne t'inquiète point de savoir qui t'entend », il ajoute aussitôt : « Joue toujours comme si un maître t'entendait. » On ne s'affranchit de la tyrannie de son public que par la représentation d'un autre public.

Même la poésie lyrique n'échappe pas à cette condition générale de l'œuvre littéraire. On dit (et on a raison en un sens) : le lyrisme, c'est l'individualisme. La poésie lyrique, c'est le *moi* intime qui s'exprime. Et, à cause de cela, un de nos plus spirituels critiques a parlé quelque part de l'impudeur essentielle au lyrique moderne. Mais qu'on y fasse attention : aucun lyrique ne chante pour soi ; ou du moins il ne publie pas ce qui chante en lui pour lui seul. Vigny ne fait pas de vers sur la mort de sa mère : il note sur son journal ses émotions douloureuses ; il n'imagine pas un public en les écrivant. Hugo, dans les premiers temps, ne met pas en vers la mort de sa fille : dès qu'il fait des vers, il les fait pour les publier un jour : c'est de la copie. Le lyrique chante au moment où il accueille l'idée d'être entendu, de chanter pour quelqu'un. Et alors il adapte son chant à ce public, réel ou idéal. Il y met ce qui éveille dans ce public une émotion harmonique à la sienne, c'est-à-dire la partie de son émotion qu'il sait être commune aux autres et à lui. C'est ce qu'on veut dire quand on remarque que les sentiments personnels qui sont l'étoffe de la poésie de Hugo, Lamartine ou Musset, sont des sentiments « humains ». Le *moi* du poète est le *moi* d'un groupe, plus large quand c'est Musset qui chante, plus restreint quand c'est Vigny, d'un groupe religieux quand c'est d'Aubigné, d'un groupe politique quand c'est le Victor Hugo des *Châtiments*. Ce qu'un sociologue a dit des *Psaumes*, que le *je* du poète hébraïque est un *je* collectif, peut se dire de presque tout lyrique. Le lecteur réalise son âme dans le chant du poète.

Même pour la forme, qui est ce qu'il y a de plus vraiment à lui dans son œuvre, le poète reçoit quelque chose du public. La tradition qu'il continue n'est pas seulement le passé prolongé en lui : mais sachant que ce passé vit également dans l'âme de ses contemporains, il bâtit ses rythmes sur les habitudes et les capacités esthétiques qu'il leur connaît. Il sait, ou il essaie de prévoir, la réaction par laquelle ils répondent à tel effet ou à tel autre. De là vient qu'on est plus assuré du succès par l'intensité que par la nouveauté du style ou du mètre. On l'a vu dans l'histoire du symbolisme. Je ne sais si, réellement, le rythme est un produit social, si à l'origine toute poésie fut chorale : ce qui est sûr, c'est que dans la poésie traditionnelle où la technique suit une évolution très lente, le vers lie étroitement l'auditeur ou le lecteur au poète ; chacun de nous, entraîné par les rythmes connus, accompagne d'un chant intérieur les vers qu'il écrit ou qu'il lit.

*
* *

Choisissons quelques exemples qui permettent de comprendre le rôle que peut jouer l'art dans les diverses sociétés et l'influence qu'elles exercent sur lui. Dans les textes qui suivent, H. Ouvré montre la cité s'exprimant dans les arts, M. et A. Croiset analysent le rôle à la fois national et religieux du théâtre antique, E. Mâle met en relief le rapport entre la foi catholique et la cathédrale.

La cité s'exprime dans les arts

Ouvré (H.). — *Les Formes littéraires de la pensée grecque.* (Paris, Alcan, 1900, p. 121 à 123.)

Du VIIIe au IVe siècle, s'étend l'âge de la cité. Un ensemble d'objets matériels, murailles, édifices, collines, havres, fleuves, entre dans l'organisme social et le symbolise. L'unité, naguère, avait besoin d'un souverain, qui la résumât ; elle existe, maintenant, parce qu'on occupe et possède un certain pays, et cette croyance fondamentale se prolonge en trois ou quatre idées ou sentiments analogues : la dévotion à quelque dieu spécial, protecteur de la ville, l'amour du sol, demeure commune des ancêtres disparus, la prétention d'être autochtone, autrement dit, l'illusion que le peuple a toujours habité le même lieu, qu'il sort de la glèbe, qu'il est fils de la pierre et de l'olivier.

La notion du territoire est si forte qu'elle peut se détacher et s'appliquer à un territoire différent. Dans une contrée découverte et conquise, les envahisseurs retrouvent leurs montagnes, les rivières qu'ils connaissent, la fidèle image de la région quittée ; ils modèlent toute la géographie sur celle de leur métropole.

Ce coin de roche qui soutient l'existence nationale, c'est surtout la citadelle et ses environs immédiats, le peu de nature que l'homme a dompté, plié à ses besoins, modifié suivant ses désirs esthétiques. Le goût du beau et du beau dépouillé, rythmique, architectural, que nous avons signalé déjà, et qui maintenant se manifeste dans toute sa plénitude, est un élément essentiel du patriotisme hellénique. Patriotisme concret, urbain, qui nous oblige à traduire indifféremment πόλις par « ville » et par « Etat ».

Cette conception est très riche de conséquences. D'abord les agglomérations d'habitants favorisent les fêtes et développent dans l'art le côté cérémoniel. En second lieu, le gouvernement incline très vite à la démocratie, parce que les gens du peuple communiquent aisément, s'instruisent sans peine, augmentent leur richesse et se coalisent pour la conquête des droits. Sans rappeler des exemples modernes qui sont d'observation courante, l'opposition du campagnard qui conserve et du citadin qui nivelle frappe quiconque s'est occupé de politique et d'histoire. La marche irrésistible, qui conduit les groupes sociaux à l'égalité, fut à Rome peut-être, mais surtout en Hellade, trop rapide, dangereuse et même funeste, et l'impatience de la plèbe grecque, la défaite trop aisée des oligarques tient en particulier aux deux causes que voici : malgré toutes les divergences, les adversaires se reconnaissaient une similitude fondamentale, la qualité de citoyens, et si l'homme du commun gardait quelque vénération pour l'Eupatride, il respectait plus encore certaines règles qui dominaient la vie nationale. Elles étaient, pour ainsi dire, l'esprit de l'agrégat semi-physique, semi-social dont nous connaissons la nature. Réalité presque concrète, parente des édifices où l'on jugeait, des montagnes qui enserraient la ville, des statues divines qui animaient le temple, des trésors accumulés sur l'Acropole, la loi voulait être maîtresse, et maîtresse unique ; les privilèges fléchissaient devant elle ; la formule, l'égalité par la légalité, nous vient certainement des Grecs, elle se résume tout entière dans le mot unique d'ἰσονομία.

La cité fut si résistante qu'elle ne put jamais se fondre en des Etats plus larges. Athènes tomba au IVe siècle parce qu'elle resta toujours une cité, opprimant, mais n'administrant que fort peu, et laissant subsister chez les peuples subalternes l'individualité citadine. Pendant toute la période qui précède les guerres médiques, les sociétés grecques n'ont eu que deux modes de rapport : la bataille et la fédération amphictyonique.

Des phénomènes analogues ont plusieurs fois reparu,

et l'on rencontre ailleurs ces petites sociétés urbaines ; républiques de la France languedocienne, communes colériques du Soissonnais, ruches bourdonnantes de la Flandre, guépiers toscans ou vénitiens. Taine a montré magnifiquement ce qu'un pareil milieu fait pour la réussite esthétique. Mais la remarque est surtout exacte des arts plastiques, architecture et sculpture. Immuables, ou du moins pesants, les reliefs, les statues, les églises, les forteresses princières s'embellissent au foyer qui concentre les sympathies et les amours-propres nationaux. Lorsqu'en outre l'âme est possédée de sentiments collectifs et tenaces, religieux d'ordinaire, les édifices atteignent au plus haut degré de splendeur. Maisons d'échevins et de rachimbourgs, cathédrales gothiques ou byzantines, mosquées arabes, sont toutes pleines de l'abandon mystique ou de l'enthousiasme municipal. Par eux, les énergies et les ressources s'accumulèrent ; par eux, le maître maçon, le ciseleur et l'architecte de la dernière heure suivirent avec souplesse la pensée du premier constructeur, un ancêtre, sans doute, mais cependant un confrère, donc un rival ; par eux enfin, la même bâtisse obséda les regards du peuple : un Corinthien, un Agrigentin du VIe siècle voyait au-dessus de chaque maison le triangle du fronton et le galbe des chapiteaux, sans cesse il revenait devant eux, pour des réjouissances, des hymnes, des ἐπινίκια ; respectueux et toujours logique, il considérait et mesurait de l'œil les marches qui montaient vers le dieu, les portes qui fermaient sa demeure, les scènes légendaires encadrées par les métopes ; il retrouvait dans les architraves rectilignes, les fûts massifs et les cannelures effilées, la droiture de Zeus, la force d'Apollon et la sveltesse d'Artémis. Comment la trouvaille des artistes n'eût-elle point récompensé une telle ardeur de contemplation ?

Rôle national et religieux du théâtre antique

CROISET (A. et M.). — *Histoire de la littérature grecque.* (Paris, Thorin, 1891, t. III, p. 158 à 160.)

Il n'est pas surprenant qu'un genre littéraire si complet, qui s'était ainsi formé de tous les autres en absorbant ce qu'il y avait de meilleur en eux, ait pris, dès qu'il fut en possession de tous ses moyens, une importance morale incomparable. La tragédie, au ve siècle, remplace l'épopée et le lyrisme héroïque ; elle est en même temps une des formes de l'histoire, de l'éloquence, de la philosophie morale. C'est vraiment un genre universel qui captive les cœurs par tous les sentiments profonds, qui intéresse les esprits à la fois par les idées les plus anciennes et les plus neuves, qui enchante les imaginations par le spectacle de la vie humaine sous sa forme la plus noble, qui charme les yeux et les oreilles par l'union de ce qu'il y a de plus puissant alors dans la poésie et dans la musique, dans la déclamation et dans la mimique. On ne saurait douter que, par suite, la tragédie n'ait été en ce temps pour le spectateur grec une admirable école. Ses enseignements avaient d'autant plus de force et d'autorité qu'ils étaient plus solennels et plus rares. Une grande pompe, un immense rassemblement d'hommes, une sorte de communion spontanée des âmes, dans un même sentiment religieux, la joie de la fête, la piété, l'enthousiasme, la curiosité, tout contribuait à donner aux choses de la scène une puissance extraordinaire. Dans ces grands jours de la poésie et de la religion, les âmes étaient plus vibrantes et plus impressionnables, les esprits étaient plus dociles, et les paroles du poète retentissaient au-dessus de la foule avec un éclat merveilleux. C'était par le théâtre surtout que le Grec se familiarisait avec le passé légendaire de sa race. Là, toutes les traditions antiques étaient sans cesse remises sous ses yeux. Il voyait les héros nationaux en personne, les regardait agir et souffrir, il les entendait parler, il mettait ses sentiments à l'unisson des leurs. La Grèce des vieux âges, sous cette forme poétique mais pourtant réelle, devenait pour lui quelque chose de vivant et de concret, qui prenait corps dans son imagination.

Et cette école d'hellénisme était en même temps une école de morale, au sens le plus large du mot. Tous les problèmes de la vie humaine ne se posaient-ils pas d'eux-mêmes dans ces drames pleins d'humanité ? Destinée, devoir, passion, héroïsme, liberté, imprudence, vertige d'orgueil, toutes ces choses grandes, obscures, admirables ou terribles, qui s'agitent en nous et autour de nous, le théâtre ne cessait de les mettre en lumière. La raison et l'instinct, le probable et l'inconnu, le calcul et le hasard, sujets de réflexions infinies. De même d'ailleurs que la fréquentation d'une bonne société affine l'esprit, donne aux sentiments plus de délicatesse et au jugement plus d'acuité, de même la fréquentation de ces êtres fictifs, créés par des esprits supérieurs à leur propre ressemblance, familiarisait le public athénien avec tout un ordre de pensées élevées, de dispositions généreuses, d'émotions nobles et rares, que la vie de tous les jours ne lui aurait pas fait connaître. Par là, elle rendait à la culture intellectuelle et morale un service dont la valeur ne peut être exagérée. Les grands esprits eux-mêmes étaient frappés de cette « sagesse » de la tragédie, qui produisait de si ingénieuses combinaisons, qui révélait si bien la nature humaine, qui exprimait en si belles sentences tant de pensées utiles et instructives. Et en fait, chacun, en sortant du spectacle, emportait avec lui toute une provision de souvenirs utiles. On venait de vivre pendant quelques heures d'une vie plus haute, plus instructive et plus lumineuse, qui ne pouvait manquer de se refléter longtemps sur les actions et les paroles quotidiennes.

Rapports entre la foi catholique et la cathédrale

MÂLE (E.). — *L'Art religieux du xiii⁰ siècle en France.* (Paris, Colin, 1902, p. 440 à 442.)

Dans la cathédrale tout entière on sent la certitude et la foi, nulle part le doute. Cette impression de sérénité, la cathédrale encore aujourd'hui nous la donne pour peu que nous voulions nous y prêter.

Oublions pour une heure nos inquiétudes, nos systèmes. Allons vers elle. De loin, avec ses transepts, ses flèches et ses tours, elle nous apparaît comme une puissante nef en partance pour un long voyage. Toute la cité peut s'embarquer sans crainte dans ses robustes flancs.

Approchons-nous. Au porche, nous rencontrons d'abord Jésus-Christ, comme le rencontre tout homme qui vient en ce monde. Il est la clef de l'énigme de la vie. Autour de lui, une réponse à toutes nos questions est écrite. Nous savons comment le monde a commencé et comment il finira. Des statues, dont chacune est le symbole d'un âge du monde, nous en mesurent la durée. Tous les hommes dont il importe que nous connaissions l'histoire, nous les avons sous les yeux. Ce sont ceux qui, sous l'Ancienne ou la Nouvelle Loi, furent des types de Jésus-Christ : car les hommes n'existent qu'autant qu'ils participent à la nature du Sauveur. Les autres, rois, conquérants, philosophes, ne sont que des noms, des ombres vaines. Ainsi le monde et l'histoire du monde nous deviennent clairs.

Mais notre histoire à nous-mêmes est écrite à côté de celle de ce vaste univers. Nous y apprenons que notre vie doit être un combat : lutte contre la nature à chaque mois de l'année, lutte contre nous-mêmes à tous les instants, éternelle Psychomachie. A ceux qui ont bien combattu, des anges, du haut du ciel, tendent des couronnes.

Y a-t-il place ici pour un doute ? ou seulement pour une inquiétude de l'esprit ?

Pénétrons dans la cathédrale. La sublimité des grandes lignes verticales agit d'abord sur l'âme. Il est impossible d'entrer dans la grande nef d'Amiens sans se sentir purifié. L'église, par sa seule beauté, agit comme un sacrement. Là encore nous retrouvons une image du monde. La cathédrale, comme la plaine, comme la forêt, a son atmosphère, son parfum, sa lumière, son clair-obscur, ses ombres. Sa grande rose, derrière laquelle le soleil se couche, semble être, aux heures du soir, le soleil lui-même, prêt à disparaître à la lisière d'une forêt merveilleuse. Mais c'est un monde transfiguré où la lumière est plus éclatante que celle de la réalité, où les ombres sont plus mystérieuses. Déjà nous nous sentons au sein de la Jérusalem céleste, de la cité future. Nous en goûtons la paix profonde. Le bruit de la vie se brise aux murs du sanctuaire et devient une rumeur lointaine. Voilà bien l'arche indestructible, contre laquelle les vents ne prévaudront pas. Nul lieu au monde n'a empli les hommes d'un sentiment de sécurité plus profonde.

Ce que nous sentons encore aujourd'hui, combien plus vivement le sentirent les hommes du moyen âge !

La cathédrale fut pour eux la révélation totale. Parole, musique, drame vivant des mystères, drame immobile des statues, tous les arts s'y combinaient. C'était quelque chose de plus que l'art, c'était la pure lumière avant qu'elle ait été divisée en faisceaux multiples par le prisme. L'homme, enfermé dans une classe sociale, dans un métier, dispersé, émietté par le travail de tous les jours et par la vie, y reprenait le sentiment de l'unité de sa nature. Il y retrouvait l'équilibre et l'harmonie. La foule, assemblée pour les grandes fêtes, sentait qu'elle était elle-même l'unité vivante. Elle devenait le corps mystique du Christ dont l'âme se mêlait à son âme. Les fidèles étaient l'humanité, la cathédrale était le monde, et l'esprit de Dieu emplissait à la fois l'homme et la création. Le mot de saint Paul devenait une réalité : on était, on se mouvait en Dieu. Voilà ce que sentait confusément l'homme du moyen âge, au beau jour de Noël ou de Pâques, quand les épaules se touchaient, quand la cité tout entière emplissait l'immense église.

Symbole de foi, la cathédrale fut aussi un symbole d'amour. Tous y travaillèrent. Le peuple offrit ce qu'il avait : ses bras robustes. Il s'attela aux chars, porta les pierres sur ses épaules. Il eut la bonne volonté du géant saint Christophe. Le bourgeois donna son argent, le baron sa terre, l'artiste son génie. Pendant plus de deux siècles, toutes les forces vives de la France collaborèrent. De là, la vie puissante qui rayonne de ces œuvres éternelles. Les morts mêmes s'associaient aux vivants. La cathédrale était pavée de pierres tombales. Les générations anciennes, les mains jointes sur leurs dalles funèbres, continuaient à prier dans la vieille église. En elle le passé et le présent s'unissaient en un même sentiment d'amour. Elle était la conscience de la cité.

* *

Dans un livre intitulé *De la littérature dans ses rapports avec les institutions sociales*, Mme de Staël s'efforce d'expliquer, par les rapports de la noblesse avec la royauté française, le ton caractéristique de la littérature de Cour et l'influence qu'elle a exercée chez nous.

Monarchie française et littérature de cour

De Staël (Mme). — *Œuvres complètes.* (Paris, Didot, 1836, t. I, p. 278 et 279.)

La gaieté française, le bon goût français, avaient passé en proverbe dans tous les pays de l'Europe, et l'on attribuait généralement ce goût et cette gaieté au caractère national ; mais qu'est-ce qu'un caractère national, si ce n'est le résultat des institutions et des circonstances qui influent sur le bonheur d'un peuple, sur ses intérêts et sur ses habitudes ? Depuis que ces circonstances et ces institutions sont changées, et même dans les moments les plus calmes de la Révolution, les contrastes les plus piquants n'ont pas été l'objet d'une épigramme ou d'une plaisanterie spirituelle. Plusieurs des hommes qui ont pris un grand ascendant sur les destinées de la France étaient dépourvus de toute apparence de grâce dans l'expression et de brillant dans l'esprit : peut-être même devaient-ils une partie de leur influence à ce qu'il y avait de sombre, de silencieux, de froidement féroce dans leurs manières comme dans leurs sentiments.

Les religions et les lois décident presque entièrement de la ressemblance ou de la différence de l'esprit des nations. Le climat peut encore y apporter quelques changements, mais l'éducation générale des premières classes de la société est toujours le résultat des institutions politiques dominantes. Le gouvernement étant le centre de la plupart des intérêts des hommes, les habitudes et les pensées suivent le cours des intérêts. Examinons quels avantages d'ambition on trouvait en France à se distinguer par le charme de la grâce et de la gaieté, et nous saurons pourquoi ce pays offrait de l'une et de l'autre tant de parfaits modèles.

Plaire ou déplaire était la véritable source des punitions et des récompenses qui n'étaient point infligées par les lois. Il y avait dans d'autres pays des gouvernements monarchiques, des rois absolus, des cours somptueuses ; mais nulle part on ne trouvait réunies les mêmes circonstances qui influaient sur l'esprit et les mœurs des Français.

Dans les monarchies limitées, comme en Angleterre

et en Suède, l'amour de la liberté, l'exercice des droits politiques, des troubles civils presque continuels apprenaient aux rois qu'ils avaient besoin de rencontrer dans leurs favoris de certaines qualités défensives, apprenaient aux courtisans que même pour être préférés par les rois, il fallait pouvoir appuyer leur autorité sur des moyens indépendants et personnels.

La délicatesse du point d'honneur, l'un des prestiges de l'ordre privilégié, obligeait les nobles à décorer la soumission la plus dévouée des formes de la liberté. Il fallait qu'ils conservassent dans leurs rapports avec leur maître une sorte d'esprit de chevalerie, qu'ils écrivissent sur leur bouclier : *Pour ma dame et pour mon roi*, afin de se donner l'air de choisir le joug qu'ils portaient; et, mêlant ainsi l'honneur avec la servitude, ils essayaient de se courber sans s'avilir. La grâce était, pour ainsi dire, dans leur situation, une politique nécessaire ; elle seule pouvait donner quelque chose de volontaire à l'obéissance.

Le roi, de son côté, devant se considérer, à quelques égards, comme le dispensateur de la gloire, comme le représentant de l'opinion, ne pouvait récompenser qu'en flattant, punir qu'en dégradant. Il fallait qu'il appuyât sa puissance sur une sorte d'assentiment public, dont sa volonté sans doute était le premier mobile, mais qui se montrait souvent indépendamment de sa volonté. Les liens délicats, les préjugés maniés avec art formaient les rapports des premiers sujets avec leur maître : ces rapports exigeaient une grande finesse dans l'esprit ; il fallait de la grâce dans le monarque, ou tout au moins dans les dépositaires de sa puissance ; il fallait du goût et de la délicatesse dans le choix des faveurs et des favoris, pour que l'on n'aperçût ni le commencement, ni les limites de la puissance royale. Quelques-uns de ses droits devaient être reconnus, d'autres reconnus sans être exercés ; et les considérations morales étaient saisies par l'opinion avec une telle finesse, qu'une faute de tact était généralement sentie et pouvait perdre un ministre, quelque appui que le gouvernement essayât de lui prêter.

Il fallait que le roi s'appelât le premier gentilhomme de son royaume, pour exercer à son aise une autorité sans bornes sur des gentilshommes ; il fallait qu'il fortifiât son autorité sur les nobles par un certain genre de flatterie pour la noblesse. L'arbitraire dans le pouvoir n'excluant point alors la liberté dans les opinions, l'on sentait le besoin de se plaire les uns aux autres, et l'on multipliait les moyens d'y réussir. La grâce et l'élégance des manières passaient des habitudes de la cour dans les écrits des hommes de lettres. Le point le plus élevé, la source de toutes les faveurs, est l'objet de l'attention générale ; et comme dans les pays libres le gouvernement donne l'impulsion des vertus publiques, dans les monarchies la cour influe sur le genre d'esprit de la nation, parce qu'on veut imiter généralement ce qui distingue la classe la plus élevée

*
* *

Les fonctions socialisantes de l'art iraient-elles en diminuant d'importance ? M. Grosse paraît le penser, qui, après avoir noté toutes les communions que l'art facilite dans les sociétés primitives, lui assigne de préférence pour l'avenir une fonction individuelle

Fonction sociale et fonction individuelle de l'art

GROSSE (E.).—*Les Débuts de l'Art.* (Trad. franç., Paris, Alcan, 1894, p. 234 à 236.)

Pas de peuple sans art. Nous avons vu que même les peuples les plus grossiers emploient une grande partie de leur temps et de leurs forces dans l'intérêt de l'art, cet art que du haut de leurs progrès pratiques et scientifiques, les peuples civilisés regardent de plus en plus comme un jeu oiseux. Et pourtant précisément quand on se place au point de vue scientifique, il semble incompréhensible qu'une fonction qui coûte un effort aussi considérable puisse être sans influence sur la conservation et le développement des organismes sociaux. Car, si l'énergie qu'on emploie en faveur de l'art était réellement perdue pour les tâches sérieuses et essentielles de la vie, la sélection naturelle aurait sans doute depuis longtemps fait disparaître les peuples qui prodiguèrent ainsi leurs forces, l'art n'aurait pas pu se développer aussi richement qu'il l'a fait. Nous pouvons donc croire d'avance que l'art primitif a, en dehors de son importance esthétique, une valeur

pratique pour la vie des peuples chasseurs ; et les résultats de nos recherches ont confirmé notre hypothèse. Les
arts primitifs influencent la vie primitive de diverses
façons. L'art ornementaire, par exemple, développe la
technique. La parure et la danse jouent un rôle important
dans les rapports des deux sexes ; leur influence sur la sélection sexuelle a probablement pour résultat une amélioration de la race humaine. D'autre part, la parure, qui
effraie l'ennemi, et la poésie, la danse et la musique, qui
encouragent le guerrier, augmentent la force de la résistance du groupe social vis-à-vis des attaques des ennemis.
Mais c'est en affermissant et en étendant les groupes
sociaux que l'art exerce son influence la plus grande et
la plus bienfaisante sur la vie des peuples. Tous les arts
ne sont pas également capables de le faire.

Tandis que la danse et la poésie semblent destinées à
ce rôle, la musique est presque incapable de produire
un effet de cette espèce. Il y a cependant aussi des raisons purement extérieures qui décident de cette question :
quel art doit, dans un peuple donné et à une époque donnée, remplir la fonction de socialisateur ? La danse,
par exemple, perd son influence aussitôt que les groupes
sociaux deviennent trop nombreux pour pouvoir se réunir
pour une danse ; d'autre part, la poésie doit sa puissance
incomparable à l'invention de l'imprimerie. Par conséquent, les arts prennent l'hégémonie l'un après l'autre.
Chez les peuples chasseurs, c'est la danse qui a la plus
grande influence sociale ; chez les Grecs, ce fut la sculpture ; au moyen âge, l'architecture unissait les âmes et
les corps sous les nefs de ses cathédrales gigantesques ;
pendant la Renaissance, la peinture parle aux peuples
européens et est comprise par tous ; dans nos temps modernes, la voix conciliante de la poésie apaise puissamment
le cliquetis d'armes des peuples et des castes ennemis.

Mais si l'importance sociale des divers arts a pu changer
au cours des temps, l'importance sociale de l'art a grandi
de plus en plus. La puissance éducatrice qu'il exerce
même sur les tribus les plus grossières s'est toujours
augmentée et élevée. Si la fonction la plus sublime de l'art
primitif consiste à unir les désunis, l'art civilisé et ses
œuvres plus riches et plus individuelles ne sert pas seule-

ment à unir, mais aussi à élever les esprits. La science
enrichit notre vie intellectuelle, l'art notre vie émotion-
nelle ; l'art et la science sont les meilleurs éducateurs de
l'humanité. L'art n'est donc pas un jeu, mais une fonction
sociale indispensable, c'est l'une des meilleures armes de
la lutte pour la vie, il doit donc se développer de plus en
plus richement. Car si, au commencement, l'activité
artistique n'est exercée par les peuples que pour sa valeur
esthétique immédiate, l'histoire la conserve et la développe
avant tout pour sa valeur sociale médiate. On s'est du
reste probablement fait de tous les temps une idée de la
valeur de l'art pour le bien social. Nous pourrions citer
une longue série de philosophes, d'artistes et d'hommes
d'Etat qui ont montré clairement que l'art servait ou
devait servir à l'éducation des peuples. On a, en effet,
le droit d'exiger de l'art qu'il se manifeste dans le sens
de la finalité sociale, (*Zweckmässigkeit*), c'est-à-dire
dans un sens moral. Car l'art est une fonction sociale ;
et toute fonction sociale doit avoir pour but la conservation et le développement de l'organisme social. Mais on
a tort si l'on exige de l'art qu'il soit moral, c'est-à-dire
qu'il moralise ; ce serait exiger de lui qu'il ne soit plus ce
qu'il est. C'est en servant les intérêts artistiques que l'art
sert le mieux les intérêts sociaux.

En limitant nos recherches à l'art primitif, nous les
avons en même temps limitées à celle des parties de la
tâche historique que nous avons appelée la tâche sociologique. Dans la civilisation primitive, l'art est pour nous
un phénomène social ; nous avons dû nous borner à étudier ses conditions et ses effets sociaux ; non pas parce
que nous ne voudrions pas lui en reconnaître d'autres,
mais parce que nous n'en avons pas trouvé d'autres chez
les peuples que nous avons étudiés. Dans les civilisations
supérieures, nous voyons l'art prendre, à côté de l'influence qu'il a sur la vie sociale, une valeur de plus en
plus grande pour le développement de la vie individuelle ;
et les créations les plus sublimes des génies artistiques
qui s'élèvent loin au-dessus de la foule n'ont d'abord
d'effet que sur quelques individus. Cette circonstance
démontre que l'effet de l'art sur l'individu qu'il impres-
sionne et qu'il développe n'est pas moins grand que l'effet

social que nous avons essayé d'apprécier à sa juste valeur.
Pour nous qui avons la conviction que tout développement social ne sert qu'à développer l'individu, cet effet
individuel est même plus élevé que l'effet social. Si nous
voulions expliquer en quoi consiste l'importance de l'art
pour le développement individuel, nous devrions faire
une étude qui serait probablement plus longue et plus
difficile que celle que nous venons de terminer. Mais il
nous suffit d'avoir dit en peu de mots que, sous ce rapport
également, l'art n'est pas un passe-temps agréable, mais
l'une des tâches les plus hautes de la vie. Malgré, ou peut-
être justement à cause de cela, il existe une différence
profonde entre la fonction sociale et la fonction individuelle
de l'art. Tandis que l'art social unit de plus en plus étroitement les hommes en un tout, l'art individuel détache
l'homme des liens sociaux en développant son individualité. A l'art éducateur des peuples de Platon vient ainsi
s'opposer l'art rédempteur de l'homme de Schopenhauer.

*
**

Il est exact que les émotions esthétiques ne tendent pas
uniquement au renforcement des liens sociaux. Elles libèrent
l'âme individuelle en lui ouvrant un monde idéal. Mais jusque
dans cette ascension vers l'idéal, l'individu n'est-il pas soutenu
par ce qu'il reçoit de la société ? C'est ce que paraît suggérer
Jaurès dans son analyse célèbre de l'émotion esthétique.

Art, nature, société

JAURÈS (JEAN). — *Pages choisies.* (Paris, Rieder, 1922, p. 52 à 54.)

L'œuvre d'art, quand elle est vraiment belle, est quelque
chose de complet et d'achevé. Les siècles, en se succédant,
n'y ôtent et n'y ajoutent rien. Par là elle nous donne
une sensation de plénitude et de sublime repos. Certes,
quand nous sommes fatigués par les platitudes et les
vilenies que nous rencontrons sur notre chemin, nous
pouvons trouver dans la vie elle-même un refuge contre
les dégoûts de la vie. Les esprits élevés et les cœurs nobles
ne manquent pas, auprès desquels nous pouvons nous
reposer et nous refaire. Mais nous ne pouvons pas toujours

les rallier autour de nous à l'heure même où notre cœur est en détresse, et puis, par une sorte de pudeur qui résiste même à l'amitié, nous ne pouvons pas les admettre toujours à l'intimité de nos découragements et de nos peines.

C'est alors que le beau livre aimé et pur nous console. Il ne faut pas grand'chose, une page qu'on lit debout le livre en main, quelques vers qu'on se dit à soi-même à demi-voix, une belle gravure dont on s'enchante le regard, et notre âme est rassérénée. Vous entendrez dire à quelques esprits chagrins que cette beauté même de l'idéal, que l'art nous révèle, a pour effet d'humilier et d'attrister la vie ; que la réalité nous paraît plus médiocre et plus basse, au sortir de ces beaux mensonges de l'art, qui sont beaucoup moins une consolation qu'une dérision. Ceux qui parlent ainsi se trompent. Gœthe a remarqué avec profondeur qu'il ne faut point opposer l'art à la nature : l'art aussi fait partie de la nature ; qu'il ne faut point opposer l'idéal à la réalité : l'idéal est la forme suprême de la réalité.

Qu'est-ce que l'art ? Qu'est-ce que l'idéal ? C'est l'épanouissement de l'âme humaine. Qu'est-ce que l'âme humaine ? C'est la plus haute fleur de la nature. Si bien que nos rêves, même les plus sublimes, ont leur racine profonde dans l'humble réalité. Avec quoi la musique nous arrache-t-elle à nos misères et nous ouvre-t-elle l'infini des songes ? Avec quelques vibrations de l'air que la pesanteur retient captif au ras de terre. Dans cet air qui nous enveloppe, toute vie a trouvé moyen par le cri, par la parole, par le murmure ou par le chant, de faire palpiter son âme, de livrer au souffle qui passe le secret de sa joie ou de sa douleur. Qu'est-ce à dire ? Sinon que l'âme est à son aise au milieu des choses, qu'elle peut s'y exprimer et s'y répandre et qu'il y a jusque dans les mouvements de la matière des enchaînements, des harmonies et des élans, par où les grands cœurs peuvent traduire ce qu'ils ont en eux de plus sacré.

La poésie nous transporte avec les beaux mots d'amour, de devoir, de tendresse, de pureté, de courage. Où les a-t-elle pris ? sinon dans cette langue humaine qui n'est pas l'œuvre artificielle d'une élite, mais qui est sortie des entrailles mêmes de l'humanité.

C'est déjà une singulière grandeur pour notre race qu'elle ait pu créer et faire vivre de la vie de l'art des types supérieurs de délicatesse, de loyauté, de bonté, mais les génies qui les ont créés et animés de leur souffle ne les auraient point produits de leur âme, si leur âme même ne s'était nourrie dans la société humaine, presque à son insu, de douceur et de grandeur. Qui dira d'où viennent subitement au cœur à certaines heures l'abondance et la vie, l'allégresse et le courage ? Peut-être d'un rayon qui a glissé en nous et qui, doucement au fond de notre âme, a préparé une éclosion de joie. Peut-être de la senteur des prés et des bois qui s'est mêlée subitement à notre être pour le renouveler. De même qui dira d'où viennent, à ceux qui créent, les hautes inspirations ? Peut-être d'un trait de vertu et d'honneur recueilli par eux au hasard de la vie. Peut-être d'une figure qui passait tout illuminée de franchise et de tendresse. L'idéal ne se développe pas en eux comme une fleur artificielle, il y croît comme une fleur vivante faite de ce que la réalité a de meilleur et de plus doux. Donc l'idéal, bien loin de flétrir la réalité, témoigne pour elle. Quand nous avons pratiqué les belles conceptions humaines, quand nous avons vécu avec les grandes âmes créées par l'art, ce n'est pas d'un regard morne et d'un cœur dédaigneux que nous retournons vers la vie ; au contraire, nos cœurs et nos yeux sont avertis et ils discernent mieux les trésors de beauté qui sont dans le monde, les trésors de bonté qui sont dans l'homme. La poésie a ajouté des sens plus subtils à notre âme qui écoute tout bas la croissance douce de la prairie et qui surprend dans les âmes demi-closes des floraisons secrètes de beauté et d'honneur. Et pour achever la pénétration réciproque de la réalité et de l'idéal, nous avons toujours la tentation et quelquefois la force de réaliser dans notre conduite, de traduire dans notre vie les belles conceptions admirées de nous. L'art fait ainsi descendre et retentir ses plus hautes inspirations au fond même de notre existence quotidienne, comme le chêne transmet à la terre profonde, par le frisson de ses racines ébranlées, les grands souffles qui emplissent l'espace.

INDEX DES AUTEURS CITÉS

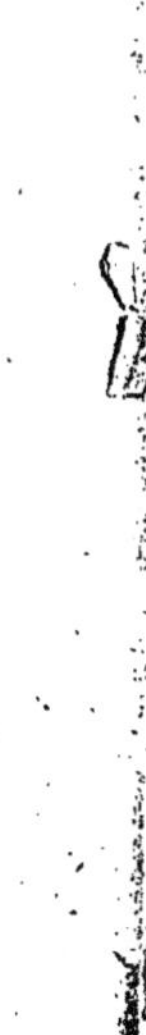

TABLE DES MATIÈRES

II. *Le régime féodal*

III. *Nations et Etats modernes*

Sociologie morale et juridique

I. *Droit et morale*

II. *La science des mœurs et la vie morale*

III. *Le parallélisme des institutions juridiques*

Sociologie économique

I. *Les mobiles économiques*

II. *Types sociaux et phases de l'évolution économique*

1. *Phases de l'évolution économique*

2. *Les formes primitives de l'échange*

3. *L'évolution de la propriété*

III. *La division du travail*

Fontenay-aux-Roses. — 1929

Imprimerie des *Presses Universitaires de France.* — Louis Bellenand. — 1.461

LIBRAIRIE FÉLIX ALCAN

RÉFORMATEURS SOCIAUX

Collection de textes dirigée par C. BOUGLÉ,
Directeur-adjoint de l'Ecole normale supérieure.
et publiée avec le concours du Centre de Documentation sociale
de l'Ecole Normale Supérieure

Impr. E. DURAND, 18, rue Séguier, Paris

9 782329 087771